紹興圖書館
民國時期傳統裝幀書籍普查登記目録

浙江省民國時期傳統裝幀書籍普查登記目録

（下）
附索引

國家圖書館出版社
National Library of China Publishing House

浙江省民國時期傳統裝幀書籍普查登記目録·紹興

330000 - 1716 - 0020116　子補 0507 - 1/
20116　子部/雜著類
玉歷至寶鈔勸世一卷附經驗神效良方一卷
王子達重編　民國上海宏大善書局石印本
一冊

330000 - 1716 - 0020119　子補 0507 - 2/
20119　子部/雜著類
玉歷至寶鈔勸世一卷附經驗神效良方一卷
王子達重編　民國上海宏大善書局石印本
一冊

330000 - 1716 - 0020121　子補 0081 - 32/
20121　子部/儒家類/儒學之屬/蒙學
新增繪圖幼學故事瓊林四卷首一卷　（清）程
登吉撰　（清）鄒聖脈增補　民國十二年
（1923）上海鑄記書局石印本　一冊

330000 - 1716 - 0020122　集補 0007 - 55/
20122　集部/小說類/長篇之屬
**繪圖增像第五才子書水滸全傳七十回引首一
回**　（元）施耐庵撰　（清）金人瑞評釋　民國
鉛印本　三冊　存十五回（二十三至二十九、
五十五至六十二）

330000 - 1716 - 0020124　子補 0081 - 33/
20124　子部/儒家類/儒學之屬/蒙學
新增繪圖幼學故事瓊林四卷首一卷　（清）程
登吉撰　（清）鄒聖脈增補　民國十二年
（1923）上海鑄記書局石印本　三冊　缺一卷
（四）

330000 - 1716 - 0020125　地獻 1395/20125
子部/醫家類/類編之屬
何氏醫學叢書　何炳元編　民國元年（1912）
紹興明強書藥局鉛印本　七冊　存一種

330000 - 1716 - 0020129　集補 0007 - 57/
20129　集部/小說類/長篇之屬
**繪圖增像第五才子書水滸全傳八卷七十回首
一卷**　（元）施耐庵撰　（清）金人瑞評釋　民
國上海啟新書局石印本　二冊　存二卷（四、
八）

330000 - 1716 - 0020130　子補 0507 - 3/

20130　子部/雜著類
玉歷至寶鈔勸世一卷附經驗神效良方一卷
王子達重編　民國上海宏大善書局石印本
一冊

330000 - 1716 - 0020131　子補 0507 - 4/
20131　子部/雜著類
玉歷至寶鈔勸世一卷附經驗神效良方一卷
王子達重編　民國上海宏大善書局石印本
一冊

330000 - 1716 - 0020134　子補 0507 - 5/
20134　子部/雜著類
玉歷至寶鈔勸世一卷附經驗神效良方一卷
王子達重編　民國石印本　一冊

330000 - 1716 - 0020138　子補 0507 - 6/
20138　子部/雜著類
玉歷至寶鈔勸世一卷附經驗神效良方一卷
王子達重編　民國上海宏大善書局石印本
一冊

330000 - 1716 - 0020141　地獻 1398 - 1/
20141　類叢部/叢書類/彙編之屬
復性書院叢刊二十七種　馬浮編　民國二十
九年至三十七年（1940 - 1948）復性書院刻本
暨鉛印本　十二冊　存十一種

330000 - 1716 - 0020142　子補 0081 - 36/
20142　子部/儒家類/儒學之屬/蒙學
新增繪圖幼學故事瓊林四卷首一卷　（清）程
登吉撰　（清）鄒聖脈增補　民國上海千頃堂
石印本　三冊　存三卷（二至四）

330000 - 1716 - 0020145　地獻 1399/20145
子部/醫家類/婦科之屬
**蕭邑竹林寺藏本傳女科胎前產後諸症全錄二
卷**　民國抄本　朱子安題簽　一冊

330000 - 1716 - 0020146　子補 0081 - 38/
20146　子部/儒家類/儒學之屬/蒙學
新增繪圖幼學故事瓊林四卷首一卷　（清）程
登吉撰　（清）鄒聖脈增補　民國上海文益書
局石印本　五冊

330000 - 1716 - 0020148　子補 0081 - 39/

20148　子部/儒家類/儒學之屬/蒙學

新增繪圖幼學故事瓊林四卷首一卷　（清）程登吉撰　（清）鄒聖脈增補　民國上海簡青齋石印本　周永錦題簽　一冊

330000 – 1716 – 0020150　地獻 1402 – 1/20150　史部/傳記類/別傳之屬/事狀

紹興孝子金鹿賓先生哀誄錄不分卷　陳澹然等撰　民國八年(1919)鉛印本　一冊

330000 – 1716 – 0020151　地獻 1403 – 1/20151　史部/傳記類/別傳之屬/事狀

阮建章先生哀挽錄一卷　孫家驥　潘文源輯　民國十五年(1926)鉛印本　一冊

330000 – 1716 – 0020153　地獻 1404 – 1/20153　史部/傳記類/別傳之屬/年譜

淄川蒲明經[松齡]年徵一卷　唐風撰　民國二十二年(1933)鉛印本　一冊

330000 – 1716 – 0020154　地獻 1404 – 2/20154　史部/傳記類/別傳之屬/年譜

淄川蒲明經[松齡]年徵一卷　唐風撰　民國二十二年(1933)鉛印本　一冊

330000 – 1716 – 0020158　集補 0010 – 4/20158　集部/戲劇類/雜劇之屬

增像第六才子書八卷　（元）王德信　（元）關漢卿撰　（清）金人瑞評　民國石印本　二冊　存二卷(一至二)

330000 – 1716 – 0020160　集補 0010 – 5/20160　集部/戲劇類/雜劇之屬

增像第六才子書八卷　（元）王德信　（元）關漢卿撰　（清）金人瑞評　民國石印本　二冊　存二卷(二至三)

330000 – 1716 – 0020161　子補 0507 – 7/20161　子部/雜著類

玉歷至寶鈔勸世一卷附經驗神效良方一卷　王子達重編　民國上海宏大善書局石印本　一冊

330000 – 1716 – 0020162　集補 0010 – 6/20162　集部/戲劇類/雜劇之屬

增像第六才子書八卷　（元）王德信　（元）關

漢卿撰　（清）金人瑞評　民國石印本　二冊　存二卷(二至三)

330000 – 1716 – 0020163　子補 0507 – 8/20163　子部/雜著類

玉歷至寶鈔勸世一卷附經驗神效良方一卷　王子達重編　民國上海宏大善書局石印本　一冊

330000 – 1716 – 0020164　子補 0081 – 40/20164　子部/儒家類/儒學之屬/蒙學

新增繪圖幼學故事瓊林四卷首一卷　（清）程登吉撰　（清）鄒聖脈增補　民國上海簡青齋石印本　董國樑題簽　一冊　存二卷(三至四)

330000 – 1716 – 0020165　子補 0507 – 9/20165　子部/雜著類

玉歷至寶鈔勸世一卷附經驗神效良方一卷　王子達重編　民國上海宏大善書局石印本　一冊

330000 – 1716 – 0020166　子補 0507 – 10/20166　子部/雜著類

玉歷至寶鈔勸世一卷附經驗神效良方一卷　王子達重編　民國上海宏大善書局石印本　一冊

330000 – 1716 – 0020167　子補 0507 – 11/20167　子部/雜著類

玉歷至寶鈔勸世一卷附經驗神效良方一卷　王子達重編　民國上海宏泰善書局石印本　一冊

330000 – 1716 – 0020168　子補 0507 – 12/20168　子部/雜著類

玉歷至寶鈔勸世一卷附經驗神效良方一卷　王子達重編　民國上海宏大善書局石印本　一冊

330000 – 1716 – 0020172　子補 0081 – 43/20172　子部/儒家類/儒學之屬/蒙學

新增繪圖幼學故事瓊林四卷首一卷　（清）程登吉撰　（清）鄒聖脈增補　民國上海錦章圖書局石印本　一冊

330000－1716－0020174　　集補 0010－7/
20174　集部/戲劇類/雜劇之屬

增像第六才子書四卷　（元）王德信　（元）關
漢卿撰　（清）金人瑞評　民國石印本　一冊
　　存一卷（二）

330000－1716－0020175　　子補 0081－44/
20175　子部/儒家類/儒學之屬/蒙學

新增繪圖幼學故事瓊林四卷首一卷　（清）程
登吉撰　（清）鄒聖脈增補　民國上海錦章圖
書局石印本　二冊　存二卷（二、四）

330000－1716－0020177　　集補 0010－8/
20177　集部/戲劇類/雜劇之屬

增像第六才子書四卷　（元）王德信　（元）關
漢卿撰　（清）金人瑞評　民國石印本　一冊
　　存一卷（二）

330000－1716－0020179　古越 0734/20179
子部/醫家類/婦科之屬/產科

西醫產科圖說一卷　民國石印本　一冊

330000－1716－0020180　　子補 0081－45/
20180　子部/儒家類/儒學之屬/蒙學

新增繪圖幼學故事瓊林四卷首一卷　（清）程
登吉撰　（清）鄒聖脈增補　民國上海昌文書
局石印本　沈史勳題簽　三冊　存三卷（一
至三）

330000－1716－0020183　　子補 0081－46/
20183　子部/儒家類/儒學之屬/蒙學

新增繪圖幼學故事瓊林四卷首一卷　（清）程
登吉撰　（清）鄒聖脈增補　民國上海昌文書
局石印本　三冊　存三卷（二至三、首）

330000－1716－0020186　　子補 0081－47/
20186　子部/儒家類/儒學之屬/蒙學

新增繪圖幼學故事瓊林四卷首一卷　（清）程
登吉撰　（清）鄒聖脈增補　民國上海昌文書
局石印本　三冊　存三卷（二至三、首）

330000－1716－0020188　　地獻 1405－1/
20188　子部/醫家類/喉科口齒之屬/白喉

白喉全生集一卷　（清）李紀方輯　民國七年
（1918）蕭山合義和印書局鉛印本　一冊

330000－1716－0020200　　地獻 1407/20200
子部/醫家類/類編之屬

醫藥叢書十一種　裘慶元輯　民國五年至十
年（1916－1921）紹興醫藥學報社刻本　三冊
　　存四種

330000－1716－0020204　　子補 0081－48/
20204　子部/儒家類/儒學之屬/蒙學

新增繪圖幼學故事瓊林四卷首一卷　（清）程
登吉撰　（清）鄒聖脈增補　民國上海昌文書
局石印本　一冊

330000－1716－0020206　　子補 0081－49/
20206　子部/儒家類/儒學之屬/蒙學

新增繪圖幼學故事瓊林四卷首一卷　（清）程
登吉撰　（清）鄒聖脈增補　民國上海昌文書
局石印本　甯夢雰氏題簽　五冊

330000－1716－0020207　　子補 0081－50/
20207　子部/儒家類/儒學之屬/蒙學

新增繪圖幼學故事瓊林四卷首一卷　（清）程
登吉撰　（清）鄒聖脈增補　民國上海昌文書
局石印本　一冊

330000－1716－0020208　　地獻 1349－3/
20208　子部/醫家類/養生之屬

養生鏡一卷附經驗靈藥說明書一卷　石天基
撰述　楊瑞葆纂訂　民國十二年（1923）上海
明德書局鉛印本　一冊　缺一卷（經驗靈藥
說明書）

330000－1716－0020210　　子補 0205/20210
子部/醫家類/方書之屬/單方驗方

串雅內編四卷外編四卷　（清）趙學敏纂
（清）吳庚生補注　民國鉛印本　一冊　存一
卷（四）

330000－1716－0020211　　子補 0206/20211
子部/醫家類/醫經之屬/內經

素問靈樞類纂約注三卷　（清）汪昂輯注　民
國上海商務印書館鉛印本　一冊　存一卷
（下）

330000－1716－0020213　　子補 0081－51/
20213　子部/儒家類/儒學之屬/蒙學

445

新增繪圖幼學故事瓊林四卷首一卷 （清）程登吉撰 （清）鄒聖脈增補 民國五年（1916）上海鴻文書局石印本 四冊

330000－1716－0020214 地獻 1398－2/20214 類叢部/叢書類/彙編之屬

復性書院叢刊二十七種 馬浮編 民國二十九年至三十七年（1940－1948）復性書院刻本暨鉛印本 一冊 存一種

330000－1716－0020215 子補 0081－52/20215 子部/儒家類/儒學之屬/蒙學

新增繪圖幼學故事瓊林四卷首一卷 （清）程登吉撰 （清）鄒聖脈增補 民國五年（1916）上海鴻文書局石印本 一冊 缺一卷（一）

330000－1716－0020216 地獻 1408/20216 集部/別集類/唐五代別集

樊諫議集附錄甲集一卷補遺一卷乙集一卷補遺一卷 （唐）樊宗師撰 樊鎮輯 民國十年（1921）山陰樊氏綿絳書屋鉛印本 一冊

330000－1716－0020217 子補 0081－53/20217 子部/儒家類/儒學之屬/蒙學

新增繪圖幼學故事瓊林四卷首一卷 （清）程登吉撰 （清）鄒聖脈增補 民國五年（1916）上海鴻文書局石印本 二冊 缺一卷（四）

330000－1716－0020220 子補 0081－54/20220 子部/儒家類/儒學之屬/蒙學

新增繪圖幼學故事瓊林四卷首一卷 （清）程登吉撰 （清）鄒聖脈增補 民國上海鴻文書局石印本 一冊 存一卷（三）

330000－1716－0020224 地獻 1410/20224 集部/別集類/唐五代別集

杜詩注解節鈔一卷 （清）顧淳慶輯注 民國十六年（1927）上海科學儀器館影印本 一冊

330000－1716－0020225 子補 0208/20225 子部/醫家類/方書之屬/成方藥目

湯頭歌訣一卷附經絡歌訣一卷 （清）汪昂撰 民國商務印書館鉛印本 一冊 存一卷（湯頭歌訣）

330000－1716－0020241 子補 0212/20241

子部/醫家類/醫經之屬/內經

素問靈樞類纂約注三卷 （清）汪昂輯注 民國上洋公興書局鉛印本 二冊 存二卷（一、三）

330000－1716－0020253 集補 0010－23/20253 集部/戲劇類/雜劇之屬

增像第六才子書五卷首一卷 （元）王德信 （元）關漢卿撰 （清）金人瑞評 民國石印本 二冊 存二卷（二、首）

330000－1716－0020257 集補 0010－24/20257 集部/戲劇類/雜劇之屬

增像第六才子書五卷首一卷 （清）程登吉撰 （元）王德信 （元）關漢卿撰 （清）金人瑞評 民國上海普新書局石印本 四冊 存四卷（三至五、首）

330000－1716－0020260 子補 0508－1/20260 子部/雜著類

玉歷至寶鈔勸世一卷附經驗神效良方一卷 王子達重編 民國上海宏大善書局石印本 一冊

330000－1716－0020261 集補 0010－25/20261 集部/戲劇類/雜劇之屬

增像第六才子書□□卷 （元）王德信 （元）關漢卿撰 （清）金人瑞評 民國石印本 二冊 存二卷（三至四）

330000－1716－0020262 地獻 1421－1/20262 集部/別集類/清別集

惕齋遺集四卷續集二卷補遺一卷首一卷末一卷 （清）周蘊良撰 民國二十四年（1935）會稽周氏誦清芬館刻本 二冊

330000－1716－0020263 子補 0508－2/20263 子部/雜著類

玉歷至寶鈔勸世一卷附經驗神效良方一卷 王子達重編 民國上海宏大善書局石印本 一冊

330000－1716－0020264 集補 0010－26/20264 集部/戲劇類/雜劇之屬

增像第六才子書□□卷 （元）王德信 （元）關漢卿撰 （清）金人瑞評 民國石印本 一

冊　存一卷(三)

330000 - 1716 - 0020265　子補 0508 - 3/
20265　子部/雜著類
玉歷至寶鈔勸世一卷附經驗神效良方一卷
王子達重編　民國上海宏大善書局石印本
一冊

330000 - 1716 - 0020267　子補 0508 - 4/
20267　子部/雜著類
玉歷至寶鈔勸世一卷附經驗神效良方一卷
王子達重編　民國上海宏大善書局石印本
一冊

330000 - 1716 - 0020268　子補 0508 - 5/
20268　子部/雜著類
玉歷至寶鈔勸世一卷附經驗神效良方一卷
王子達重編　民國上海宏大善書局石印本
一冊

330000 - 1716 - 0020269　子補 0508 - 6/
20269　子部/雜著類
玉歷至寶鈔勸世一卷附經驗神效良方一卷
王子達重編　民國上海宏大善書局石印本
一冊

330000 - 1716 - 0020271　普叢 0125 - 1/
20271　類叢部/叢書類/彙編之屬
說庫一百七十種　王文濡編　民國四年
(1915)上海文明書局石印本(浮生六記卷五
至六原缺)　五十五冊　存一百五十六種

330000 - 1716 - 0020272　子補 0218 - 1/
20272　子部/醫家類/養生之屬
養生保命錄一卷　民國鉛印本　一冊

330000 - 1716 - 0020273　子補 0218 - 2/
20273　子部/醫家類/養生之屬
養生保命錄一卷　民國上海宏大善書局石印
本　一冊

330000 - 1716 - 0020274　子補 0218 - 3/
20274　子部/醫家類/養生之屬
養生保命錄一卷　民國上海宏大善書局石印
本　一冊

330000 - 1716 - 0020275　集補 0010 - 27/
20275　集部/戲劇類/雜劇之屬
增像第六才子書□□卷　(元)王德信　(元)
關漢卿撰　(清)金人瑞評　民國石印本　一
冊　存一卷(四)

330000 - 1716 - 0020276　集補 0010 - 28/
20276　集部/戲劇類/雜劇之屬
增批繡像第六才子書八卷　(元)王德信
(元)關漢卿撰　(清)金人瑞評　民國石印本
　一冊　存一卷(五)

330000 - 1716 - 0020277　經補 0100/20277
經部/小學類/文字之屬/說文
說文解字彙纂條例一卷　(清)孫禮煜撰　民
國十七年(1928)長興印書局鉛印本　一冊

330000 - 1716 - 0020278　集補 0010 - 29/
20278　集部/戲劇類/雜劇之屬
增像第六才子書五卷　(元)王德信　(元)關
漢卿撰　(清)金人瑞評　民國石印本　二冊
　存二卷(四至五)

330000 - 1716 - 0020279　地獻 1423/20279
子部/醫家類/溫病之屬
重訂廣溫熱論二卷　(清)戴天章撰　(清)陸
懋修刪定　何炳元重訂　民國三年(1914)宣
化坊何氏醫家鉛印本　二冊

330000 - 1716 - 0020283　子補 0508 - 7/
20283　子部/雜著類
玉歷至寶鈔勸世一卷附經驗神效良方一卷
王子達重編　民國上海宏大善書局石印本
一冊

330000 - 1716 - 0020284　地獻 1426 - 1/
20284　子部/儒家類/儒學之屬/蒙學
便蒙四書　(宋)朱熹撰　民國浙紹墨潤堂鉛
印本　四冊

330000 - 1716 - 0020286　史補 1245 - 54/
20286　類叢部/叢書類/彙編之屬
說郛樣本一卷附預約簡章　民國十一年
(1922)上海商務印書館鉛印本　一冊

330000 - 1716 - 0020287　子補 0508 - 8/

20287 子部/雜著類

玉歷至寶鈔勸世一卷附經驗神效良方一卷
王子達重編 民國上海宏大善書局石印本
一冊

330000－1716－0020288 地獻 1427－1/
20288 新學/學校

高等小學論說文範四卷 邵伯棠撰 民國三
年(1914)上海會文堂書局石印本 一冊

330000－1716－0020289 子補 0508－9/
20289 子部/雜著類

玉歷至寶鈔勸世一卷附經驗神效良方一卷
王子達重編 民國上海宏大善書局石印本
一冊

330000－1716－0020290 地獻 1428/20290
子部/雜著類

玉歷至寶鈔勸世一卷附經驗神效良方一卷
王子達重編 民國上海宏大善書局石印本
一冊

330000－1716－0020291 子補 0508－10/
20291 子部/雜著類

玉歷至寶鈔勸世一卷附經驗神效良方一卷
王子達重編 民國上海宏大善書局石印本
一冊

330000－1716－0020293 子補 0508－11/
20293 子部/雜著類

玉歷至寶鈔勸世一卷附經驗神效良方一卷
王子達重編 民國上海宏大善書局石印本
一冊

330000－1716－0020294 子補 0508－12/
20294 子部/雜著類

玉歷至寶鈔勸世一卷附經驗神效良方一卷
王子達重編 民國上海宏大善書局石印本
一冊

330000－1716－0020295 子補 0218－4/
20295 子部/醫家類/養生之屬

養生保命錄一卷 民國二十三年(1934)上海
三友實業社石印本 一冊

330000－1716－0020296 子補 0218－5/

20296 子部/醫家類/養生之屬

養生保命錄一卷 民國二十四年(1935)上海
三友實業社石印本 一冊

330000－1716－0020297 子補 0219－1/
20297 子部/醫家類/兒科之屬

福幼編一卷遂生編一卷廣生編一卷 (清)莊
一夔撰 民國二十三年(1934)杭州正則印書
館鉛印本 一冊

330000－1716－0020298 子補 0219－2/
20298 子部/醫家類/兒科之屬

福幼編一卷遂生編一卷廣生編一卷 (清)莊
一夔撰 民國二十三年(1934)杭州正則印書
館鉛印本 一冊

330000－1716－0020300 子補 0081－58/
20300 子部/儒家類/儒學之屬/蒙學

新增繪圖幼學故事瓊林四卷首一卷 (清)程
登吉撰 (清)鄒聖脈增補 民國二年(1913)
上海天寶書局石印本 一冊

330000－1716－0020302 子補 0081－59/
20302 子部/儒家類/儒學之屬/蒙學

新增繪圖幼學故事瓊林四卷首一卷 (清)程
登吉撰 (清)鄒聖脈增補 民國元年(1912)
上海天寶書局石印本 一冊 存一卷(一)

330000－1716－0020303 集補 0011－1/
20303 集部/小說類/短篇之屬

第九才子書捉鬼傳四卷十回 (清)劉璋編
民國三年(1914)上海富華圖書館石印本 二
冊 存二卷(一、四)

330000－1716－0020305 子補 0081－60/
20305 子部/儒家類/儒學之屬/蒙學

**會文堂精校重增繪圖幼學故事瓊林四卷首一
卷** (清)程登吉撰 (清)鄒聖脈增補 蔡郕
續增 (清)謝梅林 (清)鄒可庭參訂 民國
九年(1920)上海會文堂書局石印本 惟謙廬
題籤 一冊

330000－1716－0020307 子補 0081－61/
20307 子部/儒家類/儒學之屬/蒙學

新增繪圖幼學故事瓊林四卷首一卷 (清)程

登吉撰 （清）鄒聖脈增補 民國上海劉德記書局石印本 龐經瑞題簽 二冊 存二卷（三至四）

330000－1716－0020311 子補 0081－62/20311 子部/儒家類/儒學之屬/蒙學

新增繪圖幼學故事瓊林四卷首一卷 （清）程登吉撰 （清）鄒聖脈增補 民國上海廣益書局石印本 三冊 缺二卷（一、三）

330000－1716－0020315 經補 0105/20315 經部/小學類/文字之屬/說文傳說

說文解字詁林樣本一卷 丁福保編 民國上海醫學書局鉛印本 一冊

330000－1716－0020316 普叢 0280－1/20316 類叢部/叢書類/自著之屬

曾文正公四種 （清）曾國藩撰 民國上海著易堂書局石印本 十冊 存一種

330000－1716－0020321 史補 0146/20321 史部/目錄類/專錄之屬

清華醫室藏書類目二卷 釋清華編 民國二十一年（1932）鉛印本 一冊 存一卷（下）

330000－1716－0020324 地獻 1405－2/20324 子部/醫家類/喉科口齒之屬/白喉

白喉全生集一卷 （清）李紀方輯 民國六年（1917）蕭山合義和印書局鉛印本 一冊

330000－1716－0020325 地獻 1405－3/20325 子部/醫家類/喉科口齒之屬/白喉

白喉全生集一卷 （清）李紀方輯 民國六年（1917）蕭山合義和印書局鉛印本 一冊

330000－1716－0020327 地獻 1434－1/20327 集部/總集類/郡邑之屬

鹿山吟社第三集一卷 商寶慈編 民國二十年（1931）鉛印本 一冊

330000－1716－0020331 子補 0081－65/20331 子部/儒家類/儒學之屬/蒙學

新增繪圖幼學故事瓊林四卷首一卷 （清）程登吉撰 （清）鄒聖脈增補 民國蛟川文選樓石印本 一冊 存一卷（二）

330000－1716－0020332 子補 0225/20332 子部/醫家類/方書之屬/單方驗方

經驗藥方一卷 民國二十二年（1933）北京天華印書館鉛印本 一冊

330000－1716－0020333 子補 0510－1/20333 子部/雜著類

玉歷至寶鈔勸世一卷附經驗神效良方一卷 王子達重編 **身世金丹一卷** （清）讀我書屋輯錄 民國上海宏大善書局石印本 一冊

330000－1716－0020334 子補 0081－66/20334 子部/儒家類/儒學之屬/蒙學

新增繪圖幼學故事瓊林四卷首一卷 （清）程登吉撰 （清）鄒聖脈增補 民國石印本 一冊 存一卷（二）

330000－1716－0020337 子補 0081－67/20337 子部/儒家類/儒學之屬/蒙學

新增幼學故事瓊林白話注解四卷 （清）程登吉撰 （清）鄒聖脈增補 民國石印本 一冊 存一卷（一）

330000－1716－0020339 地獻 1435/20339 子部/醫家類/方書之屬/單方驗方

驗方一集不分卷二集不分卷三集不分卷 民國二十五年（1936）紹興昌安陳志餘抄本 三冊

330000－1716－0020340 地獻 1436/20340 子部/宗教類/佛教之屬

科儀不分卷 普性撰 民國石印本 一冊

330000－1716－0020341 子補 0510－2/20341 子部/雜著類

玉歷至寶鈔勸世一卷附經驗神效良方一卷 王子達重編 **身世金丹一卷** （清）讀我書屋輯錄 民國上海宏大善書局石印本 一冊

330000－1716－0020344 子補 0510－3/20344 子部/雜著類

玉歷至寶鈔勸世一卷附經驗神效良方一卷 王子達重編 **身世金丹一卷** （清）讀我書屋輯錄 民國上海宏大善書局石印本 一冊

330000－1716－0020347 普叢 0295－1/

20347　類叢部/叢書類/自著之屬

曾文正公四種　（清）曾國藩撰　民國上海廣益書局石印本　一冊　存一種

330000－1716－0020351　子補 0081－68/20351　子部/儒家類/儒學之屬/蒙學

新增繪圖幼學故事瓊林四卷首一卷　（清）程登吉撰　（清）鄒聖脈增補　民國十二年（1923）鴻章書局石印本　一冊　缺一卷（四）

330000－1716－0020353　子補 0081－69/20353　子部/儒家類/儒學之屬/蒙學

新增繪圖幼學故事瓊林四卷首一卷　（清）程登吉撰　（清）鄒聖脈增補　民國石印本　一冊　存一卷（二）

330000－1716－0020354　子補 0081－70/20354　子部/儒家類/儒學之屬/蒙學

新增繪圖幼學故事瓊林四卷首一卷　（清）程登吉撰　（清）鄒聖脈增補　民國石印本　一冊　缺二卷（三至四）

330000－1716－0020355　子補 0510－4/20355　子部/雜著類

玉歷至寶鈔勸世一卷附經驗神效良方一卷　王子達重編　**身世金丹一卷**　（清）讀我書屋輯錄　民國上海宏大善書局石印本　一冊

330000－1716－0020356　子補 0510－5/20356　子部/雜著類

玉歷至寶鈔勸世一卷附經驗神效良方一卷　王子達重編　**身世金丹一卷**　（清）讀我書屋輯錄　民國上海宏大善書局石印本　一冊

330000－1716－0020360　子補 0081－71/20360　子部/儒家類/儒學之屬/蒙學

新增繪圖幼學故事瓊林四卷首一卷　（清）程登吉撰　（清）鄒聖脈增補　民國石印本　二冊　存二卷（三至四）

330000－1716－0020363　子補 0081－72/20363　子部/儒家類/儒學之屬/蒙學

新增繪圖幼學故事瓊林四卷首一卷　（清）程登吉撰　（清）鄒聖脈增補　民國久敬齋石印本　王松標題籤　二冊　存二卷（二至三）

330000－1716－0020365　子補 0081－73/20365　子部/儒家類/儒學之屬/蒙學

新增繪圖幼學故事瓊林四卷首一卷　（清）程登吉撰　（清）鄒聖脈增補　民國石印本　陶偉□題籤　一冊　存一卷（三）

330000－1716－0020367　子補 0081－74/20367　子部/儒家類/儒學之屬/蒙學

新增繪圖幼學故事瓊林四卷首一卷　（清）程登吉撰　（清）鄒聖脈增補　民國石印本　一冊　存一卷（三）

330000－1716－0020370　子補 0510－6/20370　子部/雜著類

玉歷至寶鈔勸世一卷附經驗神效良方一卷　王子達重編　**身世金丹一卷**　（清）讀我書屋輯錄　民國上海宏大善書局石印本　一冊

330000－1716－0020371　子補 0510－7/20371　子部/雜著類

玉歷至寶鈔勸世一卷附經驗神效良方一卷　王子達重編　**身世金丹一卷**　（清）讀我書屋輯錄　民國上海宏大善書局石印本　一冊

330000－1716－0020372　子補 0510－8/20372　子部/雜著類

玉歷至寶鈔勸世一卷附經驗神效良方一卷　王子達重編　**身世金丹一卷**　（清）讀我書屋輯錄　民國上海宏大善書局石印本　一冊

330000－1716－0020373　子補 0510－9/20373　子部/雜著類

玉歷至寶鈔勸世一卷附經驗神效良方一卷　王子達重編　**身世金丹一卷**　（清）讀我書屋輯錄　民國上海宏大善書局石印本　一冊

330000－1716－0020374　子補 0510－10/20374　子部/雜著類

玉歷至寶鈔勸世一卷附經驗神效良方一卷　王子達重編　**身世金丹一卷**　（清）讀我書屋輯錄　民國上海宏大善書局石印本　一冊

330000－1716－0020377　集補 0012－1/20377　集部/曲類/彈詞之屬

繡像全圖再生緣全傳二十卷八十回　（清）陳

端生撰　民國石印本　一冊　存一卷(十二)

330000－1716－0020378　普叢 0291－3/20378　類叢部/叢書類/自著之屬

曾文正公四種　(清)曾國藩撰　民國上海鑄記書局石印本　一冊　存一種

330000－1716－0020381　集補 1823/20381　集部/別集類/清別集

詳注曾文正公家書十二卷　(清)曾國藩撰　民國上海著易堂書局石印本　一冊　存一卷(七)

330000－1716－0020384　集補 0012－2/20384　集部/曲類/彈詞之屬

繡像再生緣全傳六卷八十回　(清)陳端生撰　民國石印本　一冊　存二卷(一至二)

330000－1716－0020385　普叢 0292－4/20385　類叢部/叢書類/自著之屬

分類廣注曾文正公五種八卷　(清)曾國藩撰　民國上海世界書局石印本　二冊　存三卷(家訓、日記一至二)

330000－1716－0020388　普叢 0290－1/20388　類叢部/叢書類/自著之屬

詳注曾文正公八種　(清)曾國藩撰　章琢其編注　民國上海會文堂書局石印本　十五冊　存三種

330000－1716－0020389　子補 0226/20389　子部/醫家類/傷寒金匱之屬/綜合

軒轅秘傳祝由神科一卷　民國石印本　一冊

330000－1716－0020390　地獻 1446－1/20390　子部/儒家類/儒學之屬/禮教/鑑戒

八德須知初集八卷二集八卷三集八卷四集八卷　蔡振紳輯　**白話本二集**　蔡振紳輯　陳覺民演　民國上海明善書局石印本　四冊　存八卷(二集一至八)

330000－1716－0020394　地獻 1446－2/20394　子部/儒家類/儒學之屬/禮教/鑑戒

八德須知初集八卷二集八卷三集八卷四集八卷　蔡振紳輯　**白話本二卷**　蔡振紳輯　陳覺民演　民國上海明善書局石印本　一冊

存二卷(二集五至六)

330000－1716－0020396　集補 0012－3/20396　集部/曲類/彈詞之屬

繡像再生緣全傳六卷八十回　(清)陳端生撰　民國石印本　三冊　存三卷(二至四)

330000－1716－0020397　地獻 1447－1/20397　子部/宗教類/道教之屬

養真集二卷　(清)養真子撰　(清)王士端注　民國九年(1920)紹興同善分社鉛印本　一冊

330000－1716－0020398　普叢 0126－1/20398　子部/小說家類

筆記小說大觀二百二十二種　進步書局輯　民國上海進步書局石印本　一百一冊　存六十一種

330000－1716－0020403　普叢 0294/20403　類叢部/叢書類/自著之屬

曾文正公四種　(清)曾國藩撰　民國上海錦章圖書局石印本　四冊　存二種

330000－1716－0020408　普叢 0287－4/20408　類叢部/叢書類/自著之屬

曾文正公全集十六種　(清)曾國藩撰　民國十一年(1922)上海中華圖書館鉛印本　五冊　存四種

330000－1716－0020410　集補 0012－6/20410　集部/小說類/長篇之屬

龍鳳配再生緣十二卷七十四回　(清)陳端生撰　民國上海鴻文書局石印本　三冊　存六卷(一至四、九至十)

330000－1716－0020418　地獻 1453－1/20418　集部/別集類/清別集

愧廬文鈔二卷詩鈔一卷聯稿一卷　(清)胡鍾生撰　蔡元培選　民國三年(1914)上海越社鉛印本　一冊

330000－1716－0020420　地獻 1454/20420　集部/別集類/清別集

一行居集八卷首一卷附一卷　(清)彭紹升撰　民國八年(1919)北京刻經處刻本　三冊

存七卷（三至八、附）

330000－1716－0020421　子補 0230/20421　子部/醫家類/婦科之屬/產科

胎產心法三卷　（清）閻純璽撰　民國九年（1920）上海江東茂記書局石印本　五冊

330000－1716－0020423　集補 0012－9/20423　集部/曲類/彈詞之屬

繡像全圖再生緣全傳二十卷八十回　（清）陳端生撰　民國石印本　四冊　存七卷（一、五、八、十六至十九）

330000－1716－0020428　集補 0012－10/20428　集部/曲類/彈詞之屬

繡像全圖再生緣全傳二十卷八十回　（清）陳端生撰　民國石印本　十三冊　存十三卷（二至六、九至十五、十九）

330000－1716－0020429　子補 0231－1/20429　子部/醫家類/本草之屬/歷代綜合本草

本草綱目五十二卷附圖三卷瀕湖脈學一卷奇經八脈考一卷脈訣考證一卷　（明）李時珍撰　民國四年（1915）江東書局石印本　一冊　存二卷（瀕湖脈學、奇經八脈考）

330000－1716－0020431　經補 0114/20431　經部/小學類/文字之屬/說文/傳說

說文解字注十五卷附六書音韻表五卷　（清）段玉裁撰　**說文部目分韻一卷**　（清）陳煥編　**說文通檢十四卷首一卷末一卷**　（清）黎永椿編　**說文提要一卷**　（清）陳建侯撰　**徐星伯說文段注札記一卷**　（清）徐松撰　（清）劉肇隅編　**龔定菴說文段注札記一卷**　（清）龔自珍撰　（清）劉肇隅編　**桂未谷說文段注鈔一卷補鈔一卷**　（清）桂馥撰　（清）劉肇隅編　民國十年（1921）上海掃葉山房石印本　二冊　存十卷（六書音韻表一至五，說文提要，徐星伯說文段注札記，龔定菴說文段注札記，桂未谷說文段注鈔、補鈔）

330000－1716－0020432　地獻 1404－3/20432　史部/傳記類/別傳之屬/年譜

淄川蒲明經[松齡]年徵一卷　唐風撰　民國

二十二年（1933）鉛印本　一冊

330000－1716－0020434　地獻 1404－4/20434　史部/傳記類/別傳之屬/年譜

淄川蒲明經[松齡]年徵一卷　唐風撰　民國二十二年（1933）鉛印本　一冊

330000－1716－0020435　地獻 1404－5/20435　史部/傳記類/別傳之屬/年譜

淄川蒲明經[松齡]年徵一卷　唐風撰　民國二十二年（1933）鉛印本　一冊

330000－1716－0020436　普叢 0126－3/20436　子部/小說家類

筆記小說大觀二百二十二種　進步書局輯　民國上海進步書局石印本　三冊　存二種

330000－1716－0020437　子補 0231－2/20437　子部/醫家類/醫經之屬/難經

校正圖注八十一難經四卷　（明）張世賢注　**校正圖注脈訣四卷**　（晉）王叔和撰　（明）張世賢注　**校正瀕湖脈學一卷奇經八脈考一卷**　（明）李時珍撰輯　民國石印本　一冊　存二卷（校正瀕湖脈學、奇經八脈考）

330000－1716－0020438　子補 0081－83/20438　子部/儒家類/儒學之屬/蒙學

精校重增繪圖幼學故事瓊林四卷首一卷　（清）程登吉撰　（清）鄒聖脈增補　蔡郴續增　（清）謝梅林　（清）鄒可庭參訂　民國二十一年（1932）上海會文堂新記書局石印本　李漢鼎、李乾耀題記　一冊

330000－1716－0020441　經補 0115/20441　經部/小學類/文字之屬/字書/字體

古籀彙編十四卷檢字一卷　徐文鏡編　民國上海商務印書館石印本　五冊　存五卷（三至六、十）

330000－1716－0020442　集補 0012－11/20442　集部/曲類/彈詞之屬

繡像全圖再生緣全傳二十卷八十回　（清）陳端生撰　民國石印本　十八冊　缺二卷（八、十六）

330000－1716－0020443　子補 0081－84/

20443　子部/儒家類/儒學之屬/蒙學

精校重增繪圖幼學故事瓊林四卷首一卷
（清）程登吉撰　（清）鄒聖脈增補　蔡鄗續增
　（清）謝梅林　（清）鄒可庭參訂　民國十七
年（1928）上海會文堂書局石印本　張曾亮題
簽　四冊

330000－1716－0020444　子補 0231－3/
20444　子部/醫家類/醫經之屬/難經

校正圖注八十一難經四卷　（明）張世賢注
校正圖注脈訣四卷　（晉）王叔和撰　（明）張
世賢注　**校正瀕湖脈學一卷奇經八脈考一卷**
　（明）李時珍撰輯　民國石印本　一冊　存
二卷（校正瀕湖脈學、奇經八脈考）

330000－1716－0020445　子補 0232/20445
子部/醫家類/方書之屬/單方驗方

朱氏利人集一卷再版增方一卷　朱覺省撰
民國十六年（1927）石印本　一冊　缺一卷
（增方）

330000－1716－0020447　經補 0116/20447
經部/小學類/文字之屬/說文/專著

說文古籀三補十四卷附錄一卷　強運開輯
民國上海商務印書館石印本　一冊　存七卷
（一至七）

330000－1716－0020449　子補 0081－85/
20449　子部/儒家類/儒學之屬/蒙學

精校重增繪圖幼學故事瓊林四卷首一卷
（清）程登吉撰　（清）鄒聖脈增補　蔡鄗續增
　（清）謝梅林　（清）鄒可庭參訂　民國二十
年（1931）上海會文堂新記書局石印本　王欽
治題簽　四冊

330000－1716－0020450　地獻 2014－1/
20450　子部/儒家類/儒學之屬/俗訓

格言合璧不分卷　（清）金纓輯　民國八年
（1919）上海宏大善書總發行所石印本　一冊

330000－1716－0020451　子補 0081－86/
20451　子部/儒家類/儒學之屬/蒙學

精校重增繪圖幼學故事瓊林四卷首一卷
（清）程登吉撰　（清）鄒聖脈增補　蔡鄗續增
　（清）謝梅林　（清）鄒可庭參訂　民國二十

四年（1935）上海會文堂書局石印本　邵安題
記　四冊

330000－1716－0020452　子補 0081－87/
20452　子部/儒家類/儒學之屬/蒙學

精校重增繪圖幼學故事瓊林四卷首一卷
（清）程登吉撰　（清）鄒聖脈增補　蔡鄗續增
　（清）謝梅林　（清）鄒可庭參訂　民國十五
年（1926）上海會文堂書局石印本　沈鏞題簽
　四冊

330000－1716－0020455　經補 0117/20455
經部/小學類/文字之屬/說文/專著

說文古籀三補十四卷附錄一卷　強運開輯
民國上海商務印書館石印本　一冊　存七卷
（一至七）

330000－1716－0020458　子補 0081－88/
20458　子部/儒家類/儒學之屬/蒙學

精校重增繪圖幼學故事瓊林四卷首一卷
（清）程登吉撰　（清）鄒聖脈增補　蔡鄗續增
　（清）謝梅林　（清）鄒可庭參訂　民國二十
四年（1935）上海會文堂書局石印本　四冊

330000－1716－0020462　子補 0235/20462
子部/醫家類/醫經之屬/內經

**黃帝內經素問合纂十卷靈樞經合纂九卷補遺
一卷**　（明）馬蒔　（清）張志聰注　民國八年
（1919）上海錦章圖書局石印本　七冊　存八
卷（一、三至七、九至十）

330000－1716－0020465　地獻 1459/20465
史部/目錄類/總錄之屬/官修

紹興縣圖書館藏書目錄不分卷　紹興縣圖書
館編　稿本　一冊

330000－1716－0020466　普叢 0287－2/
20466　類叢部/叢書類/自著之屬

曾文正公全集十六種　（清）曾國藩撰　民國
九年（1920）上海中華書局鉛印本　十五冊
存五種

330000－1716－0020468　子補 0081－89/
20468　子部/儒家類/儒學之屬/蒙學

精校重增繪圖幼學故事瓊林四卷首一卷

（清）程登吉撰　（清）鄒聖脈增補　蔡郴續增　（清）謝梅林　（清）鄒可庭參訂　民國十七年（1928）上海會文堂書局石印本　四冊

330000－1716－0020470　子補 0236－1/20470　子部/醫家類/綜合之屬/通論

醫學心悟六卷　（清）程國彭撰　民國上海錦章書局石印本　一冊　存二卷（五至六）

330000－1716－0020471　子補 0081－94/20471　子部/儒家類/儒學之屬/蒙學

精校重增繪圖幼學故事瓊林四卷首一卷（清）程登吉撰　（清）鄒聖脈增補　蔡郴續增　（清）謝梅林　（清）鄒可庭參訂　民國二十八年（1939）上海會文堂書局石印本　杜雲麟題簽　四冊

330000－1716－0020473　地獻 1461/20473　子部/藝術類/遊藝之屬/棋弈

中日圍棋百式一卷　徐元猷編　民國九年（1920）石印本　一冊

330000－1716－0020474　子補 0081－90/20474　子部/儒家類/儒學之屬/蒙學

精校重增繪圖幼學故事瓊林四卷首一卷（清）程登吉撰　（清）鄒聖脈增補　蔡郴續增　（清）謝梅林　（清）鄒可庭參訂　民國二十一年（1932）上海會文堂新記書局石印本　四冊

330000－1716－0020475　子補 0236－2/20475　子部/醫家類/綜合之屬/通論

醫學心悟六卷　（清）程國彭撰　民國上海錦章書局石印本　一冊

330000－1716－0020480　子補 0081－91/20480　子部/儒家類/儒學之屬/蒙學

精校重增繪圖幼學故事瓊林四卷首一卷（清）程登吉撰　（清）鄒聖脈增補　蔡郴續增　（清）謝梅林　（清）鄒可庭參訂　民國十七年（1928）上海會文堂書局石印本　喻耀魁題簽　四冊

330000－1716－0020485　子補 0237/20485　子部/醫家類/醫話醫論之屬

醫學白話四卷　（清）洪壽曼編　民國八年（1919）上海彪蒙書室石印本　三冊　缺一卷（二）

330000－1716－0020486　集補 0012－18/20486　集部/曲類/彈詞之屬

繡像再生緣全傳六卷八十回　（清）陳端生撰　民國石印本　一冊　存一卷（四）

330000－1716－0020487　子補 0081－92/20487　子部/儒家類/儒學之屬/蒙學

精校重增繪圖幼學故事瓊林四卷首一卷（清）程登吉撰　（清）鄒聖脈增補　蔡郴續增　（清）謝梅林　（清）鄒可庭參訂　民國十四年（1925）上海會文堂書局石印本　四冊

330000－1716－0020489　集補 0012－19/20489　集部/曲類/彈詞之屬

繡像全圖再生緣全傳二十卷八十回　（清）陳端生撰　民國上海錦章圖書局石印本　九冊　存十八卷（三至二十）

330000－1716－0020490　子補 0081－95/20490　子部/儒家類/儒學之屬/蒙學

精校重增繪圖幼學故事瓊林四卷首一卷（清）程登吉撰　（清）鄒聖脈增補　蔡郴續增　（清）謝梅林　（清）鄒可庭參訂　民國二十二年（1933）上海會文堂書局石印本　四冊

330000－1716－0020493　普叢 0104－6/20493　類叢部/叢書類/彙編之屬

四部叢刊　張元濟等編　民國上海商務印書館影印本　二十九冊　存七種

330000－1716－0020494　子補 0081－96/20494　子部/儒家類/儒學之屬/蒙學

精校重增繪圖幼學故事瓊林四卷首一卷（清）程登吉撰　（清）鄒聖脈增補　蔡郴續增　（清）謝梅林　（清）鄒可庭參訂　民國十八年（1929）上海會文堂書局石印本　三冊　缺一卷（四）

330000－1716－0020496　地獻 1460－1/20496　史部/紀傳類

清史講義輯要不分卷　祝文修編　民國油印

本 一冊

330000 - 1716 - 0020497　地獻 1460 - 2/
20497　史部/紀傳類

清史講義輯要不分卷　祝文修編　民國油印
本　一冊

330000 - 1716 - 0020499　子補 0081 - 93/
20499　子部/儒家類/儒學之屬/蒙學

精校重增繪圖幼學故事瓊林四卷首一卷
（清）程登吉撰　（清）鄒聖脈增補　蔡鄗續增
　（清）謝梅林　（清）鄒可庭參訂　民國二十
一年（1932）上海會文堂新記書局石印本
四冊

330000 - 1716 - 0020501　子補 0518 - 1/
20501　子部/天文曆算類/曆法之屬

繼成堂洪潮和通書不分卷　民國二十年
（1931）福建泉州繼成堂石印本　一冊

330000 - 1716 - 0020502　子補 0081 - 97/
20502　子部/儒家類/儒學之屬/蒙學

精校重增繪圖幼學故事瓊林四卷首一卷
（清）程登吉撰　（清）鄒聖脈增補　蔡鄗續增
　（清）謝梅林　（清）鄒可庭參訂　民國十七
年（1928）上海會文堂書局石印本　二冊　存
三卷（一、三，首）

330000 - 1716 - 0020503　子補 0239 - 1/
20503　子部/醫家類/外科之屬/通論

外科正宗十二卷　（明）陳實功撰　（清）徐大
椿評　民國石印本　三冊　存六卷（五至十）

330000 - 1716 - 0020504　集補 0013 - 2/
20504　集部/曲類/彈詞之屬

笑中緣圖說□□卷　民國石印本　二冊　存
二卷（一、四）

330000 - 1716 - 0020505　子補 0081 - 98/
20505　子部/儒家類/儒學之屬/蒙學

重增繪圖幼學故事瓊林四卷首一卷　（清）程
登吉撰　（清）鄒聖脈增補　蔡鄗續增　（清）
謝梅林　（清）鄒可庭參訂　民國十四年
（1925）上海會文堂書局石印本　龐世煜題記
二冊　存二卷（三、首）

330000 - 1716 - 0020508　子補 0239 - 2/
20508　子部/醫家類/外科之屬/通論

外科正宗十二卷　（明）陳實功撰　（清）徐大
椿評　民國石印本　一冊　存三卷（四至六）

330000 - 1716 - 0020509　子補 0081 - 99/
20509　子部/儒家類/儒學之屬/蒙學

重增繪圖幼學故事瓊林四卷首一卷　（清）程
登吉撰　（清）鄒聖脈增補　蔡鄗續增　（清）
謝梅林　（清）鄒可庭參訂　民國石印本　何
國樑題簽　三冊　存三卷（二至四）

330000 - 1716 - 0020510　集補 0013 - 4/
20510　集部/曲類/彈詞之屬

繪圖笑中緣前金如意全傳四卷二十二回　民
國石印本　三冊　存三卷（一、三至四）

330000 - 1716 - 0020511　子補 0239 - 3/
20511　子部/醫家類/外科之屬/通論

外科正宗十二卷　（明）陳實功撰　（清）徐大
椿評　民國石印本　一冊　存三卷（七至九）

330000 - 1716 - 0020515　集補 0013 - 5/
20515　集部/曲類/彈詞之屬

笑中緣圖說四卷七十五回　民國石印本　三
冊　存三卷（二至四）

330000 - 1716 - 0020516　子補 2677/20516
子部/宗教類/其他宗教之屬/基督教

啟示錄附注一卷　（英國）鍾秀芝注　民國中
國基督聖教書會鉛印本　一冊

330000 - 1716 - 0020518　集補 0013 - 6/
20518　集部/曲類/彈詞之屬

笑中緣圖說□□卷　民國石印本　二冊　存
二卷（二、六）

330000 - 1716 - 0020521　集補 0013 - 7/
20521　集部/曲類/彈詞之屬

笑中緣圖說□□卷　民國石印本　一冊　存
一卷（二）

330000 - 1716 - 0020522　子補 0518 - 2/
20522　子部/天文曆算類/曆法之屬

繼成堂洪潮和通書不分卷　民國十七年
（1928）福建泉州繼成堂石印本　一冊

330000－1716－0020526　　子補 3463－2/
20526　子部/宗教類/其他宗教之屬/基督教

讚美詩一卷　民國鉛印本　一冊

330000－1716－0020528　　集補 0013－8/
20528　集部/曲類/彈詞之屬

笑中緣圖說□□卷　民國石印本　二冊　存
二卷(二、六)

330000－1716－0020530　　集補 0013－9/
20530　集部/曲類/彈詞之屬

繡像全圖再生緣全傳二十卷八十回　(清)陳
端生撰　民國石印本　五冊　存八卷(二至
四、六至七、十一、十四、十九)

330000－1716－0020531　子補 2644/20531
子部/宗教類/其他宗教之屬/基督教

新約聖書使徒行傳不分卷　民國元年(1912)
漢鎮英漢書館鉛印本　一冊

330000－1716－0020532　　子補 0081－100/
20532　子部/儒家類/儒學之屬/蒙學

新增繪圖幼學故事瓊林四卷首一卷　(清)程
登吉撰　(清)鄒聖脈增補　民國上海鴻寶齋
石印本　一冊

330000－1716－0020533　　子補 0081－101/
20533　子部/儒家類/儒學之屬/蒙學

重增幼學故事瓊林四卷首一卷　(清)程登吉
撰　(清)鄒聖脈增補　董鈞續增　民國上海
錦章圖書局石印本　三冊　存三卷(二至四)

330000－1716－0020534　　子補 0241－1/
20534　子部/醫家類/溫病之屬

溫熱經緯五卷　(清)王士雄纂　(清)楊照藜
(清)汪曰楨評　民國四年(1915)上海普新
書局石印本　一冊　存二卷(一至二)

330000－1716－0020535　子補 2664/20535
子部/宗教類/其他宗教之屬/基督教

早晚課一卷　民國二十五年(1936)鉛印本
一冊

330000－1716－0020536　　子補 0081－102/
20536　子部/儒家類/儒學之屬/蒙學

新式標點白話解說幼學瓊林四卷　吳斌忠編

民國十三年(1924)上海馬啟新書局石印本
三冊　缺一卷(四)

330000－1716－0020537　　子補 0241－2/
20537　子部/醫家類/溫病之屬

溫熱經緯五卷　(清)王士雄纂　(清)楊照藜
(清)汪曰楨評　民國石印本　三冊　存三
卷(三至五)

330000－1716－0020538　　子補 0081－103/
20538　子部/儒家類/儒學之屬/蒙學

新式標點白話解說幼學瓊林四卷　吳斌忠編
民國十六年(1927)上海馬啟新書局石印本
二冊　存二卷(一至二)

330000－1716－0020539　　子補 0241－3/
20539　子部/醫家類/溫病之屬

溫熱經緯五卷　(清)王士雄纂　(清)楊照藜
(清)汪曰楨評　民國石印本　三冊　存三
卷(三至五)

330000－1716－0020540　　子補 0518－3/
20540　子部/天文曆算類/曆法之屬

繼成堂洪潮和通書不分卷　民國二十三年
(1934)福建泉州繼成堂石印本　一冊

330000－1716－0020542　　子補 0241－4/
20542　子部/醫家類/溫病之屬

溫熱經緯五卷　(清)王士雄纂　(清)楊照藜
(清)汪曰楨評　民國石印本　一冊　存一
卷(三)

330000－1716－0020545　　子補 0518－4/
20545　子部/天文曆算類/曆法之屬

繼成堂洪潮和通書不分卷　民國十九年
(1930)福建泉州繼成堂石印本　知愧軒題記
一冊

330000－1716－0020548　　子補 0241－5/
20548　子部/醫家類/溫病之屬

溫熱經緯五卷　(清)王士雄纂　(清)楊照藜
(清)汪曰楨評　民國石印本　一冊　存一
卷(三)

330000－1716－0020549　　子補 0518－5/
20549　子部/天文曆算類/曆法之屬

繼成堂洪潮和通書不分卷　民國二十一年（1932）福建泉州繼成堂石印本　一冊

330000－1716－0020552　子補 0081－104/20552　子部/儒家類/儒學之屬/蒙學

新式標點言文對照幼學故事瓊林四卷首一卷　（清）程登吉撰　（清）鄒聖脈增補　民國上海廣益書局石印本　二冊　存二卷（二至三）

330000－1716－0020553　集補 0013－10/20553　集部/曲類/彈詞之屬

繡像再生緣全傳六卷七十八回　（清）陳端生撰　民國石印本　三冊　存三卷（四至六）

330000－1716－0020554　子補 0518－6/20554　子部/天文曆算類/曆法之屬

繼成堂洪潮和通書不分卷　民國二十三年（1934）福建泉州繼成堂石印本　一冊

330000－1716－0020560　子補 0081－105/20560　子部/儒家類/儒學之屬/蒙學

新增繪圖幼學故事瓊林四卷首一卷　（清）程登吉撰　（清）鄒聖脈增補　民國上海廣益書局石印本　二冊　存二卷（三至四）

330000－1716－0020566　子補 0081－106/20566　子部/儒家類/儒學之屬/蒙學

新增繪圖幼學瓊林四卷首一卷　（清）程登吉撰　（清）鄒聖脈增補　民國上海大成書局石印本　一冊　存一卷（三）

330000－1716－0020572　子補 0243/20572　子部/醫家類/類編之屬

陳修園醫書七十種　（清）陳念祖等撰　民國石印本　一冊　存七種

330000－1716－0020573　子補 0081－107/20573　子部/儒家類/儒學之屬/蒙學

重增幼學故事瓊林四卷首一卷　（清）程登吉撰　（清）鄒聖脈增補　民國二十四年（1935）上海大道書局石印本　一冊　存一卷（二）

330000－1716－0020575　子補 2672/20575　子部/宗教類/其他宗教之屬/基督教

要理解畧四卷　民國二十一年（1932）鉛印本　一冊　存二卷（一至二）

330000－1716－0020576　集補 0013－20/20576　集部/曲類/彈詞之屬

笑中緣圖說□□卷　民國石印本　四冊　存四卷（三至六）

330000－1716－0020583　子補 0518－7/20583　子部/天文曆算類/曆法之屬

繼成堂洪潮和通書不分卷　民國十七年（1928）福建泉州繼成堂石印本　一冊

330000－1716－0020587　史補 0190/20587　史部/地理類/方志之屬/郡縣志

[民國]六合縣續志稿十八卷首一卷　汪昇遠等纂修　民國九年（1920）石印本　三冊　存十一卷（一至八、十七至十八，首）

330000－1716－0020589　子補 0245－5/20589　子部/醫家類/醫經之屬/難經

校正圖注八十一難經四卷　（明）張世賢注　校正圖注脈訣四卷　（晉）王叔和撰　（明）張世賢注　校正瀕湖脈學一卷奇經八脈考一卷　（明）李時珍撰輯　民國上海鴻寶齋書局石印本　三冊　缺四卷（三至四、校正瀕湖脈學、奇經八脈考）

330000－1716－0020603　子補 0001－70/20603　子部/藝術類/書畫之屬/畫譜

芥子園畫傳初集六卷二集九卷三集六卷　（清）王槩　（清）王蓍　（清）王臬輯　民國上海天寶書局石印本　五冊　存八卷（一至六、三集三至四）

330000－1716－0020606　子補 0082/20606　子部/藝術類/書畫之屬/畫譜

萬古樓叢畫八卷　汪鑠繪　民國十年（1921）泰華圖書館石印本　八冊

330000－1716－0020612　子補 0518－9/20612　子部/天文曆算類/曆法之屬

繼成堂洪潮和通書不分卷　民國十一年（1922）福建泉州繼成堂刻本　一冊

330000－1716－0020613　子補 2853/20613　史部/目錄類/版本之屬/書影

重印聚珍倣宋版五開大本四部備要樣本不分

卷　中華書局編　民國上海中華書局鉛印本　一冊

330000－1716－0020614　子補 0518－10/20614　子部/天文曆算類/曆法之屬

繼成堂洪潮和通書不分卷　民國十四年（1925）福建泉州繼成堂石印本　一冊

330000－1716－0020615　史補 0196/20615　史部/紀傳類/正史之屬

百五十名家評注史記一百三十卷補一卷（漢）司馬遷撰　（南朝宋）裴駰集解　（唐）司馬貞索隱　（唐）張守節正義　民國上海文瑞樓石印本　十九冊　缺九卷（六十一至六十九）

330000－1716－0020616　子補 0518－11/20616　子部/天文曆算類/曆法之屬

繼成堂洪潮和通書不分卷　民國二十七年（1938）福建泉州繼成堂石印本　一冊

330000－1716－0020617　史補 0864/20617　史部/目錄類/書志之屬/提要

四部叢刊書錄一卷　上海商務印書館編　民國上海商務印書館鉛印本　一冊

330000－1716－0020622　子補 0518－12/20622　子部/天文曆算類/曆法之屬

繼成堂洪潮和通書不分卷　民國十五年（1926）福建泉州繼成堂石印本　一冊

330000－1716－0020623　地獻 1466－1/20623　集部/別集類

夷門草一卷　黃壽衮撰　民國二年（1913）越鐸印刷局鉛印本　一冊

330000－1716－0020624　地獻 1466－2/20624　集部/別集類

夷門草一卷　黃壽衮撰　民國二年（1913）越鐸印刷局鉛印本　一冊

330000－1716－0020625　地獻 1466－3/20625　集部/別集類

夷門草一卷　黃壽衮撰　民國二年（1913）越鐸印刷局鉛印本　一冊

330000－1716－0020627　地獻 1466－4/20627　集部/別集類

夷門草一卷　黃壽衮撰　民國二年（1913）越鐸印刷局鉛印本　一冊

330000－1716－0020628　地獻 1466－5/20628　集部/別集類

夷門草一卷　黃壽衮撰　民國二年（1913）越鐸印刷局鉛印本　一冊

330000－1716－0020629　地獻 1466－6/20629　集部/別集類

夷門草一卷　黃壽衮撰　民國二年（1913）越鐸印刷局鉛印本　一冊

330000－1716－0020630　地獻 1466－7/20630　集部/別集類

夷門草一卷　黃壽衮撰　民國二年（1913）越鐸印刷局鉛印本　一冊

330000－1716－0020631　地獻 1466－8/20631　集部/別集類

夷門草一卷　黃壽衮撰　民國二年（1913）越鐸印刷局鉛印本　一冊

330000－1716－0020632　子補 0518－13/20632　子部/天文曆算類/曆法之屬

繼成堂洪潮和通書不分卷　民國福建泉州繼成堂刻本　一冊

330000－1716－0020634　新補 0016－2/20634　子部/雜著類/雜編之屬

日用酬世大觀　世界書局編輯所編　民國二十年（1931）上海世界書局石印　傅雲英題記　三冊

330000－1716－0020635　地獻 1466－9/20635　集部/別集類

夷門草一卷　黃壽衮撰　民國二年（1913）越鐸印刷局鉛印本　一冊

330000－1716－0020636　地獻 1466－10/20636　集部/別集類

夷門草一卷　黃壽衮撰　民國二年（1913）越鐸印刷局鉛印本　一冊

330000 - 1716 - 0020637　地獻 1466 - 11/
20637　集部/別集類

夷門草一卷　黃壽裒撰　民國二年(1913)越
鐸印刷局鉛印本　一冊

330000 - 1716 - 0020638　新補 0016 - 3/
20638　子部/雜著類/雜編之屬

日用酬世大觀　世界書局編輯所編　民國十
四年(1925)上海世界書局石印本　三冊

330000 - 1716 - 0020639　地獻 1466 - 12/
20639　集部/別集類

夷門草一卷　黃壽裒撰　民國二年(1913)越
鐸印刷局鉛印本　一冊

330000 - 1716 - 0020640　地獻 1466 - 13/
20640　集部/別集類

夷門草一卷　黃壽裒撰　民國二年(1913)越
鐸印刷局鉛印本　一冊

330000 - 1716 - 0020642　地獻 1466 - 14/
20642　集部/別集類

夷門草一卷　黃壽裒撰　民國二年(1913)越
鐸印刷局鉛印本　一冊

330000 - 1716 - 0020644　地獻 1466 - 15/
20644　集部/別集類

夷門草一卷　黃壽裒撰　民國二年(1913)越
鐸印刷局鉛印本　一冊

330000 - 1716 - 0020645　子補 0518 - 14/
20645　子部/天文曆算類/曆法之屬

繼成堂洪潮和通書不分卷　民國十一年
(1922)福建泉州繼成堂刻本　一冊

330000 - 1716 - 0020646　地獻 1466 - 16/
20646　集部/別集類

夷門草一卷　黃壽裒撰　民國二年(1913)越
鐸印刷局鉛印本　一冊

330000 - 1716 - 0020647　地獻 1466 - 17/
20647　集部/別集類

夷門草一卷　黃壽裒撰　民國二年(1913)越
鐸印刷局鉛印本　一冊

330000 - 1716 - 0020648　地獻 1466 - 18/

20648　集部/別集類

夷門草一卷　黃壽裒撰　民國二年(1913)越
鐸印刷局鉛印本　一冊

330000 - 1716 - 0020649　子補 0088/20649
子部/藝術類/書畫之屬/畫譜

當代名畫大觀正集六卷續集六卷　王屺編
民國十四年(1925)上海碧梧山莊影印本　俞
聖記、之亮題記　二冊　存五卷(一至四、續
集六)

330000 - 1716 - 0020650　地獻 1466 - 19/
20650　集部/別集類

夷門草一卷　黃壽裒撰　民國二年(1913)越
鐸印刷局鉛印本　一冊

330000 - 1716 - 0020651　地獻 1466 - 20/
20651　集部/別集類

夷門草一卷　黃壽裒撰　民國二年(1913)越
鐸印刷局鉛印本　一冊

330000 - 1716 - 0020652　地獻 1466 - 21/
20652　集部/別集類

夷門草一卷　黃壽裒撰　民國二年(1913)越
鐸印刷局鉛印本　一冊

330000 - 1716 - 0020653　地獻 1466 - 22/
20653　集部/別集類

夷門草一卷　黃壽裒撰　民國二年(1913)越
鐸印刷局鉛印本　一冊

330000 - 1716 - 0020654　地獻 1466 - 23/
20654　集部/別集類

夷門草一卷　黃壽裒撰　民國二年(1913)越
鐸印刷局鉛印本　一冊

330000 - 1716 - 0020655　地獻 1466 - 24/
20655　集部/別集類

夷門草一卷　黃壽裒撰　民國二年(1913)越
鐸印刷局鉛印本　一冊

330000 - 1716 - 0020657　地獻 1466 - 25/
20657　集部/別集類

夷門草一卷　黃壽裒撰　民國二年(1913)越
鐸印刷局鉛印本　一冊

330000－1716－0020658　地獻 1466－26/ 20658　集部/別集類

夷門草一卷　黃壽衮撰　民國二年（1913）越鐸印刷局鉛印本　一冊

330000－1716－0020659　地獻 1466－27/ 20659　集部/別集類

夷門草一卷　黃壽衮撰　民國二年（1913）越鐸印刷局鉛印本　一冊

330000－1716－0020660　地獻 1466－28/ 20660　集部/別集類

夷門草一卷　黃壽衮撰　民國二年（1913）越鐸印刷局鉛印本　一冊

330000－1716－0020661　地獻 1466－29/ 20661　集部/別集類

夷門草一卷　黃壽衮撰　民國二年（1913）越鐸印刷局鉛印本　一冊

330000－1716－0020662　地獻 1466－30/ 20662　集部/別集類

夷門草一卷　黃壽衮撰　民國二年（1913）越鐸印刷局鉛印本　一冊

330000－1716－0020663　地獻 1466－31/ 20663　集部/別集類

夷門草一卷　黃壽衮撰　民國二年（1913）越鐸印刷局鉛印本　植傆氏題記　一冊

330000－1716－0020664　子補 0089－1/ 20664　子部/藝術類/書畫之屬/法帖

右軍草法至寶一卷　（晉）王羲之書　民國石印本　一冊

330000－1716－0020667　地獻 1466－32/ 20667　集部/別集類

夷門草一卷　黃壽衮撰　民國二年（1913）越鐸印刷局鉛印本　一冊

330000－1716－0020668　地獻 1466－33/ 20668　集部/別集類

夷門草一卷　黃壽衮撰　民國二年（1913）越鐸印刷局鉛印本　一冊

330000－1716－0020669　地獻 1466－34/

20669　集部/別集類

夷門草一卷　黃壽衮撰　民國二年（1913）越鐸印刷局鉛印本　一冊

330000－1716－0020670　子補 0089－2/ 20670　子部/藝術類/書畫之屬/法帖

右軍草法至寶一卷　（晉）王羲之書　民國石印本　一冊

330000－1716－0020671　地獻 1466－35/ 20671　集部/別集類

夷門草一卷　黃壽衮撰　民國二年（1913）越鐸印刷局鉛印本　一冊

330000－1716－0020672　地獻 1466－36/ 20672　集部/別集類

夷門草一卷　黃壽衮撰　民國二年（1913）越鐸印刷局鉛印本　一冊

330000－1716－0020673　地獻 1466－37/ 20673　集部/別集類

夷門草一卷　黃壽衮撰　民國二年（1913）越鐸印刷局鉛印本　一冊

330000－1716－0020674　地獻 1466－38/ 20674　集部/別集類

夷門草一卷　黃壽衮撰　民國二年（1913）越鐸印刷局鉛印本　一冊

330000－1716－0020675　子補 0090/20675 子部/藝術類/書畫之屬/法帖

成親王臨化度寺碑一卷　（清）永瑆書　民國有正書局影印本　一冊

330000－1716－0020676　地獻 1466－39/ 20676　集部/別集類

夷門草一卷　黃壽衮撰　民國二年（1913）越鐸印刷局鉛印本　一冊

330000－1716－0020677　地獻 1466－40/ 20677　集部/別集類

夷門草一卷　黃壽衮撰　民國二年（1913）越鐸印刷局鉛印本　一冊

330000－1716－0020678　地獻 1466－41/ 20678　集部/別集類

夷門草一卷　黃壽裒撰　民國二年（1913）越
鐸印刷局鉛印本　一冊

330000－1716－0020680　子補 0091/20680
子部/藝術類/書畫之屬/畫譜
見聞即錄一卷　詠霓氏繪　稿本　一冊

330000－1716－0020682　普叢 0131－1/
20682　類叢部/叢書類/彙編之屬
借月山房彙鈔十六集一百三十五種　（清）張
海鵬輯　民國九年（1920）上海博古齋據清虞
山張氏刻本影印本　一百一冊　存一百二十
二種

330000－1716－0020684　子補 0518－17/
20684　子部/天文曆算類/曆法之屬
繼成堂洪潮和通書不分卷　民國福建泉州繼
成堂石印本　一冊

330000－1716－0020686　子補 0518－18/
20686　子部/天文曆算類/曆法之屬
繼成堂洪潮和通書不分卷　民國福建泉州繼
成堂石印本　一冊

330000－1716－0020690　子補 0245－4/
20690　子部/醫家類/醫經之屬/難經
校正圖注八十一難經四卷　（明）張世賢注
校正圖注脈訣四卷　（晉）王叔和撰　（明）張
世賢注　校正瀕湖脈學一卷奇經八脈考一卷
（明）李時珍撰輯　民國上海大成書局石印
本　三冊　存五卷（三至四,圖注脈訣一、三
至四）

330000－1716－0020693　子補 0518－19/
20693　子部/天文曆算類/曆法之屬
繼成堂洪潮和通書不分卷　民國八年（1919）
福建泉州繼成堂刻本　一冊

330000－1716－0020694　子補 0245－6/
20694　子部/醫家類/醫經之屬/難經
校正圖注八十一難經四卷　（明）張世賢注
校正圖注脈訣四卷　（晉）王叔和撰　（明）張
世賢注　校正瀕湖脈學一卷奇經八脈考一卷
（明）李時珍撰輯　民國上海鴻寶齋書局石
印本　一冊　存四卷（一至四）

330000－1716－0020696　普叢 0132/20696
類叢部/叢書類/郡邑之屬
括蒼叢書第一集八種　劉燿東編　民國二十
七年（1938）鉛印本（滑疑集詩卷二原缺）　十
六冊

330000－1716－0020698　子補 0518－22/
20698　子部/天文曆算類/曆法之屬
繼成堂洪潮和通書不分卷　民國福建泉州繼
成堂石印本　一冊

330000－1716－0020699　新補 0016－4/
20699　子部/雜著類/雜編之屬
日用酬世大觀　世界書局編輯所編　民國上
海世界書局石印本　二冊　存五種

330000－1716－0020700　子補 0518－23/
20700　子部/天文曆算類/曆法之屬
繼成堂洪潮和通書不分卷　民國七年（1918）
福建泉州繼成堂刻本　一冊

330000－1716－0020701　地獻 1467－1/
20701　類叢部/叢書類/彙編之屬
國學選粹□□種　民國越鐸日報鉛印本　一
冊　存一種

330000－1716－0020702　子補 0518－24/
20702　子部/天文曆算類/曆法之屬
繼成堂洪潮和通書不分卷　民國福建泉州繼
成堂刻本　一冊

330000－1716－0020705　子補 0518－25/
20705　子部/天文曆算類/曆法之屬
繼成堂洪潮和通書不分卷　民國福建泉州繼
成堂石印本　一冊

330000－1716－0020707　子補 0092－1/
20707　子部/藝術類/遊藝之屬/棋弈
棋譜□□卷　民國石印本　二冊　存四卷
（三至六）

330000－1716－0020708　地獻 1467－2/
20708　類叢部/叢書類/彙編之屬
國學選粹□□種　民國越鐸日報鉛印本　一
冊　存一種

330000 – 1716 – 0020710　　地獻 1467 – 3/20710　類叢部/叢書類/彙編之屬

國學選粹□□種　民國越鐸日報鉛印本　一冊　存一種

330000 – 1716 – 0020712　　子補 0093 – 1/20712　子部/藝術類/遊藝之屬/棋弈

繪圖百局象棋譜八卷　（清）三樂居士輯　民國二年（1913）姚文海書局石印本　一冊　存二卷（一至二）

330000 – 1716 – 0020713　　地獻 1467 – 4/20713　類叢部/叢書類/彙編之屬

國學選粹□□種　民國越鐸日報鉛印本　一冊　存一種

330000 – 1716 – 0020714　　地獻 1467 – 5/20714　類叢部/叢書類/彙編之屬

國學選粹□□種　民國越鐸日報鉛印本　一冊　存一種

330000 – 1716 – 0020716　　地獻 1467 – 6/20716　類叢部/叢書類/彙編之屬

國學選粹□□種　民國越鐸日報鉛印本　王以剛題記　一冊　存一種

330000 – 1716 – 0020718　　地獻 1467 – 7/20718　類叢部/叢書類/彙編之屬

國學選粹□□種　民國越鐸日報鉛印本　車志城題記　一冊　存一種

330000 – 1716 – 0020722　　子補 0093 – 2/20722　子部/藝術類/遊藝之屬/棋弈

全圖百局象棋譜八卷　民國六年（1917）石印本　柯守楚題記　四冊

330000 – 1716 – 0020727　　地獻 1468 – 1/20727　集部/別集類

雪嚼香吟一卷　羅傳珍撰　民國二十六年（1937）鉛印本　一冊

330000 – 1716 – 0020728　　地獻 1468 – 2/20728　集部/別集類

雪嚼香吟一卷　羅傳珍撰　民國二十六年（1937）鉛印本　一冊

330000 – 1716 – 0020729　　地獻 1468 – 3/20729　集部/別集類

雪嚼香吟一卷　羅傳珍撰　民國二十六年（1937）鉛印本　一冊

330000 – 1716 – 0020732　　地獻 1468 – 4/20732　集部/別集類

雪嚼香吟一卷　羅傳珍撰　民國二十六年（1937）鉛印本　一冊

330000 – 1716 – 0020734　　地獻 1469/20734　集部/別集類

俟廬文集續編八卷詩艸初集四卷續集四卷　陳錦文撰　陳傑編　民國十八年（1929）上海宏大書局石印本　三冊

330000 – 1716 – 0020736　　集補 0014 – 1/20736　集部/曲類/彈詞之屬

新編繡像雙連筆全傳四卷三十二回　民國石印本　二冊　存二卷（一至二）

330000 – 1716 – 0020737　　新補 0017 – 1/20737　子部/雜著類/雜編之屬

日用酬世大觀　世界書局編輯所編　民國二十一年（1932）上海世界書局石印本　張毓梅題記　三冊

330000 – 1716 – 0020738　　集補 0014 – 2/20738　集部/小說類/長篇之屬

繪圖萬花樓傳六卷六十八回　唐在田撰　民國上海進步書局石印本　一冊　存三卷（一至三）

330000 – 1716 – 0020739　　新補 0017 – 2/20739　子部/雜著類/雜編之屬

日用酬世大觀　世界書局編輯所編　民國十一年（1922）上海世界書司石印本　三冊

330000 – 1716 – 0020740　　新補 0017 – 3/20740　子部/雜著類/雜編之屬

日用酬世大觀　世界書局編輯所編　民國十七年（1928）上海世界書局石印本　二冊　存七種

330000 – 1716 – 0020741　　集補 0014 – 3/20741　集部/小說類/長篇之屬

繪圖萬花樓傳六卷六十八回　唐在田撰　民國石印本　三冊　存三卷(一、四至五)

330000－1716－0020742　子補 0518－26/20742　子部/天文曆算類/曆法之屬

繼成堂洪潮和通書不分卷　民國福建泉州繼成堂石印本　一冊

330000－1716－0020743　子補 0096/20743　子部/藝術類/遊藝之屬/棋弈

四子譜二卷　(清)過文年輯　民國石印本　一冊　存一卷(二)

330000－1716－0020744　集補 0014－4/20744　集部/曲類/彈詞之屬

繪圖後續楊家將文武曲星包狄演義初傳□□卷　民國石印本　二冊　存六卷(三至五、十二至十四)

330000－1716－0020745　子補 0518－27/20745　子部/天文曆算類/曆法之屬

繼成堂洪潮和通書不分卷　民國福建泉州繼成堂石印本　一冊

330000－1716－0020746　子補 0097/20746　子部/藝術類/遊藝之屬/棋弈

奕萃一卷　(清)卞文恒撰　民國石印本　一冊

330000－1716－0020748　子補 0518－28/20748　子部/天文曆算類/曆法之屬

繼成堂洪潮和通書不分卷　民國福建泉州繼成堂石印本　一冊

330000－1716－0020749　子補 0518－29/20749　子部/天文曆算類/曆法之屬

繼成堂洪潮和通書不分卷　民國福建泉州繼成堂石印本　一冊

330000－1716－0020751　地獻 1470－1/20751　集部/別集類

聽香讀畫軒文鈔一卷詩鈔一卷詞鈔一卷聯語彙錄一卷　馬逸臣撰　孫葆英輯　民國二十八年(1939)鉛印本　一冊

330000－1716－0020752　新補 0018－2/

20752　子部/雜著類/雜纂之屬

日用快覽不分卷　世界書局編　民國十八年(1929)上海世界書局石印本　一冊

330000－1716－0020754　地獻 1470－2/20754　集部/別集類

聽香讀畫軒文鈔一卷詩鈔一卷詞鈔一卷聯語彙錄一卷　馬逸臣撰　孫葆英輯　民國二十八年(1939)鉛印本　一冊

330000－1716－0020756　地獻 1470－3/20756　集部/別集類

聽香讀畫軒文鈔一卷詩鈔一卷詞鈔一卷聯語彙錄一卷　馬逸臣撰　孫葆英輯　民國二十八年(1939)鉛印本　一冊

330000－1716－0020757　地獻 1470－4/20757　集部/別集類

聽香讀畫軒文鈔一卷詩鈔一卷詞鈔一卷聯語彙錄一卷　馬逸臣撰　孫葆英輯　民國二十八年(1939)鉛印本　一冊

330000－1716－0020759　集補 0014－10/20759　集部/小說類/長篇之屬

繪圖萬花樓傳六卷六十八回　唐在田撰　民國石印本　一冊　存一卷(六)

330000－1716－0020760　子補 0518－30/20760　子部/天文曆算類/曆法之屬

繼成堂洪潮和通書不分卷　民國福建泉州繼成堂石印本　一冊

330000－1716－0020761　子補 0072/20761　子部/藝術類/遊藝之屬/棋弈

摘星譜一卷　(清)胡鴻澤編　民國三年(1914)上海掃葉山房石印本　一冊

330000－1716－0020763　子補 0518－31/20763　子部/天文曆算類/曆法之屬

繼成堂洪潮和通書不分卷　民國福建泉州繼成堂刻本　一冊

330000－1716－0020764　子補 0518－32/20764　子部/天文曆算類/曆法之屬

繼成堂洪潮和通書不分卷　民國福建泉州繼成堂石印本　一冊

330000－1716－0020766　　經補0142/20766
經部/小學類/訓詁之屬/爾雅

爾雅音圖三卷　（晉）郭璞注　（清）姚之麟摹繪　民國十年（1921）上海千頃堂書局據清嘉慶六年（1801）南城曾燠藝學軒影宋刻本影印本　二冊

330000－1716－0020769　　新補0018－3/20769　子部/雜著類/雜纂之屬

日用快覽不分卷　世界書局編　民國十三年（1924）上海世界書局石印本　一冊

330000－1716－0020770　　子補0518－34/20770　子部/天文曆算類/曆法之屬

繼成堂洪潮和通書不分卷　民國十五年（1926）福建泉州繼成堂石印本　祥孫題記　一冊

330000－1716－0020772　　新補0018－4/20772　子部/雜著類/雜纂之屬

日用快覽不分卷　世界書局編　民國上海世界書局石印本　諸春輝題記　一冊

330000－1716－0020775　　新補0019－1/20775　類叢部/類書類/通類之屬

國民寶庫二十四卷　中華書局編　民國八年（1919）中華書局鉛印本　六冊

330000－1716－0020776　　地獻1473－1/20776　子部/小說家類/雜事之屬

鄉隅紀聞一卷　楊質安撰　民國十年（1921）鉛印本　一冊

330000－1716－0020778　　地獻1473－2/20778　子部/小說家類/雜事之屬

鄉隅紀聞一卷　楊質安撰　民國十年（1921）鉛印本　一冊

330000－1716－0020779　　地獻1473－3/20779　子部/小說家類/雜事之屬

鄉隅紀聞一卷　楊質安撰　民國十年（1921）鉛印本　一冊

330000－1716－0020780　　子補0520－1/20780　子部/藝術類/遊藝之屬/棋弈

桃花泉弈譜二卷　（清）范世勳撰　民國上海

千頃堂石印本　二冊

330000－1716－0020781　　地獻1473－4/20781　子部/小說家類/雜事之屬

鄉隅紀聞一卷　楊質安撰　民國十年（1921）鉛印本　一冊

330000－1716－0020783　　集補0011－9/20783　集部/小說類/長篇之屬

繪圖平山冷燕四才子書四卷二十回　（清）荻岸散人編　民國石印本　二冊　存二卷（二、四）

330000－1716－0020784　　地獻1473－5/20784　子部/小說家類/雜事之屬

鄉隅紀聞一卷　楊質安撰　民國十年（1921）鉛印本　一冊

330000－1716－0020785　　子補0520－2/20785　子部/藝術類/遊藝之屬/棋弈

桃花泉弈譜二卷　（清）范世勳撰　民國上海千頃堂石印本　二冊

330000－1716－0020786　　地獻1473－6/20786　子部/小說家類/雜事之屬

鄉隅紀聞一卷　楊質安撰　民國十年（1921）鉛印本　一冊

330000－1716－0020787　　地獻1473－7/20787　子部/小說家類/雜事之屬

鄉隅紀聞一卷　楊質安撰　民國十年（1921）鉛印本　一冊

330000－1716－0020788　　子補0520－3/20788　子部/藝術類/遊藝之屬/棋弈

桃花泉弈譜二卷　（清）范世勳撰　民國上海千頃堂石印本　孝長題簽　一冊　存一卷（上）

330000－1716－0020791　　地獻1474－1/20791　集部/別集類

嘯吟集四卷　徐舒撰　民國十七年（1928）鉛印本　一冊

330000－1716－0020792　　子補0249/20792
子部/醫家類/方書之屬/成方藥目

丸散膏丹說明書不分卷　葉種德堂編　民國
葉種德堂鉛印本　一冊

330000－1716－0020793　地獻1474－2/
20793　集部/別集類

嘯吟集四卷　徐舒撰　民國十七年（1928）鉛
印本　一冊

330000－1716－0020794　地獻1474－3/
20794　集部/別集類

嘯吟集四卷　徐舒撰　民國十七年（1928）鉛
印本　一冊

330000－1716－0020795　地獻1474－4/
20795　集部/別集類

嘯吟集四卷　徐舒撰　民國十七年（1928）鉛
印本　一冊

330000－1716－0020796　新補0019－2/
20796　類叢部/類書類/通類之屬

國民寶庫二十四卷　中華書局編　民國八年
（1919）中華書局鉛印本　三冊　存十二卷
（一至五、十一、十九至二十四）

330000－1716－0020797　地獻1474－5/
20797　集部/別集類

嘯吟集四卷　徐舒撰　民國十七年（1928）鉛
印本　一冊

330000－1716－0020798　地獻1475－1/
20798　集部/別集類/清別集

杏花香雪齋詩十一卷補一卷　（清）李慈銘撰
　吳道晉輯　民國二十八年（1939）中華書局
鉛印本　二冊

330000－1716－0020799　新補0019－3/
20799　類叢部/類書類/通類之屬

國民寶庫二十四卷　中華書局編　民國中華
書局鉛印本　一冊　存五卷（一至五）

330000－1716－0020801　子補0518－35/
20801　子部/天文曆算類/曆法之屬

繼成堂陰陽合曆不分卷　民國二年（1913）寧
波汲綆齋石印本　一冊

330000－1716－0020803　集補0011－10/

20803　集部/小說類/長篇之屬

新刻天花藏批評玉嬌梨四卷二十回　（清）荻
岸散人編　民國石印本　一冊　存一卷（三）

330000－1716－0020805　經補0144/20805
經部/小學類/文字之屬/字書/訓蒙

繪圖一萬字文一卷　民國上海文盛書局石印
本　一冊

330000－1716－0020807　集補0006－41/
20807　集部/小說類/長篇之屬

繡像說唐征西全傳六卷九十回　民國章福記
書莊石印本　一冊　存一卷（三）

330000－1716－0020808　子補0518－37/
20808　子部/天文曆算類/曆法之屬

繼成堂洪潮和通書不分卷　民國福建泉州繼
成堂石印本　一冊

330000－1716－0020811　集補0006－42/
20811　集部/小說類/長篇之屬

繡像說唐征西全傳六卷九十回　民國石印本
　二冊　存二卷（三、五）

330000－1716－0020812　子補0518－38/
20812　子部/天文曆算類/曆法之屬

繼成堂洪潮和通書不分卷　民國福建泉州繼
成堂石印本　一冊

330000－1716－0020814　子補0254/20814
子部/醫家類/方書之屬/歷代方書

經驗良方大全十卷首一卷　（清）黃伯垂撰
（清）王士雄續編　民國上海進步書局石印本
　三冊　存四卷（一、四至五、首）

330000－1716－0020816　集補0006－43/
20816　集部/小說類/長篇之屬

繡像說唐征西全傳六卷九十回　民國石印本
　五冊　存五卷（二至六）

330000－1716－0020817　子補0518－39/
20817　子部/天文曆算類/曆法之屬

繼成堂洪潮和通書不分卷　民國福建泉州繼
成堂石印本　一冊

330000－1716－0020821　子補0522/20821

子部/藝術類/遊藝之屬/棋弈

日本第一國手圍棋譜四卷 民國上海有正書局石印本 一冊 存二卷(一至二)

330000－1716－0020823 集補 0006－44/20823 集部/小說類/長篇之屬

繡像說唐征西全傳六卷九十回 民國石印本 一冊 存一卷(四)

330000－1716－0020825 地獻 1479－1/20825 子部/醫家類/婦科之屬/產科

胎產集要三卷附幼科摘要一卷 (清)黃惕齋輯 民國二十二年(1933)浙紹廣文印書館鉛印本 一冊

330000－1716－0020826 子補 0218－6/20826 子部/醫家類/養生之屬

養生保命錄一卷 民國上海宏大善書局石印本 一冊

330000－1716－0020828 子補 0218－7/20828 子部/醫家類/養生之屬

養生保命錄一卷 民國上海宏大善書局石印本 一冊

330000－1716－0020829 子補 0218－8/20829 子部/醫家類/養生之屬

養生保命錄一卷 民國明善書局石印本 一冊

330000－1716－0020832 子補 0218－9/20832 子部/醫家類/養生之屬

養生保命錄一卷 民國十二年(1923)杭城光華印刷局鉛印本 一冊

330000－1716－0020834 子補 0218－10/20834 子部/醫家類/養生之屬

養生保命錄一卷 民國二十三年(1934)上海三友實業社石印本 一冊

330000－1716－0020839 子補 0518－41/20839 子部/天文曆算類/曆法之屬

繼成堂洪潮和通書不分卷 民國福建泉州繼成堂石印本 一冊

330000－1716－0020841 子補 0518－42/

20841 子部/天文曆算類/曆法之屬

繼成堂洪潮和通書不分卷 民國福建泉州繼成堂石印本 一冊

330000－1716－0020842 子補 0518－43/20842 子部/天文曆算類/曆法之屬

繼成堂洪潮和通書不分卷 民國福建泉州繼成堂刻本 一冊

330000－1716－0020843 子補 0518－44/20843 子部/天文曆算類/曆法之屬

繼成堂洪潮和通書不分卷 民國福建泉州繼成堂石印本 一冊

330000－1716－0020845 地獻 1480/20845 類叢部/叢書類/自著之屬

梨洲遺著彙刊二十七種續補三種 (清)黃宗羲撰 薛鳳昌編次 民國十六年(1927)上海掃葉山房鉛印本(南雷文定三集卷三原缺) 二十冊

330000－1716－0020846 地獻 1481－1/20846 集部/別集類

斐園詩草十一卷後集二卷 甘元圻撰 民國十三年(1924)紹興印刷局鉛印本 八冊

330000－1716－0020847 史補 0791－3/20847 史部/編年類/通代之屬

尺木堂綱鑑易知錄九十二卷明鑑易知錄十五卷 (清)吳乘權 (清)周之炯 (清)周之燦輯 民國十四年(1925)上海掃葉山房石印本 十二冊 存五十三卷(五十五至九十二、明鑑易知錄一至十五)

330000－1716－0020848 子補 0252/20848 子部/醫家類/類編之屬

增輯陳修園醫書七十種 (清)陳念祖撰 民國上海廣益書局石印本 二冊 存十一種

330000－1716－0020849 地獻 1481－2/20849 集部/別集類

斐園詩草十一卷後集二卷 甘元圻撰 民國十三年(1924)紹興印刷局鉛印本 一冊 存二卷(後集一至二)

330000－1716－0020850 地獻 1482－1/

20850　集部/別集類/清別集

姜徵君遺詩二卷附遺詞一卷　（清）姜秉初撰
朱啟瀾輯　民國二十七年（1938）四樂草堂
鉛印本　一冊

330000－1716－0020853　集補 0011－11/
20853　集部/小說類/長篇之屬

繪圖平山冷燕四才子書四卷二十回　（清）荻
岸散人編　民國鉛印本　一冊　存一卷（二）

330000－1716－0020856　子補 0519－3/
20856　子部/宗教類/道教之屬/雜著

暗室燈二卷　（清）深山居士輯　民國十五年
（1926）杭州浙江印刷公司鉛印本　一冊

330000－1716－0020857　集補 0006－45/
20857　集部/小說類/長篇之屬

繡像說唐征西全傳六卷九十回　民國石印本
二冊　存二卷（二至三）

330000－1716－0020859　地獻 1482－2/
20859　集部/別集類/清別集

姜徵君遺詩二卷附遺詞一卷　（清）姜秉初撰
朱啟瀾輯　民國二十七年（1938）四樂草堂
鉛印本　一冊

330000－1716－0020860　地獻 1482－3/
20860　集部/別集類/清別集

姜徵君遺詩二卷附遺詞一卷　（清）姜秉初撰
朱啟瀾輯　民國二十七年（1938）四樂草堂
鉛印本　一冊

330000－1716－0020861　地獻 1482－4/
20861　集部/別集類/清別集

姜徵君遺詩二卷附遺詞一卷　（清）姜秉初撰
朱啟瀾輯　民國二十七年（1938）四樂草堂
鉛印本　一冊

330000－1716－0020862　地獻 1482－5/
20862　集部/別集類/清別集

姜徵君遺詩二卷附遺詞一卷　（清）姜秉初撰
朱啟瀾輯　民國二十七年（1938）四樂草堂
鉛印本　一冊

330000－1716－0020863　地獻 1482－6/
20863　集部/別集類/清別集

姜徵君遺詩二卷附遺詞一卷　（清）姜秉初撰
朱啟瀾輯　民國二十七年（1938）四樂草堂
鉛印本　一冊

330000－1716－0020865　地獻 1482－7/
20865　集部/別集類/清別集

姜徵君遺詩二卷附遺詞一卷　（清）姜秉初撰
朱啟瀾輯　民國二十七年（1938）四樂草堂
鉛印本　一冊

330000－1716－0020866　地獻 1482－8/
20866　集部/別集類/清別集

姜徵君遺詩二卷附遺詞一卷　（清）姜秉初撰
朱啟瀾輯　民國二十七年（1938）四樂草堂
鉛印本　一冊

330000－1716－0020867　子補 0253/20867
子部/醫家類/類編之屬

黃氏醫書八種八十卷　（清）黃元御撰　民國
元年（1912）上海江左書林石印本　十冊　存
七種

330000－1716－0020868　地獻 1483－1/
20868　集部/別集類

非儒非俠齋集　顧燮光撰　民國二十五年
（1936）會稽顧氏金佳石好樓石印本　三冊

330000－1716－0020869　集補 0006－46/
20869　集部/小說類/長篇之屬

繡像說唐征西全傳六卷九十回　民國石印本
一冊　存一卷（六）

330000－1716－0020870　地獻 1484－1/
20870　集部/總集類/氏族之屬

伏舍傳唫集四卷　何鏞等撰　民國二十五年
（1936）會稽壽氏鉛印本　一冊

330000－1716－0020871　集補 0006－47/
20871　集部/小說類/長篇之屬

增異說唐羅通掃北全傳四卷十五回　民國石
印本　一冊　存一卷（二）

330000－1716－0020872　子補 0255/20872
子部/醫家類/類編之屬

世補齋醫書　（清）陸懋修撰　民國元年至三
年（1912－1914）上海江東書局石印本　曉舟

跋 一冊 存三種

330000－1716－0020873 集補 0006－48／20873 集部／小說類／長篇之屬

增像說唐羅通掃北全傳四卷十五回 民國石印本 一冊

330000－1716－0020876 地獻 1484－2／20876 集部／總集類／氏族之屬

伏舍傳唫集四卷 何鏞等撰 民國二十五年(1936)會稽壽氏鉛印本 一冊

330000－1716－0020877 子補 0519－4／20877 子部／宗教類／道教之屬／雜著

暗室燈二卷 （清）深山居士輯 民國四年(1915)上海宏大善書局石印本 一冊

330000－1716－0020878 子補 0257／20878 子部／醫家類／婦科之屬／產科

增補大生要旨五卷 （清）唐千頃撰 （清）馬振蕃續增 **經驗各種秘方輯要不分卷** 民國六年(1917)上海宏大印刷紙號石印本 一冊

330000－1716－0020879 集補 0006－49／20879 集部／小說類／長篇之屬

增異說唐羅通掃北全傳四卷十五回 民國綠蔭堂石印本 二冊 存二卷(一、四)

330000－1716－0020882 集補 0006－50／20882 集部／小說類／長篇之屬

增異說唐羅通掃北全傳四卷十五回 民國石印本 一冊 存一卷(二)

330000－1716－0020883 子補 0258－1／20883 子部／醫家類／醫案之屬

增補重編葉天士醫案四卷 （清）葉桂撰 陸士諤輯 民國十年(1921)上海世界書局石印本 一冊 存二卷(三至四)

330000－1716－0020885 子補 0519－5／20885 子部／宗教類／道教之屬／雜著

暗室燈二卷 （清）深山居士輯 民國十年(1921)上海翼化堂善書坊石印本 一冊

330000－1716－0020886 子補 0258－2／20886 子部／醫家類／兒科之屬／通論

葉天士幼科醫案一卷 （清）葉桂撰 陸士諤輯 民國十二年(1923)上海世界書局石印本 一冊

330000－1716－0020887 子補 0258－3／20887 子部／醫家類／溫病之屬

增批溫熱經緯四卷 （清）王士雄纂 （清）葉霖增批 民國十九年(1930)上海世界書局石印本 一冊 存二卷(三至四)

330000－1716－0020888 集補 0006－51／20888 集部／小說類／長篇之屬

說唐全傳□□卷□□回 民國石印本 一冊 存一卷(六)

330000－1716－0020889 地獻 1484－3／20889 集部／總集類／氏族之屬

伏舍傳唫集四卷 何鏞等撰 民國二十五年(1936)會稽壽氏鉛印本 一冊

330000－1716－0020891 地獻 1484－4／20891 集部／總集類／氏族之屬

伏舍傳唫集四卷 何鏞等撰 民國二十五年(1936)會稽壽氏鉛印本 一冊

330000－1716－0020892 子補 0519－6／20892 子部／宗教類／道教之屬／雜著

暗室燈二卷 （清）深山居士輯 民國十年(1921)上海翼化堂善書坊石印本 一冊

330000－1716－0020893 集補 0006－52／20893 集部／小說類／長篇之屬

繡像征東全傳四卷四十二回 民國石印本 一冊

330000－1716－0020895 地獻 1484－5／20895 集部／總集類／氏族之屬

伏舍傳唫集四卷 何鏞等撰 民國二十五年(1936)會稽壽氏鉛印本 一冊

330000－1716－0020897 新補 0025－3／20897 新學／算學／數學

筆算數學三卷 （美國）狄考文輯 （清）鄒立文述 民國三年(1914)上海美華書館鉛印本 三冊

330000 - 1716 - 0020898　地獻 1484 - 6/
20898　集部/總集類/氏族之屬

伏舍傳唫集四卷　何鏞等撰　民國二十五年
(1936)會稽壽氏鉛印本　一冊

330000 - 1716 - 0020899　地獻 1484 - 7/
20899　集部/總集類/氏族之屬

伏舍傳唫集四卷　何鏞等撰　民國二十五年
(1936)會稽壽氏鉛印本　一冊

330000 - 1716 - 0020900　地獻 1484 - 8/
20900　集部/總集類/氏族之屬

伏舍傳唫集四卷　何鏞等撰　民國二十五年
(1936)會稽壽氏鉛印本　一冊

330000 - 1716 - 0020901　子補 0519 - 7/
20901　子部/宗教類/道教之屬/雜著

暗室燈二卷　(清)深山居士輯　民國四年
(1915)上海宏大善書局石印本　一冊

330000 - 1716 - 0020904　地獻 1484 - 9/
20904　集部/總集類/氏族之屬

伏舍傳唫集四卷　何鏞等撰　民國二十五年
(1936)會稽壽氏鉛印本　一冊

330000 - 1716 - 0020905　地獻 1484 - 10/
20905　集部/總集類/氏族之屬

伏舍傳唫集四卷　何鏞等撰　民國二十五年
(1936)會稽壽氏鉛印本　一冊

330000 - 1716 - 0020908　地獻 1484 - 11/
20908　集部/總集類/氏族之屬

伏舍傳唫集四卷　何鏞等撰　民國二十五年
(1936)會稽壽氏鉛印本　一冊

330000 - 1716 - 0020909　地獻 1484 - 12/
20909　集部/總集類/氏族之屬

伏舍傳唫集四卷　何鏞等撰　民國二十五年
(1936)會稽壽氏鉛印本　一冊

330000 - 1716 - 0020911　地獻 1484 - 13/
20911　集部/總集類/氏族之屬

伏舍傳唫集四卷　何鏞等撰　民國二十五年
(1936)會稽壽氏鉛印本　一冊

330000 - 1716 - 0020912　普叢 0134/20912

類叢部/叢書類/自著之屬

晨風廬叢刊十八種　周慶雲撰　民國吳興周
氏夢坡室刻藍印本　一冊　存一種

330000 - 1716 - 0020913　集補 0006 - 54/
20913　集部/小說類/長篇之屬

**說唐前傳十卷六十八回說唐小英雄傳二卷十
六回說唐薛家府傳六卷四十二回**　(清)如蓮
居士編　民國石印本　一冊　存二卷(說唐
小英雄傳一至二)

330000 - 1716 - 0020914　地獻 1484 - 14/
20914　集部/總集類/氏族之屬

伏舍傳唫集四卷　何鏞等撰　民國二十五年
(1936)會稽壽氏鉛印本　一冊

330000 - 1716 - 0020915　地獻 1484 - 16/
20915　集部/總集類/氏族之屬

伏舍傳唫集四卷　何鏞等撰　民國二十五年
(1936)會稽壽氏鉛印本　一冊

330000 - 1716 - 0020917　子補 0259/20917
子部/醫家類/本草之屬/本草藥性

本草原始合雷公炮製四卷　(明)李中立撰
民國上海錦章圖書局石印本　一冊　存一卷
(三)

330000 - 1716 - 0020918　普叢 0453/20918
類叢部/叢書類/彙編之屬

嘉業堂叢書五十七種　劉承幹輯　民國吳興
劉氏嘉業堂刻本　四十九冊　存三種

330000 - 1716 - 0020919　子補 0260/20919
子部/醫家類/綜合之屬/通論

先醒齋醫學廣筆記四卷　(明)繆希雍撰
(明)丁元薦輯　民國八年(1919)上海集古閣
石印本　一冊　存一卷(二)

330000 - 1716 - 0020920　地獻 1484 - 17/
20920　集部/總集類/氏族之屬

伏舍傳唫集四卷　何鏞等撰　民國二十五年
(1936)會稽壽氏鉛印本　一冊

330000 - 1716 - 0020921　普叢 0133/20921
類叢部/叢書類/郡邑之屬

吳興叢書六十六種　劉承幹編　民國吳興劉

氏嘉業堂刻本　五冊　存二種

330000－1716－0020922　地獻 1484－15/
20922　集部/總集類/氏族之屬

伏舍傳唫集四卷　何鏞等撰　民國二十五年
(1936)會稽壽氏鉛印本　一冊

330000－1716－0020925　地獻 1484－18/
20925　集部/總集類/氏族之屬

伏舍傳唫集四卷　何鏞等撰　民國二十五年
(1936)會稽壽氏鉛印本　一冊

330000－1716－0020927　子補 0261/20927
子部/醫家類/類編之屬

徐靈胎醫學全書十六種　（清）徐大椿撰　民
國石印本　二冊　存三種

330000－1716－0020929　地獻 1484－19/
20929　集部/總集類/氏族之屬

伏舍傳唫集四卷　何鏞等撰　民國二十五年
(1936)會稽壽氏鉛印本　一冊

330000－1716－0020930　地獻 1484－20/
20930　集部/總集類/氏族之屬

伏舍傳唫集四卷　何鏞等撰　民國二十五年
(1936)會稽壽氏鉛印本　一冊

330000－1716－0020933　地獻 1484－21/
20933　集部/總集類/氏族之屬

伏舍傳唫集四卷　何鏞等撰　民國二十五年
(1936)會稽壽氏鉛印本　一冊

330000－1716－0020935　地獻 1484－22/
20935　集部/總集類/氏族之屬

伏舍傳唫集四卷　何鏞等撰　民國二十五年
(1936)會稽壽氏鉛印本　一冊

330000－1716－0020936　地獻 1484－23/
20936　集部/總集類/氏族之屬

伏舍傳唫集四卷　何鏞等撰　民國二十五年
(1936)會稽壽氏鉛印本　一冊

330000－1716－0020937　地獻 1484－24/
20937　集部/總集類/氏族之屬

伏舍傳唫集四卷　何鏞等撰　民國二十五年
(1936)會稽壽氏鉛印本　一冊

330000－1716－0020938　地獻 1484－25/
20938　集部/總集類/氏族之屬

伏舍傳唫集四卷　何鏞等撰　民國二十五年
(1936)會稽壽氏鉛印本　一冊

330000－1716－0020939　地獻 1484－26/
20939　集部/總集類/氏族之屬

伏舍傳唫集四卷　何鏞等撰　民國二十五年
(1936)會稽壽氏鉛印本　一冊

330000－1716－0020940　地獻 1484－27/
20940　集部/總集類/氏族之屬

伏舍傳唫集四卷　何鏞等撰　民國二十五年
(1936)會稽壽氏鉛印本　一冊

330000－1716－0020941　地獻 1484－30/
20941　集部/總集類/氏族之屬

伏舍傳唫集四卷　何鏞等撰　民國二十五年
(1936)會稽壽氏鉛印本　一冊

330000－1716－0020942　地獻 1484－28/
20942　集部/總集類/氏族之屬

伏舍傳唫集四卷　何鏞等撰　民國二十五年
(1936)會稽壽氏鉛印本　一冊

330000－1716－0020943　地獻 1484－29/
20943　集部/總集類/氏族之屬

伏舍傳唫集四卷　何鏞等撰　民國二十五年
(1936)會稽壽氏鉛印本　一冊

330000－1716－0020944　地獻 1484－31/
20944　集部/總集類/氏族之屬

伏舍傳唫集四卷　何鏞等撰　民國二十五年
(1936)會稽壽氏鉛印本　一冊

330000－1716－0020945　地獻 1484－32/
20945　集部/總集類/氏族之屬

伏舍傳唫集四卷　何鏞等撰　民國二十五年
(1936)會稽壽氏鉛印本　一冊

330000－1716－0020947　子補 0262/20947
子部/醫家類/方書之屬/單方驗方

丹溪心法附餘二十四卷首一卷　（明）方廣輯
　　民國九年(1920)浙紹墨潤堂石印本　一冊
　　存二卷(二十二至二十三)

330000－1716－0020949　地獻 1484－33/20949　集部/總集類/氏族之屬

伏舍傳唫集四卷　何鏞等撰　民國二十五年(1936)會稽壽氏鉛印本　一冊

330000－1716－0020950　子補 0263/20950　子部/醫家類/診法之屬/脈經脈訣

丹溪朱氏脈因證治二卷　（元）朱震亨撰　民國江左書林石印本　一冊　存一卷（上）

330000－1716－0020951　地獻 1484－34/20951　集部/總集類/氏族之屬

伏舍傳唫集四卷　何鏞等撰　民國二十五年(1936)會稽壽氏鉛印本　一冊

330000－1716－0020955　子補 0238－3/20955　子部/醫家類/外科之屬/通論

外科大成四卷　（清）祁坤撰　民國上海會文堂新記書局石印本　一冊　存一卷（四）

330000－1716－0020957　集補 0015－1/20957　集部/小說類/長篇之屬

繡像彭公無頭案鼓詞□□卷□□回　民國石印本　一冊　存一卷（三）

330000－1716－0020958　子補 0264/20958　子部/醫家類/方書之屬/單方驗方

萬應保產方一卷　民國明善書局石印本　一冊

330000－1716－0020959　子補 0265/20959　子部/醫家類/方書之屬

衛生鴻寶六卷　（清）西溪外史編輯　民國元年(1912)上海江東書局石印本　一冊　存一卷（一）

330000－1716－0020961　子補 0519－9/20961　子部/宗教類/道教之屬/雜著

暗室燈二卷　（清）深山居士輯　民國杭州浙江印刷公司鉛印本　一冊

330000－1716－0020963　子補 0519－10/20963　子部/宗教類/道教之屬/雜著

暗室燈二卷　（清）深山居士輯　民國十四年(1925)石印本　一冊

330000－1716－0020964　地獻 1484－35/20964　集部/總集類/氏族之屬

伏舍傳唫集四卷　何鏞等撰　民國二十五年(1936)會稽壽氏鉛印本　一冊

330000－1716－0020965　地獻 1484－36/20965　集部/總集類/氏族之屬

伏舍傳唫集四卷　何鏞等撰　民國二十五年(1936)會稽壽氏鉛印本　一冊

330000－1716－0020966　地獻 1484－37/20966　集部/總集類/氏族之屬

伏舍傳唫集四卷　何鏞等撰　民國二十五年(1936)會稽壽氏鉛印本　一冊

330000－1716－0020967　地獻 1484－38/20967　集部/總集類/氏族之屬

伏舍傳唫集四卷　何鏞等撰　民國二十五年(1936)會稽壽氏鉛印本　一冊

330000－1716－0020968　地獻 1484－39/20968　集部/總集類/氏族之屬

伏舍傳唫集四卷　何鏞等撰　民國二十五年(1936)會稽壽氏鉛印本　一冊

330000－1716－0020969　普叢 0033－2/20969　類叢部/叢書類/郡邑之屬

四明叢書一百六十七種　張壽鏞編　民國四明張氏約園刻本（安晚堂詩集卷一至五原缺）　六十四冊　存二十二種

330000－1716－0020970　地獻 1484－40/20970　集部/總集類/氏族之屬

伏舍傳唫集四卷　何鏞等撰　民國二十五年(1936)會稽壽氏鉛印本　一冊

330000－1716－0020971　地獻 1484－41/20971　集部/總集類/氏族之屬

伏舍傳唫集四卷　何鏞等撰　民國二十五年(1936)會稽壽氏鉛印本　一冊

330000－1716－0020972　史補 0224/20972　子部/術數類/相宅相墓之屬

重刊人子須知資孝地理心學統宗八卷首一卷　（明）徐善繼　（明）徐善述撰　民國五年(1916)海左書局石印本　五冊　存五卷（一、

三至五、八)

330000－1716－0020973　地獻 1484－42/20973　集部/總集類/氏族之屬

伏舍傳唫集四卷　何鏞等撰　民國二十五年(1936)會稽壽氏鉛印本　一冊

330000－1716－0020974　集補 0015－5/20974　集部/小說類/長篇之屬

繪圖繡像十七續彭公案四卷四十二回　(清)傅幼圃編輯　民國上海文匯書局石印本　一冊

330000－1716－0020975　地獻 1484－43/20975　集部/總集類/氏族之屬

伏舍傳唫集四卷　何鏞等撰　民國二十五年(1936)會稽壽氏鉛印本　一冊

330000－1716－0020976　子補 0267/20976　子部/醫家類/綜合之屬/通論

醫宗說約五卷首一卷　(清)蔣示吉撰　民國上海廣益書局石印本　二冊　存三卷(四至五、首)

330000－1716－0020977　地獻 1484－44/20977　集部/總集類/氏族之屬

伏舍傳唫集四卷　何鏞等撰　民國二十五年(1936)會稽壽氏鉛印本　一冊

330000－1716－0020978　地獻 1484－45/20978　集部/總集類/氏族之屬

伏舍傳唫集四卷　何鏞等撰　民國二十五年(1936)會稽壽氏鉛印本　一冊

330000－1716－0020979　地獻 1484－46/20979　集部/總集類/氏族之屬

伏舍傳唫集四卷　何鏞等撰　民國二十五年(1936)會稽壽氏鉛印本　一冊

330000－1716－0020980　子補 0535/20980　子部/儒家類/儒學之屬/蒙學

繪圖白話兒童識字秘訣四卷　廣益書局編輯部編輯　民國十九年(1930)上海廣益書局石印本　二冊

330000－1716－0020981　地獻 1484－47/

20981　集部/總集類/氏族之屬

伏舍傳唫集四卷　何鏞等撰　民國二十五年(1936)會稽壽氏鉛印本　一冊

330000－1716－0020982　子補 0519－11/20982　子部/宗教類/道教之屬/雜著

暗室燈二卷　(清)深山居士輯　民國石印本　一冊

330000－1716－0020983　地獻 1484－48/20983　集部/總集類/氏族之屬

伏舍傳唫集四卷　何鏞等撰　民國二十五年(1936)會稽壽氏鉛印本　一冊

330000－1716－0020984　子補 1140/20984　子部/術數類/相宅相墓之屬

地理正義鉛彈子砂水要訣七卷　(清)張鳳藻撰　民國十年(1921)上海錦章圖書局石印本　二冊　存二卷(一、三)

330000－1716－0020985　地獻 1484－49/20985　集部/總集類/氏族之屬

伏舍傳唫集四卷　何鏞等撰　民國二十五年(1936)會稽壽氏鉛印本　一冊

330000－1716－0020986　子補 0268/20986　子部/醫家類/綜合之屬/通論

醫學指南四卷　(清)劉仕廉纂輯　民國益新書局石印本　二冊　存二卷(一、四)

330000－1716－0020987　地獻 1484－50/20987　集部/總集類/氏族之屬

伏舍傳唫集四卷　何鏞等撰　民國二十五年(1936)會稽壽氏鉛印本　一冊

330000－1716－0020988　地獻 1484－51/20988　集部/總集類/氏族之屬

伏舍傳唫集四卷　何鏞等撰　民國二十五年(1936)會稽壽氏鉛印本　一冊

330000－1716－0020989　地獻 1484－52/20989　集部/總集類/氏族之屬

伏舍傳唫集四卷　何鏞等撰　民國二十五年(1936)會稽壽氏鉛印本　一冊

330000－1716－0020990　地獻 1484－53/

330000 – 1716 – 0020990　集部/總集類/氏族之屬

伏舍傳唫集四卷　何鏞等撰　民國二十五年（1936）會稽壽氏鉛印本　一冊

330000 – 1716 – 0020991　地獻 1484 – 54/20991　集部/總集類/氏族之屬

伏舍傳唫集四卷　何鏞等撰　民國二十五年（1936）會稽壽氏鉛印本　一冊

330000 – 1716 – 0020992　地獻 1484 – 55/20992　集部/總集類/氏族之屬

伏舍傳唫集四卷　何鏞等撰　民國二十五年（1936）會稽壽氏鉛印本　一冊

330000 – 1716 – 0020993　集補 0015 – 6/20993　集部/小說類/長篇之屬

新刊彭公案□□卷一百回續□□卷八十回再續□□卷八十回全續八卷八十一回　（清）貪夢道人撰　民國石印本　三冊　存五卷（再續二,全續三至四、七至八）

330000 – 1716 – 0020994　地獻 1484 – 56/20994　集部/總集類/氏族之屬

伏舍傳唫集四卷　何鏞等撰　民國二十五年（1936）會稽壽氏鉛印本　一冊

330000 – 1716 – 0020996　地獻 1484 – 57/20996　集部/總集類/氏族之屬

伏舍傳唫集四卷　何鏞等撰　民國二十五年（1936）會稽壽氏鉛印本　一冊

330000 – 1716 – 0020997　地獻 1484 – 58/20997　集部/總集類/氏族之屬

伏舍傳唫集四卷　何鏞等撰　民國二十五年（1936）會稽壽氏鉛印本　一冊

330000 – 1716 – 0020998　地獻 1484 – 59/20998　集部/總集類/氏族之屬

伏舍傳唫集四卷　何鏞等撰　民國二十五年（1936）會稽壽氏鉛印本　一冊

330000 – 1716 – 0020999　地獻 1484 – 60/20999　集部/總集類/氏族之屬

伏舍傳唫集四卷　何鏞等撰　民國二十五年（1936）會稽壽氏鉛印本　一冊

330000 – 1716 – 0021000　地獻 1484 – 61/21000　集部/總集類/氏族之屬

伏舍傳唫集四卷　何鏞等撰　民國二十五年（1936）會稽壽氏鉛印本　一冊

330000 – 1716 – 0021001　地獻 1484 – 62/21001　集部/總集類/氏族之屬

伏舍傳唫集四卷　何鏞等撰　民國二十五年（1936）會稽壽氏鉛印本　一冊

330000 – 1716 – 0021002　地獻 1484 – 63/21002　集部/總集類/氏族之屬

伏舍傳唫集四卷　何鏞等撰　民國二十五年（1936）會稽壽氏鉛印本　一冊

330000 – 1716 – 0021003　子補 0536/21003　子部/儒家類/儒學之屬/蒙學

兒童書信便條二卷　有懷撰　民國十七年（1928）上海共和書局石印本　一冊

330000 – 1716 – 0021004　子補 0537/21004　子部/儒家類/儒學之屬/蒙學

新體幼學句解二卷　文明書局編輯　民國八年(1919)上海文明書局石印本　一冊

330000 – 1716 – 0021006　子補 0538 – 1/21006　子部/儒家類/儒學之屬/蒙學

中華故事不分卷　潘武　屠元禮編　民國十七年至十八年(1928–1929)上海中華書局石印本　五冊　存五冊(一、五、七、九、十一)

330000 – 1716 – 0021008　子補 0539/21008　子部/儒家類/儒學之屬/蒙學

繪圖兒童故事三種　民國十一年(1922)上海世界書局石印本　六冊

330000 – 1716 – 0021010　子補 0540 – 1/21010　子部/儒家類/儒學之屬/蒙學

三字經一卷　民國石印本　徐光瑞題記　一冊

330000 – 1716 – 0021012　新補 0026 – 1/21012　集部/總集類/選集之屬/通代

論說大觀六十二卷　中華書局編　民國九年(1920)上海中華書局鉛印本　二十四冊

330000 – 1716 – 0021015　集補 0015 – 7/
21015　集部/小說類/長篇之屬

繪圖彭公案續集四卷八十回　（清）貪夢道人
撰　民國普新端記書局石印本　一冊　存一
卷（三）

330000 – 1716 – 0021016　子補 0269 – 1/
21016　子部/醫家類/外科之屬

王洪緒先生外科證治全生集二卷　（清）王維
德撰　民國三年（1914）上海會文堂石印本
一冊

330000 – 1716 – 0021018　子補 0269 – 2/
21018　子部/醫家類/外科之屬

王洪緒先生外科證治全生集二卷　（清）王維
德撰　民國三年（1914）上海會文堂石印本
一冊

330000 – 1716 – 0021019　子補 0269 – 3/
21019　子部/醫家類/外科之屬

王洪緒先生外科證治全生集二卷　（清）王維
德撰　民國三年（1914）上海會文堂石印本
一冊　存一卷（一）

330000 – 1716 – 0021020　普叢 0033 – 3/
21020　類叢部/叢書類/郡邑之屬

四明叢書一百六十七種　張壽鏞編　民國四
明張氏約園刻本（安晚堂詩集卷一至五原缺）
　二十九冊　存八種

330000 – 1716 – 0021022　子補 0540 – 2/
21022　子部/儒家類/儒學之屬/蒙學

三字經一卷　民國石印本　一冊

330000 – 1716 – 0021024　子補 0542/21024
子部/儒家類/儒學之屬/蒙學

重訂三字經一卷　章炳麟重訂　民國二十二
年（1933）上海明善書局石印本　一冊

330000 – 1716 – 0021027　子補 0543/21027
子部/儒家類/儒學之屬/蒙學

繪圖增注歷史修正三字經不分卷　民國上海
普通書局石印本　一冊

330000 – 1716 – 0021028　集補 0015 – 3/
21028　集部/小說類/長篇之屬

**新刊彭公案□□卷一百回續□□卷八十回再
續□□卷八十回全續八卷八十一回**　（清）貪
夢道人撰　民國石印本　一冊　存二卷（全
續七至八）

330000 – 1716 – 0021039　集補 0016 – 1/
21039　集部/小說類/長篇之屬

繡像征東全傳四卷四十二回　民國石印本
一冊　存一卷（三）

330000 – 1716 – 0021044　集補 0016 – 3/
21044　集部/小說類/長篇之屬

繡像征東傳鼓詞全部（繡像征東全傳）六卷
民國九年（1920）上海大成書局石印本　一冊

330000 – 1716 – 0021047　子補 0273/21047
子部/醫家類/綜合之屬/通論

類證治裁八卷首一卷　（清）林珮琴撰　民國
石印本　一冊　存一卷（七）

330000 – 1716 – 0021052　集補 0016 – 4/
21052　集部/小說類/長篇之屬

繡像征東全傳四卷四十二回　民國石印本
一冊　存一卷（三）

330000 – 1716 – 0021054　集補 0016 – 5/
21054　集部/小說類/長篇之屬

繡像征東全傳四卷四十二回　民國上海天機
書局石印本　二冊　存二卷（二至三）

330000 – 1716 – 0021055　新補 0028 – 1/
21055　新學/學校

**[初等小學校春季始業]共和國教科書新國文
八冊不分卷**　莊俞　沈頤編　民國上海商務
印書館石印本　四冊　存四冊（三至四、六、
八）

330000 – 1716 – 0021056　集補 0016 – 6/
21056　集部/小說類/長篇之屬

繪像征東全傳四卷四十二回　民國上海廣益
書局石印本　三冊　缺一卷（三）

330000 – 1716 – 0021060　新補 0027 – 1/
21060　新學/學校

**[國民學校春季始業]共和國教科書新國文八
冊不分卷**　莊俞　沈頤編　民國上海商務印

書館石印本　八冊

330000－1716－0021062　新補0027－2/
21062　新學/學校

**[國民學校春季始業]共和國教科書新國文八
冊不分卷**　莊俞　沈頤編　民國上海商務印
書館石印本　五冊　存五冊（三至五、七至
八）

330000－1716－0021063　新補0027－3/
21063　新學/學校

**[國民學校秋季始業]共和國教科書新國文八
冊不分卷**　莊俞　沈頤編　民國上海商務印
書館石印本　三冊　存四冊（五至八）

330000－1716－0021065　地獻1487－1/
21065　子部/儒家類/儒學之屬/俗訓

格言聯璧不分卷　（清）金纓輯　民國三年
（1914）紹興刻本　一冊

330000－1716－0021067　新補0027－4/
21067　新學/學校

**[國民學校秋季始業]共和國教科書新國文八
冊不分卷**　莊俞　沈頤編　民國上海商務印
書館石印本　四冊　存四冊（五至八）

330000－1716－0021068　子補0550－1/
21068　子部/術數類/命書相書之屬

新鐫神峰張先生通考闢謬命理正宗大全四卷
　（明）張楠撰　（明）張希禹等彙編　民國石
印本　一冊

330000－1716－0021072　子補0279/21072
子部/醫家類/兒科之屬

幼科秘書推拿廣意三卷　（清）熊應雄纂輯
（清）陳世凱重訂　民國石印本　一冊　存一
卷（下）

330000－1716－0021076　子補0550－3/
21076　子部/術數類/命書相書之屬

京鍥神峰張先生通考闢謬命理正宗大全六卷
　（明）張楠撰　（明）張希禹等彙編　民國上
海廣益書局石印本　三冊　缺三卷（一至三）

330000－1716－0021078　子補0280－1/
21078　子部/醫家類/婦科之屬/產科

葉氏女科證治四卷　（清）葉桂撰　民國二年
（1913）上海文益書局石印本　一冊　存一卷
（一）

330000－1716－0021080　子補0280－2/
21080　子部/醫家類/婦科之屬/產科

葉氏女科證治四卷　（清）葉桂撰　民國石印
本　一冊　存一卷（二）

330000－1716－0021081　子補0550－4/
21081　子部/術數類/命書相書之屬

京鍥神峰張先生通考闢謬命理正宗大全六卷
　（明）張楠撰　（明）張希禹等彙編　民國上
海廣益書局石印本　蔡文治題記　二冊　缺
四卷（一至三、五）

330000－1716－0021085　子補0281/21085
子部/醫家類/溫病之屬

溫病條辨六卷首一卷　（清）吳瑭撰　民國石
印本　一冊　存三卷（四至六）

330000－1716－0021089　子補0282/21089
子部/宗教類/道教之屬/神符

祝由科天醫十三科一卷　民國石印本　一冊

330000－1716－0021092　地獻1492－1/
21092　集部/總集類/酬唱之屬

詩巢壬社唱和集□□卷　戚升淮等撰　民國
鉛印本　二冊　存三卷（甲二、六，丙下）

330000－1716－0021093　子補0550－6/
21093　子部/術數類/命書相書之屬

新鐫神峰張先生通考闢謬命理正宗大全六卷
　（明）張楠撰　（明）張希禹等彙編　民國三
年（1914）上海陳壽記石印本　徐繼昌題記
五冊　缺一卷（二）

330000－1716－0021094　地獻1492－2/
21094　集部/總集類/酬唱之屬

詩巢壬社唱和集□□卷　戚升淮等撰　民國
鉛印本　一冊　存二卷（丙上下）

330000－1716－0021099　新補0028－3/
21099　新學/學校

**[初等小學校秋季始業]共和國教科書新國文
八冊不分卷**　樊炳清　莊俞編　民國二年

（1913）上海商務印書館石印本　王鵬題記　三冊　存三冊（四、六、八）

330000－1716－0021104　新補0028－5/21104　新學/學校

[初等小學校秋季始業]共和國教科書新國文八冊不分卷　樊炳清　莊俞編　民國二年（1913）上海商務印書館石印本　六冊　缺二冊（二、五）

330000－1716－0021105　子補0553/21105　子部/儒家類/儒學之屬/蒙學

新刻葉先生纂集訓蒙六字直言一卷　（清）葉向高集　（清）葉聯高釋　民國上海宏大善書局石印本　一冊

330000－1716－0021106　子補0284/21106　子部/醫家類/婦科之屬/產科

胎產秘書三卷附保嬰要訣一卷經驗各方一卷　（清）錢□□撰　民國石印本　一冊　缺二卷（一至二）

330000－1716－0021107　新補0029－2/21107　新學/學校

[高等小學校春季始業]共和國教科書新國文六冊不分卷　莊俞　沈頤編　民國上海商務印書館鉛印本　六冊

330000－1716－0021108　集補0017－1/21108　集部/小說類/長篇之屬

風流天子傳四十回　（明）齊東野人撰　（清）不經先生評　民國石印本　三冊　存十二回（九至十二、十七至二十、二十五至二十八）

330000－1716－0021110　新補0026－3/21110　集部/總集類/選集之屬/通代

論說大觀六十二卷　中華書局編　民國八年（1919）上海中華書局鉛印本　二十一冊　缺八卷（一、七至九、四十五至四十八）

330000－1716－0021111　集補0017－2/21111　集部/小說類/長篇之屬

新鐫全像隋煬帝艷史八卷四十回　（明）齊東野人撰　（清）不經先生評　民國上海鑄記書局石印本　一冊　存一卷（七）

330000－1716－0021116　集補0018/21116　集部/小說類/長篇之屬

說唐前傳十卷六十八回說唐小英雄傳二卷十六回說唐薛家府傳六卷四十二回　（清）如蓮居士編　民國上海天寶書局石印本　一冊　存一卷（說唐小英雄傳一）

330000－1716－0021128　地獻1495－1/21128　集部/別集類/清別集

曉霞軒詩詞焚餘集一卷　（清）梁壽賢撰　民國八年（1919）鉛印本　一冊

330000－1716－0021131　新補0029－3/21131　新學/學校

[高等小學校春季始業]共和國教科書新國文六冊不分卷　莊俞　沈頤編　民國上海商務印書館鉛印本　三冊　存三冊（二、四至五）

330000－1716－0021133　地獻1496－1/21133　子部/宗教類/其他宗教之屬

衆喜粗言五卷　（清）陳衆喜撰　民國鉛印本　二冊　存二卷（二至三）

330000－1716－0021135　新補0029－6/21135　新學/學校

[高等小學校秋季始業]共和國教科書新國文六冊不分卷　樊炳清　莊俞編　民國上海商務印書館鉛印本　六冊

330000－1716－0021136　子補0285/21136　子部/醫家類/類編之屬

潛齋醫書五種　（清）王士雄編　民國上海千頃堂書局石印本　一冊　存一種

330000－1716－0021137　地獻1496－2/21137　子部/宗教類/其他宗教之屬

衆喜粗言五卷　（清）陳衆喜撰　民國十八年（1929）謝氏尚德齋刻本　二冊　存二卷（一至二）

330000－1716－0021139　新補0029－7/21139　新學/學校

[高等小學校秋季始業]共和國教科書新國文六冊不分卷　樊炳清　莊俞編　民國上海商務印書館鉛印本　陳洪成題記　四冊　缺二

冊(三至四)

330000－1716－0021141　地獻 1496－3/21141　子部/宗教類/其他宗教之屬

衆喜粗言五卷　（清）陳衆喜撰　民國十八年（1929）謝氏尚德齋刻本　一冊　存一卷（一）

330000－1716－0021143　新補 0029－8/21143　新學/學校

［高等小學校秋季始業］共和國教科書新國文六冊不分卷　樊炳清　莊俞編　民國上海商務印書館鉛印本　六冊

330000－1716－0021144　地獻 1497－1/21144　史部/傳記類/別傳之屬/年譜

庸謹堂歲華紀感再續一卷　唐風撰　民國二十四年（1935）鉛印本　一冊

330000－1716－0021145　子補 0286/21145　子部/醫家類/外科之屬/癰疽、疔瘡

重刊刺疔捷法一卷　（清）張鏡撰　民國十五年（1926）上海廣益書局石印本　一冊

330000－1716－0021147　新補 0029－9/21147　新學/學校

［高等小學校秋季始業］共和國教科書新國文六冊不分卷　樊炳清　莊俞編　民國上海商務印書館鉛印本　楊培德題記　六冊

330000－1716－0021148　集補 0019－3/21148　集部/小說類/長篇之屬

異說五虎平西珍珠旗演義狄青前傳六卷一百十二回新鐫後續繡像五虎平南狄青演傳四卷四十二回　民國石印本　一冊　存一卷（四）

330000－1716－0021150　地獻 1496－4/21150　子部/宗教類/其他宗教之屬

衆喜粗言五卷　（清）陳衆喜撰　民國十八年（1929）謝氏尚德齋刻本　一冊　存一卷（一）

330000－1716－0021153　集補 0019－4/21153　集部/小說類/長篇之屬

異說五虎平西珍珠旗演義狄青前傳六卷一百十二回新鐫後續繡像五虎平南狄青演傳四卷四十二回　民國石印本　一冊　存二卷（五至六）

330000－1716－0021155　地獻 1496－5/21155　子部/宗教類/其他宗教之屬

衆喜粗言五卷　（清）陳衆喜撰　民國十八年（1929）謝氏尚德齋刻本　一冊　存一卷（三）

330000－1716－0021157　集補 0019－5/21157　集部/小說類/長篇之屬

異說五虎平西珍珠旗演義狄青前傳六卷一百十二回新鐫後續繡像五虎平南狄青演傳四卷四十二回　民國石印本　一冊　存二卷（一至二）

330000－1716－0021159　地獻 1496－6/21159　子部/宗教類/其他宗教之屬

衆喜粗言五卷　（清）陳衆喜撰　民國十八年（1929）謝氏尚德齋刻本　一冊　存一卷（一）

330000－1716－0021160　地獻 1496－7/21160　子部/宗教類/其他宗教之屬

衆喜粗言五卷　（清）陳衆喜撰　民國十八年（1929）謝氏尚德齋刻本　一冊　存一卷（三）

330000－1716－0021161　地獻 1497－2/21161　史部/傳記類/別傳之屬/年譜

庸謹堂歲華紀感再續一卷　唐風撰　民國二十四年（1935）鉛印本　一冊

330000－1716－0021162　地獻 1496－8/21162　子部/宗教類/其他宗教之屬

衆喜粗言五卷　（清）陳衆喜撰　民國十八年（1929）謝氏尚德齋刻本　一冊　存一卷（四）

330000－1716－0021163　地獻 1496－9/21163　子部/宗教類/其他宗教之屬

衆喜粗言五卷　（清）陳衆喜撰　民國十八年（1929）謝氏尚德齋刻本　一冊　存一卷（四）

330000－1716－0021164　地獻 1497－3/21164　史部/傳記類/別傳之屬/年譜

庸謹堂歲華紀感再續一卷　唐風撰　民國二十四年（1935）鉛印本　一冊

330000－1716－0021166　地獻 1496－10/21166　子部/宗教類/其他宗教之屬

衆喜粗言五卷　（清）陳衆喜撰　民國十八年（1929）謝氏尚德齋刻本　一冊　存一卷（四）

330000 – 1716 – 0021167　地獻 1496 – 11/
21167　子部/宗教類/其他宗教之屬

眾喜粗言五卷　（清）陳眾喜撰　民國十八年（1929）謝氏尚德齋刻本　一冊　存一卷（五）

330000 – 1716 – 0021169　地獻 1497 – 4/
21169　史部/傳記類/別傳之屬/年譜

庸謹堂歲華紀感再續一卷　唐風撰　民國二十四年（1935）鉛印本　一冊

330000 – 1716 – 0021170　地獻 1497 – 5/
21170　史部/傳記類/別傳之屬/年譜

庸謹堂歲華紀感再續一卷　唐風撰　民國二十四年（1935）鉛印本　一冊

330000 – 1716 – 0021171　地獻 1497 – 6/
21171　史部/傳記類/別傳之屬/年譜

庸謹堂歲華紀感再續一卷　唐風撰　民國二十四年（1935）鉛印本　一冊

330000 – 1716 – 0021172　地獻 1497 – 7/
21172　史部/傳記類/別傳之屬/年譜

庸謹堂歲華紀感再續一卷　唐風撰　民國二十四年（1935）鉛印本　一冊

330000 – 1716 – 0021173　地獻 1497 – 8/
21173　史部/傳記類/別傳之屬/年譜

庸謹堂歲華紀感再續一卷　唐風撰　民國二十四年（1935）鉛印本　一冊

330000 – 1716 – 0021174　地獻 1497 – 9/
21174　史部/傳記類/別傳之屬/年譜

庸謹堂歲華紀感再續一卷　唐風撰　民國二十四年（1935）鉛印本　一冊

330000 – 1716 – 0021175　地獻 1497 – 10/
21175　史部/傳記類/別傳之屬/年譜

庸謹堂歲華紀感再續一卷　唐風撰　民國二十四年（1935）鉛印本　一冊

330000 – 1716 – 0021176　地獻 1497 – 11/
21176　史部/傳記類/別傳之屬/年譜

庸謹堂歲華紀感再續一卷　唐風撰　民國二十四年（1935）鉛印本　一冊

330000 – 1716 – 0021177　地獻 1497 – 12/
21177　史部/傳記類/別傳之屬/年譜

庸謹堂歲華紀感再續一卷　唐風撰　民國二十四年（1935）鉛印本　一冊

330000 – 1716 – 0021178　地獻 1497 – 13/
21178　史部/傳記類/別傳之屬/年譜

庸謹堂歲華紀感再續一卷　唐風撰　民國二十四年（1935）鉛印本　一冊

330000 – 1716 – 0021179　地獻 1497 – 14/
21179　史部/傳記類/別傳之屬/年譜

庸謹堂歲華紀感再續一卷　唐風撰　民國二十四年（1935）鉛印本　一冊

330000 – 1716 – 0021180　地獻 1497 – 15/
21180　史部/傳記類/別傳之屬/年譜

庸謹堂歲華紀感再續一卷　唐風撰　民國二十四年（1935）鉛印本　一冊

330000 – 1716 – 0021183　地獻 1497 – 16/
21183　史部/傳記類/別傳之屬/年譜

庸謹堂歲華紀感再續一卷　唐風撰　民國二十四年（1935）鉛印本　一冊

330000 – 1716 – 0021184　地獻 1497 – 17/
21184　史部/傳記類/別傳之屬/年譜

庸謹堂歲華紀感再續一卷　唐風撰　民國二十四年（1935）鉛印本　一冊

330000 – 1716 – 0021185　地獻 1497 – 18/
21185　史部/傳記類/別傳之屬/年譜

庸謹堂歲華紀感再續一卷　唐風撰　民國二十四年（1935）鉛印本　一冊

330000 – 1716 – 0021186　地獻 1497 – 19/
21186　史部/傳記類/別傳之屬/年譜

庸謹堂歲華紀感再續一卷　唐風撰　民國二十四年（1935）鉛印本　一冊

330000 – 1716 – 0021187　地獻 1497 – 20/
21187　史部/傳記類/別傳之屬/年譜

庸謹堂歲華紀感再續一卷　唐風撰　民國二十四年（1935）鉛印本　一冊

330000 – 1716 – 0021188　地獻 1497 – 21/
21188　史部/傳記類/別傳之屬/年譜

庸謹堂歲華紀感再續一卷　唐風撰　民國二
十四年（1935）鉛印本　一冊

330000－1716－0021189　地獻 1497－22/
21189　史部/傳記類/別傳之屬/年譜
庸謹堂歲華紀感再續一卷　唐風撰　民國二
十四年（1935）鉛印本　一冊

330000－1716－0021191　地獻 1497－23/
21191　史部/傳記類/別傳之屬/年譜
庸謹堂歲華紀感再續一卷　唐風撰　民國二
十四年（1935）鉛印本　一冊

330000－1716－0021192　地獻 1497－24/
21192　史部/傳記類/別傳之屬/年譜
庸謹堂歲華紀感再續一卷　唐風撰　民國二
十四年（1935）鉛印本　一冊

330000－1716－0021193　地獻 1497－25/
21193　史部/傳記類/別傳之屬/年譜
庸謹堂歲華紀感再續一卷　唐風撰　民國二
十四年（1935）鉛印本　一冊

330000－1716－0021194　地獻 1497－26/
21194　史部/傳記類/別傳之屬/年譜
庸謹堂歲華紀感再續一卷　唐風撰　民國二
十四年（1935）鉛印本　一冊

330000－1716－0021195　地獻 1497－27/
21195　史部/傳記類/別傳之屬/年譜
庸謹堂歲華紀感再續一卷　唐風撰　民國二
十四年（1935）鉛印本　一冊

330000－1716－0021197　子補 0559－4/
21197　經部/小學類/文字之屬/字書/訓蒙
最新繪圖幼學雜字不分卷　民國上海尚古山
房石印本　一冊

330000－1716－0021198　地獻 1497－28/
21198　史部/傳記類/別傳之屬/年譜
庸謹堂歲華紀感再續一卷　唐風撰　民國二
十四年（1935）鉛印本　一冊

330000－1716－0021200　子補 0562－1/
21200　子部/術數類/命書相書之屬
增補星平會海命學全書十卷首一卷　（清）水

中龍編集　民國上海萃英書局石印本　四冊
缺二卷（九至十）

330000－1716－0021201　集補 0019－7/
21201　集部/小說類/長篇之屬
異說五虎平西珍珠旗演義狄青前傳六卷一百
十二回新鐫後續繡像五虎平南狄青演傳四卷
四十二回　民國石印本　一冊　存四卷（平
南一至四）

330000－1716－0021211　史補 0905/21211
史部/編年類/斷代之屬
東華續錄一百二十卷（乾隆朝）　（清）朱壽朋
編　民國石印本　二冊　存四卷（四十五至
四十八）

330000－1716－0021220　地獻 1501/21220
集部/別集類/清別集
九曲山房詩鈔十六卷續集一卷　（清）宗聖垣
撰　偶然吟一卷　（清）宗聖堂撰　民國三年
（1914）吳下鉛印本　一冊　存六卷（六至十
一）

330000－1716－0021227　史補 0243/21227
新學/雜著
繪圖少年模範不分卷　陳知祥輯　民國上海
世界書局石印本　二冊

330000－1716－0021231　集補 0019－12/
21231　集部/小說類/長篇之屬
異說五虎平西珍珠旗演義狄青前傳六卷一百
十二回新鐫後續繡像五虎平南狄青演傳四卷
四十二回　民國上海中原書局石印本　一冊
　存一卷（一）

330000－1716－0021234　集補 0019－13/
21234　集部/小說類/長篇之屬
異說五虎平西珍珠旗演義狄青前傳六卷一百
十二回新鐫後續繡像五虎平南狄青演傳四卷
四十二回　民國石印本　一冊　存一卷（平
南一）

330000－1716－0021237　集補 0019－14/
21237　集部/小說類/長篇之屬
異說五虎平西珍珠旗演義狄青前傳六卷一百

十二回新鐫後續繡像五虎平南狄青演傳四卷四十二回　民國石印本　一冊　存一卷（三）

330000－1716－0021240　史補 0244/21240　史部/史抄類

教科適用漢書精華八卷　中華書局編　民國上海中華書局鉛印本　七冊　缺一卷（一）

330000－1716－0021250　地獻 1505－1/21250　史部/傳記類/別傳之屬/事狀

承歡初錄一卷　孫家驥等撰　孫國幹等輯　民國二十四年（1935）鉛印本　一冊

330000－1716－0021255　集補 0020－1/21255　集部/小說類/長篇之屬

繪圖名公奇案□□卷　民國石印本　一冊　存一卷（四）

330000－1716－0021257　集補 0020－2/21257　集部/小說類/長篇之屬

武則天四大奇案六卷六十四回　民國石印本　二冊　存二卷（四、六）

330000－1716－0021261　集補 0021－1/21261　集部/小說類/長篇之屬

新輯海公小紅袍全傳四卷四十二回　民國萃英書局石印本　二冊　存二卷（一、四）

330000－1716－0021264　集補 0021－2/21264　集部/小說類/長篇之屬

新輯海公小紅袍全傳四卷四十二回　民國石印本　一冊

330000－1716－0021266　史補 0247/21266　史部/編年類/斷代之屬

御撰資治通鑑綱目三編六卷　（清）張廷玉等撰　民國上海富強齋石印本　二冊

330000－1716－0021267　地獻 1511/21267　史部/傳記類/日記之屬

越縵堂詹詹錄二卷　（清）李慈銘撰　李文紅輯　民國二十二年（1933）李文紅鉛印本　一冊　存一卷（二）

330000－1716－0021269　地獻 1698/21269　類叢部/叢書類/自著之屬

勸堂遺書八種　顧家相撰　民國八年至十九年（1919－1930）會稽顧氏鉛印本　三冊　存二種

330000－1716－0021272　集補 0021－3/21272　集部/小說類/長篇之屬

繪圖海公大紅袍全傳四卷六十回　民國石印本　二冊　存二卷（二、四）

330000－1716－0021275　新補 0031/21275　新學/學校

新制中華初等小學國文教授書十二卷　屠元禮編　民國二年（1913）上海中華書局鉛印本　一冊　存一卷（一）

330000－1716－0021280　新補 0032/21280　新學/學校

新制中華國民學校國文教科書十二冊不分卷　沈頤等編　民國二年至九年（1913－1920）上海中華書局石印本　五冊　存五冊（三、五、八至九、十一）

330000－1716－0021285　新補 0033－1/21285　新學/學校

新制中華初等小學國文教科書十二冊不分卷　沈頤等編　民國二年至九年（1913－1920）上海中華書局石印本　三冊　存三冊（七、九至十）

330000－1716－0021292　新補 0033－2/21292　新學/學校

新制中華初等小學國文教科書十二冊不分卷　沈頤等編　民國二年至九年（1913－1920）上海中華書局石印本　三冊　存三冊（七、九至十）

330000－1716－0021299　子補 0569－9/21299　經部/小學類/文字之屬/字書/訓蒙

龍文鞭影初集二卷　（明）蕭良有撰　（明）楊臣諍增訂　（明）來集之音注　二集二卷（清）李暉吉　（清）徐瀷輯　民國石印本　一冊　存一卷（二集二）

330000－1716－0021301　新補 0034－1/21301　新學/學校

新制中華高等小學國文教科書九冊不分卷
郭成爽等編　民國二年至五年(1913－1916)
上海中華書局鉛印本　九冊

330000－1716－0021302　子補 0569－10/
21302　經部/小學類/文字之屬/字書/訓蒙
龍文鞭影初集二卷　(明)蕭良有撰　(明)楊
臣諍增訂　(明)來集之音注　**二集二卷**
(清)李暉吉　(清)徐瓚輯　民國石印本　二
冊　存二卷(二集一至二)

330000－1716－0021303　新補 0034－2/
21303　新學/學校
新制中華高等小學國文教科書九冊不分卷
郭成爽等編　民國二年至五年(1913－1916)
上海中華書局鉛印本　許芝祥題記　四冊
存四冊(三至五、八)

330000－1716－0021305　集補 0022－1/
21305　集部/小說類/長篇之屬
**繪圖施公案前傳八卷九十八回後傳六卷一百
回三傳四卷五十回四傳四卷五十回五傳四卷
四十回六傳四卷四十回七傳四卷四十回八傳
四卷四十回九傳四卷四十回全續四卷四十回**
　民國石印本　一冊　存四卷(四傳一至四)

330000－1716－0021307　集補 0022－2/
21307　集部/小說類/長篇之屬
繡像繪圖施公案十集□□卷□□回　民國石
印本　二冊　存十卷(二集一至六、四集一至
四)

330000－1716－0021311　子補 0569－11/
21311　經部/小學類/文字之屬/字書/訓蒙
龍文鞭影初集二卷　(明)蕭良有撰　(明)楊
臣諍增訂　(明)來集之音注　**二集二卷**
(清)李暉吉　(清)徐瓚輯　民國上洋普新石
印局石印本　三冊　缺一卷(二集一)

330000－1716－0021314　集補 0022－3/
21314　集部/小說類/長篇之屬
施公案奇集十集□□卷□□回　民國石印本
　一冊　存七卷(七續一至四、八續一至三)

330000－1716－0021329　子補 0064－3/

21329　子部/藝術類/書畫之屬/畫譜
海上名人畫譜六卷　民國石印本　一冊　存
一卷(六)

330000－1716－0021331　集補 0022－4/
21331　集部/小說類/長篇之屬
施公案全續四卷四十回　民國石印本　一冊
　存二卷(三至四)

330000－1716－0021337　普 叢 0362－2/
21337　類叢部/叢書類/自著之屬
船山遺書六十六種附一種　(清)王夫之撰
民國石印本　一冊　存一種

330000－1716－0021339　集 補 0022－5/
21339　集部/小說類/長篇之屬
**繪圖施公案前傳八卷九十八回後傳六卷一百
回三傳四卷五十回四傳四卷五十回五傳四卷
四十回六傳四卷四十回七傳四卷四十回八傳
四卷四十回九傳四卷四十回全續四卷四十回**
　民國石印本　三冊　存十卷(四傳一至四、
五傳一至二、七傳一至四)

330000－1716－0021343　子補 0012－2/
21343　子部/藝術類/遊藝之屬
游戲大觀不分卷　廣文書局編輯所編輯　民
國廣文書局石印本　一冊

330000－1716－0021348　集補 0022－6/
21348　集部/小說類/長篇之屬
**繪圖施公案前傳八卷九十八回後傳六卷一百
回三傳四卷五十回四傳四卷五十回五傳四卷
四十回六傳四卷四十回七傳四卷四十回八傳
四卷四十回九傳四卷四十回全續四卷四十回**
　民國上海大成書局石印本　一冊　存二卷
(四傳三至四)

330000－1716－0021352　集補 0022－7/
21352　集部/小說類/長篇之屬
繪圖施公奇案四卷九十八回　民國十五年
(1926)上海沈鶴記書局石印本　三冊　存三
卷(一至三)

330000－1716－0021353　子補 0563－20/
21353　子部/宗教類/道教之屬/戒律

太上寶筏圖說八卷 （清）黃正元撰　民國七年（1918）上海宏大善書局石印本　四冊　存四卷（孝、弟、忠、信）

330000－1716－0021354　集補0022－8/21354　集部/小說類/長篇之屬

施公案全續四卷四十回　民國上海廣益書局石印本　二冊

330000－1716－0021356　集補0023/21356　集部/別集類

肯堂遺稿一卷　查璞撰　**旭初遺稿一卷**　金大昇撰　民國十四年（1925）鉛印本　一冊

330000－1716－0021357　子補0563－21/21357　子部/宗教類/道教之屬/戒律

太上寶筏圖說八卷　（清）黃正元撰　民國七年（1918）上海宏大善書局石印本　六冊　缺二卷（義、廉）

330000－1716－0021358　子補2530/21358　子部/宗教類/其他宗教之屬/基督教

聖路善工一卷　民國二十九年（1940）鉛印本　一冊

330000－1716－0021363　子補2531/21363　子部/宗教類/其他宗教之屬/基督教

聖路善工一卷　民國二十九年（1940）鉛印本　一冊

330000－1716－0021364　子補0573/21364　子部/藝術類/遊藝之屬/聯語

新輯對聯從新□□卷　梁夢筆輯　民國石印本　一冊　存二卷（一至二）

330000－1716－0021365　子補2532/21365　子部/宗教類/其他宗教之屬/基督教

聖路善工一卷　民國二十九年（1940）鉛印本　一冊

330000－1716－0021366　子補2533/21366　子部/宗教類/其他宗教之屬/基督教

聖路善工一卷　民國二十九年（1940）鉛印本　一冊

330000－1716－0021367　集補0022－9/

21367　集部/小說類/長篇之屬

繪圖施公案前傳八卷九十八回後傳六卷一百回三傳四卷五十回四傳四卷五十回五傳四卷四十回六傳四卷四十回七傳四卷四十回八傳四卷四十回九傳四卷四十回全續四卷四十回　民國石印本　一冊　存四卷（五傳一至四）

330000－1716－0021371　集補0022－10/21371　集部/小說類/長篇之屬

繪圖施公案前傳八卷九十八回後傳六卷一百回三傳四卷五十回四傳四卷五十回五傳四卷四十回六傳四卷四十回七傳四卷四十回八傳四卷四十回九傳四卷四十回全續四卷四十回　民國石印本　二冊　存八卷（四至八、後傳四至六）

330000－1716－0021375　集補0022－11/21375　集部/小說類/長篇之屬

繪圖施公案前傳八卷九十八回後傳六卷一百回三傳四卷五十回四傳四卷五十回五傳四卷四十回六傳四卷四十回七傳四卷四十回八傳四卷四十回九傳四卷四十回全續四卷四十回　民國石印本　十一冊　存二十一卷（四傳一至四、五傳一至四、六傳一至二、七傳一至四、八傳一至三、九傳一至四）

330000－1716－0021386　子補0574/21386　子部/藝術類/遊藝之屬/聯語

新製共和楹聯新語□□卷　民國石印本　一冊　存一卷（一）

330000－1716－0021387　集補0024－1/21387　集部/小說類/長篇之屬

繪圖三公奇案二十卷　民國石印本　一冊　存一卷（二）

330000－1716－0021389　集補0024－2/21389　集部/小說類/長篇之屬

繪圖增像四續小五義四卷四十回　（清）治逸編　民國七年（1918）上海書局石印本　一冊

330000－1716－0021391　新補0050－1/21391　子部/天文曆算類/算書之屬

最新圖式歸除算法二卷　民國石印本　一冊　缺一卷（一）

330000－1716－0021392　子補 0576/21392
子部/藝術類/書畫之屬/書法書品

行草通書一卷　黃濟才撰　民國三十三年（1944）石印本　一冊

330000－1716－0021395　子補 0577/21395
子部/藝術類/書畫之屬/畫譜

大寫真第一集不分卷　民國石印本　一冊

330000－1716－0021400　子補 0578/21400
子部/藝術類/書畫之屬/畫譜

沙山春人物扇集畫譜一卷　（清）沙馥繪　民國十四年（1925）育材書局影印本　一冊

330000－1716－0021403　新補 0051－1/21403　子部/天文曆算類/算書之屬

最新全圖小學簡明算法二卷　民國上海昌文書局石印本　二冊

330000－1716－0021412　新補 0053－1/21412　新學/算學/數學

圖式小學珠算課本一卷　民國三年（1914）上海天寶書局石印本　一冊

330000－1716－0021413　集補 0024－9/21413　集部/小說類/長篇之屬

增像小五義全傳六卷一百二十四回續小五義六卷一百二十四回　（清）石玉崑撰　民國八年（1919）上海昌文書局石印本　五冊　存五卷（一、三至四，續一、六）

330000－1716－0021414　集補 0024－3/21414　集部/小說類/長篇之屬

繪圖新編續七俠五義□□種　（清）治逸編　民國七年至十年（1918－1921）上海大成書局石印本　三冊　存三種

330000－1716－0021415　新補 0050－3/21415　子部/天文曆算類/算書之屬

最新圖式歸除算法不分卷　民國上海天機書局石印本　一冊

330000－1716－0021416　新補 0039/21416
新學/學校

[國民學校]新體國語教科書八冊不分卷　莊適編　民國九年（1920）上海商務印書館石印

本　一冊　存一冊（一）

330000－1716－0021417　史補 0263/21417
史部/目錄類/總錄之屬/彙刻

叢書舉要六十卷附校誤記一卷末一卷　楊守敬原編　李之鼎補編　民國三年（1914）南昌李氏宜秋館鉛印本　三十五冊　缺十五卷（三至四、九至十、十二、十八至十九、二十一至二十七、四十）

330000－1716－0021418　新補 0052－1/21418　子部/天文曆算類/算書之屬

最新圖式小學簡明算法不分卷　民國石印本　一冊

330000－1716－0021419　集補 0024－4/21419　集部/小說類/長篇之屬

繡像續小五義一百二十回　（清）石玉崑撰　民國鉛印本　二冊　存二十一回（二十七至二十八、四十一至五十九）

330000－1716－0021420　新補 0052－2/21420　子部/天文曆算類/算書之屬

最新圖式小學簡明算法不分卷　民國劉德記書局石印本　一冊

330000－1716－0021422　新補 0040/21422
新學/學校

[中華民國初等小學]訂正最新國文教科書十冊不分卷　莊俞　蔣維喬編　民國上海商務印書館鉛印本　二冊　存二冊（五至六）

330000－1716－0021425　新補 0054－1/21425　子部/天文曆算類/算書之屬

最新圖式小學簡明算法不分卷　民國石印本　桂月題記　一冊

330000－1716－0021426　新補 0041－1/21426　新學/學校

中華高等小學國文教科書八冊不分卷　汪渤　何振武編　民國元年（1912）上海中華書局鉛印本　一冊　存一冊（三）

330000－1716－0021427　新補 0054－2/21427　子部/天文曆算類/算書之屬

最新圖式小學簡明算法不分卷　民國石印本

一册

330000－1716－0021428　　地獻 1525－1/
21428　　子部/儒家類/儒學之屬/性理

**泰和會語一卷宜山會語一卷附玄義諸書舉略
一卷**　馬一浮撰　民國鉛印本　一册　缺一
卷(泰和會語)

330000－1716－0021429　　新補 0041－2/
21429　　新學/學校

中華初等小學國文教科書八册不分卷　華鴻
年　何振武編　民國上海中華書局石印本
一册　存一册(四)

330000－1716－0021433　　地獻 1527－1/
21433　　史部/傳記類/別傳之屬/事狀

宋侍郎胡忠佑公事跡錄一卷　程鳳山輯　民
國二十二年(1933)上海新華書局鉛印本
一册

330000－1716－0021434　　新補 0055－1/
21434　　新學/算學/數學

繪圖算法指掌□□卷　民國石印本　一册
存一卷(一)

330000－1716－0021436　　地獻 1487－3/
21436　　子部/儒家類/儒學之屬/俗訓

格言合璧不分卷　(清)金纓輯　民國八年
(1919)上海宏大善書總發行所石印本　一册

330000－1716－0021437　　新補 0043/21437
新學/學校

國民學校實用國文教科書八册不分卷　北京
教育圖書社編　民國四年(1915)上海商務印
書館石印本　二册　存二册(七至八)

330000－1716－0021438　　新補 0055－2/
21438　　新學/算學/數學

繪圖算法指掌□□卷　民國石印本　一册
存一卷(一)

330000－1716－0021440　　集補 0024－7/
21440　　集部/小說類/長篇之屬

圖像七俠五義全傳八卷一百二十回　(清)石
玉崑撰　民國石印本　二册　存二卷(四、
六)

330000－1716－0021441　　地獻 1484－64/
21441　　集部/總集類/氏族之屬

伏舍傳唫集四卷　何鏞等撰　民國二十五年
(1936)會稽壽氏鉛印本　一册

330000－1716－0021442　　子補 0092－2/
21442　　子部/藝術類/遊藝之屬/棋弈

棋譜□□卷　民國石印本　二册　存四卷
(三至六)

330000－1716－0021443　　地獻 1484－65/
21443　　集部/總集類/氏族之屬

伏舍傳唫集四卷　何鏞等撰　民國二十五年
(1936)會稽壽氏鉛印本　一册

330000－1716－0021444　　新補 0044/21444
新學/學校

新式高等小學國文教科書六册不分卷　呂思
勉編　民國上海中華書局鉛印本　一册　存
一册(一)

330000－1716－0021446　　新補 0045/21446
新學/學校

中國文學教科書不分卷　國學保存會編輯
民國國學保存會鉛印本　一册　存一册(一)

330000－1716－0021449　　普叢 0106/21449
類叢部/叢書類/彙編之屬

四部叢刊　張元濟等編　民國上海商務印書
館影印本　一千七百四十四册　存三百二十
一種

330000－1716－0021452　　新補 0056－3/
21452　　新學/算學/數學

無師自通圖解珠算全書不分卷　郭義泉考案
　郭行正編訂　民國十五年(1926)上海世界
書局石印本　四册

330000－1716－0021453　　集補 0024－10/
21453　　集部/小說類/長篇之屬

小五義六卷一百二十四回　(清)石玉崑撰
民國石印本　一册　存一卷(三)

330000－1716－0021455　　新補 0056－4/
21455　　新學/算學/數學

無師自通圖解珠算全書不分卷　郭義泉考案

郭行正編訂 民國十九年（1930）上海世界書局石印本 三冊

330000－1716－0021456 新補0056－5/21456 新學/算學/數學

無師自通圖解珠算全書不分卷 郭義泉考案 郭行正編訂 民國十八年（1929）上海世界書局石印本 一冊

330000－1716－0021458 集補0024－11/21458 集部/小說類/長篇之屬

繡像續小五義六卷一百二十四回 （清）石玉崑撰 民國石印本 一冊 存一卷（五）

330000－1716－0021465 新補0059－1/21465 新學/學校

共和國教科書新算術八冊不分卷 壽孝天編 民國上海商務印書館鉛印本 七冊 存七冊（一至四、六至八）

330000－1716－0021467 新補0059－2/21467 新學/學校

共和國教科書新算術八冊不分卷 壽孝天編 民國上海商務印書館鉛印本 二冊 存二冊（七至八）

330000－1716－0021468 新補0060－1/21468 新學/學校

共和國教科書新算術筆算六冊不分卷 駱師曾編 民國上海商務印書館鉛印本 金建義題記 二冊 存二冊（四、六）

330000－1716－0021472 新補0060－2/21472 新學/學校

共和國教科書新算術筆算六冊不分卷 駱師曾編 民國上海商務印書館鉛印本 一冊 存一冊（一）

330000－1716－0021473 集補0024－16/21473 集部/小說類/長篇之屬

繡像七俠五義六卷一百回 （清）石玉崑撰 （清）俞樾重編 民國上海廣益書局石印本 二冊 存二卷（五至六）

330000－1716－0021475 集補0024－13/21475 集部/小說類/長篇之屬

圖像七俠五義全傳六卷一百回 民國石印本 一冊

330000－1716－0021477 集補0024－14/21477 集部/小說類/長篇之屬

圖像七俠五義全傳六卷一百回 民國石印本 五冊 存五卷（二至六）

330000－1716－0021478 新補0060－3/21478 新學/學校

共和國教科書新算術筆算六冊不分卷 駱師曾編 民國上海商務印書館鉛印本 一冊 存一冊（一）

330000－1716－0021479 新補0060－4/21479 新學/學校

共和國教科書新算術筆算六冊不分卷 駱師曾編 民國上海商務印書館鉛印本 章恒年題記 一冊 存一冊（三）

330000－1716－0021480 新補0060－5/21480 新學/學校

共和國教科書新算術筆算六冊不分卷 駱師曾編 民國上海商務印書館鉛印本 六冊

330000－1716－0021481 新補0061－1/21481 新學/學校

共和國教科書新算術珠算三冊不分卷 駱師曾編 民國上海商務印書館鉛印本 一冊 存一冊（一）

330000－1716－0021482 新補0061－2/21482 新學/學校

共和國教科書新算術珠算三冊不分卷 駱師曾編 民國上海商務印書館鉛印本 一冊 存一冊（一）

330000－1716－0021483 新補0062/21483 新學/學校

共和國教科書新算術八冊不分卷 壽孝天編 民國上海商務印書館鉛印本 張恒年題記 一冊 存一冊（二）

330000－1716－0021484 集補0024－15/21484 集部/小說類/長篇之屬

增像七俠五義六卷一百二十回 （清）石玉崑

撰 （清）俞樾重編　民國石印本　一冊　存一卷（六）

330000－1716－0021485　新補 0063/21485
新學/學校
共和國教科書新算術教授法六冊不分卷　駱師曾編　民國上海商務印書館鉛印本　一冊　存一冊（三）

330000－1716－0021486　新補 0064/21486
新學/學校
初等小學單級算術教科書十二冊不分卷　壽孝天　鄧慶瀾編　民國上海商務印書館鉛印本　一冊　存一冊（十）

330000－1716－0021488　新補 0065/21488
新學/學校
新式高等小學算術教科書六冊不分卷　倪文奎編　民國五年（1916）上海中華書局鉛印本　二冊　存二冊（一、三）

330000－1716－0021507　新補 0046－3/21507　新學/學校
訂正初等小學簡明國文教科書八冊不分卷　戴克敦等編　民國上海商務印書館石印本　二冊　存二冊（六至七）

330000－1716－0021515　新補 0048/21515
新學/學校
初等小學單級國文教科書十二冊不分卷　莊適　鄭朝熙編　民國上海商務印書館鉛印本　二冊　存二冊（十、十二）

330000－1716－0021517　新補 0049/21517
新學/學校
教育學不分卷　（美國）陶爾戴撰　（美國）何樂益譯　（英國）季理斐校　民國九年（1920）上海光學會鉛印本　海珊題記　一冊

330000－1716－0021518　新補 0066－1/21518　子部/天文曆算類/算書之屬
珠算入門一卷　達文社編輯　民國鉛印本　劉堂麟題記　一冊

330000－1716－0021522　新補 0066－2/21522　子部/天文曆算類/算書之屬

珠算入門一卷　達文社編輯　民國七年（1918）中華書局鉛印本　一冊

330000－1716－0021524　集補 0025－1/21524　集部/小說類/長篇之屬
繪圖新編洪秀全演義十集三十二卷一百七十四回　汪繼川編　民國十四年（1925）上海萃英書局石印本　一冊　存一卷（十集四）

330000－1716－0021528　地獻 1531－1/21528　集部/總集類/酬唱之屬
壬社十老會紀盛錄一卷　孫汝懌等撰　民國二十五年（1936）鉛印本　一冊

330000－1716－0021529　地獻 1532－1/21529　史部/傳記類/別傳之屬/事狀
會稽何烈婦周孺人遺札徵詩文啟不分卷　周毅修輯　民國十一年（1922）鉛印本　一冊

330000－1716－0021530　集補 0025－2/21530　集部/小說類/長篇之屬
繡像洪秀全演義十集三十二卷一百七十四回　黃世仲撰　民國石印本　一冊　存一卷（三集二）

330000－1716－0021533　地獻 1533－1/21533　集部/別集類
敉廬吟草二卷　朱允中撰　民國二十三年（1934）鉛印本　一冊

330000－1716－0021535　地獻 1534/21535
史部/傳記類/總傳之屬/郡邑
於越有明一代三不朽圖贊一卷　（清）張岱撰　民國七年（1918）紹興印刷局鉛印本　一冊

330000－1716－0021536　集補 0025－3/21536　集部/小說類/長篇之屬
洪秀全演義四集八卷五十四回　黃世仲撰　民國石印本　一冊　存一卷（初集二）

330000－1716－0021537　子補 0590－1/21537　子部/天文曆算類/算書之屬
詳注全圖新算法大成八卷　（明）程大位編　民國上海校經山房石印本　三冊

330000－1716－0021540　新補 0069－1/

21540　新學/學校

新式初等珠算課本不分卷　孫志勁編輯　民國十七年(1928)上海世界書局石印本　一冊

330000 – 1716 – 0021541　新補 0080 – 1/21541　新學/學校

[初等小學校春季始業]共和國教科書新修身八冊不分卷　沈頤　戴克敦編　民國上海商務印書館石印本　錢寶成題記　四冊　存四冊(四至七)

330000 – 1716 – 0021542　集補 0025 – 4/21542　集部/小說類/長篇之屬

繡像洪秀全演義十集三十二卷一百七十四回　黃世仲撰　民國石印本　一冊　存一卷(四集二)

330000 – 1716 – 0021544　子補 0590 – 2/21544　子部/天文曆算類/算書之屬

詳注全圖新算法大成八卷　(明)程大位編　民國上海錦章圖書局石印本　一冊　存三卷(二至四)

330000 – 1716 – 0021545　新補 0069 – 2/21545　新學/學校

新式初等珠算課本不分卷　孫志勁編輯　民國上海世界書局石印本　一冊

330000 – 1716 – 0021547　新補 0070 – 1/21547　新學/學校

中華初等小學算術教科書八冊不分卷　顧樹森編　民國上海中華書局鉛印本　一冊　存一冊(三)

330000 – 1716 – 0021549　新補 0070 – 2/21549　新學/學校

中華高等小學算術教科書四冊不分卷　趙秉良編　民國元年(1912)上海中華書局鉛印本　一冊　存一冊(三)

330000 – 1716 – 0021550　集補 0025 – 5/21550　集部/小說類/長篇之屬

繡像洪秀全十集三十二卷一百七十四回　黃世仲撰　民國石印本　二冊　存二卷(四集一至二)

330000 – 1716 – 0021552　集補 0025 – 6/21552　集部/小說類/長篇之屬

繪圖新編洪秀全演義十集四十卷　半癡編　民國十二年(1923)上海大成書局石印本　二冊　存八卷(七集一至四、八集一至四)

330000 – 1716 – 0021556　子補 0592 – 2/21556　子部/天文曆算類/算書之屬

無師自通書算大全不分卷　洪子良　居映園編纂　民國上海中原書局石印本　四冊

330000 – 1716 – 0021557　子補 0592 – 3/21557　子部/天文曆算類/算書之屬

無師自通書算大全不分卷　洪子良　居映園編纂　民國上海中原書局石印本　一冊

330000 – 1716 – 0021561　地獻 1715 – 2/21561　史部/傳記類/別傳之屬/事狀

陳秉衡先生哀輓錄不分卷　民國十六年(1927)石印本　一冊

330000 – 1716 – 0021566　集補 0025 – 7/21566　集部/小說類/長篇之屬

民族小說繡像洪秀全演義四集八卷五十四回　黃世仲撰　民國石印本　三冊　存四卷(初集一、二集一、三集一至二)

330000 – 1716 – 0021570　地獻 1539/21570　集部/詩文評類/詩評之屬

先考薑露庵詩話一卷　(清)施山撰　施煃錄　民國油印本　一冊

330000 – 1716 – 0021571　子補 0594/21571　子部/天文曆算類/算書之屬

增刪算法統宗十一卷首一卷末一卷　(明)程大位編　(清)梅穀成增刪　民國石印本　一冊　缺六卷(一至五、首)

330000 – 1716 – 0021573　地獻 1320 – 18/21573　史部/傳記類/別傳之屬/事狀

會稽施仲魯先生暨德配程淑人六十徵言事略一卷　施賚等輯　民國十五年(1926)刻朱印本　一冊

330000 – 1716 – 0021574　地獻 1320 – 19/21574　史部/傳記類/別傳之屬/事狀

會稽施仲魯先生暨德配程淑人六十徵言事略
一卷 施賓等輯 民國十五年(1926)刻朱印
本 一冊

330000－1716－0021575 地獻1320－20/
21575 史部/傳記類/別傳之屬/事狀

會稽施仲魯先生暨德配程淑人六十徵言事略
一卷 施賓等輯 民國十五年(1926)刻朱印
本 一冊

330000－1716－0021598 集補0026－4/
21598 集部/小說類/長篇之屬

增訂繪圖說岳全傳八卷八十回 (清)錢彩編
(清)金豐增訂 民國茹古齋鉛印本 一冊
存一卷(三)

330000－1716－0021605 集補0026－5/
21605 集部/小說類/長篇之屬

增訂繪圖精忠說岳全傳八卷八十回 (清)錢
彩編 (清)金豐增訂 民國茹古齋鉛印本
一冊 存一卷(五)

330000－1716－0021606 史補0279/21606
史部/傳記類/總傳之屬/通代

校正尚友錄統編二十四卷 (清)錢湖釣徒編
(清)張元聲輯 民國石印本 一冊 存二
卷(二十三至二十四)

330000－1716－0021610 集補0026－7/
21610 集部/小說類/長篇之屬

增訂繪圖精忠說岳全傳八卷八十回 (清)錢
彩編 (清)金豐增訂 民國石印本 六冊
缺二卷(五至六)

330000－1716－0021613 新補0079－4/
21613 新學/議論/通論

政治大同一卷永久和平一卷大德必得一卷
民國北平道德學社鉛印本 二冊 缺一卷
(大德必得)

330000－1716－0021617 新補0079－5/
21617 新學/議論/通論

政治大同一卷永久和平一卷大德必得一卷
民國北平道德學社鉛印本 二冊 缺一卷
(大德必得)

330000－1716－0021618 新補0079－6/
21618 新學/議論/通論

政治大同一卷永久和平一卷大德必得一卷
民國北平道德學社鉛印本 二冊 缺一卷
(大德必得)

330000－1716－0021619 新補0079－7/
21619 新學/議論/通論

政治大同一卷永久和平一卷大德必得一卷
民國北平道德學社鉛印本 二冊 缺一卷
(大德必得)

330000－1716－0021620 新補0079－8/
21620 新學/議論/通論

政治大同一卷永久和平一卷大德必得一卷
民國北平道德學社鉛印本 二冊 缺一卷
(大德必得)

330000－1716－0021621 新補0079－9/
21621 新學/議論/通論

政治大同一卷永久和平一卷大德必得一卷
民國北平道德學社鉛印本 一冊 存一卷
(政治大同)

330000－1716－0021624 集補0026－8/
21624 集部/小說類/長篇之屬

繡像精忠演義說岳全傳六卷八十回 (清)錢
彩編 (清)金豐增訂 民國元年(1912)上海
錦章書局石印本 一冊 存一卷(一)

330000－1716－0021629 史補0285/21629
史部/目錄類/書志之屬/題跋

瓜圃叢刊敘錄一卷 金梁輯 民國十三年
(1924)鉛印本 一冊

330000－1716－0021630 史補0286/21630
史部/目錄類/書志之屬/題跋

瓜圃叢刊敘錄一卷 金梁輯 民國十三年
(1924)鉛印本 一冊

330000－1716－0021633 集補0026－9/
21633 集部/小說類/長篇之屬

增訂繪圖精忠說岳全傳八卷八十回 (清)錢
彩編 (清)金豐增訂 民國上海簡青齋書局
石印本 二冊

330000 – 1716 – 0021647　經補 0227/21647
經部/四書類/總義之屬/傳說

四書合講十九卷　（宋）朱熹集注　民國茹古
齋鉛印本　一冊　存一種

330000 – 1716 – 0021649　新補 0087/21649
新學/學校

新制國民學校修身教科書十二冊不分卷　戴
克敦　沈頤　陸費逵編　民國五年（1916）上
海中華書局石印本　一冊　存一冊（七）

330000 – 1716 – 0021651　新補 0088/21651
新學/學校

新制中華初等小學修身教科書十二冊不分卷
　戴克敦　沈頤　陸費逵編　民國二年
（1913）上海中華書局石印本　二冊　存二冊
（四、九）

330000 – 1716 – 0021653　新補 0089/21653
新學/學校

新制中華高等小學修身教科書九冊不分卷
戴克敦　沈頤　陸費逵編　民國二年（1913）
上海中華書局鉛印本　一冊　存一冊（二）

330000 – 1716 – 0021654　經補 0228/21654
經部/四書類/總義之屬/傳說

四書合講十九卷　（宋）朱熹集注　民國四明
茹古書局鉛印本　四冊　缺五卷（孟子一至
五）

330000 – 1716 – 0021655　新補 0090/21655
新學/學校

[高等小學校春季始業]新編中華修身教科書
八冊不分卷　沈頤　葛文珪編　民國上海中
華書局鉛印本　四冊　存四冊（一、四至六）

330000 – 1716 – 0021657　經補 0229 – 1/
21657　經部/四書類/總義之屬/傳說

四書合講十九卷　（宋）朱熹集注　民國茹古
齋鉛印本　一冊　存一種

330000 – 1716 – 0021658　集補 0027 – 3/
21658　集部/小說類/長篇之屬

繪圖二十七續濟公傳四卷四十回　民國上海
校經山房石印本　一冊　存一卷（四）

330000 – 1716 – 0021664　集補 0027 – 5/
21664　集部/小說類/長篇之屬

繡像第二十九續濟公傳四卷四十回　民國石
印本　一冊

330000 – 1716 – 0021669　新補 0053 – 2/
21669　新學/算學/數學

圖式小學珠算課本一卷　民國上海天寶書局
石印本　一冊

330000 – 1716 – 0021671　新補 0102 – 2/
21671　新學/學校

學生新文庫甲編十九卷乙編二十卷　世界書
局編輯所編輯　民國十四年（1925）上海世界
書局石印本　三冊　存十卷（四至六、乙編十
三至十九）

330000 – 1716 – 0021681　新補 0103 – 4/
21681　集部/詩文評類/文法之屬

言文對照女子作文新範不分卷　張侶俠編輯
　民國上海世界書局石印本　一冊

330000 – 1716 – 0021684　新補 0103 – 5/
21684　新學/學校

高等小學作文範本不分卷　林景亮撰　民國
四年（1915）上海中華書局鉛印本　一冊

330000 – 1716 – 0021686　子補 0608/21686
子部/工藝類/日用器物之屬

紋織物意匠法一卷圖一卷　莫善繼編　民國
石印本　一冊

330000 – 1716 – 0021688　地獻 1533 – 2/
21688　集部/別集類

牧廬吟草二卷　朱允中撰　民國二十三年
（1934）鉛印本　一冊

330000 – 1716 – 0021690　地獻 1533 – 3/
21690　集部/別集類

牧廬吟草二卷　朱允中撰　民國二十三年
（1934）鉛印本　一冊

330000 – 1716 – 0021691　新補 0083 – 3/
21691　新學/學校

訂正初等小學簡明修身教科書八冊不分卷
陸費逵　戴克敦編　民國元年（1912）上海商

務印書館石印本　一冊　存一冊（七）

330000－1716－0021692　新補0103－6/21692　新學/學校

小學作文捷徑不分卷　民國上海新中華書社石印本　一冊

330000－1716－0021696　集補0027－9/21696　集部/小說類/長篇之屬

繡像新撰二十一續濟公傳四卷四十回　民國上海校經山房石印本　一冊

330000－1716－0021697　新補0103－7/21697　新學/學校

初等作文新秘訣不分卷　民國上海廣益書局石印本　三冊

330000－1716－0021700　史補0289/21700　史部/傳記類/別傳之屬/事狀

愛日堂壽言四卷　屈映光輯　民國六年（1917）上海聚珍倣宋印書局鉛印本　二冊

330000－1716－0021703　史補0290－1/21703　史部/叢編

思岷廬史學叢著　唐邦治撰　民國大東書局鉛印本　一冊　存一種

330000－1716－0021704　新補0091/21704　新學/學校

新式高等小學修身教科書六冊不分卷　方瀏生編輯　民國七年（1918）上海中華書局鉛印本　二冊　存二冊（一至二）

330000－1716－0021705　新補0103－8/21705　集部/詩文評類/文法之屬

增訂作文秘訣不分卷　民國三年（1914）上海普文學會石印本　三冊　存八章（一至四、七至十）

330000－1716－0021706　新補0103－9/21706　新學/學校

小學作文入門一集四卷二集四卷三集四卷　胡君復評選　民國六年（1917）上海商務印書館鉛印本　二冊　缺四卷（一至四）

330000－1716－0021712　子補0612/21712

子部/天文曆算類/曆法之屬

中華民國二十四年歲在乙亥通書不分卷　民國二十四年（1935）石印本　一冊

330000－1716－0021715　地獻1552－1/21715　經部/小學類/文字之屬/字書/訓蒙

千字文一卷　民國浙紹育新書局石印本　一冊

330000－1716－0021716　新補0093－1/21716　新學/學校

中華初等小學修身教科書八冊不分卷　陳懋功　汪濤編　民國上海中華書局石印本　一冊　存一冊（八）

330000－1716－0021717　地獻1552－2/21717　經部/小學類/文字之屬/字書/訓蒙

千字文一卷　民國浙紹墨潤堂石印本　一冊

330000－1716－0021719　新補0093－2/21719　新學/學校

中華初等小學修身教科書八冊不分卷　陳懋功　汪濤編　民國上海中華書局石印本　金建義題記　一冊　存一冊（八）

330000－1716－0021721　子補0627/21721　子部/術數類

新鐫曆法便覽象吉備要通書二十九卷　（清）魏鑑撰　民國石印本　一冊　存三卷（二十四至二十六）

330000－1716－0021722　新補0103－10/21722　新學/學校

新式兒童作文初步不分卷　秦同培輯　民國十三年（1924）上海世界書局石印本　二冊

330000－1716－0021728　新補0103－11/21728　新學/學校

新式兒童作文入門不分卷　秦同培輯　民國十二年（1923）上海世界書局石印本　二冊

330000－1716－0021729　子補0620－1/21729　子部/天文曆算類/曆法之屬

新鐫增補時憲臺曆袖裏璇璣星命須知一卷　民國石印本　二冊

330000－1716－0021730　地獻 1555－1/
21730　子部/術數類/命書相書之屬

越州胖漢瞎話一卷　蔣清渠撰　稿本　一冊

330000－1716－0021731　新補 0103－12/
21731　集部/詩文評類/文法之屬

文言白話新法作文捷訣不分卷　張侶俠　張
雲石編輯　民國十三年(1924)上海世界書局
石印本　二冊

330000－1716－0021732　集補 0027－12/
21732　集部/小說類/長篇之屬

新編繡像三十二續濟公傳四卷四十回　民國
上海校經山房石印本　一冊　存一卷(一)

330000－1716－0021734　地獻 1541－2/
21734　集部/別集類/清別集

白華絳柎閣詩集十卷　(清)李慈銘撰　民國
影印本　六冊

330000－1716－0021735　新補 0103－13/
21735　集部/詩文評類/文法之屬

文言白話新法作文捷訣不分卷　張侶俠　張
雲石編輯　民國十三年(1924)上海世界書局
石印本　二冊

330000－1716－0021736　子補 0620－2/
21736　子部/天文曆算類/曆法之屬

新鎸增補時憲臺曆袖裏璇璣星命須知一卷
民國三年(1914)上海天機書局石印本　二冊

330000－1716－0021737　地獻 1466－42/
21737　集部/別集類

夷門草一卷　黃壽袞撰　民國二年(1913)越
鐸印刷局鉛印本　一冊

330000－1716－0021739　集補 0027－13/
21739　集部/小說類/長篇之屬

再續濟公傳全部四卷四十一回　民國石印本
四冊

330000－1716－0021740　子補 0621/21740
子部/天文曆算類/曆法之屬

新鎸增補袖裏璇璣星命須知一卷　民國八年
(1919)上海鑄記書局石印本　一冊

330000－1716－0021741　新補 0095/21741
新學/學校

訂正初等小學女子修身教科書八冊不分卷
戴克敦等編　民國三年(1914)上海商務印書
館石印本　一冊　存一冊(三)

330000－1716－0021742　集補 0027－14/
21742　集部/小說類/長篇之屬

繡像四續濟公傳四卷四十回　民國八年
(1919)上海廣雅書局石印本　二冊

330000－1716－0021743　子補 0620－3/
21743　子部/天文曆算類/曆法之屬

新鎸增補時憲臺曆袖裏璇璣星命須知一卷
民國十一年(1922)天寶書局石印本　二冊

330000－1716－0021744　地獻 1556/21744
集部/總集類/酬唱之屬

紹興陳醉庭先生六秩壽辰詩文集不分卷　陳
鍾穎等撰　民國九年(1920)光華美術印刷公
司鉛印本　一冊

330000－1716－0021745　子補 0622/21745
子部/術數類/命書相書之屬

新刻星平合訂算命實在易二卷　(清)胡桓齡
　(清)胡栢齡謄寫　民國十一年(1922)上海
劉德記石印本　一冊

330000－1716－0021747　子補 0623/21747
子部/天文曆算類/曆法之屬

萬年曆四卷　民國石印本　三冊　缺一卷
(二)

330000－1716－0021754　新補 0104－3/
21754　新學/雜著/叢編

日用萬全新書十二卷三十輯　廣益書局編輯
部編　民國十年(1921)上海廣益書局石印本
十二冊

330000－1716－0021756　新補 0104－4/
21756　新學/雜著/叢編

日用萬全新書十二卷三十輯　廣益書局編輯
部編　民國上海廣益書局石印本　十二冊

330000－1716－0021758　新補 0104－5/
21758　新學/雜著/叢編

日用萬全新書十二卷三十輯　廣益書局編輯
部編　民國上海廣益書局石印本　四冊　存
四卷（二、四至五、十）

330000－1716－0021759　新補0104－6/
21759　新學/雜著/叢編
日用萬全新書十二卷三十輯　廣益書局編輯
部編　民國上海廣益書局石印本　一冊　存
一卷（四）

330000－1716－0021769　經補0246/21769
經部/小學類/文字之屬/字書/字典
中華普通新字彙一卷附古體字彙一卷俗體字
彙一卷日用寶鑒一卷　民國石印本　一冊

330000－1716－0021771　集補0027－17/
21771　集部/小說類/長篇之屬
活佛濟公十四章不分卷　浙西半濟僧編　民
國上海世界書局石印本　一冊

330000－1716－0021778　子補0625/21778
子部/天文曆算類/曆法之屬
民國萬年書不分卷　民國石印本　一冊

330000－1716－0021779　新補0105－2/
21779　新學/雜著/叢編
日用萬事全書二十四編　新華編輯所編　民
國上海新華書局鉛印本　四冊　存十三編
（一至十三）

330000－1716－0021780　子補0626/21780
子部/天文曆算類/曆法之屬
中華民國三十八年歲在己丑農曆通書不分卷
　民國三十八年（1949）上海劉德記書局石印
本　一冊

330000－1716－0021781　新補0105－3/
21781　新學/雜著/叢編
日用萬事全書十八編　新華編輯所編　民國
上海新華書局鉛印本　二冊　存十三編（一
至十三）

330000－1716－0021785　史補0297/21785
史部/地理類/山川之屬/山志
天台山文化史二卷　梁濟康編　民國鉛印本
　一冊

330000－1716－0021789　子補0630/21789
子部/天文曆算類/曆法之屬
新萬年曆不分卷　民國石印本　一冊

330000－1716－0021790　地獻1557－1/
21790　史部/傳記類/別傳之屬/事狀
故室李氏傳略一卷　王崇禮述　唐風校訂
民國鉛印本　一冊

330000－1716－0021792　集補0027－19/
21792　集部/小說類/長篇之屬
新刊繡像評演濟公傳四卷一百二十回後部濟
公傳四卷一百二十回　郭廣瑞撰　民國石印
本　一冊　存三卷（二至四）

330000－1716－0021795　地獻1560－1/
21795　新學/學校
紹興縣立敬敷小學添建校舍徵信錄不分卷
王崇禮編　民國二十三年（1934）鉛印本
一冊

330000－1716－0021796　集補0027－20/
21796　集部/小說類/長篇之屬
繪圖濟公傳前集四卷一百二十回後集四卷一
百二十回　郭廣瑞撰　民國十七年（1928）上
海共和書局石印本　三冊　存三卷（四、後集
一至二）

330000－1716－0021800　地獻1557－2/
21800　史部/傳記類/別傳之屬/事狀
故室李氏傳略一卷　王崇禮述　唐風校訂
民國鉛印本　一冊

330000－1716－0021801　地獻1560－2/
21801　新學/學校
紹興縣立敬敷小學添建校舍徵信錄不分卷
王崇禮編　民國二十三年（1934）鉛印本
一冊

330000－1716－0021802　子補2599/21802
子部/宗教類/其他宗教之屬/基督教
人生要務不分卷　民國三年（1914）鉛印本
一冊

330000－1716－0021803　地獻1557－3/
21803　史部/傳記類/別傳之屬/事狀

故室李氏傳略一卷　王崇禮述　唐風校訂
民國鉛印本　一冊

330000－1716－0021804　地獻 1565/21804
史部/目錄類

快閣師石山房叢書七種　（清）姚振宗撰　民
國二十年（1931）浙江省立圖書館鉛印本　四
冊　存一種

330000－1716－0021805　地獻 1557－4/
21805　史部/傳記類/別傳之屬/事狀

故室李氏傳略一卷　王崇禮述　唐風校訂
民國鉛印本　一冊

330000－1716－0021806　地獻 1557－5/
21806　史部/傳記類/別傳之屬/事狀

故室李氏傳略一卷　王崇禮述　唐風校訂
民國鉛印本　一冊

330000－1716－0021807　地獻 1557－6/
21807　史部/傳記類/別傳之屬/事狀

故室李氏傳略一卷　王崇禮述　唐風校訂
民國鉛印本　一冊

330000－1716－0021808　地獻 1557－7/
21808　史部/傳記類/別傳之屬/事狀

故室李氏傳略一卷　王崇禮述　唐風校訂
民國鉛印本　一冊

330000－1716－0021809　地獻 1557－8/
21809　史部/傳記類/別傳之屬/事狀

故室李氏傳略一卷　王崇禮述　唐風校訂
民國鉛印本　一冊

330000－1716－0021810　地獻 1295－2/
21810　集部/別集類

感逝叢刊四種　唐風撰　民國十九年（1930）
紹興印刷局鉛印本　一冊　存一種

330000－1716－0021811　地獻 1561/21811
經部/四書類/總義之屬/傳說

銅版四書集注　（宋）朱熹集注　民國五年
（1916）上海鴻寶書局石印本　一冊　存一種

330000－1716－0021812　新補 0150/21812
新學/學校

訂正國民學校女子國文教科書八冊不分卷
戴克敦等編　民國上海商務印書館石印本
三冊　存三冊（二、四、八）

330000－1716－0021814　子補 0631/21814
子部/天文曆算類/曆法之屬

中華民國陰陽合璧曆書大成不分卷　民國二
年（1913）石印本　一冊

330000－1716－0021815　地獻 1226－2/
21815　史部/地理類/水利之屬

麻溪改壩為橋始末記四卷首一卷　王念祖纂
民國八年（1919）蕆社鉛印本　一冊　缺二
卷（三至四）

330000－1716－0021818　新補 0151－1/
21818　新學/學校

訂正初等小學女子國文教科書八冊不分卷
戴克敦等編　民國元年至二年（1912－1913）
上海商務印書館石印本　六冊　存六冊（一
至三、五至六、八）

330000－1716－0021819　地獻 1562/21819
子部/雜著類/雜纂之屬

人格駢言不分卷　韓迪周撰　民國二十二年
（1933）鉛印本　一冊

330000－1716－0021821　子補 0632/21821
子部/天文曆算類/曆法之屬

中華民國十年陽陰合曆通書不分卷　民國十
年（1921）上海鑄記書局石印本　一冊

330000－1716－0021822　新補 0151－2/
21822　新學/學校

訂正初等小學女子國文教科書八冊不分卷
戴克敦等編　民國元年至二年（1912－1913）
上海商務印書館石印本　一冊　存一冊（八）

330000－1716－0021824　子補 0633/21824
子部/天文曆算類/曆法之屬

中華民國十六年陰陽合曆通書不分卷　民國
十六年（1927）上海劉德記書局石印本　一冊

330000－1716－0021825　新補 0151－3/
21825　新學/學校

訂正初等小學女子國文教科書八冊不分卷

戴克敦等編　民國元年至二年（1912－1913）
上海商務印書館石印本　一冊　存一冊（八）

330000－1716－0021828　子補 0634/21828
子部/天文曆算類/曆法之屬

中華民國陽陰合璧新萬年曆不分卷　民國石
印本　一冊

330000－1716－0021829　集補 0027－21/
21829　集部/小說類/長篇之屬

**新刊繡像評演濟公傳四卷一百二十回後部濟
公傳四卷一百二十回**　郭廣瑞撰　民國石印
本　一冊　存一卷（三）

330000－1716－0021831　子補 0635－1/
21831　子部/天文曆算類/曆法之屬

精校星命萬年書不分卷　民國石印本　一冊

330000－1716－0021834　子補 0636/21834
子部/天文曆算類/曆法之屬

星命須知一卷萬年曆一卷　民國上海大成書
局石印本　一冊

330000－1716－0021836　集補 0027－24/
21836　集部/小說類/長篇之屬

**繡像評演濟公傳四卷一百二十回接續後部濟
公傳四卷一百二十回**　郭廣瑞撰　民國石印
本　一冊　存一卷（接續後部濟公傳一）

330000－1716－0021838　地獻 1403－2/
21838　史部/傳記類/別傳之屬/事狀

阮建章先生哀挽録一卷　孫家驥　潘文源輯
民國十五年（1926）鉛印本　一冊

330000－1716－0021845　子補 0637－1/
21845　子部/天文曆算類/曆法之屬

星命須知一卷附萬年書一卷　（西域）北馬魯
丁撰　民國十七年（1928）上海千頃堂書局石
印本　一冊

330000－1716－0021846　子補 0637－2/
21846　子部/天文曆算類/曆法之屬

星命須知一卷附萬年書一卷　（西域）北馬魯
丁撰　民國十七年（1928）上海千頃堂書局石
印本　劉杏村題記　一冊

330000－1716－0021847　集補 0027－25/
21847　集部/小說類/長篇之屬

**繡像繪圖濟公傳初集四卷一百二十回二集四
卷一百二十回**　民國上海進步書局石印本
五冊　存五卷（一至二,二集一、三至四）

330000－1716－0021848　子補 0637－3/
21848　子部/天文曆算類/曆法之屬

星命須知一卷附萬年書一卷　（西域）北馬魯
丁撰　民國上海千頃堂書局石印本　一冊

330000－1716－0021849　子補 0638－1/
21849　子部/天文曆算類/曆法之屬

星命須知一卷附校正萬年書一卷　民國上海
錦章圖書局石印本　一冊

330000－1716－0021850　子補 0638－2/
21850　子部/天文曆算類/曆法之屬

星命須知一卷附校正萬年書一卷　民國上海
錦章圖書局石印本　一冊

330000－1716－0021851　集補 0027－26/
21851　集部/小說類/長篇之屬

**新刻繡像評演濟公前傳六卷一百二十回接續
後部濟公傳六卷一百二十回**　郭廣瑞撰　民
國上海錦章圖書局石印本　三冊　存三卷
（二、四,接續後部濟公傳二）

330000－1716－0021852　新補 0106－1/
21852　新學/學校

論說新編三集四卷　雷瑊撰　民國十一年
（1922）上海掃葉山房石印本　三冊　存三卷
（一至三）

330000－1716－0021853　子補 0639/21853
子部/天文曆算類/曆法之屬

星命須知一卷附萬年曆一卷　民國十八年
（1929）上海劉德記書局石印本　一冊

330000－1716－0021854　地獻 1567/21854
史部/傳記類/別傳之屬

**餘姚毛母余太夫人賢孝徵文録二集二卷首一
卷**　毛希蒙等輯　民國十六年（1927）餘姚毛
濟美堂鉛印本　三冊

330000－1716－0021856　地獻 1568/21856

子部/藝術類/篆刻之屬/印譜

東璧家藏不分卷 逍遙主人輯 民國鈐印本
二冊

330000 – 1716 – 0021857 子補 0640 – 2/
21857 子部/天文曆算類/曆法之屬

星命須知一卷附訂正萬年書一卷 民國石印
本 一冊

330000 – 1716 – 0021859 新補 0106 – 3/
21859 集部/詩文評類/文法之屬

新白話論說文範不分卷 沈庚虞編 民國十
八年(1929)上海廣益書局石印本 四冊

330000 – 1716 – 0021860 子補 0640 – 3/
21860 子部/天文曆算類/曆法之屬

星命須知一卷附訂正萬年書一卷 民國石印
本 二冊

330000 – 1716 – 0021861 新補 0157 – 1/
21861 新學/學校

**全國學生國文成績文庫甲編二十卷乙編二十
卷** 盧壽籛輯 民國十一年(1922)上海崇文
書局鉛印本 八冊 存二十九卷(一至二十、
乙編七至十五)

330000 – 1716 – 0021862 子補 0640 – 4/
21862 子部/天文曆算類/曆法之屬

星命須知一卷附訂正萬年書一卷 民國石印
本 一冊

330000 – 1716 – 0021863 集補 0027 – 27/
21863 集部/小說類/長篇之屬

**新刊繡像評演濟公傳十二卷一百二十回後傳
十二卷一百二十回** 郭廣瑞撰 民國十二年
(1923)上海啟新書局石印本 四冊 存八卷
(一至二、五至六,後傳一至二、五至六)

330000 – 1716 – 0021866 地獻 1427 – 5/
21866 集部/詩文評類/文法之屬

初學論說文範四卷 邵伯棠撰 民國九年
(1920)上海會文堂書局石印本 一冊

330000 – 1716 – 0021867 新補 0157 – 2/
21867 新學/學校

全國學生國文成績文庫甲編二十卷乙編二十

卷 盧壽籛輯 民國十六年(1927)上海崇文
書局鉛印本 六冊 存二十卷(一至二十)

330000 – 1716 – 0021868 新補 0157 – 3/
21868 新學/學校

**全國學生國文成績文庫甲編二十卷乙編二十
卷** 盧壽籛輯 民國九年(1920)上海崇文書
局鉛印本 三冊 存十卷(一至三、六至七、
十六至二十)

330000 – 1716 – 0021870 地獻 1427 – 6/
21870 集部/詩文評類/文法之屬

初學論說文範四卷 邵伯棠撰 民國八年
(1919)上海會文堂書局石印本 四冊

330000 – 1716 – 0021871 集補 0026 – 10/
21871 集部/小說類/長篇之屬

繡像繪圖說岳全傳八卷八十回 (清)錢彩撰
民國上海進步書局石印本 一冊 存一卷
(六)

330000 – 1716 – 0021872 地獻 1427 – 7/
21872 集部/詩文評類/文法之屬

初學論說文範四卷 邵伯棠撰 民國二年
(1913)上海會文堂粹記石印本 四冊

330000 – 1716 – 0021874 地獻 1427 – 9/
21874 集部/詩文評類/文法之屬

初學論說文範四卷 邵伯棠撰 民國上海會
文堂書局石印本 一冊

330000 – 1716 – 0021876 地獻 1427 – 11/
21876 集部/詩文評類/文評之屬

中等新論說文範四卷 蔡郕撰 邵希雍評校
民國五年(1916)上海會文堂石印本 陳鼎
新題記 一冊 存一卷(四)

330000 – 1716 – 0021879 地獻 1427 – 12/
21879 集部/詩文評類/文評之屬

中等新論說文範四卷 蔡郕撰 邵希雍評校
民國上海會文堂石印本 一冊 存一卷
(三)

330000 – 1716 – 0021880 地獻 1427 – 13/
21880 集部/詩文評類/文評之屬

中等新論說文範四卷 蔡郕撰 邵希雍評校

民國三年（1914）上海會文堂石印本　梅仙題記　二冊　存二卷（三至四）

330000－1716－0021881　集補 0026－12/21881　集部/小說類/長篇之屬

繪圖說岳全傳八卷八十回　（清）錢彩撰　民國石印本　二冊　存二卷（三、八）

330000－1716－0021882　地獻 1427－10/21882　集部/詩文評類/文法之屬

初學論說文範四卷　邵伯棠撰　民國上海會文堂書局石印本　馮國棟題記　一冊

330000－1716－0021884　地獻 1427－14/21884　新學/學校

高等小學論說文範四卷　邵伯棠撰　民國四年（1915）上海會文堂書局石印本　諸春輝題記　三冊　存三卷（一至二、四）

330000－1716－0021885　地獻 1427－15/21885　新學/學校

高等小學論說文範四卷　邵伯棠撰　民國四年（1915）上海會文堂書局石印本　一冊

330000－1716－0021886　地獻 1427－16/21886　新學/學校

高等小學論說文範四卷　邵伯棠撰　民國八年（1919）上海會文堂書局石印本　四冊

330000－1716－0021887　地獻 1427－17/21887　新學/學校

高等小學論說文範四卷　邵伯棠撰　民國上海會文堂書局石印本　王福國題記　三冊　缺一卷（四）

330000－1716－0021888　子補 0641－1/21888　子部/天文曆算類/曆法之屬

新鐫增補時憲臺曆袖裏璇璣星命須知一卷附欽定萬年書一卷　民國四年（1915）上海共和書局石印本　一冊

330000－1716－0021889　地獻 1427－18/21889　新學/學校

高等小學論說文範四卷　邵伯棠撰　民國四年（1915）上海會文堂書局石印本　四冊

330000－1716－0021890　地獻 1427－19/21890　新學/學校

高等小學論說文範四卷　邵伯棠撰　民國十三年（1924）上海會文堂書局石印本　四冊

330000－1716－0021891　地獻 1427－20/21891　新學/學校

高等小學論說文範四卷　邵伯棠撰　民國上海會文堂書局石印本　二冊　存二卷（一至二）

330000－1716－0021892　子補 0641－2/21892　子部/天文曆算類/曆法之屬

新鐫增補時憲臺曆袖裏璇璣星命須知一卷附欽定萬年書一卷　民國四年（1915）上海共和書局石印本　一冊

330000－1716－0021893　子補 0641－3/21893　子部/天文曆算類/曆法之屬

新鐫增補時憲臺曆袖裏璇璣星命須知一卷附欽定萬年書一卷　民國四年（1915）上海共和書局石印本　吳友法題記　一冊

330000－1716－0021894　子補 0641－4/21894　子部/天文曆算類/曆法之屬

新鐫增補時憲臺曆袖裏璇璣星命須知一卷附欽定萬年書一卷　民國石印本　一冊

330000－1716－0021897　子補 0635－2/21897　子部/天文曆算類/曆法之屬

精校星命萬年書不分卷　民國石印本　一冊

330000－1716－0021901　子補 0642/21901　子部/天文曆算類/曆法之屬

中西對照百二十年國曆全書不分卷　香港統一圖書局編輯　民國香港統一圖書局石印本　一冊

330000－1716－0021902　子補 0643/21902　子部/天文曆算類/曆法之屬

崇道堂羅傳烈通書不分卷　民國九年（1920）刻本　一冊

330000－1716－0021903　新補 0158/21903　新學/學校

[高等小學校秋季始業]共和國教科書新農業

四冊不分卷　樊炳清編　民國上海商務印書館鉛印本　馬裕康題記　二冊　存二冊（三至四）

330000－1716－0021908　子補 0644/21908
子部/天文曆算類/曆法之屬
民國二十年三篇通書不分卷　民國二十年（1931）石印本　一冊

330000－1716－0021911　子補 0645/21911
子部/天文曆算類/曆法之屬
癸酉年大字通書不分卷　民國二十二年（1933）朱墨石印本　一冊

330000－1716－0021913　史補 0302/21913
史部/傳記類/總傳之屬/忠孝
二十四孝圖說一卷　民國九年（1920）合州會善堂慈善會刻本　一冊

330000－1716－0021915　子補 0646/21915
子部/天文曆算類/曆法之屬
癸酉年三篇通書不分卷　民國二十二年（1933）朱墨石印本　一冊

330000－1716－0021916　地獻 1576－1/21916　集部/總集類/課藝之屬
全國學校國文精華錄六卷　葛遵禮　蔣箸超輯　民國上海會文堂書局鉛印本　四冊　存二卷（一至二）

330000－1716－0021919　子補 0647/21919
子部/天文曆算類/曆法之屬
甲戌年大字通書不分卷　民國二十三年（1934）石印本　一冊

330000－1716－0021920　子補 0648/21920
子部/天文曆算類/曆法之屬
中華民國十六年通書不分卷　民國十六年（1927）上海大成書局石印本　一冊

330000－1716－0021922　地獻 1571－1/21922　經部/小學類/音韻之屬/韻書
增補同音字類標韻二卷續編一卷外編一卷（清）石韞玉增輯　民國十六年（1927）紹興育新書局石印本　二冊　存二卷（一至二）

330000－1716－0021923　子補 0649/21923
子部/天文曆算類/曆法之屬
中華民國二十四年通書不分卷　民國二十四年（1935）石印本　一冊

330000－1716－0021925　新補 0159/21925
新學/學校
[高等小學校秋季始業]共和國教科書新農業四冊不分卷　樊炳清編　民國上海商務印書館鉛印本　一冊　存二冊（一至二）

330000－1716－0021934　集補 0028－4/21934　集部/小說類/短篇之屬
繪圖今古奇觀六卷四十回　（明）抱甕老人輯　民國石印本　二冊　存二卷（一至二）

330000－1716－0021935　地獻 1577－1/21935　子部/儒家類/儒家之屬
鐸音不分卷　紹興孔聖學會編　民國三十四年（1945）紹興孔聖學會石印本　一冊

330000－1716－0021938　子補 2667/21938
子部/宗教類/其他宗教之屬/基督教
讀馬可福音識字法不分卷　民國六年（1917）鉛印本　一冊

330000－1716－0021939　子補 0650/21939
子部/天文曆算類/曆法之屬
中華民國十九年新曆書不分卷　上海特別市社會局編　民國十九年（1930）上海特別市政府鉛印本　一冊

330000－1716－0021940　子補 0651/21940
子部/天文曆算類/曆法之屬
中華民國二十一年曆書不分卷　上海特別市社會局編　民國二十一年（1932）上海特別市政府鉛印本　一冊

330000－1716－0021941　子補 0652/21941
子部/天文曆算類/曆法之屬
中元丁亥通書不分卷　民國三十六年（1947）鉛印本　一冊

330000－1716－0021943　子補 0653－1/21943　子部/工藝類/日用器物之屬
最新工藝製造法全書八卷　志才國貨文具製

造廠出版部編輯　民國十四年（1925）上海志才國貨文具製造廠發行部石印本　二冊

330000－1716－0021944　集補 0028－5/21944　集部/小說類/短篇之屬

繪圖今古奇觀六卷四十回　（明）抱甕老人輯　民國石印本　二冊　存二卷（一、四）

330000－1716－0021945　子補 0653－2/21945　子部/工藝類/日用器物之屬

最新工藝製造法全書八卷　志才國貨文具製造廠出版部編輯　民國十四年（1925）上海志才國貨文具製造廠發行部石印本　二冊

330000－1716－0021946　集補 0028－6/21946　集部/小說類/短篇之屬

繪圖今古奇觀六卷四十回　（明）抱甕老人輯　民國石印本　二冊　存二卷（一、五）

330000－1716－0021948　集補 0028－7/21948　集部/小說類/短篇之屬

繪圖今古奇觀六卷四十回　（明）抱甕老人輯　民國石印本　一冊　存一卷（四）

330000－1716－0021951　集補 0028－8/21951　集部/小說類/短篇之屬

繪圖改正今古奇觀六卷四十回　（明）抱甕老人輯　民國鑄記書局石印本　一冊　存一卷（三）

330000－1716－0021954　地獻 1447－2/21954　子部/宗教類/道教之屬

養真集二卷　（清）養真子撰　（清）王士端注　民國九年（1920）紹興同善分社鉛印本　一冊

330000－1716－0021955　集補 0028－9/21955　集部/小說類/短篇之屬

繪圖今古奇觀六卷四十回　（明）抱甕老人輯　民國十五年（1926）天寶書局石印本　一冊　存一卷（四）

330000－1716－0021956　地獻 0922－2/21956　史部/史評類/史學之屬

文史通義校讎通義陶氏別本不分卷　陶存煦編校　稿本　三冊

330000－1716－0021959　地獻 0922－3/21959　史部/史評類/史學之屬

文史通義九卷校讎通義四卷　（清）章學誠撰　民國上海會文堂書局石印本　二冊　存四卷（三至六）

330000－1716－0021961　史補 0304/21961　史部/傳記類/別傳之屬/事狀

顧文耀訃告不分卷　顧豐　顧鍇等輯　民國二十四年（1935）敦厚堂顧氏鉛印本　一冊

330000－1716－0021962　集補 0028－10/21962　集部/小說類/短篇之屬

繪圖今古奇觀六卷四十回　（明）抱甕老人輯　民國普新端記石印書局石印本　一冊　存一卷（一）

330000－1716－0021963　地獻 1576－2/21963　集部/總集類/課藝之屬

全國學校國文精華錄六卷　葛遵禮　蔣箸超輯　民國十二年（1923）上海會文堂書局鉛印本　三冊　存二卷（五至六）

330000－1716－0021972　地獻 1488－5/21972　類叢部/類書類/專類之屬

詩學含英十四卷　（清）劉文蔚輯　民國石印本　一冊　存一卷（三）

330000－1716－0021973　新補 0111－1/21973　新學/學校

[高等小學校秋季始業]共和國教科書新理科六冊不分卷　杜亞泉　凌昌煥　杜就田編　民國上海商務印書館鉛印本　一冊　存一冊（一）

330000－1716－0021976　集補 0028－11/21976　集部/小說類/短篇之屬

繡像繪圖今古奇觀六卷四十回　（明）抱甕老人輯　民國上海進步書局石印本　三冊　存三卷（三、五至六）

330000－1716－0021978　史補 0307/21978　史部/金石類/金之屬/文字

貞松堂集古遺文十六卷補遺三卷　羅振玉輯　民國二十年（1931）石印本　一冊　存二卷

（一至二）

330000－1716－0021987　子補 0654－3/
21987　子部/術數類/陰陽五行之屬

董公選要覽一卷附錄一卷　（明）董潛撰　民
國八年（1919）上海萃英書局石印本　一冊

330000－1716－0021992　子補 0358/21992
子部/宗教類/佛教之屬/諸宗

國清百錄四卷　（隋）釋灌頂撰　民國十八年
（1929）刻本　一冊　存二卷（三至四）

330000－1716－0021993　集補 0028－13/
21993　集部/小說類/短篇之屬

繪圖今古奇觀六卷四十回　（明）抱甕老人輯
　民國上海天寶書局石印本　一冊　存一卷
（五）

330000－1716－0022001　子補 0654－4/
22001　子部/術數類/陰陽五行之屬

董公選要覽一卷附錄一卷　（明）董潛撰　民
國八年（1919）上海萃英書局石印本　一冊

330000－1716－0022003　集補 0028－14/
22003　集部/小說類/短篇之屬

足本全圖今古奇觀四十回　（明）抱甕老人輯
　民國上海廣雅書局石印本　一冊　存六回
（十八至二十三）

330000－1716－0022005　新補 0111－4/
22005　新學/學校

**[高等小學校秋季始業]共和國教科書新理科
六冊不分卷**　杜亞泉　凌昌煥　杜就田編
民國上海商務印書館鉛印本　五冊　存五冊
（一至五）

330000－1716－0022006　子補 0654－5/
22006　子部/術數類/陰陽五行之屬

董公選要覽一卷附錄一卷　（明）董潛撰　民
國十一年（1922）上海錦章書局石印本　一冊

330000－1716－0022009　新補 0112/22009
新學/學校

新制中華高等小學理科教科書九冊不分卷
顧樹森編　民國上海中華書局鉛印本　一冊
　存一冊（六）

330000－1716－0022010　集補 0028－15/
22010　集部/小說類/長篇之屬

改良今古奇觀六卷四十回　（明）抱甕老人輯
　民國上海會文堂石印本　二冊　存二卷
（二至三）

330000－1716－0022011　子補 0654－6/
22011　子部/術數類/陰陽五行之屬

董公選要覽一卷附錄一卷　（明）董潛撰　民
國十一年（1922）上海錦章書局石印本　一冊

330000－1716－0022018　子補 0363/22018
子部/醫家類/養生之屬

養生保命錄一卷　民國八年（1919）石印本
一冊

330000－1716－0022023　集補 0028－16/
22023　集部/小說類/短篇之屬

足本全圖今古奇觀四十回　（明）抱甕老人輯
　民國上海廣雅書局石印本　二冊　存十回
（六至十五）

330000－1716－0022026　集補 0028－17/
22026　集部/小說類/短篇之屬

足本全圖今古奇觀四十回　（明）抱甕老人輯
　民國上海廣雅書局石印本　四冊　存二十
回（六至十、十六至二十、二十六至三十、三十
六至四十）

330000－1716－0022027　新補 0113/22027
新學/學校

中華高等小學理科教科書四冊不分卷　曹同
文　錢承駒　曹允文編輯　民國元年（1912）
上海中華書局鉛印本　一冊　存一冊（一）

330000－1716－0022036　新補 0115－1/
22036　新學/學校

**[高等小學校]共和國教科書新地理六冊不分
卷**　莊俞編　民國上海商務印書館鉛印本
戀泫題記　一冊　存一冊（一）

330000－1716－0022038　集補 0029－2/
22038　集部/曲類/彈詞之屬

繡像義妖全傳八卷六十九回　民國石印本
一冊　存一卷（四）

330000 – 1716 – 0022039　新補 0115 – 2/
22039　新學/學校

[高等小學校]共和國教科書新地理六冊不分
卷　莊俞編　民國上海商務印書館鉛印本
一冊　存一冊(一)

330000 – 1716 – 0022041　集補 0029 – 3/
22041　集部/小說類/長篇之屬

繪圖蕩平奇妖傳四卷二十回　民國上海鍊石
齋書局石印本　四冊

330000 – 1716 – 0022043　新補 0116 – 1/
22043　新學/學校

[高等小學校秋季始業]共和國教科書新地理
六冊不分卷　莊俞編　民國上海商務印書館
鉛印本　一冊　存一冊(一)

330000 – 1716 – 0022044　新補 0116 – 2/
22044　新學/學校

[高等小學校秋季始業]共和國教科書新地理
六冊不分卷　莊俞編　民國上海商務印書館
鉛印本　劉蔭森題記　五冊　存五冊(一至
四、六)

330000 – 1716 – 0022045　新補 0116 – 3/
22045　新學/學校

[高等小學校秋季始業]共和國教科書新地理
六冊不分卷　莊俞編　民國上海商務印書館
鉛印本　李誦嶠、王廷劍題記　四冊　存四
冊(一至三、六)

330000 – 1716 – 0022055　地獻 1484 – 72/
22055　集部/總集類/氏族之屬

伏舍傳唫集四卷　何鏞等撰　民國二十五年
(1936)會稽壽氏鉛印本　一冊

330000 – 1716 – 0022057　集補 0029 – 6/
22057　集部/小說類/長篇之屬

繪圖前義妖傳六卷五十三回後集二卷十六回
　民國上海錦章圖書局石印本　三冊　存六
卷(一至四、後集一至二)

330000 – 1716 – 0022063　集補 0029 – 7/
22063　集部/曲類/彈詞之屬

繡像義妖前傳六卷五十三回後集二卷十六回

民國石印本　二冊　存二卷(四至五)

330000 – 1716 – 0022064　經補 0282/22064
經部/四書類/大學之屬　傳說

增批大字新體繪圖大學白話注解一卷　(清)
朱麟評注　民國二十三年(1934)上海三友實
業社石印本　一冊

330000 – 1716 – 0022066　集補 0029 – 8/
22066　集部/小說類/長篇之屬

映旭齋增訂北宋三遂平妖續傳四卷四十回
民國石印本　四冊

330000 – 1716 –0022067　新補 0119/22067
新學/學校

[秋季始業學生用書]高等小學新地理教科書
六冊不分卷　姚明輝編　民國中國圖書公司
和記鉛印本　三冊　存三冊(一至二、四)

330000 – 1716 – 0022068　新補 0104 – 7/
22068　新學/雜著/叢編

日用萬全新書十二卷三十輯　廣益書局編輯
部編　民國上海廣益書局石印本　二冊　存
二卷(四至五)

330000 – 1716 –0022074　史補 0319/22074
史部/傳記類/別傳之屬

余覺沈壽夫婦痛史一卷附當代名人題詠一卷
　余覺撰　民國十五年(1926)石印本　一冊

330000 – 1716 – 0022077　新補 0121/22077
新學/學校

訂正初等小學最新地理教科書四冊不分卷
謝洪賚編　民國元年(1912)上海商務印書館
鉛印本　二冊　存二冊(二、四)

330000 – 1716 – 0022079　地獻 1440 – 2/
22079　集部/別集類/明別集

王文成公全書三十八卷　(明)王守仁撰　民
國二年(1913)上海中華圖書館影印本　七冊
　存二十三卷(一、四至十八、二十三至二十
九)

330000 – 1716 – 0022084　經補 0284/22084
經部/四書類/孟子之屬　傳說

新式標點白話詳注孟子七卷　周廷珍編注

民國十一年（1922）上海崇文書局鉛印本
四冊

330000 - 1716 - 0022088　新補 0103 - 14/
22088　集部/詩文評類/文法之屬

文言白話新法作文捷訣不分卷　張侶俠　張
雲石編輯　民國十二年（1923）上海世界書局
石印本　二冊

330000 - 1716 - 0022093　新補 0103 - 24/
22093　集部/詩文評類/文法之屬/函牘格式

學生作文百法不分卷　沈維鈞編輯　民國十
二年（1923）上海世界書局石印本　二冊

330000 - 1716 - 0022099　集補 0031 - 6/
22099　集部/曲類/彈詞之屬

繪圖孝義真蹟珠塔緣四卷二十四回　（清）馬
如飛撰　民國二年（1913）上海天寶書局石印
本　一冊

330000 - 1716 - 0022102　地獻 1484 - 66/
22102　集部/總集類/氏族之屬

伏舍傳唫集四卷　何鏞等撰　民國二十五年
（1936）會稽壽氏鉛印本　一冊

330000 - 1716 - 0022103　地獻 1484 - 67/
22103　集部/總集類/氏族之屬

伏舍傳唫集四卷　何鏞等撰　民國二十五年
（1936）會稽壽氏鉛印本　一冊

330000 - 1716 - 0022104　地獻 1484 - 68/
22104　集部/總集類/氏族之屬

伏舍傳唫集四卷　何鏞等撰　民國二十五年
（1936）會稽壽氏鉛印本　一冊

330000 - 1716 - 0022105　地獻 1484 - 69/
22105　集部/總集類/氏族之屬

伏舍傳唫集四卷　何鏞等撰　民國二十五年
（1936）會稽壽氏鉛印本　一冊

330000 - 1716 - 0022106　地獻 1484 - 70/
22106　集部/總集類/氏族之屬

伏舍傳唫集四卷　何鏞等撰　民國二十五年
（1936）會稽壽氏鉛印本　一冊

330000 - 1716 - 0022107　地獻 1484 - 71/

22107　集部/總集類/氏族之屬

伏舍傳唫集四卷　何鏞等撰　民國二十五年
（1936）會稽壽氏鉛印本　一冊

330000 - 1716 - 0022108　地獻 1484 - 73/
22108　集部/總集類/氏族之屬

伏舍傳唫集四卷　何鏞等撰　民國二十五年
（1936）會稽壽氏鉛印本　一冊

330000 - 1716 - 0022109　地獻 1484 - 74/
22109　集部/總集類/氏族之屬

伏舍傳唫集四卷　何鏞等撰　民國二十五年
（1936）會稽壽氏鉛印本　一冊

330000 - 1716 - 0022110　地獻 1484 - 75/
22110　集部/總集類/氏族之屬

伏舍傳唫集四卷　何鏞等撰　民國二十五年
（1936）會稽壽氏鉛印本　一冊

330000 - 1716 - 0022112　地獻 1484 - 76/
22112　集部/總集類/氏族之屬

伏舍傳唫集四卷　何鏞等撰　民國二十五年
（1936）會稽壽氏鉛印本　一冊

330000 - 1716 - 0022113　地獻 1484 - 77/
22113　集部/總集類/氏族之屬

伏舍傳唫集四卷　何鏞等撰　民國二十五年
（1936）會稽壽氏鉛印本　一冊

330000 - 1716 - 0022114　地獻 1484 - 78/
22114　集部/總集類/氏族之屬

伏舍傳唫集四卷　何鏞等撰　民國二十五年
（1936）會稽壽氏鉛印本　一冊

330000 - 1716 - 0022115　地獻 1484 - 79/
22115　集部/總集類/氏族之屬

伏舍傳唫集四卷　何鏞等撰　民國二十五年
（1936）會稽壽氏鉛印本　一冊

330000 - 1716 - 0022116　地獻 1484 - 80/
22116　集部/總集類/氏族之屬

伏舍傳唫集四卷　何鏞等撰　民國二十五年
（1936）會稽壽氏鉛印本　一冊

330000 - 1716 - 0022117　新補 0126/22117
新學/學校

小學地理教科書二冊不分卷　開智編譯社編
民國二年（1913）上海中華書局石印本
二冊

330000－1716－0022118　新補0127/22118
新學/學校

中等地理教科書不分卷　（日本）中村五六撰
民國鉛印本　一冊

330000－1716－0022119　地獻1484－81/
22119　集部/總集類/氏族之屬

伏舍傳唫集四卷　何鏞等撰　民國二十五年
（1936）會稽壽氏鉛印本　一冊

330000－1716－0022121　新補0079－10/
22121　新學/議論/通論

政治大同一卷永久和平一卷大德必得一卷
民國北平道德學社鉛印本　一冊　存一卷
（永久和平）

330000－1716－0022122　新補0128－1/
22122　新學/學校

新制中華高等小學地理教科書九冊不分卷
史禮綬編　民國二年（1913）中華書局鉛印本
一冊　存一冊（四）

330000－1716－0022124　新補0128－2/
22124　新學/學校

新制中華高等小學地理教科書九冊不分卷
史禮綬編　民國二年（1913）中華書局鉛印本
一冊　存三冊（四至六）

330000－1716－0022125　集補0032－1/
22125　集部/小說類/長篇之屬

繪圖兒女濃情傳六卷五十回　（清）陳朗編
（清）董孟汾評釋　民國二年（1913）萃英書局
石印本　五冊　缺一卷（二）

330000－1716－0022127　新補0129/22127
新學/學校

新制中華高等小學地理教授書九冊不分卷
徐增編　民國二年（1913）中華書局鉛印本
一冊　存一冊（九）

330000－1716－0022132　地獻0209－1/
22132　史部/地理類/方志之屬/郡縣志

紹興縣修志採訪事例一卷　宋承家撰　民國
六年（1917）紹興縣修志採訪處鉛印本　一冊

330000－1716－0022135　地獻1468－5/
22135　集部/別集類

雪嚼香吟一卷　羅傳珍撰　民國二十六年
（1937）鉛印本　一冊

330000－1716－0022136　集補0032－2/
22136　集部/小說類/長篇之屬

繪圖兒女濃情傳六卷五十回　（清）陳朗編
（清）董孟汾評釋　民國石印本　三冊　存三
卷（一、四至五）

330000－1716－0022137　地獻1532－2/
22137　史部/傳記類/別傳之屬/事狀

會稽何烈婦周孺人遺札徵詩文啟不分卷　周
毅修輯　民國十一年（1922）鉛印本　一冊

330000－1716－0022140　地獻1532－3/
22140　史部/傳記類/別傳之屬/事狀

會稽何烈婦周孺人遺札徵詩文啟不分卷　周
毅修輯　民國十一年（1922）鉛印本　一冊

330000－1716－0022141　地獻1532－4/
22141　史部/傳記類/別傳之屬/事狀

會稽何烈婦周孺人遺札徵詩文啟不分卷　周
毅修輯　民國十一年（1922）鉛印本　一冊

330000－1716－0022143　新補0161－1/
22143　新學/雜著

新體白話信二卷　楊平編纂　民國石印本
二冊

330000－1716－0022146　集補0032－3/
22146　集部/小說類/長篇之屬

兒女英雄傳評話八卷四十回首一回　（清）文
康撰　（清）民強我書室主人評　民國三年
（1914）錦章圖書局石印本　七冊　缺一卷
（二）

330000－1716－0022147　新補0003－2/
22147　新學/工藝/雜工

明密碼電報書不分卷　商務印書館編譯所編
輯　民國十一年（1922）上海中華書局鉛印本
暨石印本　一冊

330000－1716－0022148　新補 0162/22148
新學/工藝/雜工
密碼電本不分卷　民國石印本　楊壽彤題記
　　一冊

330000－1716－0022149　集補 0032－4/
22149　集部/小說類/長篇之屬
**繡像繪圖兒女英雄傳八卷四十回續八卷三十
二回**　（清）文康撰　（清）董恂評　民國上海
文華書局石印本　一冊　存二卷（一至二）

330000－1716－0022152　新補 0163－2/
22152　新學/學校
**全國學生成績新時代國文大觀甲編二集乙編
二集**　廣文書局編輯所編　民國十二年
（1923）上海世界書局石印本　一冊　存二集
（一至二）

330000－1716－0022158　集補 0032－5/
22158　集部/小說類/長篇之屬
繡像繪圖兒女英雄傳八卷四十回　（清）文康
撰　（清）董恂評　民國上海進步書局石印本
　二冊　存二卷（五至六）

330000－1716－0022164　新補 0130－1/
22164　新學/學校
中華高等小學歷史教科書四冊不分卷　汪楷
　華紹昌編　民國元年（1912）上海中華書局
鉛印本　一冊　存一冊（一）

330000－1716－0022167　集補 0032－6/
22167　集部/小說類/長篇之屬
兒女英雄傳十二卷四十回續編四卷三十二回
　（清）文康撰　民國十二年（1923）上海啟新
書局鉛印本　一冊　存一卷（一）

330000－1716－0022170　新補 0130－2/
22170　新學/學校
中華高等小學歷史教科書四冊不分卷　汪楷
　華紹昌編　民國元年（1912）上海中華書局
鉛印本　一冊　存一冊（一）

330000－1716－0022171　子補 0663/22171
子部/天文曆算類/算書之屬
繪圖歸除算法指掌大全一卷　民國上海昌文

書局石印本　孫水荷、孫玉琴題簽　一冊

330000－1716－0022180　集補 0031－1/
22180　集部/曲類/彈詞之屬
繪圖麒麟豹珍珠塔後傳四卷六十回　民國石
印本　一冊　存二卷（一至二）

330000－1716－0022190　地獻 1580/22190
新學/工藝/雜工
紹興電話公司號簿不分卷　民國十六年
（1927）鉛印本　一冊

330000－1716－0022191　集補 0031－4/
22191　集部/曲類/彈詞之屬
繪圖珍珠塔後傳麒麟豹四卷六十回　民國石
印本　一冊　存一卷（四）

330000－1716－0022192　地獻 1581/22192
史部/傳記類/別傳之屬/事狀
胡翊齋先生[祖澤]遺思錄一卷　胡劍吟輯
民國二十三年（1934）鉛印本暨石印本　一冊

330000－1716－0022193　新補 0054－3/
22193　子部/天文曆算類/算書之屬
最新圖式小學簡明算法不分卷　民國石印本
　　一冊

330000－1716－0022196　新補 0165/22196
新學/學校
新主義自然課本不分卷　董文編輯　民國十
六年（1927）上海世界書局石印本　一冊

330000－1716－0022197　新補 0166/22197
新學/政治法律/政治
三民主義課本不分卷　魏冰心編　民國十六
年（1927）上海世界書局石印本　一冊

330000－1716－0022198　新補 0135－1/
22198　新學/學校
**[高等小學校秋季始業]共和國教科書新歷史
六冊不分卷**　傅運森編　民國上海商務印書
館鉛印本　二冊　存二冊（一、三）

330000－1716－0022203　新補 0135－2/
22203　新學/學校
[高等小學校秋季始業]共和國教科書新歷史

六冊不分卷　傅運森編　民國上海商務印書館鉛印本　越勝□題記　一冊　存一冊（二）

330000－1716－0022208　新補 0135－3/22208　新學/學校

[高等小學校春季始業]共和國教科書新歷史六冊不分卷　傅運森編　民國上海商務印書館鉛印本　許偶生題記　二冊　存二冊（一至二）

330000－1716－0022209　集補 0031－8/22209　集部/曲類/彈詞之屬

繪圖孝義真蹟珠塔緣四卷二十四回　（清）馬如飛撰　民國二年（1913）上海文益書局石印本　二冊

330000－1716－0022211　新補 0135－4/22211　新學/學校

[高等小學校秋季始業]共和國教科書新歷史六冊不分卷　傅運森編　民國上海商務印書館鉛印本　一冊　存一冊（二）

330000－1716－0022213　地獻 1585/22213　集部/別集類

夢橢紐室詩存二卷　李文糺撰　民國二十二年（1933）鉛印本　一冊

330000－1716－0022214　新補 0135－5/22214　新學/學校

[高等小學校秋季始業]共和國教科書新歷史六冊不分卷　傅運森編　民國上海商務印書館鉛印本　二冊　存二冊（二、六）

330000－1716－0022215　子補 0049－2/22215　子部/藝術類/書畫之屬/畫譜

馬駘畫寶十五種二十四卷　馬駘繪　民國石印本　一冊　存一種

330000－1716－0022216　新補 0136/22216　新學/學校

[高等小學校秋季始業]共和國教科書新歷史六冊不分卷　傅運森編　民國上海商務印書館鉛印本　一冊　存一冊（一）

330000－1716－0022217　集補 0031－7/22217　集部/曲類/彈詞之屬

繪圖孝義真蹟珠塔緣四卷二十四回　（清）馬如飛撰　民國石印本　一冊　存一卷（三）

330000－1716－0022218　新補 0137/22218　新學/學校

[高等小學校春季始業]共和國教科書新歷史教授法六冊不分卷　趙玉森編　民國上海商務印書館鉛印本　二冊　存二冊（三至四）

330000－1716－0022219　子補 0667－1/22219　子部/藝術類/書畫之屬/畫譜

馬駘畫寶大全樣本不分卷　民國上海世界書局石印本　一冊

330000－1716－0022224　子補 0667－2/22224　子部/藝術類/書畫之屬/畫譜

馬駘畫寶大全樣本不分卷　民國上海世界書局石印本　一冊

330000－1716－0022228　子補 0061－2/22228　子部/藝術類/書畫之屬/畫譜

雲溪山館畫稿不分卷　民國四年（1915）上海同文書局石印本　二冊

330000－1716－0022230　集補 0033－1/22230　集部/小說類/長篇之屬

忠孝節義二度梅全傳四卷四十回　（清）惜陰堂主人撰　民國石印本　一冊　存一卷（二）

330000－1716－0022237　新補 0138/22237　新學/學校

新式高等小學歷史教科書六冊不分卷　楊喆莊啟傳編　民國六年（1917）上海中華書局鉛印本　一冊　存四冊（一至四）

330000－1716－0022238　新補 0170－2/22238　新學/學校

重訂立憲國民讀本二卷　民國上海商務印書館鉛印本　一冊　存一卷（上）

330000－1716－0022239　新補 0139/22239　新學/學校

訂正高等小學最新中國歷史教科書四冊不分卷　姚祖義編　民國三年（1914）上海商務印書館鉛印本　一冊　存一冊（一）

330000－1716－0022241　子補 0668/22241
子部/藝術類/遊藝之屬/謎語
新編燈謎大觀一卷 （清）俞樾撰　民國石印本　一冊

330000－1716－0022242　新補 0140/22242
史部/雜史類/通代之屬
歷史啟蒙二編 胡朝陽撰　民國十五年(1926)上海新學會社石印本　一冊　存後編

330000－1716－0022243　新補 0171－1/22243　新學/學校
新主義國語讀本不分卷 魏冰心等編輯　民國十九年(1930)上海世界書局石印本　一冊

330000－1716－0022245　新補 0141/22245 新學/學校
新制中華高等小學歷史教授書九冊不分卷 湯存德編　民國二年(1913)上海中華書局鉛印本　一冊　存一冊(一)

330000－1716－0022246　子補 0669/22246 子部/藝術類/書畫之屬/畫譜
大觀樓叢畫八卷 汪鏐繪　民國十年(1921)泰華圖書館石印本　一冊　存一卷(一)

330000－1716－0022247　普叢 0152－3/22247　類叢部/叢書類/自著之屬
心史叢刊十六種 孟森撰　民國五年至六年(1916－1917)上海商務印書館鉛印本　二冊　存十三種

330000－1716－0022249　新補 0142/22249 新學/學校
新制中華高等小學歷史教科書九冊不分卷 汪楷　章嶔　華紹昌編　民國二年(1913)上海中華書局鉛印本　金建義題記　一冊　存三冊(一至三)

330000－1716－0022250　子補 0670/22250 子部/藝術類/書畫之屬/書法畫品
任渭長姚梅伯詩畫合璧二集 （清）任熊繪 （清）姚燮題詩　錢雲鶴臨摹　民國十五年(1926)上海世界書局石印本　一冊　存一集(一)

330000－1716－0022251　地獻 1378－2/22251　子部/工藝類/日用器物之屬/服飾
仿單一卷 民國三年(1914)紹興育新書局石印本　一冊

330000－1716－0022254　新補 0171－2/22254　新學/學校
新主義國語讀本不分卷 魏冰心等編輯　民國二十一年(1932)上海世界書局石印本　一冊

330000－1716－0022255　地獻 1254－1/22255　類叢部/叢書類/家集之屬
諸暨馮氏叢刻五種四十四卷 馮振音編　民國六年(1917)鉛印本　十冊　缺二卷(蒼源剩草一至二)

330000－1716－0022257　新補 0171－3/22257　新學/學校
新主義國語讀本不分卷 魏冰心等編輯　民國十六年(1927)上海世界書局石印本　一冊

330000－1716－0022261　集補 0034－2/22261　集部/小說類/長篇之屬
繪圖鏡花緣六卷一百回 （清）李汝珍撰　民國石印本　二冊　存四卷(三至六)

330000－1716－0022265　子補 0673/22265 子部/天文曆算類/曆法之屬
中華民國二十五年歲在丙子通書不分卷 民國二十五年(1936)石印本　一冊

330000－1716－0022266　新補 0173/22266 新學/學校
新學制教科書國文讀本三冊不分卷 嚴玉成編　民國十一年(1922)上海世界書局石印本　一冊　存一冊(三)

330000－1716－0022267　子補 0674/22267 子部/天文曆算類/曆法之屬
中華民國十九年國民曆不分卷 國立中央研究院天文研究所編　民國十九年(1930)上海中華書局石印本　一冊

330000－1716－0022270　子補 0675/22270 子部/天文曆算類/曆法之屬

[民國十九年]通書不分卷　民國十九年
（1930）鉛印本　一冊

330000－1716－0022271　新補 0145/22271
新學/學校
小學歷史教科書二冊不分卷　開智編譯社編
　民國二年（1913）上海中華書局石印本　一
　冊　存一冊（下）

330000－1716－0022272　集補 0034－4/
22272　集部/小說類/長篇之屬
圖像鏡花緣全傳六卷一百回　（清）李汝珍撰
　民國十三年（1924）上海大成書局石印本
　一冊　存一卷（一）

330000－1716－0022273　集補 0034－5/
22273　集部/小說類/長篇之屬
圖像鏡花緣全傳六卷一百回　（清）李汝珍撰
　民國上海文盛堂石印本　一冊　存一卷
　（一）

330000－1716－0022274　新補 0174－2/
22274　集部/總集類/選集之屬/通代
評注古文讀本六卷　林景亮撰　民國十二年
（1923）上海中華書局鉛印本　四冊　存四卷
（一至三、五）

330000－1716－0022275　新補 0175/22275
子部/儒家類/儒學之屬/性理
陸學精華二卷　（宋）陸九淵撰　陸雨庵輯
民國蘇州振新書社鉛印本　一冊

330000－1716－0022279　新補 0146/22279
新學/學校
公民須知不分卷　劉大紳編輯　民國六年
（1917）上海商務印書館鉛印本　一冊

330000－1716－0022282　新補 0147－1/
22282　新學/學校
前期小學國語讀本教學法不分卷　魏冰心
殷叔平編輯　民國十八年（1929）上海世界書
局石印本　一冊

330000－1716－0022284　新補 0147－2/
22284　新學/學校
前期小學國語讀本教學法不分卷　魏冰心

殷叔平編輯　民國十九年（1930）上海世界書
局石印本　一冊

330000－1716－0022289　集補 0034－7/
22289　集部/小說類/長篇之屬
圖像鏡花緣六卷一百回　（清）李汝珍撰　民
國石印本　一冊　存一卷（四）

330000－1716－0022291　子補 0677/22291
子部/藝術類/書畫之屬/書法書品
漢文正楷活字版不分卷　民國鉛印本　一冊

330000－1716－0022293　子補 0389－1/
22293　子部/醫家類/本草之屬/本草藥性
雷公炮製藥性賦解十卷　民國上海商務印書
館鉛印本　一冊　存四卷（一至四）

330000－1716－0022294　新補 0177－1/
22294　集部/詩文評類/文法之屬/文法
白話文筆法百篇不分卷　世界書局編輯所編
輯　民國十年（1921）上海世界書局石印本
一冊

330000－1716－0022297　集補 0034－9/
22297　集部/小說類/長篇之屬
圖像鏡花緣六卷一百回　（清）李汝珍撰　民
國石印本　一冊　存一卷（四）

330000－1716－0022299　地獻 1596/22299
集部/詩文評類/文法之屬/文法
左氏文法百篇二卷　馮守愚編　民國四年
（1915）上海煦中編譯社石印本　二冊

330000－1716－0022300　新補 0179/22300
新學/學校
小學文法初階不分卷　王藝編纂　民國六年
（1917）上海商務印書館鉛印本　一冊

330000－1716－0022301　集補 0034－10/
22301　集部/小說類/長篇之屬
繪圖足本鏡花緣十二卷一百回　（清）李汝珍
撰　民國石印本　二冊　存四卷（九至十二）

330000－1716－0022303　新補 0250/22303
新學/學校
言文對照新時代學生應用文範不分卷　黃克

宗　張雲石編輯　民國十一年（1922）上海世
界書局石印本　二冊

330000－1716－0022305　集補 0034－11/
22305　集部/小說類/長篇之屬

圖像鏡花緣六卷一百回　（清）李汝珍撰　民
國上海天寶書局石印本　二冊　存四卷（三
至六）

330000－1716－0022306　新補 0177－2/
22306　集部/詩文評類/文法之屬/文法

白話文筆法百篇不分卷　世界書局編輯所編
輯　民國十三年（1924）上海世界書局石印本
一冊

330000－1716－0022307　新補 0177－3/
22307　集部/詩文評類/文法之屬/文法

白話文筆法百篇不分卷　世界書局編輯所編
輯　民國十三年（1924）上海世界書局石印本
一冊

330000－1716－0022309　新補 0103－15/
22309　集部/詩文評類/文法之屬

文言白話新法作文指南不分卷　張侶俠　張
雲石編輯　民國十三年（1924）上海世界書局
石印本　二冊

330000－1716－0022310　子補 0391/22310
子部/醫家類/方書之屬/單方驗方

重訂驗方新編十八卷　（清）鮑相璈輯　民國
六年（1917）上海石竹山房石印本　一冊　存
一卷（十一）

330000－1716－0022312　集補 0034－12/
22312　集部/小說類/長篇之屬

圖像鏡花緣六卷一百回　（清）李汝珍撰　民
國石印本　一冊　存一卷（三）

330000－1716－0022313　地獻 1320－21/
22313　史部/傳記類/別傳之屬/事狀

會稽施仲魯先生暨德配程淑人六十徵言事略
一卷　施贇等輯　民國十五年（1926）刻朱印
本　一冊

330000－1716－0022321　新補 0103－16/
22321　集部/詩文評類/文法之屬

言文對照女子作文新範不分卷　張侶俠編輯
民國上海廣文書局石印本　三冊

330000－1716－0022323　新補 0103－17/
22323　集部/詩文評類/文法之屬

言文對照初等作文新範四卷　周祝封編　民
國上海世界書局石印本　二冊　存二卷（一、
三）

330000－1716－0022324　集補 0034－13/
22324　集部/小說類/長篇之屬

圖像鏡花緣六卷一百回　（清）李汝珍撰　民
國上海天寶書局石印本　一冊　存四卷（二
至五）

330000－1716－0022325　子補 0512/22325
子部/宗教類/道教之屬

聖誕寶誥經咒摘録一卷　民國鉛印本　一冊

330000－1716－0022326　新補 0103－18/
22326　集部/詩文評類/文法之屬

言文對照初等作文新範四卷　周祝封編　民
國上海世界書局石印本　二冊　存二卷（一
至二）

330000－1716－0022327　子補 0513/22327
子部/藝術類/音樂之屬/總論

樂理講義一卷　民國油印本　谷艮君題記
一冊

330000－1716－0022328　新補 0103－19/
22328　集部/詩文評類/文法之屬

言文對照高等作文新範三卷　周祝封　張祖
賢編輯　民國十年（1921）上海廣文書局石印
本　二冊

330000－1716－0022330　新補 0103－20/
22330　集部/詩文評類/文法之屬

言文對照高等作文新範三卷　周祝封　張祖
賢編輯　民國十年（1921）上海廣文書局石印
本　戴觀嶽題記　一冊

330000－1716－0022332　新補 0103－21/
22332　集部/詩文評類/文法之屬

言文對照高等作文新範三卷　周祝封　張祖
賢編輯　民國十三年（1924）上海世界書局石

印本　一冊

330000－1716－0022333　子補0394/22333
子部/醫家類/方書之屬/單方驗方

增評醫方集解二十三卷增補本草備要八卷重校舊本湯頭歌訣一卷經絡歌訣一卷　（清）汪昂撰　民國三年（1914）上海共和書局石印本　一冊　存八卷（本草備要一至八）

330000－1716－0022335　集補0035－2/22335　集部/小說類/長篇之屬

燕山外史注釋八卷　（清）陳球撰　（清）傅聲谷輯注　民國石印本　二冊　存二卷（三、七）

330000－1716－0022336　新補0251/22336
集部/詩文評類/文法之屬

言文對照高等論說指南四卷　沈慧撰　陸保璿修正　陳君馥　陸保璿譯話　民國十一年（1922）上海廣益書局石印本　四冊

330000－1716－0022337　地獻1599/22337
史部/傳記類/總傳之屬/家乘

沈氏歷代像傳一卷　沈錫榮撰　民國元年（1912）石印本　一冊

330000－1716－0022340　新補0252/22340
集部/詩文評類/文法之屬

言文對照初學速成新論說四卷　王仰嵩編輯　民國十一年（1922）上海廣益書局石印本　三冊　缺一卷（三）

330000－1716－0022342　地獻1600－1/22342　子部/宗教類/道教之屬

德行善道寶書一卷　何明光體述　何貫三結集　章煥斗校集　民國十一年（1922）紹興漱石齋鉛印本　一冊

330000－1716－0022345　新補0187/22345
新學/議論

共和論說進階□□卷　民國上海神州圖書局石印本　一冊　存一卷（三）

330000－1716－0022346　子補0516－1/22346　子部/工藝類/日用器物之屬

紋織物意匠法一卷　蔡經賢編　民國石印本

一冊

330000－1716－0022348　集補0036－1/22348　集部/小說類/長篇之屬

繡像蘭花夢奇傳八卷六十八回　（清）吟梅山人撰　民國石印本　一冊　存一卷（八）

330000－1716－0022350　子補0517/22350
新學/工藝/雜藝

紋織學一卷　民國石印本　一冊

330000－1716－0022352　集補0036－2/22352　集部/小說類/長篇之屬

繡像蘭花夢奇傳八卷六十八回　（清）吟梅山人撰　民國石印本　一冊　存一卷（六）

330000－1716－0022355　新補0189－2/22355　新學/學校

新體廣注論說文自修讀本四卷首一卷　陸翔評選　鄒志鶴注釋　民國十年（1921）上海世界書局石印本　二冊　存三卷（一、三至四）

330000－1716－0022356　子補0396/22356
子部/醫家類/類編之屬

陳修園醫書四十八種　（清）陳念祖等撰　民國石印本　一冊　存五種

330000－1716－0022357　新補0254－1/22357　新學/學校

言文對照新撰小學論說精華四卷　陸樹勳編　陸保璿修正　徐正培評譯　民國二十一年（1932）廣益書局石印本　李昌言題記　三冊　缺一卷（二）

330000－1716－0022358　集補0036－4/22358　集部/小說類/長篇之屬

繡像蘭花夢奇傳八卷六十八回　（清）吟梅山人撰　民國石印本　一冊　存一卷（二）

330000－1716－0022359　新補0254－2/22359　新學/學校

言文對照新撰小學論說精華四卷　陸樹勳編　陸保璿修正　徐正培評譯　民國上海廣益書局石印本　王錦文題記　一冊

330000－1716－0022362　新補0255/22362

新學/學校

小學記事文範不分卷 馮守愚編輯 民國四年(1915)上海煦中編譯社石印本 徐□發題記 二冊

330000－1716－0022363 子補 0398/22363
子部/醫家類/外科之屬/外科方

觧溪外治方選二卷 陸晉笙輯 民國七年(1918)石印本 一冊 存一卷(上)

330000－1716－0022366 集補 0036－5/22366 集部/小說類/長篇之屬

繡像蘭花夢奇傳八卷六十八回 (清)吟梅山人撰 民國石印本 六冊 存六卷(二至五、七至八)

330000－1716－0022367 新補 0190/22367
集部/詩文評類/文法之屬

初學論說遊戲不分卷 施崇恩撰 民國三年(1914)上海新新書局石印本 二冊

330000－1716－0022370 新補 0103－22/22370 集部/詩文評類/文法之屬

言文對照女子作文新範不分卷 張侶俠編輯 民國上海廣文書局石印本 一冊

330000－1716－0022371 集補 0033－3/22371 集部/小說類/長篇之屬

忠孝節義二度梅全傳四卷四十回 (清)惜陰堂主人撰 民國石印本 四冊

330000－1716－0022372 地獻 1601－1/22372 集部/總集類/酬唱之屬

六朝民肖影題辭不分卷 李鏡燧編 民國二十二年(1933)李氏鉛印本 一冊

330000－1716－0022373 新補 0257/22373
集部/詩文評類/文法之屬/函牘格式

言文對照中學新文範二卷 民國上海世界書局石印本 一冊 存一卷(一)

330000－1716－0022374 地獻 1479－2/22374 子部/醫家類/婦科之屬/產科

胎產集要三卷附幼科摘要一卷 (清)黃惕齋輯 民國二十二年(1933)浙紹廣文印書館鉛印本 一冊 存三卷(一至三)

330000－1716－0022376 新補 0258/22376
新學/學校

言文對照新時代學生文範不分卷 黃克宗
張雲石編輯 民國十三年(1924)上海世界書局石印本 一冊

330000－1716－0022377 新補 0191/22377
新學/學校

小學論說精華四卷 胡君復評選 民國三年(1914)上海商務印書館鉛印本 一冊 存一卷(三)

330000－1716－0022379 新補 0259/22379
新學/學校

言文對照高小論說新範□□卷 民國上海世界書局石印本 一冊 存一卷(上)

330000－1716－0022384 新補 0260/22384
集部/詩文評類/文法之屬

言文對照高等新論說不分卷 朱貞日撰 王行一評注 民國十年(1921)上海崇新書局鉛印本 二冊

330000－1716－0022385 新補 0192/22385
新學/學校

最新論說初階四卷 開智社編輯 民國九年(1920)上海中華書局鉛印本 四冊

330000－1716－0022387 新補 0261－2/22387 集部/詩文評類/文法之屬

言文對照評注高等小學論說文範四卷 蔡郕撰 民國十三年(1924)上海會文堂書局石印本 三冊 缺一卷(三)

330000－1716－0022392 新補 0193－2/22392 新學/學校

和文讀本入門二卷 商務印書館編譯所編
民國十二年(1923)上海商務印書館鉛印本 一冊

330000－1716－0022393 地獻 1371－2/22393 子部/雜著類/雜說之屬

東山布衣自警齋語一卷 (清)夏崇德撰 民國山陰周氏微尚室鉛印本 一冊

330000－1716－0022395 地獻 1371－3/

22395　子部/雜著類/雜說之屬

東山布衣自警齋語一卷　（清）夏崇德撰　民國山陰周氏微尚室鉛印本　一冊

330000－1716－0022396　地獻 1603/22396　集部/別集類/清別集

求志齋遺墨一卷　（清）王餘慶撰　民國十四年(1925)鉛印本　一冊

330000－1716－0022397　集補 0037－3/22397　集部/小說類/長篇之屬

繡像綠牡丹全傳六卷六十四回　民國三年(1914)上海鴻文書局石印本　四冊　存四卷（一至三、五）

330000－1716－0022398　新補 0194－1/22398　新學/學校

學生新文範樣本不分卷　民國上海世界書局石印本　一冊

330000－1716－0022402　普集 1752－1/22402　集部/小說類/長篇之屬

繪圖歷朝通俗演義十一種　蔡東帆輯　民國上海會文堂新記書局石印本　六十八冊　存八種

330000－1716－0022404　史補 0358－1/22404　史部/傳記類/總傳之屬

民國二十七年浙江省立醫藥專科學校同學錄不分卷　民國二十三年(1934)臨海心心印刷館鉛印本　一冊

330000－1716－0022405　子補 0681－5/22405　子部/術數類/命書相書之屬

新刊校正增釋合併麻衣先生人相編四卷　（明）陸位崇編　民國四年(1915)上海書局石印本　一冊　存一卷（一）

330000－1716－0022406　新補 0262/22406　集部/詩文評類/文法之屬

言文對照初學論說文範四卷　邵伯棠撰　民國上海會文堂石印本　一冊　存一卷（一）

330000－1716－0022408　新補 193－3/22408　新學/學校

和文譯翼一卷　民國石印本　一冊

330000－1716－0022409　新補 0263/22409　新學/學校

高等小學論說文範四卷　邵伯棠撰　民國上海會文堂書局石印本　一冊　存一卷（二）

330000－1716－0022410　新補 0194－2/22410　新學/學校

學生新文範樣本不分卷　民國上海世界書局石印本　一冊

330000－1716－0022411　地獻 2022/22411　子部/宗教類/其他宗教之屬/基督教

杖竿短歌集一卷　民國紹興大坊口真神堂油印本　一冊

330000－1716－0022414　新補 0194－3/22414　集部/詩文評類/文法之屬

新法作文範本樣張不分卷　民國上海世界書局石印本　一冊

330000－1716－0022415　新補 0264/22415　集部/總集類/選集之屬/斷代

國文新範六卷　蔡郴輯　民國會文堂石印本　一冊　存一卷（四）

330000－1716－0022421　新補 0195－1/22421　新學/學校

普通書信範本不分卷　宋樹基編輯　夏日錢校補　民國元年(1912)中國圖書公司石印本　二冊

330000－1716－0022424　子補 0403－1/22424　子部/小說家類/異聞之屬

勸戒近錄六卷　（清）梁恭辰撰　民國九年(1920)桐鄉周積萱鉛印本　二冊

330000－1716－0022432　子補 0403－2/22432　子部/小說家類/異聞之屬

勸戒錄類編三十二章　（清）梁恭辰撰　丁福保編　民國十一年(1922)上海中華書局鉛印本　二冊

330000－1716－0022434　集補 0038－2/22434　集部/小說類/長篇之屬

新編前明正德白牡丹傳八卷四十六回　（清）石琮編　民國石印本　一冊

330000－1716－0022442　新補 0197/22442
集部/總集類/尺牘之屬
新式白話信範本七卷　嚴渭漁編輯　嚴玉成
校訂　民國十一年（1922）上海世界書局石印
本　一冊

330000－1716－0022445　普 集 1752－3/
22445　集部/小說類/長篇之屬
繪圖歷朝通俗演義十一種　蔡東帆輯　民國
上海會文堂新記書局石印本　一冊　存一種

330000－1716－0022446　新補 0198/22446
新學/學校
評注白話文範本一卷　達文社編　民國十年
（1921）上海中華書局鉛印本　一冊

330000－1716－0022450　地獻 1427－23/
22450　集部/詩文評類/文法之屬
初學論說文範四卷　邵伯棠撰　民國上海會
文堂書局石印本　一冊　存一卷（二）

330000－1716－0022454　集補 0038－6/
22454　集部/小說類/長篇之屬
新編前明正德白牡丹傳八卷四十六回　（清）
石琢編　民國石印本　一冊　存二卷（七至
八）

330000－1716－0022457　新補 0271/22457
新學/學校
中國文典不分卷　商務印書館編譯所編纂
民國三年（1914）上海商務印書館鉛印本
一冊

330000－1716－0022459　子 補 0516－2/
22459　子部/工藝類/日用器物之屬
紋織物意匠法一卷　蔡經賢編　民國石印本
啟明題簽　一冊

330000－1716－0022461　子 補 0682－1/
22461　子部/術數類/占卜之屬
未來預知術一卷　（三國蜀）諸葛亮撰　（宋）
邵雍演　民國九年（1920）上海國粹保存會石
印本　一冊

330000－1716－0022466　子 補 0682－2/
22466　子部/術數類/占卜之屬

未來預知術一卷　（三國蜀）諸葛亮撰　（宋）
邵雍演　民國九年（1920）上海國粹保存會石
印本　一冊

330000－1716－0022470　子 補 0682－3/
22470　子部/術數類/占卜之屬
未來預知術一卷　（三國蜀）諸葛亮撰　（宋）
邵雍演　民國九年（1920）上海國粹保存會石
印本　一冊

330000－1716－0022471　集補 0039－1/
22471　集部/曲類/彈詞之屬
繪圖珍珠塔後傳麒麟豹四卷六十回　民國上
海啟秀堂書莊石印本　一冊　存二卷（一至
二）

330000－1716－0022478　子 補 0682－4/
22478　子部/術數類/占卜之屬
未來預知術一卷　（三國蜀）諸葛亮撰　（宋）
邵雍演　民國石印本　平□氏題記　一冊

330000－1716－0022481　子 補 0682－5/
22481　子部/術數類/占卜之屬
未來預知術一卷　（三國蜀）諸葛亮撰　（宋）
邵雍演　民國十年（1921）上海國粹保存會石
印本　一冊

330000－1716－0022484　集補 0040－1/
22484　集部/小說類/長篇之屬
繡像大明正德皇游江南傳四卷四十五回
（清）何夢梅撰　民國三年（1914）上海錦章圖
書局石印本　一冊　存一卷（一）

330000－1716－0022485　新補 0275/22485
新學/醫學
細菌學初編不分卷　（美國）李德撰　（美國）
蓋儀貞　吳建庵譯述　民國二十三年（1934）
上海廣協書局鉛印本　一冊

330000－1716－0022491　新補 0103－23/
22491　新學/學校
小學作文入門一集四卷二集四卷三集四卷
胡君復評選　民國四年（1915）上海商務印書
館鉛印本　一冊　缺八卷（一至四、三集一至
四）

330000 – 1716 – 0022496　　地獻 1608 – 1/
22496　新學/理學/文學

小學適用紀事文模範四卷　鍾懋宣撰　民國
九年(1920)上海進化書局石印本　陸崇德題
簽　四冊

330000 – 1716 – 0022498　新補 0278/22498
新學/醫學

護士應用飲食學不分卷　民國八年(1919)上
海廣學書局鉛印本　一冊

330000 – 1716 – 0022501　　地獻 1609/22501
子部/儒家類/儒學之屬/俗訓

人譜正篇一卷續篇一卷人譜類記增訂六卷
(明)劉宗周撰　民國上海文瑞樓、鴻章書局
石印本　三冊

330000 – 1716 – 0022503　　地獻 1610/22503
子部/儒家類/儒學之屬/性理

王陽明先生傳習錄三卷　(明)王守仁撰
(明)徐愛錄　民國十三年(1924)上海掃葉山
房石印本　三冊

330000 – 1716 – 0022506　新補 0280/22506
新學/政治法律/制度

改進村制辦法一卷　民國六政考核處鉛印本
　一冊

330000 – 1716 – 0022508　　集 補 0041 – 2/
22508　集部/小說類/長篇之屬

增補齊省堂全圖儒林外史六卷六十回　(清)
吳敬梓撰　民國十六年(1927)上海受古書店
石印本　三冊　存三卷(一至二、六)

330000 – 1716 – 0022509　　地獻 1612 – 1/
22509　集部/總集類/尺牘之屬

新輯尺牘合璧四卷　(清)許思湄　(清)龔蕚
撰　(清)婁世瑞注　(清)寄虹軒主人輯　民
國上海文益書局石印本　二冊

330000 – 1716 – 0022510　　子補 0689/22510
子部/術數類/雜術之屬

秘本牙牌神數不分卷　民國上海世界書局石
印本　一冊

330000 – 1716 – 0022511　　新補 0199/22511

集部/詩文評類/文法之屬/公文程式

現行公文程式例解不分卷　董晢薌撰　民國
十六年(1927)上海中華書局鉛印本　二冊

330000 – 1716 – 0022513　　地獻 1612 – 2/
22513　集部/別集類/清別集

增廣詳注言文對照秋水軒尺牘二卷　(清)許
思湄撰　吳駿公譯　民國二十一年(1932)上
海中西書局石印本　一冊　存一卷(二)

330000 – 1716 – 0022514　　子補 0690/22514
子部/藝術類/遊藝之屬/博戲

牙牌神數八種　民國鉛印本　一冊　存六種

330000 – 1716 – 0022516　新補 0281/22516
新學/學校

國文選本一卷　民國鉛印本　一冊

330000 – 1716 – 0022517　　集補 0032 – 7/
22517　集部/小說類/長篇之屬

繪圖雪月梅全傳六卷五十回　(清)陳朗編
(清)董孟汾評釋　民國上海受古書店、中一
書局石印本　三冊　存三卷(一、四、六)

330000 – 1716 – 0022520　　子補 0691/22520
子部/術數類/雜術之屬

注解牙牌神數不分卷　民國石印本　一冊

330000 – 1716 – 0022522　　新 補 0200 – 1/
22522　子部/儒家類/儒學之屬/禮教

青年修養錄十八編　趙鉦鐸編纂　民國十年
(1921)上海商務印書館鉛印本　二冊　存十
編(九至十八)

330000 – 1716 – 0022523　　史補 0369/22523
史部/史評類/史論之屬

讀史論畧一卷　(清)杜詔撰　民國石印本
一冊

330000 – 1716 – 0022524　　集補 0042 – 1/
22524　集部/小說類/長篇之屬

繪圖第二奇書八卷六十四回　民國石印本
一冊　存一卷(二)

330000 – 1716 – 0022525　　子補 0407/22525
新學/醫學

病理學概論一卷　陸昭編　民國石印本
一冊

330000－1716－0022527　史補0370/22527
史部/雜史類/斷代之屬
滿夷猾夏始末記八卷首一卷外編三卷　楊敦
頤輯　民國鉛印本　一冊　存一卷（八）

330000－1716－0022528　新補0201－1/
22528　新學/學校
衛生指南一卷　五洲大藥房編　民國鉛印本
　一冊

330000－1716－0022530　地獻1613－1/
22530　子部/醫家類/綜合之屬/合刻、合抄
景岳全書六十四卷　（明）張介賓撰　民國二
年（1913）上海育文書局石印本　十五冊　缺
五卷（二十至二十四）

330000－1716－0022531　新補0201－2/
22531　新學/學校
衛生指南一卷　五洲大藥房編　民國鉛印本
　一冊

330000－1716－0022532　新補0285/22532
子部/工藝類/日用器物之屬
織物意匠學□□卷　陶平叔編　民國石印本
　一冊　存一卷（一）

330000－1716－0022534　新補0295－1/
22534　新學/雜著
情詩指南二卷首一卷　銀簫舊主撰　民國十
五年（1926）上海世界書局石印本　一冊

330000－1716－0022536　子補0692/22536
子部/藝術類/遊藝之屬/博戲
牙牌神數七種　民國上海廣益書局石印本
　一冊

330000－1716－0022537　子補0693－1/
22537　子部/藝術類/遊藝之屬/博戲
牙牌靈數八種　民國石印本　一冊

330000－1716－0022540　地獻1614/22540
集部/別集類
民國新年越中竹枝詞一卷　章乃毅撰　民國

元年（1912）上海文會書局鉛印本　一冊

330000－1716－0022541　子補0693－2/
22541　子部/藝術類/遊藝之屬/博戲
牙牌靈數八種　民國石印本　一冊

330000－1716－0022545　子補0693－3/
22545　子部/藝術類/遊藝之屬/博戲
牙牌靈數八種　民國石印本　一冊

330000－1716－0022546　史補0373/22546
史部/傳記類/總傳之屬/姓名
繪圖百家姓一卷　民國石印本　一冊

330000－1716－0022547　地獻1616/22547
史部/政書類/公牘檔冊之屬
神州醫藥會紹興分會徵信錄一卷　民國鉛印
本　一冊

330000－1716－0022548　子補0693－4/
22548　子部/藝術類/遊藝之屬/博戲
牙牌靈數八種　民國石印本　一冊

330000－1716－0022549　史補0374/22549
史部/地理類/遊記之屬/紀勝
西湖遊覽指南一卷　民國八年（1919）西湖鑫
記書局石印本　一冊

330000－1716－0022552　地獻1527－2/
22552　史部/傳記類/別傳之屬/事狀
宋侍郎胡忠佑公事跡錄一卷　程鳳山輯　民
國十八年（1929）上海新華書局鉛印本　一冊

330000－1716－0022560　地獻1617－1/
22560　史部/地理類/專志之屬/古跡
蘭亭志四卷附錄近人題詠一卷　張若霞編
民國二十五年（1936）鉛印本　一冊

330000－1716－0022564　地獻1617－2/
22564　史部/地理類/專志之屬/古跡
蘭亭志四卷附錄近人題詠一卷　張若霞編
民國二十五年（1936）鉛印本　一冊

330000－1716－0022565　新補0204/22565
新學/醫學/衛生學
衛生講義不分卷　民國四年（1915）上海格致
書室鉛印本　一冊

330000－1716－0022567　新補 0290/22567
史部/政書類/邦計之屬/貿易

貿易指南一卷　（清）王秉元撰　民國十一年（1922）上海宏大善書局石印本　孫意真題記　一冊

330000－1716－0022568　地獻 1617－3/22568　史部/地理類/專志之屬/古跡

蘭亭志四卷附錄近人題詠一卷　張若霞編　民國二十五年（1936）鉛印本　一冊

330000－1716－0022570　新補 0205/22570
新學/學校

新學制小學教科書高級衛生課本四冊不分卷　江效唐　朱翊新編　民國十四年（1925）上海世界書局石印本　一冊　存一冊（二）

330000－1716－0022572　地獻 1617－4/22572　史部/地理類/專志之屬/古跡

蘭亭志四卷附錄近人題詠一卷　張若霞編　民國二十五年（1936）鉛印本　一冊

330000－1716－0022573　新補 0206/22573
新學/醫學

飲食學問答不分卷　民國十二年（1923）上海廣學書局鉛印本　一冊

330000－1716－0022585　新補 0294－1/22585　新學/雜著

情書指南二卷　趙素珠撰　民國上海世界書局石印本　一冊　存一卷（一）

330000－1716－0022586　普叢 0441－2/22586　類叢部/叢書類/自著之屬

春在堂全書三十六種　（清）俞樾撰　民國十一年（1922）上海文明書局石印本　三冊　存一種

330000－1716－0022587　子補 0695－4/22587　子部/術數類/相宅相墓之屬

陽宅三要四卷　（清）趙廷棟撰　民國上海錦章圖書局石印本　一冊

330000－1716－0022590　新補 0295－2/22590　新學/雜著

情詩指南二卷首一卷　銀簫舊主撰　民國十

年（1921）上海世界書局石印本　一冊

330000－1716－0022593　子補 0695－5/22593　子部/術數類/相宅相墓之屬

陽宅三要四卷　（清）趙廷棟撰　民國上海錦章圖書局石印本　一冊

330000－1716－0022597　子補 0695－6/22597　子部/術數類/相宅相墓之屬

陽宅三要四卷　（清）趙廷棟撰　民國二年（1913）上海文益書局石印本　二冊

330000－1716－0022598　史補 0380/22598
史部/傳記類/總傳之屬/技藝

近代六十名家畫傳一卷桐陰復志一卷　陳小蝶撰　**海上書畫名家年鑑一卷**　錢厓輯　民國鉛印本　一冊

330000－1716－0022601　史補 0381－1/22601　史部/史抄類

前漢書菁華錄四卷後漢書菁華錄二卷　（清）高塘撰　民國石印本　三冊　存三卷（二至三、後漢書菁華錄一）

330000－1716－0022602　新補 0209/22602
新學/學校

國文教材一卷　民國十五年（1926）鉛印本　抱真題記　一冊

330000－1716－0022603　集補 0045－1/22603　集部/曲類/彈詞之屬

增像十美緣圖詠四卷四十回　（清）退居野人校訂　民國石印本　一冊　存二卷（三至四）

330000－1716－0022608　新補 0294－3/22608　新學/雜著

情書指南二卷　趙素珠撰　民國上海世界書局石印本　二冊

330000－1716－0022612　集補 0045－2/22612　集部/曲類/彈詞之屬

繡像十美緣圖詠四卷四十回　（清）退居野人校訂　民國石印本　二冊　存二卷（二、四）

330000－1716－0022613　地獻 1620/22613
子部/儒家類/儒學之屬/性理

王陽明先生傳習錄集評四卷 （清）孫奇逢等參評 （清）陶澍霍 梁啟超續評 孫鏘輯校
民國三年（1914）上海新學會社鉛印本 一冊 存二卷（一至二）

330000 - 1716 - 0022614 集補 0045 - 3/22614 集部/曲類/彈詞之屬

繡像十美緣圖詠四卷四十回 （清）退居野人校訂 民國石印本 一冊 存一卷（二）

330000 - 1716 - 0022617 新補 0296/22617 集部/詩文評類/文法之屬/雜著

普通文料大全三十卷 廣文書局編輯所編輯 民國十年（1921）上海世界書局石印本 二冊

330000 - 1716 - 0022618 子補 0696/22618 子部/術數類/相宅相墓之屬

陰宅集要四卷陽宅集要八卷 （清）姚廷鑾輯 民國上海江左書林石印本 一冊 存一卷（陽宅集要二）

330000 - 1716 - 0022621 地獻 1621 - 1/22621 史部/地理類/方志之屬/郡縣志

[民國]紹興地志述略不分卷 尹幼蓮纂 民國二十年（1931）鉛印本 一冊

330000 - 1716 - 0022622 子補 0697/22622 子部/術數類/相宅相墓之屬

陰宅集要四卷陽宅集要八卷 （清）姚廷鑾輯 民國上海江左書林石印本 二冊 存二卷（二、四）

330000 - 1716 - 0022624 地獻 1621 - 2/22624 史部/地理類/方志之屬/郡縣志

[民國]紹興地志述略不分卷 尹幼蓮纂 民國二十年（1931）鉛印本 一冊

330000 - 1716 - 0022625 地獻 1621 - 3/22625 史部/地理類/方志之屬/郡縣志

[民國]紹興地志述略不分卷 尹幼蓮纂 民國二十年（1931）鉛印本 一冊

330000 - 1716 - 0022626 地獻 1621 - 4/22626 史部/地理類/方志之屬/郡縣志

[民國]紹興地志述略不分卷 尹幼蓮纂 民國二十年（1931）鉛印本 一冊

330000 - 1716 - 0022628 新補 0691/22628 新學/商務

商人寶庫八種 世界書局編輯所編 民國十五年（1926）上海世界書局石印本 三冊

330000 - 1716 - 0022629 地獻 1621 - 5/22629 史部/地理類/方志之屬/郡縣志

[民國]紹興地志述略不分卷 尹幼蓮纂 民國二十年（1931）鉛印本 一冊

330000 - 1716 - 0022630 新補 0212 - 1/22630 新學/雜著

新輯繪圖洋務日用雜字一卷 普通書局編 民國上海普通書局石印本 一冊

330000 - 1716 - 0022631 地獻 1621 - 6/22631 史部/地理類/方志之屬/郡縣志

[民國]紹興地志述略不分卷 尹幼蓮纂 民國二十年（1931）鉛印本 一冊

330000 - 1716 - 0022632 地獻 1621 - 7/22632 史部/地理類/方志之屬/郡縣志

[民國]紹興地志述略不分卷 尹幼蓮纂 民國二十年（1931）鉛印本 一冊

330000 - 1716 - 0022633 新補 0212 - 2/22633 新學/雜著

新輯繪圖洋務日用雜字一卷 普通書局編 民國上海普通書局石印本 一冊

330000 - 1716 - 0022634 子補 0698 - 1/22634 子部/術數類/相宅相墓之屬

陽宅藏書二卷 （清）康基田撰 民國四年（1915）上海書局石印本 二冊

330000 - 1716 - 0022635 地獻 1621 - 8/22635 史部/地理類/方志之屬/郡縣志

[民國]紹興地志述略不分卷 尹幼蓮纂 民國二十年（1931）鉛印本 一冊

330000 - 1716 - 0022637 地獻 1621 - 9/22637 史部/地理類/方志之屬/郡縣志

[民國]紹興地志述略不分卷 尹幼蓮纂 民國二十年（1931）鉛印本 一冊

330000 – 1716 – 0022639　地獻 1621 – 10/22639　史部/地理類/方志之屬/郡縣志

[民國]紹興地志述略不分卷　尹幼蓮纂　民國二十年(1931)鉛印本　一冊

330000 – 1716 – 0022640　地獻 1621 – 11/22640　史部/地理類/方志之屬/郡縣志

[民國]紹興地志述略不分卷　尹幼蓮纂　民國二十年(1931)鉛印本　一冊

330000 – 1716 – 0022641　新補 0213 – 1/22641　子部/法家類

教科適用韓非子精華一卷　中華書局編　民國四年(1915)上海中華書局鉛印本　一冊

330000 – 1716 – 0022645　新補 0213 – 2/22645　子部/法家類

教科適用韓非子精華一卷　中華書局編　民國上海中華書局鉛印本　一冊

330000 – 1716 – 0022651　集補 0045 – 6/22651　集部/曲類/彈詞之屬

繡像十美緣圖詠四卷四十回　(清)退居野人校訂　民國石印本　二冊　存二卷(二至三)

330000 – 1716 – 0022652　新補 0214 – 1/22652　子部/墨家類

教科適用墨子精華一卷　中華書局編　民國六年(1917)上海中華書局鉛印本　一冊

330000 – 1716 – 0022655　新補 0214 – 2/22655　子部/墨家類

教科適用墨子精華一卷　中華書局編　民國四年(1915)上海中華書局鉛印本　一冊

330000 – 1716 – 0022656　新補 0214 – 3/22656　子部/墨家類

教科適用墨子精華一卷　中華書局編　民國上海中華書局鉛印本　一冊

330000 – 1716 – 0022657　新補 0215/22657　子部/道家類

教科適用列子精華一卷　中華書局編　民國六年(1917)上海中華書局鉛印本　一冊

330000 – 1716 – 0022660　新補 0216/22660

子部/道家類

教科適用莊子精華二卷　中華書局編　民國上海中華書局鉛印本　一冊　存一卷(一)

330000 – 1716 – 0022661　集補 0045 – 7/22661　集部/曲類/彈詞之屬

增像十美緣圖詠四卷四十回　(清)退居野人校訂　民國上海大觀書局石印本　二冊　存三卷(一至三)

330000 – 1716 – 0022662　新補 0217/22662　子部/法家類

教科適用管子精華一卷　中華書局編輯　民國中華書局鉛印本　一冊

330000 – 1716 – 0022663　集補 0046 – 1/22663　集部/小說類/長篇之屬

醒世小說繪圖九尾龜八卷一百九十二回　張春帆撰　民國石印本　一冊　存一卷(三)

330000 – 1716 – 0022664　新補 0300/22664　史部/政書類/儀制之屬/專志/科舉校規

浙江省立第五中學校學則一卷　民國四年(1915)浙江省立第五中學校鉛印本　一冊

330000 – 1716 – 0022666　新補 0301/22666　史部/政書類/公牘檔冊之屬

杭縣律師公會會則一卷　民國十六年(1927)鉛印本　一冊

330000 – 1716 – 0022667　地獻 1623/22667　集部/總集類/酬唱之屬

蘭觴集一卷附袁夢白先生吟稿一卷　周大封編　民國十八年(1929)鉛印本　一冊

330000 – 1716 – 0022668　新補 0302/22668　史部/政書類/公牘檔冊之屬

政治會議審查司法計劃諮詢案報告第三次會原草一卷　民國鉛印本　一冊

330000 – 1716 – 0022670　新補 0052 – 3/22670　子部/天文曆算類/算書之屬

最新圖式小學簡明算法不分卷　民國奉天和義書局石印本　方運興題記　一冊

330000 – 1716 – 0022673　新補 0303/22673

集部/詩文評類/文法之屬/函牘格式

最新商學普通算術尺牘二卷　范渭濱編　民國二年(1913)上海書局石印本　金兆鼎題記　一冊

330000－1716－0022678　新補0219/22678
新學/學校

新一年級第一學期國語不分卷　民國鉛印本　一冊

330000－1716－0022682　新補0304－1/22682　新學/商務

商人寶庫八種　世界書局編輯所編　民國十七年(1928)上海世界書局石印本　一冊　存三種

330000－1716－0022684　新補0221/22684
新學/理學/理學

倫理學之根本問題不分卷　(德國)利勃斯撰　楊昌濟譯　民國七年至八年(1918－1919)北京大學出版部鉛印本　一冊　存一冊(下)

330000－1716－0022686　集補0046－2/22686　集部/小說類/長篇之屬

醒世小說九尾龜十二卷一百九十二回　張春帆撰　民國六年(1917)上海書局石印本　六冊　存六卷(一、三至五、九、十二)

330000－1716－0022688　新補0222/22688
新學/兵制/陸軍

陸軍軍隊符號一卷　軍學編輯局編　民國軍學編輯局鉛印本　一冊

330000－1716－0022689　子補0702/22689
子部/術數類/命書相書之屬

繪圖神相鐵關刀四卷　(宋)陳搏撰　(清)梧岡山人訂　民國石印本　一冊　存二卷(三至四)

330000－1716－0022692　新補0223/22692
新學/兵制

軍語類解一卷　軍學編輯局編　民國軍學編輯局鉛印本　一冊

330000－1716－0022695　地獻1627/22695
子部/藝術類/遊藝之屬/聯語

國朝名人楹聯彙輯第一輯不分卷　上海有正書局輯　民國上海有正書局影印本　一冊　存一冊(一)

330000－1716－0022700　地獻1629－1/22700　史部/地理類/專志之屬/寺觀

紹興開元寺供奉古佛藏經事蹟彙誌不分卷　民國二十五年(1936)鉛印本　一冊

330000－1716－0022704　地獻1631/22704
子部/藝術類/篆刻之屬

西泠印社潛泉印泥發行所出品目錄一卷　吳振平編　民國二十四年(1935)西泠印社鉛印本　一冊

330000－1716－0022707　集補0047－1/22707　集部/曲類/彈詞之屬

繪圖筆生花十六卷三十二回　(清)邱心如撰　民國石印本　三冊　存三卷(十三至十五)

330000－1716－0022708　史補0387/22708
史部/傳記類/總傳之屬

浙江公立醫藥專門學校校友錄不分卷　民國十一年(1922)鉛印本　一冊

330000－1716－0022709　新補0306/22709
新學/礦務/礦學

地礦學概論一卷　民國石印本　一冊

330000－1716－0022710　集補0047－2/22710　集部/曲類/彈詞之屬

繪圖筆生花十六卷三十二回　(清)邱心如撰　民國石印本　三冊　存三卷(一、七、九)

330000－1716－0022712　集補0047－3/22712　集部/曲類/彈詞之屬

繪圖筆生花十六卷三十二回　(清)邱心如撰　民國石印本　三冊　存三卷(二至三、八)

330000－1716－0022714　新補0225/22714
新學/學校

國文講義一卷　顏丙炎編　民國第三師範學校刻本　二冊

330000－1716－0022715　新補0308/22715
新學/學校

紹興圖書館民國時期傳統裝幀書籍普查登記目錄

國文不分卷　民國石印本　一冊

330000－1716－0022718　集補 0047－4/22718　集部/曲類/彈詞之屬

繪圖筆生花十六卷三十二回　（清）邱心如撰　民國石印本　四冊　存四卷（一至二、四、十四）

330000－1716－0022719　集補 0047－5/22719　集部/曲類/彈詞之屬

繪圖筆生花十六卷三十二回　（清）邱心如撰　民國石印本　六冊　存六卷（七至十二）

330000－1716－0022723　集補 0047－6/22723　集部/曲類/彈詞之屬

繪圖筆生花十六卷三十二回　（清）邱心如撰　民國石印本　七冊　存七卷（四至五、八、十至十三）

330000－1716－0022726　集補 0047－7/22726　集部/曲類/彈詞之屬

繪圖筆生花十六卷三十二回　（清）邱心如撰　民國石印本　四冊　存四卷（三、七、十二、十六）

330000－1716－0022727　新補 0311/22727　子部/工藝類/日用器物之屬

織物分解法不分卷附解剖不分卷　民國石印本　啟明題記　一冊

330000－1716－0022729　新補 0227－1/22729　新學/兵制/陸軍

德國聯隊區司令部勤務指針□□卷　民國石印本　一冊　存一卷（二）

330000－1716－0022730　新補 0312/22730　子部/工藝類/日用器物之屬

織物不分卷　民國石印本　一冊

330000－1716－0022731　新補 0313/22731　新學/學校

補習科國文□□卷　民國石印本　啟明題記　一冊　存一卷（三）

330000－1716－0022732　新補 0227－2/22732　新學/兵制/陸軍

德國徵兵區司令部勤務指針□□卷　民國石印本　一冊　存一卷（二）

330000－1716－0022737　新補 0227－3/22737　新學/兵制/陸軍

德國徵兵區司令部勤務指針□□卷　民國石印本　一冊　存一卷（二）

330000－1716－0022739　地獻 1525－2/22739　子部/儒家類/儒學之屬/性理

泰和會語一卷宜山會語一卷附玄義諸書舉略一卷　馬一浮撰　民國鉛印本　一冊　缺一卷（泰和會語）

330000－1716－0022740　新補 0228－1/22740　新學/兵制/陸軍

歐洲列強兵役之研究三卷　民國石印本　一冊　存一卷（一）

330000－1716－0022742　地獻 1632/22742　集部/別集類

蕉鶴社叢集　金文源撰　民國二年（1913）鉛印本　一冊　存一種

330000－1716－0022743　新補 0228－2/22743　新學/兵制/陸軍

歐洲列強兵役之研究三卷　民國石印本　二冊　存二卷（一、三）

330000－1716－0022755　新補 0230/22755　新學/工藝

染色學大意六卷　朱光燾編　民國石印本　二冊

330000－1716－0022757　新補 0315/22757　新學/商務/商學

商家訓蒙淺說一卷　民國鉛印本　一冊

330000－1716－0022759　集補 0048/22759　集部/小說類/長篇之屬

繡像繪圖乾隆巡幸江南記八卷七十五回　民國上海共和書局石印本　一冊

330000－1716－0022760　地獻 1634－1/22760　史部/傳記類/總傳之屬/郡邑

於越有明一代三不朽圖贊一卷　（清）張岱撰

民國七年（1918）紹興印刷局鉛印本　一冊

330000－1716－0022762　新補 0317－1/
22762　新學/兵制/子藥
尚武安全炸藥暨炸彈說明書一卷　徐尚武撰
徐鄂雲繪圖　民國十四年（1925）鉛印本
一冊

330000－1716－0022763　地獻 1634－2/
22763　史部/傳記類/總傳之屬/郡邑
於越有明一代三不朽圖贊一卷　（清）張岱撰
民國七年（1918）紹興印刷局鉛印本　一冊

330000－1716－0022765　地獻 1634－3/
22765　史部/傳記類/總傳之屬/郡邑
於越有明一代三不朽圖贊一卷　（清）張岱撰
民國七年（1918）紹興印刷局鉛印本　張儁
題簽並記　一冊

330000－1716－0022767　新補 0317－2/
22767　新學/兵制/子藥
尚武安全炸藥暨炸彈說明書一卷　徐尚武撰
徐鄂雲繪圖　民國十四年（1925）鉛印本
一冊

330000－1716－0022768　地獻 1634－4/
22768　史部/傳記類/總傳之屬/郡邑
於越有明一代三不朽圖贊一卷　（清）張岱撰
民國七年（1918）紹興印刷局鉛印本　一冊

330000－1716－0022769　新補 0231/22769
新學/學校
漢譯日本口語文典四卷　（日本）松下大三郎
撰　民國油印本　四冊

330000－1716－0022773　地獻 1634－5/
22773　史部/傳記類/總傳之屬/郡邑
於越有明一代三不朽圖贊一卷　（清）張岱撰
民國七年（1918）鉛印本　一冊

330000－1716－0022774　地獻 1634－6/
22774　史部/傳記類/總傳之屬/郡邑
於越有明一代三不朽圖贊一卷　（清）張岱撰
民國七年（1918）鉛印本　一冊

330000－1716－0022777　集 補 0049－1/

22777　子部/小說家類/諧謔之屬
一見哈哈笑四卷　民國長沙同文譯書社石印
本　一冊　存一卷（一）

330000－1716－0022778　新補 0232/22778
新學/醫學
生理學講義一卷　張啟祥輯　民國廣東中醫
藥專門學校鉛印本　一冊

330000－1716－0022779　集 補 0049－2/
22779　子部/小說家類/諧謔之屬
一見哈哈笑四卷　民國石印本　三冊　存三
卷（二至四）

330000－1716－0022784　集補 0050/22784
集部/小說類/長篇之屬
繪圖雙鳳奇緣四卷八十回　（清）雪樵主人撰
民國石印本　二冊　存二卷（二至三）

330000－1716－0022786　新補 0234/22786
新學/工藝/雜工
校正民國明密電報新編不分卷　民國石印本
一冊

330000－1716－0022788　地 獻 1634－7/
22788　史部/傳記類/總傳之屬/郡邑
於越有明一代三不朽圖贊一卷　（清）張岱撰
民國七年（1918）紹興印刷局鉛印本　一冊

330000－1716－0022789　經補 0312/22789
經部/四書類/總義之屬/傳說
四書合講十九卷　（宋）朱熹集注　民國鉛印
本　一冊　存一種

330000－1716－0022790　集 補 0051－2/
22790　集部/小說類/長篇之屬
新刻繪圖粉粧樓全傳六卷八十回　（清）竹溪
山人撰　民國石印本　一冊　存一卷（四）

330000－1716－0022794　新補 0235/22794
史部/政書類/邦計之屬/賦稅
呈報任內辦理財政情形文稿一卷　民國七年
（1918）石印本　一冊

330000－1716－0022795　地 獻 1634－8/
22795　史部/傳記類/總傳之屬/郡邑

於越有明一代三不朽圖贊一卷 （清）張岱撰
民國七年（1918）紹興印刷局鉛印本 一冊

330000－1716－0022796 新補 0318－1/
22796 史部/政書類/邦計之屬/賦稅
財政部釐定淮安關修正稅則表一卷 財政部
編 民國鉛印本 一冊

330000－1716－0022797 地獻 1636－1/
22797 子部/宗教類
三教心法三卷 （清）光月老人輯 民國十四
年（1925）浙江紹興同善社暨各事務所鉛印本
一冊

330000－1716－0022799 子補 0707－5/
22799 子部/術數類/占卜之屬
卜筮正宗十四卷 （清）王維德撰 民國上海
錬石齋書局石印本 一冊 存三卷（一至三）

330000－1716－0022803 新補 0237/22803
新學/兵制/陸軍
步兵操典不分卷 民國石印本 一冊

330000－1716－0022811 新補 0320/22811
集部/詩文評類/文法之屬/文法
作文譜一卷國文一卷 民國油印本 一冊

330000－1716－0022814 集補 0051－8/
22814 集部/小說類/長篇之屬
新刻繪圖粉粧樓全傳六卷八十回 （清）竹溪
山人撰 民國石印本 一冊 存一卷（一）

330000－1716－0022815 子補 0421/22815
子部/儒家類/儒家之屬
孔氏家語十卷 （三國魏）王肅注 民國上海
同文書局石印本 四冊 缺二卷（七至八）

330000－1716－0022816 集補 0029－9/
22816 集部/曲類/彈詞之屬
繡像義妖全傳八卷六十九回 民國石印本
一冊 存一卷（二）

330000－1716－0022817 子補 0422/22817
子部/儒家類/儒家之屬
孔氏家語十卷 （三國魏）王肅注 民國上海
同文書局石印本 一冊 存二卷（五至六）

330000－1716－0022820 子補 0423/22820
子部/儒家類/儒學之屬/禮教/家訓
白話注解朱子家訓一卷 （宋）朱熹撰 朱鳳
鳴注 張氏增改 民國二十二年（1933）上海
明善書局石印本 一冊

330000－1716－0022823 集補 0029－10/
22823 集部/曲類/彈詞之屬
繡像義妖傳六卷五十三回後集二卷十六回
民國石印本 一冊 存一卷（三）

330000－1716－0022825 新補 0239/22825
新學/工藝
幾何畫不分卷 民國石印本 一冊

330000－1716－0022828 子補 0711/22828
子部/術數類/陰陽五行之屬
新鐫許真君玉匣記增補諸家選定日用通書四
卷 （晉）許遜撰 民國上海普通書局石印本
二冊 存二卷（一、四）

330000－1716－0022830 新補 0224/22830
新學/工藝
原料不分卷 蔡經賢編述 民國石印本 啟
明題簽 一冊

330000－1716－0022831 新補 0240/22831
新學/工藝/汽機總
汽罐圖一卷汽機圖一卷煤氣及煤油機關圖一
卷發動機用圖一卷 民國石印本 一冊

330000－1716－0022832 子補 0707－10/
22832 子部/術數類/占卜之屬
卜筮正宗十四卷 （清）王維德撰 民國三年
（1914）上海錦章圖書局石印本 三冊 存十
卷（一至三、八至十四）

330000－1716－0022833 新補 0245/22833
新學/算學/微積
微積分大意不分卷 程宗植編述 民國石印
本 啟明題簽 一冊

330000－1716－0022836 新補 0241/22836
新學/商務
工業經濟不分卷 史久衡編述 民國石印本
啟明題簽 一冊

330000 – 1716 – 0022837　新補 0242/22837
新學/工藝

工業簿記講義不分卷　史久衡編述　民國石印本　啟明題簽　一冊

330000 – 1716 – 0022839　新補 0246/22839
新學/工藝

力織機構學不分卷　民國石印本　一冊

330000 – 1716 – 0022840　新補 0243/22840
新學/工藝/工學

機械設計十九章不分卷　陸守忠編述　民國油印本　啟明題簽　一冊

330000 – 1716 – 0022841　集補 0029 – 11/22841　集部/小說類/長篇之屬

繪圖前義妖傳六卷五十三回後集二卷十六回　民國上海錦章圖書局石印本　五冊　存五卷(一、三、六,後集一至二)

330000 – 1716 – 0022842　新補 0247/22842
新學/化學/化學

定性分析一卷礦物分析一卷　民國石印本　鏡海題簽　一冊

330000 – 1716 – 0022843　新補 0323/22843
新學/學校

修辭學不分卷　民國油印本　晉廬主人題記　一冊

330000 – 1716 – 0022844　集補 0029 – 12/22844　集部/曲類/彈詞之屬

繡像義妖全傳四卷五十三回　民國石印本　三冊　存三卷(二至四)

330000 – 1716 – 0022845　子補 2601/22845
子部/宗教類/其他宗教之屬/基督教

金錢為人格試驗品一卷　(美國)楷納該撰　(美國)勵德厚譯　許家惺述　民國十年(1921)上海廣學會鉛印本　一冊

330000 – 1716 – 0022848　新補 0248/22848
新學/工藝/工學

機械製圖七章不分卷　莫善祥撰　鍾成章繪　民國十九年(1930)浙江高級工科中學石印本　一冊

330000 – 1716 – 0022850　子補 0425/22850
子部/儒家類/儒學之屬

孔教真傳一卷　民國上海宣化書局鉛印本　一冊

330000 – 1716 – 0022851　新補 0249/22851
新學/工藝/雜藝

紋織機不分卷　陶平叔編　民國石印本　文傑題簽　一冊

330000 – 1716 – 0022860　新補 0326/22860
子部/天文曆算類/曆法之屬

日用寶鑑二卷　共和編譯局編輯部編　民國上海共和編譯局石印本　一冊

330000 – 1716 – 0022864　集補 0052 – 2/22864　集部/小說類/長篇之屬

殘唐五代史演義傳四卷六十回　(明)羅本編　民國上海錦章圖書局石印本　三冊　缺一卷(二)

330000 – 1716 – 0022868　子補 0428/22868
子部/儒家類/儒學之屬

敬修堂唐詩便蒙二卷　民國上海文元書局鉛印本　一冊

330000 – 1716 – 0022870　集補 0052 – 3/22870　集部/小說類/長篇之屬

殘唐五代史演義傳六卷　(明)羅本編　民國鉛印本　一冊　存二卷(五至六)

330000 – 1716 – 0022872　新補 0350/22872
集部/詩文評類/文法之屬/函牘格式

士商實用最新公牘全書六卷　廣文書局編輯所編　民國上海世界書局石印本　一冊　存三卷(一至三)

330000 – 1716 – 0022876　地獻 1985 – 2/22876　史部/目錄類/總錄之屬/彙刻

復性書院擬先刻諸書簡目一卷　馬浮編　民國三十四年(1945)復性書院刻本　一冊

330000 – 1716 – 0022879　集補 0053 – 2/22879　集部/小說類/長篇之屬

連環圖畫東漢演義四卷六十四回　(明)謝詔撰　民國上海大觀書局石印本　一冊　存一

卷(三)

330000－1716－0022880　新補 0200－2/
22880　子部/儒家類/儒學之屬/禮教

青年修養録十八編　趙鉦鐸編纂　民國七年
(1918)上海商務印書館鉛印本　四冊

330000－1716－0022881　經補 0322/22881
經部/四書類/總義之屬/傳說

四書讀本十九卷　（宋）朱熹集注　民國上海
大觀書局石印本　一冊　存五卷（論語六至
十）

330000－1716－0022885　新補 0352/22885
新學/學校

習字指南不分卷　民國上海尚古山房石印本
一冊

330000－1716－0022886　集補 0053－3/
22886　集部/小說類/長篇之屬

繡像西漢演義四卷一百回　（明）甄偉撰　民
國石印本　一冊　存一卷（四）

330000－1716－0022888　子補 0429－2/
22888　子部/儒家類/儒學之屬/禮教

五種遺規摘鈔　（清）陳弘謀輯並撰　（清）劉
肇紳摘抄　民國十七年(1928)上海萃英書局
石印本　二冊　存二種

330000－1716－0022889　集補 0053－4/
22889　集部/小說類/長篇之屬

繪圖西漢演義四卷一百回　（明）甄偉撰　民
國江東茂記書局石印本　一冊　存一卷（三）

330000－1716－0022890　新補 0353/22890
新學/雜著

家庭百科全書不分卷　民國上海新華書局石
印本　一冊

330000－1716－0022892　新補 0332/22892
子部/儒家類

修身寶鑑二卷　陳文經編輯　民國二十三年
(1934)上海會文堂新記書局鉛印本　一冊

330000－1716－0022895　新補 0355/22895
新學/化學/化學

定性分析講義□□卷　民國油印本　一冊
存一卷（一）

330000－1716－0022896　子補 0712－1/
22896　子部/術數類/陰陽五行之屬

**新鐫許真君玉匣記增補諸家選擇日用通書二
卷**　（晉）許遜撰　民國石印本　一冊　存一
卷（二）

330000－1716－0022897　史補 0407/22897
史部/政書類/律令之屬/刑制

**中華民國新刑律箋補二編五十三章附刊一編
六章**　司法部編　民國石印本　一冊　存十
八章（一至十八）

330000－1716－0022899　地獻 1639－1/
22899　史部/地理類/水利之屬

紹興縣麻溪壩利害記畧一卷　紹興縣議會編
民國鉛印本　一冊

330000－1716－0022900　地獻 1639－2/
22900　史部/地理類/水利之屬

紹興縣麻溪壩利害記畧一卷　紹興縣議會編
民國鉛印本　一冊

330000－1716－0022903　子補 0712－3/
22903　子部/術數類/陰陽五行之屬

**新鐫許真君玉匣記增補諸家選擇日用通書二
卷**　（晉）許遜撰　民國天機書局石印本　一
冊　存一卷（二）

330000－1716－0022904　子補 0713－1/
22904　子部/術數類/陰陽五行之屬

增廣玉匣記通書二卷　（清）朱說霖重校　民
國十七年(1928)上海昌文書局石印本　一冊
存一卷（二）

330000－1716－0022905　地獻 1642/22905
史部/地理類/山川之屬/水志

曹娥江志八卷首一卷　（清）胡鳳丹編　民國
抄本　一冊

330000－1716－0022906　子補 0713－2/
22906　子部/術數類/陰陽五行之屬

增廣玉匣記通書二卷　（清）朱說霖重校　民
國十七年(1928)上海昌文書局石印本　一冊

330000－1716－0022910　子補 0713－3/22910　子部/術數類/陰陽五行之屬

增廣玉匣記通書二卷　（清）朱說霖重校　民國石印本　一冊

330000－1716－0022911　集補 0054/22911　集部/小說類/長篇之屬

改正興漢演義全傳□□卷　民國石印本　一冊　存一卷（三）

330000－1716－0022912　史補 0410/22912　新學/政治法律

立法院組織法一卷立法院議員選舉法一卷　籌備立法院事務局輯　民國三年（1914）鉛印本　一冊

330000－1716－0022916　集補 0055/22916　集部/小說類/長篇之屬

繪圖新漢演義四卷四十回　民國石印本　一冊　存一卷（三）

330000－1716－0022918　集補 0056/22918　集部/小說類/長篇之屬

南遊志傳四卷十八回　（明）余象斗撰　民國四年（1915）上海錦章圖書局石印本　二冊　存二卷（一至二）

330000－1716－0022919　新補 0359/22919　新學/學校

理論物理學十八卷　陳其文編　民國石印本　一冊

330000－1716－0022920　新補 0360/22920　新學/學校

教育通論一卷　民國油印本　一冊

330000－1716－0022921　新補 0361/22921　新學/學校

自然科學講義一卷　民國油印本　王廷瑩題簽　一冊

330000－1716－0022922　新補 0362/22922　新學/理學/理學

倫理學一卷　歐陽邦類編　民國油印本　王廷瑩題簽　一冊

330000－1716－0022923　新補 0363/22923　新學/理學

經濟□□卷　民國油印本　王廷瑩題簽　一冊　存一卷（下）

330000－1716－0022925　新補 0334/22925　子部/雜著類/雜纂之屬

日用指南不分卷　中華書局編　民國二年（1913）中華書局石印本　一冊

330000－1716－0022928　新補 0335/22928　新學/雜著

新人生哲學不分卷　王恩洋撰　民國三十三年（1944）東方文教研究院鉛印本　一冊

330000－1716－0022929　經補 0324－1/22929　經部/四書類/總義之屬

四書說約一卷　（清）赤水明圓光月老人撰　民國十一年（1922）上海宏大善書局石印本　一冊

330000－1716－0022930　集補 0037－5/22930　集部/小說類/長篇之屬

繡像綠牡丹全傳六卷六十四回　民國十四年（1925）上海沈鶴記書局石印本　一冊　存三卷（一至三）

330000－1716－0022936　地獻 1643－1/22936　子部/儒家類/儒學之屬/俗訓

人譜正篇一卷續篇一卷人譜類記增訂六卷　（明）劉宗周撰　民國上海文瑞樓、鴻章書局石印本　三冊

330000－1716－0022937　集補 0057－1/22937　集部/小說類/長篇之屬

繡像七劍十三俠三集十二卷一百八十回　（清）唐芸洲撰　民國石印本　一冊　存一卷（三集一）

330000－1716－0022938　地獻 1643－2/22938　子部/儒家類/儒學之屬/俗訓

人譜正篇一卷續篇一卷人譜類記增訂六卷　（明）劉宗周撰　民國上海文瑞樓、鴻章書局石印本　三冊

330000－1716－0022942　地獻 1643－3/

22942　子部/儒家類/儒學之屬/俗訓

人譜正篇一卷續篇一卷人譜類記增訂六卷
(明)劉宗周撰　民國上海文瑞樓、鴻章書局
石印本　三冊

330000－1716－0022952　集補 0057－2/
22952　集部/小說類/長篇之屬

繡像七劍十三俠三集十二卷一百八十回
(清)唐芸洲撰　民國石印本　一冊　存一卷
(續集三)

330000－1716－0022956　集補 0057－3/
22956　集部/小說類/長篇之屬

繡像七劍十三俠三集十二卷一百八十回
(清)唐芸洲撰　民國石印本　二冊　存二卷
(續集一至二)

330000－1716－0022957　地獻 1001－2/
22957　子部/雜著類/雜纂之屬

編餘隨筆一卷　莫壽恒撰　民國十八年
(1929)鉛印本　一冊

330000－1716－0022960　地獻 1001－3/
22960　子部/雜著類/雜纂之屬

編餘隨筆一卷　莫壽恒撰　民國十八年
(1929)鉛印本　一冊

330000－1716－0022964　集補 0058－1/
22964　集部/小說類/長篇之屬

新鐫玉茗堂按鑑批點北宋志天門陣演義十二
寡婦征西四卷五十回　(明)研石山樵訂正
民國石印本　一冊　存一卷(四)

330000－1716－0022966　集補 0201－1/
22966　集部/總集類/尺牘之屬

交際大全八章　廣文書局編輯所編　民國九
年(1920)上海廣文書局石印本　一冊

330000－1716－0022967　地獻 1644－1/
22967　史部/傳記類/日記之屬

越縵堂詹詹錄二卷　(清)李慈銘撰　李文紃
輯　民國二十二年(1933)李文紃鉛印本
二冊

330000－1716－0022969　地獻 1644－2/
22969　史部/傳記類/日記之屬

越縵堂詹詹錄二卷　(清)李慈銘撰　李文紃
輯　民國二十二年(1933)李文紃鉛印本
二冊

330000－1716－0022970　地獻 1644－3/
22970　史部/傳記類/日記之屬

越縵堂詹詹錄二卷　(清)李慈銘撰　李文紃
輯　民國二十二年(1933)李文紃鉛印本
二冊

330000－1716－0022971　地獻 1644－4/
22971　史部/傳記類/日記之屬

越縵堂詹詹錄二卷　(清)李慈銘撰　李文紃
輯　民國二十二年(1933)李文紃鉛印本
二冊

330000－1716－0022973　集補 0201－2/
22973　集部/總集類/尺牘之屬

交際大全八章　廣文書局編輯所編　民國九
年(1920)上海廣文書局石印本　一冊

330000－1716－0022977　集補 0201－3/
22977　集部/總集類/尺牘之屬

交際大全九章　世界書局編輯所編輯　民國
十八年(1929)上海世界書局石印本　一冊

330000－1716－0022978　集補 0058－2/
22978　集部/小說類/長篇之屬

增像玉茗堂批點按鑑紩補北宋楊家將全傳四
卷五十回　(明)研石山樵訂正　民國石印本
一冊　存一卷(一)

330000－1716－0022980　地獻 1644－5/
22980　史部/傳記類/日記之屬

越縵堂詹詹錄二卷　(清)李慈銘撰　李文紃
輯　民國二十二年(1933)李文紃鉛印本
二冊

330000－1716－0022981　地獻 1644－6/
22981　史部/傳記類/日記之屬

越縵堂詹詹錄二卷　(清)李慈銘撰　李文紃
輯　民國二十二年(1933)李文紃鉛印本
二冊

330000－1716－0022984　地獻 1644－7/
22984　史部/傳記類/日記之屬

越縵堂詹詹録二卷　（清）李慈銘撰　李文紏輯　民國二十二年（1933）李文紏鉛印本　二冊

330000－1716－0022985　地獻 1644－8/22985　史部/傳記類/日記之屬

越縵堂詹詹録二卷　（清）李慈銘撰　李文紏輯　民國二十二年（1933）李文紏鉛印本　二冊

330000－1716－0022986　集補 0201－4/22986　集部/總集類/尺牘之屬

交際大全八章　廣文書局編輯所編　民國十一年（1922）上海世界書局石印本　一冊

330000－1716－0022988　集補 0201－5/22988　集部/總集類/尺牘之屬

交際大全八章　廣文書局編輯所編　民國十年（1921）上海廣文書局石印本　一冊

330000－1716－0022989　集補 0201－6/22989　集部/總集類/尺牘之屬

交際大全九章　世界書局編輯所編輯　民國二十一年（1932）上海世界書局石印本　一冊

330000－1716－0022990　集補 0059－1/22990　集部/小說類/長篇之屬

繡像忠義三俠傳□□卷□□回　民國石印本　一冊　存一卷（二）

330000－1716－0022992　集補 0201－7/22992　集部/總集類/尺牘之屬

交際大全九章　世界書局編輯所編輯　民國十三年（1924）上海世界書局石印本　一冊

330000－1716－0022993　集補 0059－2/22993　集部/小說類/長篇之屬

新編繪圖忠義三俠傳續集□□卷□□回　民國石印本　二冊　存二卷（二至三）

330000－1716－0022994　集補 0201－8/22994　集部/總集類/尺牘之屬

交際大全八章　廣文書局編輯所編　民國十三年（1924）上海世界書局石印本　一冊

330000－1716－0022996　集補 0201－9/

22996　集部/總集類/尺牘之屬

交際大全八章　廣文書局編輯所編　民國十四年（1925）上海世界書局石印本　一冊

330000－1716－0022997　集補 0201－10/22997　集部/總集類/尺牘之屬

交際大全九章　世界書局編輯所編輯　民國二十年（1931）上海世界書局石印本　一冊

330000－1716－0022999　集補 0059－3/22999　集部/小說類/長篇之屬

繪圖忠義三俠傳三集□□卷四集□□卷五集□□卷　民國石印本　四冊　存四卷（三、四集二至三、五集二）

330000－1716－0023003　子補 0433/23003　類叢部/叢書類/彙編之屬

進德叢書八種　丁福保編　民國上海醫學書局鉛印本　一冊　存一種

330000－1716－0023005　集補 0060/23005　集部/小說類/長篇之屬

新編繡像七劍五義十八俠初集□□卷□□回　民國石印本　二冊　存二卷（二、五）

330000－1716－0023006　子補 0434/23006　子部/宗教類/道教之屬

進德研修講義不分卷　張乾妙撰　民國四年（1915）世界紅卍字會東南代主會鉛印本　一冊

330000－1716－0023009　地獻 1645/23009　子部/儒家類/儒學之屬/性理

王學指津不分卷　張覺善　李道淵校録　南屏濟祖來復說一卷　釋來復撰　民國九年（1920）鉛印本　一冊

330000－1716－0023017　集補 0201－11/23017　集部/總集類/尺牘之屬

交際大全九章　世界書局編輯所編輯　民國十九年（1930）上海世界書局石印本　一冊

330000－1716－0023022　集補 0058－3/23022　集部/小說類/長篇之屬

新鐫玉茗堂批點按鑑參補繡像北宋楊家將傳四卷五十回　（明）研石山樵訂正　民國石印

本　一冊　存一卷（二）

330000－1716－0023023　地獻1648/23023
集部/曲類/曲藝之屬

越戲大觀十二集　筱小鳳彩撰　民國二十年
（1931）仁和翔書莊石印本　二冊　存二集
（丑、午）

330000－1716－0023024　集補0201－12/
23024　集部/總集類/尺牘之屬

交際大全九章　世界書局編輯所編輯　民國
十七年（1928）上海世界書局石印本　一冊

330000－1716－0023025　地獻1612－3/
23025　集部/別集類/清別集

新體廣注秋水軒尺牘二卷　（清）許思湄撰
陸翔注　民國上海廣文書局石印本　一冊
存一卷（一）

330000－1716－0023026　集補0201－13/
23026　集部/總集類/尺牘之屬

交際大全八章　廣文書局編輯所編　民國十
三年（1924）上海世界書局石印本　一冊

330000－1716－0023028　地獻1649/23028
集部/總集類/選集之屬/斷代

**太平天國文鈔一卷詩鈔一卷聯語鈔一卷附錄
三卷**　羅邕　沈祖基輯　民國二十三年
（1934）上海商務印書館鉛印本　二冊

330000－1716－0023031　地獻1475－2/
23031　集部/別集類/清別集

杏花香雪齋詩十一卷補一卷　（清）李慈銘撰
吳道晉輯　民國二十八年（1939）中華書局
鉛印本　二冊

330000－1716－0023032　集補0201－14/
23032　集部/總集類/尺牘之屬

交際大全八章　廣文書局編輯所編　民國十
五年（1926）上海世界書局石印本　徐國政題
記　一冊

330000－1716－0023033　集補0201－15/
23033　集部/總集類/尺牘之屬

交際大全九章　世界書局編輯所編輯　民國
十七年（1928）上海世界書局石印本　一冊

330000－1716－0023035　集補0201－16/
23035　集部/總集類/尺牘之屬

交際大全九章　世界書局編輯所編輯　民國
上海世界書局石印本　一冊

330000－1716－0023037　集補0201－17/
23037　集部/總集類/尺牘之屬

交際大全八章　廣文書局編輯所編　民國十
四年（1925）上海世界書局石印本　一冊

330000－1716－0023038　集補0201－18/
23038　集部/總集類/尺牘之屬

交際大全八章　廣文書局編輯所編　民國十
三年（1924）上海世界書局石印本　一冊

330000－1716－0023041　集補0201－19/
23041　集部/總集類/尺牘之屬

交際大全八章　廣文書局編輯所編　民國十
三年（1924）上海世界書局石印本　一冊

330000－1716－0023042　集補0201－20/
23042　集部/總集類/尺牘之屬

交際大全八章　廣文書局編輯所編　民國十
六年（1927）上海世界書局石印本　一冊

330000－1716－0023043　集補0064－1/
23043　集部/小說類/長篇之屬

繪圖劍俠飛仙傳六卷四十回　民國石印本
四冊

330000－1716－0023045　集補0201－21/
23045　集部/總集類/尺牘之屬

交際大全九章　世界書局編輯所編輯　民國
十七年（1928）上海世界書局石印本　李乾耀
題記　一冊

330000－1716－0023046　地獻1612－4/
23046　集部/別集類/清別集

新體廣注秋水軒尺牘二卷　（清）許思湄撰
陸翔注　民國十二年（1923）上海世界書局石
印本　二冊

330000－1716－0023048　集補0201－22/
23048　集部/總集類/尺牘之屬

交際大全八章　廣文書局編輯所編　民國上
海世界書局石印本　一冊

330000 – 1716 – 0023052　　新補 0346/23052
新學/雜著
新輯繪圖洋務日用雜字一卷幼學雜字一卷
民國石印本　一冊

330000 – 1716 – 0023053　　地獻 1650 – 1/
23053　集部/別集類
梅影軒遺稿四卷　潘世元撰　民國二十三年
(1934)高天樓鉛印本　一冊

330000 – 1716 – 0023055　　地獻 1650 – 2/
23055　集部/別集類
梅影軒遺稿四卷　潘世元撰　民國二十三年
(1934)高天樓鉛印本　一冊

330000 – 1716 – 0023056　　地獻 1650 – 3/
23056　集部/別集類
梅影軒遺稿四卷　潘世元撰　民國二十三年
(1934)高天樓鉛印本　一冊

330000 – 1716 – 0023058　　地獻 1650 – 4/
23058　集部/別集類
梅影軒遺稿四卷　潘世元撰　民國二十三年
(1934)高天樓鉛印本　一冊

330000 – 1716 – 0023059　　地獻 1650 – 5/
23059　集部/別集類
梅影軒遺稿四卷　潘世元撰　民國二十三年
(1934)高天樓鉛印本　一冊

330000 – 1716 – 0023106　　子補 0716 – 28/
23106　子部/宗教類/佛教之屬
支那內學院叢書　民國支那內學院刻本　二
冊　存一種

330000 – 1716 – 0023107　　地獻 1541 – 3/
23107　集部/別集類/清別集
白華絳柎閣詩集十卷　（清）李慈銘撰　民國
影印本　六冊

330000 – 1716 – 0023108　　地獻 1650 – 6/
23108　集部/別集類
梅影軒遺稿四卷　潘世元撰　民國二十三年
(1934)高天樓鉛印本　一冊

330000 – 1716 – 0023111　　地獻 1650 – 7/
23111　集部/別集類
梅影軒遺稿四卷　潘世元撰　民國二十三年
(1934)高天樓鉛印本　一冊

330000 – 1716 – 0023113　　地獻 1650 – 8/
23113　集部/別集類
梅影軒遺稿四卷　潘世元撰　民國二十三年
(1934)高天樓鉛印本　一冊

330000 – 1716 – 0023114　　地獻 1650 – 9/
23114　集部/別集類
梅影軒遺稿四卷　潘世元撰　民國二十三年
(1934)高天樓鉛印本　一冊

330000 – 1716 – 0023117　　地獻 1650 – 10/
23117　集部/別集類
梅影軒遺稿四卷　潘世元撰　民國二十三年
(1934)高天樓鉛印本　一冊

330000 – 1716 – 0023118　　地獻 1650 – 11/
23118　集部/別集類
梅影軒遺稿四卷　潘世元撰　民國二十三年
(1934)高天樓鉛印本　一冊

330000 – 1716 – 0023119　　子補 0716 – 34/
23119　子部/宗教類/佛教之屬
支那內學院叢書　民國支那內學院刻本　三
冊　存二種

330000 – 1716 – 0023120　　地獻 1650 – 12/
23120　集部/別集類
梅影軒遺稿四卷　潘世元撰　民國二十三年
(1934)高天樓鉛印本　一冊

330000 –1716 –0023121　　新補 0347/23121
新學/理學/文學
日語讀本□□卷　和萃養成所編　民國油印
本　一冊　存一卷(一)

330000 – 1716 –0023137　　子補 0747/23137
子部/宗教類/佛教之屬
精刻大藏經目錄一卷　支那內學院編　民國
三十四年(1945)支那內學院石印本　二冊

330000 – 1716 – 0023138　　新補 0349 – 2/
23138　新學/雜著

交際錦囊不分卷　教育圖書館編輯　民國十
一年（1922）上海教育圖書館石印本　二冊

330000－1716－0023139　集補 0066－4/
23139　集部/曲類/彈詞之屬

**繡像玉蜻蜓前傳八卷二十八回後傳八卷三十
二回**　民國石印本　五冊　存十卷（七至八、
後傳一至八）

330000－1716－0023141　新補 0349－3/
23141　新學/雜著

交際錦囊不分卷　教育圖書館編輯　民國十
一年（1922）上海教育圖書館石印本　二冊

330000－1716－0023142　地獻 1541－4/
23142　集部/別集類/清別集

白華絳柎閣詩集十卷　（清）李慈銘撰　民國
影印本　六冊

330000－1716－0023143　子補 0716－3/
23143　子部/宗教類/佛教之屬

支那內學院叢書　民國支那內學院刻本　二
冊　存一種

330000－1716－0023144　子補 0716－4/
23144　子部/宗教類/佛教之屬

支那內學院叢書　民國支那內學院刻本　二
冊　存一種

330000－1716－0023145　地獻 1579－2/
23145　集部/別集類/宋別集

劍南詩鈔六卷　（宋）陸游撰　（清）楊大鶴選
　民國六年（1917）上海掃葉山房石印本
六冊

330000－1716－0023146　集補 0064－2/
23146　集部/小說類/長篇之屬

繪圖劍俠飛仙傳六卷四十回　民國上海萃英
書局石印本　二冊　存二卷（一至二）

330000－1716－0023147　子補 0716－5/
23147　子部/宗教類/佛教之屬

支那內學院叢書　民國支那內學院刻本　二
冊　存一種

330000－1716－0023148　子補 0716－6/

23148　子部/宗教類/佛教之屬

支那內學院叢書　民國支那內學院刻本　二
冊　存一種

330000－1716－0023149　地獻 1579－3/
23149　集部/別集類/宋別集

劍南詩鈔六卷　（宋）陸游撰　（清）楊大鶴選
　民國四年（1915）上海掃葉山房石印本　童
鼎璜題記　六冊

330000－1716－0023150　子補 0716－7/
23150　子部/宗教類/佛教之屬

支那內學院叢書　民國支那內學院刻本　二
冊　存一種

330000－1716－0023151　子補 0716－8/
23151　子部/宗教類/佛教之屬

支那內學院叢書　民國支那內學院刻本　二
冊　存一種

330000－1716－0023152　子補 0716－9/
23152　子部/宗教類/佛教之屬

支那內學院叢書　民國支那內學院刻本　二
冊　存一種

330000－1716－0023154　子補 0716－10/
23154　子部/宗教類/佛教之屬

支那內學院叢書　民國支那內學院刻本　二
冊　存一種

330000－1716－0023156　子補 0716－11/
23156　子部/宗教類/佛教之屬

支那內學院叢書　民國支那內學院刻本　二
冊　存一種

330000－1716－0023158　子補 0716－12/
23158　子部/宗教類/佛教之屬

支那內學院叢書　民國支那內學院刻本　二
冊　存一種

330000－1716－0023159　子補 0716－13/
23159　子部/宗教類/佛教之屬

支那內學院叢書　民國支那內學院刻本　二
冊　存一種

330000－1716－0023161　地獻 1654－1/

23161　集部/詩文評類/詩評之屬

越縵堂詩話三卷　（清）李慈銘撰　蔣瑞藻編
　民國十五年(1926)上海商務印書館鉛印本
　二冊

330000－1716－0023162　新補 0349－4/
23162　新學/雜著

交際錦囊不分卷　教育圖書館編輯　民國十
一年(1922)上海教育圖書館石印本　一冊

330000－1716－0023164　子補 0716－14/
23164　子部/宗教類/佛教之屬

支那內學院叢書　民國支那內學院刻本　二
冊　存一種

330000－1716－0023165　新補 0349－5/
23165　新學/雜著

交際錦囊不分卷　教育圖書館編輯　民國十
一年(1922)上海教育圖書館石印本　一冊

330000－1716－0023166　子補 0716－15/
23166　子部/宗教類/佛教之屬

支那內學院叢書　民國支那內學院刻本　二
冊　存一種

330000－1716－0023168　子補 0716－16/
23168　子部/宗教類/佛教之屬

支那內學院叢書　民國支那內學院刻本　二
冊　存一種

330000－1716－0023169　子補 0716－17/
23169　子部/宗教類/佛教之屬

支那內學院叢書　民國支那內學院刻本　二
冊　存一種

330000－1716－0023171　子補 0716－18/
23171　子部/宗教類/佛教之屬

支那內學院叢書　民國支那內學院刻本　二
冊　存一種

330000－1716－0023172　子補 0716－19/
23172　子部/宗教類/佛教之屬

支那內學院叢書　民國支那內學院刻本　二
冊　存一種

330000－1716－0023173　集補 0064－3/

23173　集部/小說類/長篇之屬

繪圖劍俠飛仙傳六卷四十回　民國四年
(1915)上海醉經堂石印本　一冊　存一卷
（一）

330000－1716－0023174　子補 0716－20/
23174　子部/宗教類/佛教之屬

支那內學院叢書　民國支那內學院刻本　二
冊　存一種

330000－1716－0023175　新補 0367/23175
新學/動植物學/植物學

植物外部形態學一卷　民國油印本　一冊

330000－1716－0023176　子補 0716－21/
23176　子部/宗教類/佛教之屬

支那內學院叢書　民國支那內學院刻本　二
冊　存一種

330000－1716－0023177　新補 0368/23177
新學/化學

化學實驗一卷　民國油印本　一冊

330000－1716－0023180　子補 0716－22/
23180　子部/宗教類/佛教之屬

支那內學院叢書　民國支那內學院刻本　二
冊　存一種

330000－1716－0023181　子補 0716－23/
23181　子部/宗教類/佛教之屬

支那內學院叢書　民國支那內學院刻本　二
冊　存一種

330000－1716－0023182　子補 0716－24/
23182　子部/宗教類/佛教之屬

支那內學院叢書　民國支那內學院刻本　二
冊　存一種

330000－1716－0023183　集補 0064－4/
23183　集部/小說類/長篇之屬

繪圖劍俠飛仙傳六卷四十回　民國石印本
五冊　缺一卷（一）

330000－1716－0023184　子補 0716－25/
23184　子部/宗教類/佛教之屬

支那內學院叢書　民國支那內學院刻本　二

冊　存一種

330000－1716－0023186　子補 0716－26/
23186　子部/宗教類/佛教之屬
支那內學院叢書　民國支那內學院刻本　二
冊　存一種

330000－1716－0023187　子補 0716－27/
23187　子部/宗教類/佛教之屬
支那內學院叢書　民國支那內學院刻本　二
冊　存一種

330000－1716－0023190　子補 0716－29/
23190　子部/宗教類/佛教之屬
支那內學院叢書　民國支那內學院刻本　二
冊　存一種

330000－1716－0023191　子補 0716－30/
23191　子部/宗教類/佛教之屬
支那內學院叢書　民國支那內學院刻本　二
冊　存一種

330000－1716－0023192　子補 0716－31/
23192　子部/宗教類/佛教之屬
支那內學院叢書　民國支那內學院刻本　二
冊　存一種

330000－1716－0023193　子補 0716－32/
23193　子部/宗教類/佛教之屬
支那內學院叢書　民國支那內學院刻本　二
冊　存一種

330000－1716－0023195　子補 0716－33/
23195　子部/宗教類/佛教之屬
支那內學院叢書　民國支那內學院刻本　二
冊　存一種

330000－1716－0023197　新補 0369/23197
新學/學校
□□集要不分卷　民國油印本　一冊

330000－1716－0023198　史補 0424/23198
史部/紀傳類/正史之屬
影宋百衲本史記一百三十卷　（漢）司馬遷撰
（南朝宋）裴駰集解　民國上海商務印書館
據涇陽陶氏藏宋百衲本影印本　二冊

330000－1716－0023200　子補 0716－1/
23200　子部/宗教類/佛教之屬
支那內學院叢書　民國支那內學院刻本　五
十五冊　存五十種

330000－1716－0023201　新補 0370/23201
新學/政治法律
**國民革命軍總司令部交通法規第三節交通人
員服務細則一卷**　民國石印本　一冊

330000－1716－0023202　新補 0371/23202
新學/兵制/陸軍
陸軍第二被服廠工作規程不分卷　汪時璟撰
民國十一年（1922）鉛印本　一冊

330000－1716－0023203　子補 0717－1/
23203　子部/宗教類/佛教之屬
金剛經石注一卷　（清）石成金撰　民國杭州
浙江印刷公司鉛印本　一冊

330000－1716－0023207　子補 0717－3/
23207　子部/宗教類/佛教之屬
金剛經石注一卷　（清）石成金撰　民國杭州
浙江印刷公司鉛印本　一冊

330000－1716－0023210　子補 0717－4/
23210　子部/宗教類/佛教之屬
金剛經石注一卷　（清）石成金撰　民國杭州
浙江印刷公司鉛印本　一冊

330000－1716－0023212　子補 0721－1/
23212　子部/宗教類/佛教之屬
觀世音菩薩靈異紀二卷　萬鈞編　民國十九
年（1930）北平中央刻經院鉛印本　一冊

330000－1716－0023214　子補 0721－2/
23214　子部/宗教類/佛教之屬
觀世音菩薩靈異紀二卷　萬鈞編　民國十七
年（1928）北平中央刻經院鉛印本　一冊

330000－1716－0023218　集補 0067－3/
23218　集部/小說類/長篇之屬
繡像夢中五美緣四卷十五回　民國石印本
二冊　存二卷（一至二）

330000－1716－0023219　子補 0721－3/

23219　子部/宗教類/佛教之屬

觀世音菩薩靈異紀二卷　萬鈞編　民國二十一年(1932)北平中央刻經院鉛印本　一冊

330000－1716－0023221　子補 0717－5/23221　子部/宗教類/佛教之屬

金剛經石注一卷　(清)石成金撰　民國杭州浙江印刷公司鉛印本　一冊

330000－1716－0023222　子補 0721－4/23222　子部/宗教類/佛教之屬

觀世音菩薩靈異紀二卷　萬鈞編　民國十八年(1929)北平中央刻經院鉛印本　一冊

330000－1716－0023223　子補 0717－6/23223　子部/宗教類/佛教之屬

金剛經石注一卷　(清)石成金撰　民國杭州浙江印刷公司鉛印本　一冊

330000－1716－0023225　子補 0721－5/23225　子部/宗教類/佛教之屬

觀世音菩薩靈異紀二卷　萬鈞編　民國北平中央刻經院鉛印本　一冊

330000－1716－0023227　子補 0717－7/23227　子部/宗教類/佛教之屬

金剛經石注一卷　(清)石成金撰　民國杭州浙江印刷公司鉛印本　一冊

330000－1716－0023228　集補 0067－4/23228　集部/曲類/彈詞之屬

繡像九美奪夫四卷二十六回　民國二年(1913)上海文益書局石印本　四冊

330000－1716－0023229　子補 0717－8/23229　子部/宗教類/佛教之屬

金剛經石注一卷　(清)石成金撰　民國杭州浙江印刷公司鉛印本　一冊

330000－1716－0023230　子補 0721－6/23230　子部/宗教類/佛教之屬

觀世音菩薩靈異紀二卷　萬鈞編　民國北平中央刻經院鉛印本　一冊

330000－1716－0023231　子補 0717－9/23231　子部/宗教類/佛教之屬

金剛經石注一卷　(清)石成金撰　民國杭州浙江印刷公司鉛印本　一冊

330000－1716－0023234　子補 0717－10/23234　子部/宗教類/佛教之屬

金剛經石注一卷　(清)石成金撰　民國杭州浙江印刷公司鉛印本　一冊

330000－1716－0023236　子補 0717－11/23236　子部/宗教類/佛教之屬

金剛經石注一卷　(清)石成金撰　民國杭州浙江印刷公司鉛印本　一冊

330000－1716－0023238　子補 0717－12/23238　子部/宗教類/佛教之屬

金剛經石注一卷　(清)石成金撰　民國杭州浙江印刷公司鉛印本　一冊

330000－1716－0023239　子補 0723/23239　子部/宗教類/道教之屬/眾術

實驗靈奇符咒研究法不分卷　余哲夫撰　民國十三年(1924)東方書局鉛印本　一冊

330000－1716－0023240　子補 0717－13/23240　子部/宗教類/佛教之屬

金剛經石注一卷　(清)石成金撰　民國杭州浙江印刷公司鉛印本　一冊

330000－1716－0023242　集補 0069－1/23242　集部/小說類/長篇之屬

繪圖英烈全傳四卷八十回　(明)徐渭編　民國石印本　一冊　存一卷(三)

330000－1716－0023244　子補 0724/23244　子部/術數類/命書相書之屬

算命講義大全三卷　民國中西書局石印本　二冊　存二卷(一至二)

330000－1716－0023245　集補 0202/23245　集部/小說類/長篇之屬

繡像金臺全傳六卷六十回　(清)瘦秋山人改編　民國十九年(1930)上海中原書局石印本　六冊

330000－1716－0023247　子補 0725/23247　子部/術數類/命書相書之屬

鬼谷算命術一卷　（三國蜀）諸葛亮注釋　民國上海國粹保存會石印本　一冊

330000－1716－0023249　普集1753/23249
集部/別集類/唐五代別集

昌黎先生集四十卷外集十卷遺文一卷　（唐）韓愈撰　（唐）李漢編　朱子校昌黎先生集傳一卷　（宋）朱熹撰　韓集點勘四卷　（清）陳景雲撰　民國九年（1920）石印本　八冊　缺十七卷（二十七至三十三、外集一至十）

330000－1716－0023250　普叢0159/23250
類叢部/叢書類/自著之屬

小瀛壺仙館叢刊十種　蔡卓勳撰　民國十四年（1925）嶺東蔡氏鉛印本　一冊　存一種

330000－1716－0023252　子補0718/23252
子部/術數類/命書相書之屬

財命易知錄一卷　（□）止止居士撰　民國鉛印本　一冊

330000－1716－0023256　集補0203/23256
集部/小說類/長篇之屬

繡像繪圖繪芳園全錄八卷八十回　（清）西泠野樵撰　民國上海進步書局石印本　八冊

330000－1716－0023274　集補0204－1/23274　集部/小說類/長篇之屬

足本大字醒世姻緣十二卷一百回　（清）西周生撰　民國上海受古書店石印本　十二冊

330000－1716－0023277　子補0716－2/23277　子部/宗教類/佛教之屬

支那內學院叢書　民國支那內學院刻本　三十二冊　存二十九種

330000－1716－0023282　子補0720/23282
子部/宗教類/佛教之屬

道岸慈航不分卷　民國上海宏大善書局石印本　一冊

330000－1716－0023285　子補0727/23285
子部/宗教類/佛教之屬

渡世慈航二卷　民國上海宏大善書局石印本　一冊　存一卷（二）

330000－1716－0023287　集補0072/23287
集部/戲劇類/雜劇之屬

繡像校正文武相球八卷　民國十三年（1924）蔣春記書局石印本　三冊　存五卷（一至四、八）

330000－1716－0023291　集補0073/23291
集部/小說類/長篇之屬

繡像繪圖二集飛行怪俠四卷二十回　民國上海惜陰書局石印本　一冊

330000－1716－0023292　史補0425－1/23292　史部/雜史類/斷代之屬

戰國策詳注三十三卷　郭希汾輯注　民國二十三年（1934）上海文明書局鉛印本　六冊

330000－1716－0023304　子補0728－3/23304　子部/小說家類/雜事之屬

活世生機四卷　（清）邵紀棠輯　民國十一年（1922）上海宏大善書局石印本　一冊

330000－1716－0023306　史補0426/23306
史部/目錄類/專錄之屬

方志考稿甲集六編　瞿宣穎撰　民國十九年（1930）北平天春書社鉛印本　三冊

330000－1716－0023309　子補0728－4/23309　子部/小說家類/雜事之屬

活世生機四卷　（清）邵紀棠輯　民國十一年（1922）上海宏大善書局石印本　一冊

330000－1716－0023312　子補0729－2/23312　子部/術數類/陰陽五行之屬

推背圖說不分卷　題（唐）袁天罡撰　（唐）李淳風注　民國石印本　一冊

330000－1716－0023314　子補0729－1/23314　子部/術數類/陰陽五行之屬

推背圖說不分卷　題（唐）袁天罡撰　（唐）李淳風注　民國石印本　一冊

330000－1716－0023322　子補0729－3/23322　子部/術數類/陰陽五行之屬

推背圖說不分卷　題（唐）袁天罡撰　（唐）李淳風注　民國上海石印書局石印本　一冊

330000 – 1716 – 0023325　　子補 0729 – 4/
23325　子部/術數類/陰陽五行之屬

推背圖說不分卷　題(唐)袁天罡撰　(唐)李
淳風注　民國上海石印書局石印本　一冊

330000 – 1716 – 0023327　　子補 0729 – 5/
23327　子部/術數類/陰陽五行之屬

推背圖說不分卷　題(唐)袁天罡撰　(唐)李
淳風注　民國上海石印書局石印本　一冊

330000 – 1716 – 0023344　　子補 0729 – 6/
23344　子部/術數類/陰陽五行之屬

推背圖說不分卷　題(唐)袁天罡撰　(唐)李
淳風注　民國上海天利書局石印本　一冊

330000 – 1716 – 0023346　　子補 0729 – 7/
23346　子部/術數類/陰陽五行之屬

推背圖說不分卷　題(唐)袁天罡撰　(唐)李
淳風注　民國石印本　章丹孫題記　一冊

330000 – 1716 – 0023347　　子補 0729 – 8/
23347　子部/術數類/陰陽五行之屬

推背圖不分卷　題(唐)袁天罡撰　(唐)李淳
風注　民國石印本　一冊

330000 – 1716 – 0023348　　子補 0451 – 7/
23348　子部/小說家類/異聞之屬

閱微草堂筆記二十四卷　(清)紀昀撰　民國
石印本　一冊　存六卷(七至十二)

330000 – 1716 – 0023349　　子補 0730 – 1/
23349　子部/宗教類/道教之屬

中學參同一卷　民國杭州同道善書局鉛印本
　一冊

330000 – 1716 – 0023350　　子補 0730 – 2/
23350　子部/宗教類/道教之屬

中學參同一卷　民國杭州同道善書局鉛印本
　一冊

330000 – 1716 – 0023351　　子補 0730 – 3/
23351　子部/宗教類/道教之屬

中學參同一卷　民國杭州同道善書局鉛印本
　一冊

330000 – 1716 – 0023352　　子補 0730 – 4/
23352　子部/宗教類/道教之屬

中學參同一卷　民國杭州同道善書局鉛印本
　一冊

330000 – 1716 – 0023354　　子補 0730 – 5/
23354　子部/宗教類/道教之屬

中學參同一卷　民國杭州同道善書局鉛印本
　一冊

330000 – 1716 – 0023355　　子補 0730 – 6/
23355　子部/宗教類/道教之屬

中學參同一卷　民國杭州同道善書局鉛印本
　一冊

330000 – 1716 – 0023359　　子補 0741 – 1/
23359　子部/宗教類/佛教之屬/大藏

**影印宋磧砂藏經六千三百六十二卷附首冊二
卷**　影印宋版藏經會輯　民國二十五年
(1936)上海影印宋版藏經會鉛印本　五百九
十三冊

330000 – 1716 – 0023360　　子補 0741 – 2/
23360　子部/宗教類/佛教之屬/大藏

**影印宋磧砂藏經六千三百六十二卷附首冊二
卷**　影印宋版藏經會輯　民國二十五年
(1936)上海影印宋版藏經會鉛印本　四百四
十四冊

330000 – 1716 – 0023361　　子補 0730 – 7/
23361　子部/宗教類/道教之屬

中學參同一卷　民國杭州同道善書局鉛印本
　一冊

330000 – 1716 – 0023363　　子補 0730 – 8/
23363　子部/宗教類/道教之屬

中學參同一卷　民國杭州同道善書局鉛印本
　一冊

330000 – 1716 – 0023364　　子補 0730 – 9/
23364　子部/宗教類/道教之屬

中學參同一卷　民國杭州同道善書局鉛印本
　一冊

330000 – 1716 – 0023366　　子補 0730 – 10/
23366　子部/宗教類/道教之屬

中學參同一卷　民國杭州同道善書局鉛印本

一冊

330000－1716－0023367　史補 0431/23367
史部/政書類/邦交之屬

外交文牘　外交部編　民國外交部鉛印本
二冊　存一種

330000－1716－0023368　子補 0730－11/
23368　子部/宗教類/道教之屬

中學參同一卷　民國杭州同道善書局鉛印本
一冊

330000－1716－0023370　子補 0451－8/
23370　子部/小說家類/異聞之屬

閱微草堂筆記二十四卷　（清）紀昀撰　民國
上海中華圖書館石印本　二冊　存八卷（十
一至十二、十九至二十四）

330000－1716－0023371　子補 0730－12/
23371　子部/宗教類/道教之屬

中學參同一卷　民國杭州同道善書局鉛印本
一冊

330000－1716－0023372　子補 0730－13/
23372　子部/宗教類/道教之屬

中學參同一卷　民國杭州同道善書局鉛印本
一冊

330000－1716－0023374　子補 0451－9/
23374　子部/小說家類/異聞之屬

閱微草堂筆記二十四卷　（清）紀昀撰　民國
三年（1914）上海錦章圖書局石印本　一冊
存五卷（十三至十七）

330000－1716－0023375　子補 0730－14/
23375　子部/宗教類/道教之屬

中學參同一卷　民國杭州同道善書局鉛印本
一冊

330000－1716－0023376　子補 0730－15/
23376　子部/宗教類/道教之屬

中學參同一卷　民國杭州同道善書局鉛印本
一冊

330000－1716－0023377　子補 0730－16/
23377　子部/宗教類/道教之屬

中學參同一卷　民國蕭山合義和書局鉛印本
一冊

330000－1716－0023378　子補 0451－10/
23378　子部/小說家類/異聞之屬

分類廣注閱微草堂筆記五卷　（清）紀昀撰
沈禹鐘編輯　民國上海世界書局石印本　一
冊　存一卷（一）

330000－1716－0023379　子補 0730－17/
23379　子部/宗教類/道教之屬

中學參同一卷　民國上海宏大善書局石印本
志清題記　一冊

330000－1716－0023381　子補 0451－11/
23381　子部/小說家類/異聞之屬

閱微草堂筆記二十四卷　（清）紀昀撰　民國
石印本　二冊　存十三卷（一至六、十八至二
十四）

330000－1716－0023383　子補 0451－12/
23383　子部/小說家類/異聞之屬

閱微草堂筆記二十四卷　（清）紀昀撰　民國
石印本　二冊　存十二卷（十三至二十四）

330000－1716－0023384　地獻 1662－1/
23384　子部/小說家類/異聞之屬

詳注閱微草堂筆記二十四卷　（清）紀昀撰
謝璿詳注　民國二十年（1931）上海會文堂書
局石印本　七冊　缺七卷（三至五、八至九、
十六至十七）

330000－1716－0023386　地獻 1662－2/
23386　子部/小說家類/異聞之屬

詳注閱微草堂筆記二十四卷　（清）紀昀撰
謝璿詳注　民國八年（1919）上海會文堂書局
石印本　十冊　缺一卷（八）

330000－1716－0023390　集補 0081/23390
集部/小說類/長篇之屬

繡像第八才子書白圭志四卷十六回　（清）崔
象川輯　民國石印本　一冊　存一卷（一）

330000－1716－0023391　地獻 1662－3/
23391　子部/小說家類/異聞之屬

詳注閱微草堂筆記二十四卷　（清）紀昀撰

謝璿詳注　民國十三年(1924)上海會文堂書局石印本　五冊　缺十二卷(三至十一、十四至十六)

330000－1716－0023394　子補 0731－1/23394　子部/儒家類/儒學之屬/禮教/女範
訓女寶箴三卷附本一卷　呂咸熙編　民國十八年(1929)上海新民印刷公司石印本　三冊　缺一卷(二)

330000－1716－0023396　地獻 1662－4/23396　子部/小說家類/異聞之屬
詳注閱微草堂筆記二十四卷　(清)紀昀撰　謝璿詳注　民國七年(1918)上海會文堂書局石印本　一冊　存三卷(一至三)

330000－1716－0023399　史補 1499－2/23399　史部/雜史類/斷代之屬
國語二十一卷　(三國吳)韋昭解　**校刊明道本韋氏解國語札記一卷**　(清)黃丕烈撰　民國石印本　三冊

330000－1716－0023400　子補 0731－2/23400　子部/儒家類/儒學之屬/禮教/女範
訓女寶箴三卷附本一卷　呂咸熙編　民國十八年(1929)上海新民印刷公司石印本　二冊　存二卷(一、三)

330000－1716－0023401　子補 0731－3/23401　子部/儒家類/儒學之屬/禮教/女範
訓女寶箴三卷附本一卷　呂咸熙編　民國十八年(1929)上海新民印刷公司石印本　一冊　存一卷(一)

330000－1716－0023403　子補 0732－1/23403　子部/宗教類/佛教之屬
看破世界一卷　(清)周祖道輯　民國上海宏大善書局石印本　一冊

330000－1716－0023404　集補 0082－1/23404　集部/小說類/長篇之屬
繡像綠野仙踪八卷八十回　(清)李百川撰　民國石印本　二冊　存二卷(三、七)

330000－1716－0023406　集補 0083/23406　集部/曲類/彈詞之屬

新刻繡像玉堂春四卷　民國上海共和書局石印本　一冊　存一卷(一)

330000－1716－0023411　集補 0084/23411　集部/小說類/長篇之屬
繪圖大明奇俠前傳六卷五十三回後傳六卷五十四回　民國石印本　四冊　存四卷(一、三,後傳四、六)

330000－1716－0023413　子補 0732－2/23413　子部/宗教類/佛教之屬
看破世界一卷　(清)周祖道輯　民國上海宏大善書局石印本　一冊

330000－1716－0023416　子補 0732－3/23416　子部/宗教類/佛教之屬
看破世界一卷　(清)周祖道輯　民國上海宏大善書局石印本　一冊

330000－1716－0023417　子補 0732－4/23417　子部/宗教類/佛教之屬
看破世界一卷　(清)周祖道輯　民國上海宏大善書局石印本　一冊

330000－1716－0023418　子補 0732－5/23418　子部/宗教類/佛教之屬
看破世界一卷　香花道人重編　民國上海佛經流通處石印本　一冊

330000－1716－0023421　子補 0732－6/23421　子部/宗教類/佛教之屬
看破世界一卷　(清)周祖道輯　民國九年(1920)上海翼化堂善書坊石印本　一冊

330000－1716－0023424　子補 0732－7/23424　子部/宗教類/佛教之屬
看破世界一卷　(清)周祖道輯　民國十一年(1922)鉛印本　一冊

330000－1716－0023433　集補 0475/23433　集部/總集類/尺牘之屬
分類詳注文學尺牘大全集二十卷　(明)鍾惺纂輯　(明)馮夢龍訂釋　民國上海求古齋鉛印本　二冊　存二卷(四、二十)

330000－1716－0023439　集補 0086/23439

集部/小說類/長篇之屬

繡像金臺全傳六卷六十回　民國石印本　三冊　存三卷(一至二、四)

330000－1716－0023440　子補 0732－8/23440　子部/宗教類/佛教之屬

看破世界一卷　(清)周祖道輯　民國十一年(1922)石印本　潘葆軒題記　一冊

330000－1716－0023441　集補 0209－1/23441　集部/楚辭類

楚辭易讀四卷附楚懷襄二王在位事蹟考一卷　(清)林雲銘論述　民國六年(1917)中華圖書館石印本　四冊

330000－1716－0023442　子補 0733－1/23442　子部/宗教類/佛教之屬

看破世界一卷修行集要一卷戒殺放生文一卷　民國十二年(1923)杭州覺覺社石印本　一冊

330000－1716－0023444　子補 0733－2/23444　子部/宗教類/佛教之屬

看破世界一卷修行集要一卷戒殺放生文一卷　民國十二年(1923)杭州覺覺社石印本　一冊

330000－1716－0023445　集補 0210/23445　集部/總集類/尺牘之屬

古今尺牘大觀上編不分卷　姚漢章　張相纂輯　民國上海中華書局鉛印本　十一冊

330000－1716－0023447　子補 0736/23447　子部/宗教類/道教之屬

文武二帝救劫真經不分卷　民國上海宏大善書局石印本　一冊

330000－1716－0023448　子補 0734/23448　子部/宗教類/佛教之屬/經咒

重訂讀本救劫真經神呪不分卷　民國上海明善書局鉛印本　一冊

330000－1716－0023450　子補 0735/23450　子部/宗教類/道教之屬

救刧回生四卷首一卷　民國十年(1921)上海宏大善書局石印本　一冊

330000－1716－0023452　子補 0742/23452　子部/宗教類/佛教之屬

佛學叢書□□種　丁福保輯　民國上海醫學書局鉛印本暨影印本　十冊　存十種

330000－1716－0023455　集補 0088－1/23455　集部/小說類/長篇之屬

新出八劍七俠大鬧三門街演義前傳六卷六十回十六義平蠻後傳六卷六十回　民國石印本　七冊　存七卷(一、四,後傳一至五)

330000－1716－0023457　集補 0211/23457　集部/別集類/清別集

曾文正公書札三十三卷　(清)曾國藩撰　(清)李瀚章輯　民國十一年(1922)上海中華圖書館鉛印本　十二冊

330000－1716－0023460　子補 0743/23460　子部/宗教類/佛教之屬

藏要□□種　歐陽漸輯　民國南京支那內學院鉛印本　十冊　存十一種

330000－1716－0023463　子補 0737－1/23463　子部/宗教類/佛教之屬

感善梯航四卷　(清)章履占輯　民國八年(1919)上海宏大善書局石印本　一冊

330000－1716－0023465　集補 0090－2/23465　集部/小說類/長篇之屬

繡像木蘭奇女全傳四卷三十二回　民國上海沈鶴記書局石印本　三冊　存三卷(一至三)

330000－1716－0023469　史補 0441/23469　史部/金石類/石之屬/通考

校碑隨筆不分卷　方若撰　民國天津中東石印局石印本　陶在東題記　二冊

330000－1716－0023470　子補 0737－2/23470　子部/宗教類/佛教之屬

感善梯航四卷　(清)章履占輯　民國八年(1919)上海宏大善書局石印本　一冊

330000－1716－0023476　子補 0738－1/23476　子部/儒家類/儒學之屬/禮教/鑑戒

醒世良言一卷　民國十一年(1922)上海翼化堂善書坊石印本　一冊

330000－1716－0023478　子補 0744－2/23478　子部/宗教類/佛教之屬

佛學叢書□□種　民國上海商務印書館鉛印本　二冊　存二種

330000－1716－0023480　子補 0745/23480　子部/宗教類/佛教之屬

圓瑛法彙　釋圓瑛撰　民國上海佛學書局影印本　一冊　存一種

330000－1716－0023481　子補 0738－2/23481　子部/儒家類/儒學之屬/禮教/鑑戒

醒世良言一卷　周普性輯　民國二十七年（1938）紹興大瞽玄壇菴石印本　一冊

330000－1716－0023482　子補 0738－3/23482　子部/儒家類/儒學之屬/禮教/鑑戒

醒世良言一卷　周普性輯　民國二十七年（1938）紹興大瞽玄壇菴石印本　一冊

330000－1716－0023491　子補 0746/23491　子部/宗教類/佛教之屬

金剛般若波羅蜜經講義五卷首一卷附校勘記一卷　江妙煦撰　民國三十三年（1944）普慧大藏經刊行會鉛印本　三冊

330000－1716－0023492　子補 0748－1/23492　子部/宗教類/佛教之屬/諸宗

印光法師文鈔七卷附錄一卷　釋聖量撰　民國十三年（1924）上海商務印書館鉛印本　四冊

330000－1716－0023493　子補 0750－2/23493　子部/宗教類/道教之屬

身世金丹一卷　（清）讀我書屋輯　民國上海元益善書流通處石印本　一冊

330000－1716－0023494　子補 0748－2/23494　子部/宗教類/佛教之屬/諸宗

印光法師文鈔七卷附錄一卷　釋聖量撰　民國鉛印本　三冊

330000－1716－0023498　子補 0749/23498　子部/宗教類/佛教之屬/諸宗

印光法師文鈔四卷附錄一卷　釋聖量撰　民國三十六年（1947）蘇州弘化社鉛印本　三冊

存三卷（二至四）

330000－1716－0023500　集補 0214/23500　集部/總集類/題詠之屬

香國百詠一卷　朱軼塵編輯　民國十二年（1923）同文社鉛印本　一冊

330000－1716－0023503　子補 0752－2/23503　子部/宗教類/佛教之屬

末劫真經一卷　民國五年（1916）上海宏大善書局石印本　一冊

330000－1716－0023506　子補 0753－2/23506　子部/宗教類/道教之屬/雜著

西山先生答客問一卷　西山先生口授　民國鉛印本　一冊

330000－1716－0023507　子補 0456－1/23507　子部/儒家類/儒學之屬/禮教/家訓

家庭教育三卷　（清）陸起鯤撰　（清）陸韜編　民國十三年（1924）宏大善書局石印本　一冊

330000－1716－0023508　子補 0754－1/23508　子部/宗教類/道教之屬/經文

玄靈玉皇經一卷　民國北京天華館鉛印本　一冊

330000－1716－0023509　子補 0456－2/23509　子部/儒家類/儒學之屬/禮教/家訓

家庭教育三卷　（清）陸起鯤撰　（清）陸韜編　民國十三年（1924）宏大善書局石印本　一冊

330000－1716－0023510　子補 0754－2/23510　子部/宗教類/道教之屬/經文

玄靈玉皇經一卷　民國北京天華館鉛印本　一冊

330000－1716－0023511　子補 0456－3/23511　子部/儒家類/儒學之屬/禮教/家訓

家庭教育三卷　（清）陸起鯤撰　（清）陸韜編　民國十三年（1924）宏大善書局石印本　一冊

330000－1716－0023512　子補 0754－3/

23512　子部/宗教類/道教之屬/經文

玄靈玉皇經一卷　民國北京天華館鉛印本
一冊

330000 - 1716 - 0023513　子補 0754 - 4/
23513　子部/宗教類/道教之屬/經文

玄靈玉皇經一卷　民國上海明善書局鉛印本
一冊

330000 - 1716 - 0023514　子補 0456 - 4/
23514　子部/儒家類/儒學之屬/禮教/家訓

家庭教育三卷　（清）陸起鯤撰　（清）陸韜編
民國十三年（1924）宏大善書局石印本
一冊

330000 - 1716 - 0023515　子補 0456 - 5/
23515　子部/儒家類/儒學之屬/禮教/家訓

家庭教育三卷　（清）陸起鯤撰　（清）陸韜編
民國十三年（1924）宏大善書局石印本
一冊

330000 - 1716 - 0023516　子補 0755 - 1/
23516　子部/宗教類/道教之屬/經文

玄靈玉皇經淺注一卷　李兆昌注　民國上海
明善書局鉛印本　潘仁壽題記　一冊

330000 - 1716 - 0023517　子補 0755 - 2/
23517　子部/宗教類/道教之屬/經文

玄靈玉皇經淺注一卷　李兆昌注　民國上海
明善書局鉛印本　一冊

330000 - 1716 - 0023519　子補 0456 - 6/
23519　子部/儒家類/儒學之屬/禮教/家訓

家庭教育三卷　（清）陸起鯤撰　（清）陸韜編
民國十三年（1924）宏大善書局石印本
一冊

330000 - 1716 - 0023521　子補 0456 - 7/
23521　子部/儒家類/儒學之屬/禮教/家訓

家庭教育三卷　（清）陸起鯤撰　（清）陸韜編
民國十年（1921）杭州華興石印書局石印本
一冊

330000 - 1716 - 0023522　子補 0456 - 8/
23522　子部/儒家類/儒學之屬/禮教/家訓

家庭教育三卷　（清）陸起鯤撰　（清）陸韜編

民國十一年（1922）杭州華興石印書局石印
本　一冊

330000 - 1716 - 0023524　子補 0456 - 9/
23524　子部/儒家類/儒學之屬/禮教/家訓

家庭教育三卷附醒世俚言一卷　（清）陸起鯤
撰　（清）陸韜編　民國十二年（1923）杭州光
華印局鉛印本　一冊

330000 - 1716 - 0023525　子補 0456 - 10/
23525　子部/儒家類/儒學之屬/禮教/家訓

家庭教育三卷　（清）陸起鯤撰　（清）陸韜編
民國十年（1921）廣州三元堂石印本　一冊

330000 - 1716 - 0023526　子補 0754 - 5/
23526　子部/宗教類/道教之屬/經文

玄靈玉皇經一卷　民國上海明善書局鉛印本
一冊

330000 - 1716 - 0023527　子補 0754 - 6/
23527　子部/宗教類/道教之屬/經文

玄靈玉皇經一卷　民國上海明善書局鉛印本
一冊

330000 - 1716 - 0023529　子補 0754 - 7/
23529　子部/宗教類/道教之屬/經文

玄靈玉皇經一卷　民國上海明善書局鉛印本
一冊

330000 - 1716 - 0023530　地獻 1665 - 1/
23530　史部/傳記類/總傳之屬/郡邑

越蔭録一卷傳芳録一卷　（清）杜甲撰　民國
二十八年（1939）鉛印本　童鼎璜、夏螢題記
一冊

330000 - 1716 - 0023531　子補 0456 - 11/
23531　子部/儒家類/儒學之屬/禮教/家訓

家庭教育三卷　（清）陸起鯤撰　（清）陸韜編
民國十一年（1922）石印本　一冊

330000 - 1716 - 0023532　地獻 1665 - 2/
23532　史部/傳記類/總傳之屬/郡邑

越蔭録一卷傳芳録一卷　（清）杜甲撰　民國
二十八年（1939）鉛印本　王子餘題記　一冊

330000 - 1716 - 0023533　地獻 1665 - 3/

23533　史部/傳記類/總傳之屬/郡邑

越蔭録一卷傳芳録一卷　（清）杜甲撰　民國二十八年(1939)鉛印本　王子餘題記　一冊

330000 – 1716 – 0023534　　地獻 1665 – 4/23534　史部/傳記類/總傳之屬/郡邑

越蔭録一卷傳芳録一卷　（清）杜甲撰　民國二十八年(1939)鉛印本　一冊

330000 – 1716 – 0023535　　地獻 1665 – 5/23535　史部/傳記類/總傳之屬/郡邑

越蔭録一卷傳芳録一卷　（清）杜甲撰　民國二十八年(1939)鉛印本　一冊

330000 –1716 –0023536　集補 0215/23536 集部/詞類/總集之屬

花菴絶妙詞選十卷　（宋）黃昇輯　民國八年(1919)上海掃葉山房石印本　三冊　缺二卷（二至三）

330000 – 1716 – 0023537　集補 0216 – 1/23537　集部/曲類/曲選之屬

繪圖綴白裘十二集四十八卷　（清）玩花主人輯　（清）錢德蒼增輯　民國上海廣雅書局石印本　吳家湘題記　六冊　缺二十四卷（二集一至四、四集一至四、六集一至四、八集一至四、九集一至四、十集一至四）

330000 –1716 –0023539　集補 0216 – 2/23539　集部/曲類/曲選之屬

繪圖綴白裘十二集四十八卷　（清）玩花主人輯　（清）錢德蒼增輯　民國石印本　四冊　存十六卷（三集一至四、四集一至四、六集一至四、九集一至四）

330000 –1716 –0023540　集補 0217/23540 集部/總集類/選集之屬/通代

五百家香艷詩十卷　雷瑨輯　民國上海掃葉山房石印本　三冊　缺四卷（一至二、九至十）

330000 – 1716 –0023541　　地獻 1665 – 6/23541　史部/傳記類/總傳之屬/郡邑

越蔭録一卷傳芳録一卷　（清）杜甲撰　民國二十八年(1939)鉛印本　一冊

330000 – 1716 – 0023542　　地獻 1665 – 7/23542　史部/傳記類/總傳之屬/郡邑

越蔭録一卷傳芳録一卷　（清）杜甲撰　民國二十八年(1939)鉛印本　一冊

330000 – 1716 – 0023543　　地獻 1665 – 8/23543　史部/傳記類/總傳之屬/郡邑

越蔭録一卷傳芳録一卷　（清）杜甲撰　民國二十八年(1939)鉛印本　一冊

330000 – 1716 – 0023544　　地獻 1665 – 9/23544　史部/傳記類/總傳之屬/郡邑

越蔭録一卷傳芳録一卷　（清）杜甲撰　民國二十八年(1939)鉛印本　一冊

330000 – 1716 – 0023545　　地獻 1665 – 10/23545　史部/傳記類/總傳之屬/郡邑

越蔭録一卷傳芳録一卷　（清）杜甲撰　民國二十八年(1939)鉛印本　一冊

330000 – 1716 – 0023546　　地獻 1665 – 11/23546　史部/傳記類/總傳之屬/郡邑

越蔭録一卷傳芳録一卷　（清）杜甲撰　民國二十八年(1939)鉛印本　一冊

330000 – 1716 – 0023547　　地獻 1665 – 12/23547　史部/傳記類/總傳之屬/郡邑

越蔭録一卷傳芳録一卷　（清）杜甲撰　民國二十八年(1939)鉛印本　一冊

330000 – 1716 – 0023548　　地獻 1665 – 13/23548　史部/傳記類/總傳之屬/郡邑

越蔭録一卷傳芳録一卷　（清）杜甲撰　民國二十八年(1939)鉛印本　一冊

330000 – 1716 – 0023549　　地獻 1665 – 14/23549　史部/傳記類/總傳之屬/郡邑

越蔭録一卷傳芳録一卷　（清）杜甲撰　民國二十八年(1939)鉛印本　一冊

330000 – 1716 – 0023550　　地獻 1532 – 5/23550　史部/傳記類/別傳之屬/事狀

會稽何烈婦周孺人遺札徵詩文啟不分卷　周毅修輯　民國十一年(1922)鉛印本　一冊

330000 – 1716 – 0023551　　子補 0756 – 1/

23551　子部/宗教類/道教之屬/經文

地母真經一卷　民國柯鎮墨香齋刻本　一冊

330000－1716－0023552　子補 0756－2/
23552　子部/宗教類/道教之屬/經文

地母真經一卷　民國柯鎮墨香齋刻本　一冊

330000－1716－0023553　地獻 1532－6/
23553　史/傳記類/別傳之屬/事狀

會稽何烈婦周孺人遺札徵詩文啟不分卷　周
毅修輯　民國十一年(1922)鉛印本　一冊

330000－1716－0023554　地獻 1650－13/
23554　集部/別集類

梅影軒遺稿四卷　潘世元撰　民國二十三年
(1934)高天樓鉛印本　一冊

330000－1716－0023555　地獻 1579－4/
23555　集部/別集類/宋別集

劍南詩鈔六卷　(宋)陸游撰　(清)楊大鶴選
　民國十七年(1928)上海掃葉山房石印本
四冊

330000－1716－0023556　子補 0756－3/
23556　子部/宗教類/道教之屬/經文

地母真經一卷　民國柯鎮墨香齋刻本　一冊

330000－1716－0023557　子補 0756－4/
23557　子部/宗教類/道教之屬/經文

地母真經一卷　民國柯鎮墨香齋刻本　一冊

330000－1716－0023559　子補 0757－1/
23559　子部/宗教類/道教之屬

關聖帝君反本報恩妙經一卷　民國上海明善
書局鉛印本　一冊

330000－1716－0023561　子補 0457/23561
子部/醫家類/方書之屬/成方藥目

同濟堂參茸膠醴丸散膏丹價目表一卷　北平
同濟堂編　民國十七年(1928)北平同濟堂石
印本　一冊

330000－1716－0023563　子補 0758/23563
子部/宗教類/佛教之屬

人生究竟一卷　何慧昭撰　民國十九年
(1930)上海愛華製藥社鉛印本　一冊

330000－1716－0023564　子補 0458－1/
23564　子部/儒家類/儒學之屬/禮教

五種遺規摘鈔　(清)陳弘謀輯並撰　(清)劉
肇紳摘抄　民國石印本　四冊　存四種

330000－1716－0023565　子補 0458－2/
23565　子部/儒家類/儒學之屬/禮教

五種遺規摘鈔　(清)陳弘謀輯並撰　(清)劉
肇紳摘抄　民國石印本　一冊　存一種

330000－1716－0023568　子補 0759/23568
子部/宗教類/佛教之屬

五更家書一卷　民國十五年(1926)上海宏大
善書局石印本　一冊

330000－1716－0023571　子補 0761－1/
23571　子部/雜著類

壽世保元一卷　(元)八十一歲老人撰　民國
十二年(1923)蕭山合義和善書局鉛印本
一冊

330000－1716－0023572　子補 0761－2/
23572　子部/雜著類

壽世保元一卷　(元)八十一歲老人撰　民國
十二年(1923)蕭山合義和善書局鉛印本
一冊

330000－1716－0023573　子補 0762/23573
子部/雜著類

壽世全書不分卷　民國古歙潭川程氏鉛印本
　一冊

330000－1716－0023576　地獻 1668－2/
23576　集部/別集類/清別集

藝鞠軒詩草二卷　(清)范榮棣撰　**附採蓮集
詩草一卷**　(清)周月英撰　**嵩浜詩集二卷**
章寶銓撰　民國元年(1912)鉛印本、民國八
年(1919)石印本　一冊

330000－1716－0023579　地獻 1668－1/
23579　集部/別集類/清別集

藝鞠軒詩草二卷　(清)范榮棣撰　**附採蓮集
詩草一卷**　(清)周月英撰　民國元年(1912)
鉛印本　一冊

330000－1716－0023581　集補 0218－1/

23581　集部/總集類/選集之屬/通代

評注唐宋八家古文三十卷　（唐）韓愈等撰
（清）沈德潛評點　雷瑨注釋　民國九年
（1920）上海掃葉山房石印本　六冊　存十四
卷（一至十四）

330000－1716－0023582　集補 0218－2/
23582　集部/總集類/選集之屬/通代

評注唐宋八家古文三十卷　（唐）韓愈等撰
（清）沈德潛評點　雷瑨注釋　民國十二年
（1923）上海掃葉山房石印本　六冊　存十四
卷（一至十四）

330000－1716－0023583　地獻 1671/23583
集部/總集類/酬唱之屬

陸放翁生日詩輯一卷　錢繩武輯　民國二十
二年（1933）鉛印本　一冊

330000－1716－0023584　子補 0780/23584
子部/宗教類/佛教之屬/論疏

成唯識論隨疏十卷　（清）釋明善注　（清）釋
慧善述　**唯識隨疏翼二卷**　（清）錢伊菴撰
民國八年（1919）石印本　十二冊

330000－1716－0023586　地獻 1669/23586
集部/別集類/清別集

越縵堂詩續集十卷　（清）李慈銘撰　由雲龍
編　民國二十二年（1933）上海商務印書館鉛
印本　童鼎璜題記　一冊

330000－1716－0023588　子補 0781/23588
子部/宗教類/佛教之屬/論疏

辯中邊論述記六卷　（唐）釋窺基撰　民國元
年（1912）江西刻經處刻本　三冊

330000－1716－0023589　子補 0462/23589
新學/農政/樹藝

桑樹栽培學不分卷附實驗談一卷　民國油印
本　二冊

330000－1716－0023593　子補 0766－1/
23593　子部/宗教類/佛教之屬

西方公據一卷　民國十四年（1925）上海宏大
善書局石印本　一冊

330000－1716－0023595　子補 0766－2/

23595　子部/宗教類/佛教之屬

西方公據一卷　民國十四年（1925）上海宏大
善書局石印本　一冊

330000－1716－0023596　子補 0766－3/
23596　子部/宗教類/佛教之屬

西方公據一卷　民國刻本　一冊

330000－1716－0023597　子補 0766－5/
23597　子部/宗教類/佛教之屬

西方公據一卷　民國刻本　一冊

330000－1716－0023598　子補 0766－4/
23598　子部/宗教類/佛教之屬

西方公據一卷　民國刻本　莫慶氏題記
一冊

330000－1716－0023599　子補 0463/23599
子部/雜著類/雜編之屬

家庭實用圖書集成不分卷　廣文書局編輯所
編　民國上海廣文書局石印本　十七冊　缺
三冊（一編、二編、十編二）

330000－1716－0023601　縣資 0020－39/
23601　史部/傳記類/日記之屬

**祁忠敏公日記十五卷（明崇禎四年至弘光元
年）**　（明）祁彪佳撰　**祁忠敏公年譜一卷**
（明）王思任撰　（清）梁廷枏　（清）龔沅補
編　民國二十六年（1937）紹興縣修志委員會
鉛印本　七冊

330000－1716－0023602　地獻 1320－22/
23602　史部/傳記類/別傳之屬/事狀

**會稽施仲魯先生暨德配程淑人六十徵言事略
一卷**　施賮等輯　民國十五年（1926）刻朱印
本　一冊

330000－1716－0023604　地獻 1320－23/
23604　史部/傳記類/別傳之屬/事狀

**會稽施仲魯先生暨德配程淑人六十徵言事略
一卷**　施賮等輯　民國十五年（1926）刻朱印
本　一冊

330000－1716－0023605　子補 0766－6/
23605　子部/宗教類/佛教之屬

西方公據一卷　民國十三年（1924）海鹽徐餘

慶堂刻本　一冊

330000－1716－0023607　地獻 1320－24/23607　史部/傳記類/別傳之屬/事狀
會稽施仲魯先生暨德配程淑人六十徵言事略一卷　施贇等輯　民國十五年(1926)刻朱印本　一冊

330000－1716－0023610　地獻 1320－25/23610　史部/傳記類/別傳之屬/事狀
會稽施仲魯先生暨德配程淑人六十徵言事略一卷　施贇等輯　民國十五年(1926)刻朱印本　一冊

330000－1716－0023611　縣資 0043/23611　史部/傳記類/別傳之屬/墓誌
忠愍公[沈鍊]祀典塋墓誌一卷　民國二十五年(1936)抄本　一冊

330000－1716－0023613　地獻 1320－26/23613　史部/傳記類/別傳之屬/事狀
會稽施仲魯先生暨德配程淑人六十徵言事略一卷　施贇等輯　民國十五年(1926)刻朱印本　一冊

330000－1716－0023614　地獻 1320－27/23614　史部/傳記類/別傳之屬/事狀
會稽施仲魯先生暨德配程淑人六十徵言事略一卷　施贇等輯　民國十五年(1926)刻朱印本　一冊

330000－1716－0023615　地獻 1320－28/23615　史部/傳記類/別傳之屬/事狀
會稽施仲魯先生暨德配程淑人六十徵言事略一卷　施贇等輯　民國十五年(1926)刻朱印本　一冊

330000－1716－0023620　子補 0766－7/23620　子部/宗教類/佛教之屬
西方公據一卷　民國十三年(1924)海鹽徐餘慶堂刻本　一冊

330000－1716－0023621　縣資 0044/23621　集部/別集類/明別集
明祁忠敏公尺牘不分卷疏稿不分卷　(明)祁彪佳撰　祁允敬錄並校　民國抄本　十四冊

330000－1716－0023622　地獻 1557－9/23622　史部/傳記類/別傳之屬/事狀
故室李氏傳略一卷　王崇禮述　唐風校訂　民國鉛印本　一冊

330000－1716－0023624　地獻 1557－10/23624　史部/傳記類/別傳之屬/事狀
故室李氏傳略一卷　王崇禮述　唐風校訂　民國鉛印本　一冊

330000－1716－0023625　地獻 1557－11/23625　史部/傳記類/別傳之屬/事狀
故室李氏傳略一卷　王崇禮述　唐風校訂　民國鉛印本　一冊

330000－1716－0023627　子補 0766－8/23627　子部/宗教類/佛教之屬
西方公據一集一卷二集一卷　民國刻本　一冊

330000－1716－0023628　地獻 1557－12/23628　史部/傳記類/別傳之屬/事狀
故室李氏傳略一卷　王崇禮述　唐風校訂　民國鉛印本　一冊

330000－1716－0023630　地獻 1557－13/23630　史部/傳記類/別傳之屬/事狀
故室李氏傳略一卷　王崇禮述　唐風校訂　民國鉛印本　一冊

330000－1716－0023632　地獻 1557－14/23632　史部/傳記類/別傳之屬/事狀
故室李氏傳略一卷　王崇禮述　唐風校訂　民國鉛印本　一冊

330000－1716－0023634　地獻 1557－15/23634　史部/傳記類/別傳之屬/事狀
故室李氏傳略一卷　王崇禮述　唐風校訂　民國鉛印本　一冊

330000－1716－0023636　集補 0220/23636　集部/詞類/總集之屬
歷朝名人詞選十三卷　(清)夏秉衡輯　民國上海掃葉山房石印本　四冊　存十卷(二至十一)

330000－1716－0023637　地獻 1665－15/
23637　史部/傳記類/總傳之屬/郡邑
越蔭錄一卷傳芳錄一卷　（清）杜甲撰　民國
二十八年(1939)鉛印本　一冊

330000－1716－0023638　地獻 1665－16/
23638　史部/傳記類/總傳之屬/郡邑
越蔭錄一卷傳芳錄一卷　（清）杜甲撰　民國
二十八年(1939)鉛印本　一冊

330000－1716－0023639　子補 0464－5/
23639　子部/雜著類/雜考之屬
日知錄集釋三十二卷栞誤二卷續栞誤二卷
（清）黃汝成撰　民國四年(1915)中華圖書館
石印本　八冊

330000－1716－0023640　地獻 1665－17/
23640　史部/傳記類/總傳之屬/郡邑
越蔭錄一卷傳芳錄一卷　（清）杜甲撰　民國
二十八年(1939)鉛印本　一冊

330000－1716－0023641　地獻 1665－18/
23641　史部/傳記類/總傳之屬/郡邑
越蔭錄一卷傳芳錄一卷　（清）杜甲撰　民國
二十八年(1939)鉛印本　一冊

330000－1716－0023643　地獻 1675－1/
23643　集部/別集類/唐五代別集
樊紹述集注二卷　（唐）樊宗師撰　（清）孫之
騄輯　民國五年(1916)山陰樊氏刻本　二冊

330000－1716－0023644　子補 0767－1/
23644　子部/宗教類/佛教之屬
壽康寶鑑一卷　釋印光增訂　民國十六年
(1927)浙江印刷公司鉛印本　一冊

330000－1716－0023646　子補 0767－2/
23646　子部/宗教類/佛教之屬
壽康寶鑑一卷　釋印光增訂　民國十六年
(1927)浙江印刷公司鉛印本　一冊

330000－1716－0023647　子補 0767－3/
23647　子部/宗教類/佛教之屬
壽康寶鑑一卷　釋印光增訂　民國鉛印本
一冊

330000－1716－0023648　地獻 1675－2/
23648　集部/別集類/唐五代別集
樊諫議集七家注六種　（唐）樊宗師撰　樊鎮
輯　民國十四年(1925)山陰樊氏綿絳書屋刻
朱印本　二冊　存三種

330000－1716－0023650　子補 0787/23650
子部/宗教類/佛教之屬/經
**大佛頂如來密因修證了義諸菩薩萬行首楞嚴
經十卷**　（唐）釋般剌密帝譯　（烏萇國）釋彌
伽釋迦譯語　（唐）房融筆授　（明）王應乾糸
標　民國七年(1918)昭慶寺慧空經房刻本
三冊

330000－1716－0023651　集補 0222/23651
集部/別集類/宋別集
蘇文忠公詩集五十卷目錄二卷　（宋）蘇軾撰
（清）紀昀評點　民國上海掃葉山房石印本
八冊　存四十卷(一至四十)

330000－1716－0023652　子補 0768－1/
23652　子部/雜著類/雜編之屬
安士全書四種　（清）周夢顏撰　民國十七年
(1928)上海佛學推行社鉛印本　四冊

330000－1716－0023655　子補 0465－1/
23655　子部/雜著類/雜考之屬
評點百二十子二十六卷補遺十三卷　（明）歸
有光輯　（明）文震孟訂　民國上海會文堂書
局石印本　三十八冊　缺二卷(二、補遺二)

330000－1716－0023656　子補 0768－2/
23656　子部/雜著類/雜編之屬
安士全書四種　（清）周夢顏撰　民國十七年
(1928)上海佛學推行社鉛印本　四冊

330000－1716－0023657　子補 0768－3/
23657　子部/雜著類/雜編之屬
安士全書四種　（清）周夢顏撰　民國二十一
年(1932)上海佛學推行社鉛印本　二冊　存
三種

330000－1716－0023659　集補 0224/23659
集部/別集類/唐五代別集
李太白文集三十卷　（唐）李白撰　民國上海

鴻章書局影印本　八冊

330000 - 1716 - 0023663　集補 0225 - 1/
23663　集部/別集類/唐五代別集

樊川詩集四卷補遺一卷外集一卷別集一卷
（唐）杜牧撰　（清）馮集梧注　民國上海掃葉
山房石印本　四冊

330000 - 1716 - 0023668　地獻 1678 - 1/
23668　史部/傳記類/別傳之屬/年譜

錢士青先生[文選]年譜一卷　陳鳳章編　民
國三十一年（1942）鉛印本　一冊

330000 - 1716 - 0023669　地獻 1678 - 2/
23669　史部/史評類/詠史之屬

吳越紀事詩一百二十首一卷　錢文選撰　民
國二十六年（1937）鉛印本　一冊

330000 - 1716 - 0023670　地獻 1679 - 1/
23670　史部/傳記類/別傳之屬/事狀

胡嫂楊夫人訃告不分卷　民國十九年（1930）
石印本暨鉛印本　一冊

330000 - 1716 - 0023671　地獻 1679 - 2/
23671　史部/傳記類/別傳之屬/事狀

胡嫂楊夫人訃告不分卷　民國十九年（1930）
石印本暨鉛印本　一冊

330000 - 1716 - 0023682　地獻 1579 - 5/
23682　集部/別集類/宋別集

劍南詩鈔六卷　（宋）陸游撰　（清）楊大鶴選
　民國十七年（1928）上海掃葉山房石印本
六冊

330000 - 1716 - 0023683　地獻 1579 - 6/
23683　集部/別集類/宋別集

劍南詩鈔六卷　（宋）陸游撰　（清）楊大鶴選
　民國上海掃葉山房石印本　二冊　缺三卷
（四至六）

330000 - 1716 - 0023684　地獻 1484 - 82/
23684　集部/總集類/氏族之屬

伏舍傳唫集四卷　何鏞等撰　民國二十五年
（1936）會稽壽氏鉛印本　一冊

330000 - 1716 - 0023688　地獻 1682 - 1/

23688　經部/小學類/文字之屬/字書/訓蒙

千字文訓纂一卷附札記一卷　唐風撰　民國
二十二年（1933）鉛印本　一冊

330000 - 1716 - 0023689　集補 0226 - 1/
23689　集部/別集類/唐五代別集

**韓昌黎先生文集三十卷外集文編十卷遺文一
卷**　（唐）韓愈撰　（唐）李漢編　民國石印本
六冊

330000 - 1716 - 0023690　地獻 1682 - 2/
23690　經部/小學類/文字之屬/字書/訓蒙

千字文訓纂一卷附札記一卷　唐風撰　民國
二十二年（1933）鉛印本　一冊

330000 - 1716 - 0023691　地獻 1682 - 3/
23691　經部/小學類/文字之屬/字書/訓蒙

千字文訓纂一卷附札記一卷　唐風撰　民國
二十二年（1933）鉛印本　一冊

330000 - 1716 - 0023692　集補 0091/23692
集部/小說類/長篇之屬

吳三桂演義四卷四十回　民國石印本　一冊
存一卷（二）

330000 - 1716 - 0023702　集補 0227 - 1/
23702　集部/總集類/尺牘之屬

分類白話句解新式普通尺牘六卷　廣益書局
編輯部輯　民國十年（1921）上海廣益書局石
印本　五冊　缺一卷（二）

330000 - 1716 - 0023716　史補 0449/23716
史部/金石類/總志之屬/目錄

簠齋藏古冊目並題記一卷　（清）陳介祺輯
民國九年（1920）鉛印本　一冊

330000 - 1716 - 0023720　經補 0395/23720
經部/四書類/總義之屬/傳說

四書集注十九卷　（宋）朱熹撰　民國上海大
新書局石印本　一冊　存二種

330000 - 1716 - 0023725　經補 0396/23725
經部/四書類/總義之屬/傳說

四書集注十九卷　（宋）朱熹撰　民國上海共
和書局石印本　四冊　缺八卷（論語一至五、
孟子一至三）

330000－1716－0023727　集補 0679/23727
集部/詩文評類/文法之屬/函牘格式
言文對照唐著寫信必讀不分卷　舒屋山人編
　民國十六年(1927)上海大北書局石印本
一冊

330000－1716－0023731　子補 0770－3/
23731　子部/宗教類/道教之屬
關帝明聖真經一卷附應驗靈籤一卷　民國上
海宏大善書局石印本　一冊

330000－1716－0023732　子補 0770－4/
23732　子部/宗教類/道教之屬
關帝明聖真經一卷附應驗靈籤一卷　民國上
海宏大善書局石印本　一冊

330000－1716－0023734　子補 0770－1/
23734　子部/宗教類/道教之屬
關帝明聖真經一卷附應驗靈籤一卷　民國上
海宏大善書局石印本　一冊

330000－1716－0023736　子補 0770－2/
23736　子部/宗教類/道教之屬
關帝明聖真經一卷附應驗靈籤一卷　民國上
海宏大善書局石印本　一冊

330000－1716－0023737　經補 0398/23737
經部/四書類/總義之屬/傳說
四書集注十九卷　（宋）朱熹撰　民國四年
(1915)上海廣益書局石印本　二冊　存一種

330000－1716－0023738　子補 0770－5/
23738　子部/宗教類/道教之屬
關帝明聖真經一卷附應驗靈籤一卷　民國上
海宏大善書局石印本　一冊

330000－1716－0023739　子補 0770－6/
23739　子部/宗教類/道教之屬
關帝明聖真經一卷附應驗靈籤一卷　民國上
海宏大善書局石印本　一冊

330000－1716－0023740　子補 0770－7/
23740　子部/宗教類/道教之屬
關帝明聖真經一卷附應驗靈籤一卷　民國上
海宏大善書局石印本　一冊

330000－1716－0023743　子補 0770－8/
23743　子部/宗教類/道教之屬
關帝明聖真經一卷附應驗靈籤一卷　民國上
海宏大善書局石印本　一冊

330000－1716－0023746　善附 0250－1/
23746　史部/傳記類/日記之屬
**時行軒為山人日記不分卷(清光緒十九年至
民國二十六年)**　陳慶均撰　稿本　三十
三冊

330000－1716－0023749　史補 0454/23749
史部/政書類/律令之屬/治獄
陶定海監獄講經會文牘輯要不分卷　陶鏞撰
　民國定海寶記印書局石印本　一冊

330000－1716－0023754　經補 0401/23754
經部/四書類/總義之屬/傳說
四書集注十九卷　（宋）朱熹撰　民國石印本
　二冊　存二種

330000－1716－0023756　集補 0678/23756
集部/詩文評類/文法之屬/函牘格式
寫信必讀十卷　（清）唐芸洲撰　民國八年
(1919)上海文益書局石印本　一冊

330000－1716－0023757　經補 0402－1/
23757　經部/四書類/總義之屬/傳說
四書集注十九卷　（宋）朱熹撰　民國上海昌
文書局石印本　二冊　存二種

330000－1716－0023760　地獻 1612－7/
23760　集部/別集類/清別集
言文對照分類詳注秋水軒尺牘四卷　（清）許
思湄撰　許家恩譯　民國上海羣學書社石印
本　三冊　存三卷(一至三)

330000－1716－0023761　地獻 1612－8/
23761　集部/別集類/清別集
言文對照分類詳注秋水軒尺牘四卷　（清）許
思湄撰　許家恩譯　民國十九年(1930)上海
羣學書社石印本　二冊　存二卷(二、四)

330000－1716－0023771　地獻 1612－9/
23771　集部/別集類/清別集
新體廣注秋水軒尺牘二卷　（清）許思湄撰

陸翔注　民國十二年（1923）上海世界書局石印本　二冊

330000－1716－0023773　地獻1612－10/23773　集部/別集類/清別集

新體廣注秋水軒尺牘二卷　（清）許思湄撰
陸翔注　民國八年（1919）上海廣文書局石印本　戚紹良題記　二冊

330000－1716－0023774　地獻1612－11/23774　集部/別集類/清別集

新體廣注秋水軒尺牘二卷　（清）許思湄撰
陸翔注　民國十七年（1928）上海世界書局石印本　二冊

330000－1716－0023775　地獻1612－12/23775　集部/別集類/清別集

新體廣注秋水軒尺牘二卷　（清）許思湄撰
陸翔注　民國十八年（1929）上海世界書局石印本　二冊

330000－1716－0023776　地獻1612－13/23776　集部/別集類/清別集

新體廣注秋水軒尺牘二卷　（清）許思湄撰
陸翔注　民國二年（1913）上海世界書局石印本　二冊

330000－1716－0023777　地獻1612－14/23777　集部/別集類/清別集

新體廣注秋水軒尺牘二卷　（清）許思湄撰
陸翔注　民國十年（1921）上海世界書局石印本　二冊

330000－1716－0023778　地獻1612－15/23778　集部/別集類/清別集

新編分類秋水軒句解尺牘四卷　（清）許思湄撰　王后哲注　民國二十二年（1933）上海廣益書局石印本　三冊　缺一卷（三）

330000－1716－0023780　經補0403/23780　經部/四書類/總義之屬/傳說

四書集注十九卷　（宋）朱熹撰　民國上海錦章書局石印本　四冊　存二種

330000－1716－0023781　地獻1612－16/23781　集部/別集類/清別集

分類詳注言文對照秋水軒尺牘四卷　（清）許思湄撰　王后哲注　民國十四年（1925）上海大陸圖書公司石印本　二冊

330000－1716－0023785　史補0460/23785　史部/傳記類/別傳之屬/事狀

蘇筠尚先生建碑紀念冊暨哀思錄不分卷　朱謙甫　范麟書編　民國十八年（1929）鉛印本　一冊

330000－1716－0023787　地獻2026－4/23787　集部/總集類/郡邑之屬

蟎陽詩學社月刊三卷　蟎陽詩學社輯　民國油印本　三冊

330000－1716－0023796　集補0082－2/23796　集部/小說類/長篇之屬

繡像綠野仙踪八卷八十回　（清）李百川撰　民國石印本　三冊　存三卷（二、四至五）

330000－1716－0023797　經補0406/23797　經部/四書類/總義之屬/傳說

四書集注十九卷　（宋）朱熹撰　民國鉛印本　一冊　存一種

330000－1716－0023798　集補0082－3/23798　集部/小說類/長篇之屬

繡像綠野仙蹤八卷八十回　（清）李百川撰　民國石印本　二冊　存二卷（五、八）

330000－1716－0023799　集補0237/23799　集部/別集類/唐五代別集

杜詩鏡銓二十卷附諸家論杜一卷杜工部年譜一卷　（清）楊倫輯　**讀書堂杜工部文集注解二卷**　（清）張溍撰　民國上海著易堂書局石印本　五冊　存十三卷（二至四、八至十、十四至二十）

330000－1716－0023802　普類0095－7/23802　類叢部/類書類/通類之屬

增補萬寶全書二十卷續編六卷　民國九年（1920）上海天寶書局石印本　四冊　存十二卷（一至五、十四至十七，續編一至三）

330000－1716－0023803　經補0407/23803　經部/四書類/總義之屬/傳說

四書集注十九卷　（宋）朱熹撰　民國上海掃葉山房石印本　五冊　存二種

330000－1716－0023804　集補 0082－4/23804　集部/小說類/長篇之屬

繡像綠野仙踪八卷八十回　（清）李百川撰　民國石印本　三冊　存三卷（二、六、八）

330000－1716－0023809　地獻 1612－19/23809　集部/別集類/清別集

新體廣注秋水軒尺牘二卷　（清）許思湄撰　陸翔注　民國八年（1919）上海廣文書局石印本　二冊

330000－1716－0023811　經補 0408/23811　經部/四書類/總義之屬/傳說

四書集注十九卷　（宋）朱熹撰　民國上海校經山房石印本　一冊　存一種

330000－1716－0023812　地獻 1612－20/23812　集部/別集類/清別集

新體廣注秋水軒尺牘二卷　（清）許思湄撰　陸翔注　民國十八年（1929）上海世界書局石印本　二冊

330000－1716－0023814　地獻 1612－21/23814　集部/別集類/清別集

新編分類秋水軒句解尺牘四卷　（清）許思湄撰　王后哲注　民國十六年（1927）上海廣益書局石印本　奚浩然題記　四冊

330000－1716－0023815　經補 0409/23815　經部/四書類/孟子之屬/傳說

增補蘇批孟子二卷　（宋）蘇洵撰　（清）趙大浣增補　孟子年譜一卷　民國上海著易堂石印本　一冊　缺一卷（下孟）

330000－1716－0023816　集補 0082－5/23816　集部/小說類/長篇之屬

繡像綠野仙踪八卷八十回　（清）李百川撰　民國石印本　二冊　存二卷（五至六）

330000－1716－0023818　地獻 1612－22/23818　集部/別集類/清別集

新輯秋水軒尺牘二卷　（清）許思湄撰　（清）婁世瑞注　（清）寄虹軒主人輯　民國元年

（1912）上海會文堂石印本　一冊

330000－1716－0023819　地獻 1612－23/23819　集部/別集類/清別集

新體廣注秋水軒尺牘二卷　（清）許思湄撰　陸翔注　民國十三年（1924）上海世界書局石印本　二冊

330000－1716－0023820　經補 0410/23820　經部/四書類/總義之屬

繪圖四書正文七卷　民國上海昌文書局石印本　一冊　存二卷（大學、中庸）

330000－1716－0023821　集補 0082－6/23821　集部/小說類/長篇之屬

繡像綠野仙踪八卷八十回　（清）李百川撰　民國石印本　一冊　存一卷（四）

330000－1716－0023822　地獻 1612－24/23822　集部/別集類/清別集

新輯秋水軒尺牘二卷　（清）許思湄撰　（清）婁世瑞注　（清）寄虹軒主人輯　民國元年（1912）上海會文堂石印本　龍飛題簽　一冊

330000－1716－0023823　地獻 1612－25/23823　集部/別集類/清別集

新輯秋水軒尺牘二卷　（清）許思湄撰　（清）婁世瑞注　（清）寄虹軒主人輯　管注合刻雪鴻軒尺牘二卷　（清）龔萼撰　（清）管斯駿重訂　民國元年（1912）、三年（1914）上海會文堂石印本　二冊

330000－1716－0023824　史補 0464/23824　史部/傳記類/別傳之屬/事狀

文煥章哀思錄不分卷　民國十八年（1929）鉛印本　二冊

330000－1716－0023825　子補 0469－1/23825　子部/農家農學類/園藝之屬/花卉

秘傳花鏡六卷　（清）陳淏子撰　民國二年（1913）上海中華圖書館石印本　一冊　存一卷（一）

330000－1716－0023826　地獻 1612－26/23826　集部/別集類/清別集

言文對照分類詳注秋水軒尺牘四卷　（清）許

思湄撰　許家恩譯　民國二十三年(1934)上海羣學書社石印本　一冊

330000－1716－0023827　經補 0411/23827　經部/四書類/孟子之屬/傳說
增補蘇批孟子二卷　(宋)蘇洵撰　(清)趙大浣增補　**孟子年譜一卷**　民國三年(1914)上海會文堂書局石印本　一冊　缺一卷(下孟)

330000－1716－0023828　集補 0082－7/23828　集部/小說類/長篇之屬
繡像綠野仙蹤八卷八十回　(清)李百川撰　民國石印本　四冊　存四卷(五至八)

330000－1716－0023829　經補 0412/23829　經部/四書類/總義之屬/傳說
四書集注十九卷　(宋)朱熹撰　民國三年(1914)上海中華書局鉛印本　二冊　存一種

330000－1716－0023835　經補 0413/23835　經部/四書類/總義之屬/傳說
四書集注十九卷　(宋)朱熹撰　民國石印本　一冊

330000－1716－0023839　經補 0416－1/23839　經部/四書類/總義之屬/傳說
四書集注十九卷　(宋)朱熹撰　民國鉛印本　文柱氏題記　二冊　存二種

330000－1716－0023845　地獻 1612－27/23845　集部/別集類/清別集
增注秋水軒尺牘四卷　(清)許思湄撰　(清)婁世瑞注　(清)寄虹軒主人輯　**管注合刻雪鴻軒尺牘二卷**　(清)龔萼撰　(清)管斯駿重訂　民國上海錦章圖書局石印本　二冊　缺二卷(一至二)

330000－1716－0023847　地獻 1612－28/23847　集部/總集類/尺牘之屬
新輯尺牘合璧四卷　(清)許思湄　(清)龔萼撰　(清)婁世瑞注　(清)寄虹軒主人輯　民國上海文益書局石印本　二冊　存二卷(二、四)

330000－1716－0023849　地獻 1612－29/23849　集部/總集類/尺牘之屬

新輯尺牘合璧四卷　(清)許思湄　(清)龔萼撰　(清)婁世瑞注　(清)寄虹軒主人輯　民國上海文益書局石印本　三冊　存三卷(二至四)

330000－1716－0023852　地獻 1612－31/23852　集部/別集類/清別集
新體廣注秋水軒尺牘二卷　(清)許思湄撰　陸翔注　**新體廣注雪鴻軒尺牘二卷**　(清)龔萼撰　朱詩隱　徐慎幾注　民國九年至十年(1920－1921)上海廣文書局石印本　四冊

330000－1716－0023854　地獻 1612－32/23854　集部/別集類/清別集
新體廣注秋水軒尺牘二卷　(清)許思湄撰　陸翔注　**新體廣注雪鴻軒尺牘二卷**　(清)龔萼撰　朱詩隱　徐慎幾注　民國十年(1921)上海世界書局石印本　四冊

330000－1716－0023855　地獻 1612－33/23855　集部/別集類/清別集
增注秋水軒尺牘二卷　(清)許思湄撰　(清)婁世瑞注　(清)寄虹軒主人輯　**管注合刻雪鴻軒尺牘二卷**　(清)龔萼撰　(清)管斯駿重訂　民國上海錦章圖書局石印本　一冊

330000－1716－0023857　地獻 1612－34/23857　集部/別集類/清別集
新體廣注秋水軒尺牘二卷　(清)許思湄撰　陸翔注　**新體廣注雪鴻軒尺牘二卷**　(清)龔萼撰　朱詩隱　徐慎幾注　民國十年(1921)上海廣文書局石印本　二冊

330000－1716－0023858　地獻 1612－35/23858　集部/別集類/清別集
言文對照分類詳注秋水軒尺牘四卷　(清)許思湄撰　許家恩譯　民國十八年(1929)上海羣學書社石印本　一冊

330000－1716－0023859　地獻 1612－36/23859　集部/別集類/清別集
言文對照分類詳注秋水軒尺牘四卷　(清)許思湄撰　許家恩譯　民國上海羣學書社石印本　邱寶麟題簽　一冊

330000 – 1716 – 0023860　新補 0349 – 6/
23860　新學/雜著

交際錦囊不分卷　教育圖書館編輯　民國十
一年（1922）上海教育圖書館石印本　陳吉安
題記　二冊

330000 – 1716 – 0023861　集補 0672/23861
集部/總集類/選集之屬/通代

陶詩彙評四卷東坡和陶合箋四卷　（清）溫汝
能撰　民國上海埽葉山房石印本　一冊　存
二卷（三至四）

330000 – 1716 – 0023863　新補 0349 – 7/
23863　新學/雜著

交際錦囊不分卷　教育圖書館編輯　民國十
一年（1922）上海教育圖書館石印本　二冊

330000 – 1716 – 0023864　經補 0432 – 3/
23864　經部/四書類/總義之屬/傳說

四書集注十九卷　（宋）朱熹撰　民國鉛印本
韓寶成題簽　二冊　存一種

330000 – 1716 – 0023865　子補 0770 – 9/
23865　子部/宗教類/道教之屬

關帝明聖真經一卷附應驗靈籤一卷　民國上
海宏大善書局石印本　一冊

330000 – 1716 – 0023866　集補 0102 – 3/
23866　集部/曲類/彈詞之屬

繡像四香緣全傳六卷三十二回　民國石印本
二冊　存二卷（二至三）

330000 – 1716 – 0023868　經補 0417 – 1/
23868　經部/四書類/總義之屬/傳說

四書集注十九卷　（宋）朱熹撰　民國鉛印本
一冊　存一種

330000 – 1716 – 0023869　普類 0095 – 14/
23869　類叢部/類書類/通類之屬

增補萬寶全書二十卷續編六卷　民國上海啟
新書局石印本　六冊　存十九卷（一至二、六
至十三、十八至二十,續編一至六）

330000 – 1716 – 0023871　子補 0793 – 1/
23871　子部/宗教類/佛教之屬/諸宗

淨土生無生論講義二卷附錄一卷　（明）釋傳
燈撰　季新益述　民國二十二年（1933）蘇州
覺社鉛印本　二冊

330000 – 1716 – 0023872　經補 0418 – 7/
23872　經部/四書類/總義之屬/傳說

四書集注十九卷　（宋）朱熹撰　民國鉛印本
四冊　存二種

330000 – 1716 – 0023874　子補 0793 – 2/
23874　子部/宗教類/佛教之屬/諸宗

淨土生無生論講義二卷附錄一卷　（明）釋傳
燈撰　季新益述　民國鉛印本　二冊

330000 – 1716 – 0023879　經補 0419/23879
經部/四書類/大學之屬/傳說

大學述義一卷　陳全三撰　民國二十一年
（1932）鉛印本　一冊

330000 – 1716 – 0023881　經補 0420/23881
經部/四書類/總義之屬/傳說

四書集注十九卷　（宋）朱熹撰　民國上海商
務印書館鉛印本　二冊　存二種

330000 – 1716 – 0023882　集補 0103/23882
集部/小說類/長篇之屬

**繪圖新刊楊乃武供案全集四卷二十四回後集
四卷二十四回**　民國上海海左書局石印本
三冊　存六卷（一至二、後集一至四）

330000 – 1716 – 0023883　地獻 1612 – 37/
23883　集部/別集類/清別集

新體廣注秋水軒尺牘二卷　（清）許思湄撰
陸翔注　**新體廣注雪鴻軒尺牘二卷**　（清）龔
萼撰　朱詩隱　徐慎幾注　民國十年（1921）
上海世界書局石印本　二冊

330000 – 1716 – 0023884　史補 0471/23884
史部/目錄類/總錄之屬/官修

京師圖書館書目十卷　京師圖書館編　民國
油印本　四冊　存四卷（一至二、六、十）

330000 – 1716 – 0023886　地獻 1612 – 38/
23886　集部/別集類/清別集

新輯秋水軒尺牘二卷　（清）許思湄撰　（清）
婁世瑞注　（清）寄虹軒主人輯　**管注合刻雪
鴻軒尺牘二卷**　（清）龔萼撰　（清）管斯駿重

訂 民國元年(1912)、三年(1914)上海會文堂石印本 二冊 缺一卷(雪鴻軒尺牘二)

330000 – 1716 – 0023888 子補 0770 – 10/23888 子部/宗教類/道教之屬
關帝明聖真經一卷附應驗靈籤一卷 民國上海宏大善書局石印本 一冊

330000 – 1716 – 0023890 子補 0770 – 11/23890 子部/宗教類/道教之屬
關帝明聖真經一卷附應驗靈籤一卷 民國上海宏大善書局石印本 一冊

330000 – 1716 – 0023891 子補 0770 – 12/23891 子部/宗教類/道教之屬
關帝明聖真經一卷附應驗靈籤一卷 民國上海宏大善書局石印本 沈阿姑題記 一冊

330000 – 1716 – 0023892 地獻 1612 – 40/23892 集部/別集類/清別集
秋水軒尺牘二卷 (清)許思湄撰 **雪鴻軒尺牘二卷** (清)龔萼撰 民國上海鴻寶齋書局石印本 二冊 缺二卷(雪鴻軒尺牘一至二)

330000 – 1716 – 0023893 子補 0770 – 13/23893 子部/宗教類/道教之屬
關帝明聖真經一卷附應驗靈籤一卷 民國上海宏大善書局石印本 一冊

330000 – 1716 – 0023894 子補 0770 – 14/23894 子部/宗教類/道教之屬
關帝明聖真經一卷附應驗靈籤一卷 民國上海宏大善書局石印本 一冊

330000 – 1716 – 0023896 子補 0770 – 15/23896 子部/宗教類/道教之屬
關帝明聖真經一卷附應驗靈籤一卷 民國上海宏大善書局石印本 一冊

330000 – 1716 – 0023897 地獻 1612 – 41/23897 集部/別集類/清別集
新輯秋水軒尺牘二卷 (清)許思湄撰 (清)婁世瑞注 (清)寄虹軒主人輯 **管注合刻雪鴻軒尺牘二卷** (清)龔萼撰 (清)管斯駿重訂 民國三年(1914)上海鴻寶齋書局石印本 一冊 存一卷(一)

330000 – 1716 – 0023899 子補 0770 – 16/23899 子部/宗教類/道教之屬
關帝明聖真經一卷附應驗靈籤一卷 民國上海宏大善書局石印本 一冊

330000 – 1716 – 0023901 子補 0770 – 17/23901 子部/宗教類/道教之屬
關帝明聖真經一卷附應驗靈籤一卷 民國上海宏大善書局石印本 一冊

330000 – 1716 – 0023904 子補 0770 – 18/23904 子部/宗教類/道教之屬
關帝明聖真經一卷附應驗靈籤一卷 民國上海宏大善書局石印本 一冊

330000 – 1716 – 0023908 子補 0770 – 19/23908 子部/宗教類/道教之屬
關帝明聖真經一卷附應驗靈籤一卷 民國上海宏大善書局石印本 一冊

330000 – 1716 – 0023910 子補 0770 – 20/23910 子部/宗教類/道教之屬
關帝明聖真經一卷附應驗靈籤一卷 民國上海宏大善書局石印本 一冊

330000 – 1716 – 0023911 子補 0770 – 21/23911 子部/宗教類/道教之屬
關帝明聖真經一卷附應驗靈籤一卷 民國十三年(1924)上海鴻寶齋書局石印本 一冊

330000 – 1716 – 0023912 地獻 1612 – 42/23912 集部/別集類/清別集
新體廣注秋水軒尺牘二卷 (清)許思湄撰 陸翔注 **新體廣注雪鴻軒尺牘二卷** (清)龔萼撰 朱詩隱 徐慎幾注 民國上海廣文書局石印本 三冊 缺一卷(雪鴻軒尺牘二)

330000 – 1716 – 0023913 地獻 1612 – 43/23913 集部/別集類/清別集
新體廣注秋水軒尺牘二卷 (清)許思湄撰 陸翔注 **新體廣注雪鴻軒尺牘二卷** (清)龔萼撰 朱詩隱 徐慎幾注 民國上海廣文書局石印本 一冊 存一卷(一)

330000 – 1716 – 0023914 地獻 1612 – 44/23914 集部/別集類/清別集

新體廣注秋水軒尺牘二卷　（清）許思湄撰
陸翔注　新體廣注雪鴻軒尺牘二卷　（清）龔
萼撰　朱詩隱　徐慎幾注　民國十年（1921）
上海世界書局石印本　三冊　缺一卷（雪鴻
軒尺牘二）

330000－1716－0023915　子補 0770－22/
23915　子部/宗教類/道教之屬

關帝明聖真經一卷附應驗靈籤一卷　民國上
海宏大善書局石印本　一冊

330000－1716－0023918　子補 0770－23/
23918　子部/宗教類/道教之屬

關帝明聖真經一卷附應驗靈籤一卷　民國上
海宏大善書局石印本　一冊

330000－1716－0023920　子補 0770－24/
23920　子部/宗教類/道教之屬

關帝明聖真經一卷附應驗靈籤一卷　民國上
海宏大善書局石印本　一冊

330000－1716－0023921　集補 0106/23921
集部/曲類/彈詞之屬

新刻繡像雙金錠全傳六卷六回　民國上海文
元書莊石印本　四冊

330000－1716－0023922　子補 0770－25/
23922　子部/宗教類/道教之屬

關帝明聖真經一卷附應驗靈籤一卷　民國上
海宏大善書局石印本　一冊

330000－1716－0023923　子補 0770－26/
23923　子部/宗教類/道教之屬

關帝明聖真經一卷附應驗靈籤一卷　民國十
三年（1924）上海鴻寶齋書局石印本　一冊

330000－1716－0023925　地獻 1612－45/
23925　集部/別集類/清別集

新體廣注秋水軒尺牘二卷　（清）許思湄撰
陸翔注　新體廣注雪鴻軒尺牘二卷　（清）龔
萼撰　朱詩隱　徐慎幾注　民國十七年
（1928）上海世界書局石印本　二冊　存二卷
（一至二）

330000－1716－0023926　地獻 1612－46/
23926　集部/總集類/尺牘之屬

新輯尺牘合璧四卷　（清）許思湄　（清）龔萼
撰　（清）婁世瑞注　（清）寄虹軒主人輯　民
國上海文益書局石印本　二冊　存二卷（一
至二）

330000－1716－0023927　地獻 1612－47/
23927　集部/總集類/尺牘之屬

新輯尺牘合璧四卷　（清）許思湄　（清）龔萼
撰　（清）婁世瑞注　（清）寄虹軒主人輯　民
國上海文益書局石印本　三冊　存三卷（一
至三）

330000－1716－0023928　地獻 1612－48/
23928　集部/別集類/清別集

新輯秋水軒尺牘二卷　（清）許思湄撰　（清）
婁世瑞注　（清）寄虹軒主人輯　民國元年
（1912）上海會文堂石印本　二冊

330000－1716－0023929　地獻 1612－49/
23929　集部/別集類/清別集

新輯秋水軒尺牘二卷　（清）許思湄撰　（清）
婁世瑞注　（清）寄虹軒主人輯　民國元年
（1912）上海會文堂石印本　二冊

330000－1716－0023930　地獻 1612－50/
23930　集部/別集類/清別集

新輯秋水軒尺牘二卷　（清）許思湄撰　（清）
婁世瑞注　（清）寄虹軒主人輯　民國石印本
　一冊　存一卷（二）

330000－1716－0023931　地獻 1612－51/
23931　集部/別集類/清別集

新體廣注秋水軒尺牘二卷　（清）許思湄撰
陸翔注　民國上海廣文書局石印本　一冊
存一卷（一）

330000－1716－0023932　地獻 1612－52/
23932　集部/別集類/清別集

新輯詳注秋水軒尺牘四卷　（清）許思湄撰
（清）婁世瑞注　（清）寄虹軒主人輯　民國石
印本　一冊　存二卷（三至四）

330000－1716－0023934　地獻 1612－53/
23934　集部/別集類/清別集

新輯秋水軒尺牘二卷　（清）許思湄撰　（清）

夔世瑞注 （清）寄虹軒主人輯 民國上海鑄記書局石印本 一冊 存一卷（二）

330000－1716－0023937 地獻 1612－55/23937 集部/別集類/清別集

新輯雪鴻軒尺牘二卷 （清）龔尊撰 民國上海文瑞樓石印本 二冊

330000－1716－0023941 子補 0770－27/23941 子部/宗教類/道教之屬

關帝明聖真經一卷附感應靈籤一卷 民國上海明善書局石印本 一冊

330000－1716－0023942 集補 0109－1/23942 集部/小說類/長篇之屬

繪圖青樓夢六卷六十四回 （清）慕真山人撰 （清）瀟湘侍者評 民國石印本 一冊 存一卷（六）

330000－1716－0023943 集補 0109－2/23943 集部/小說類/長篇之屬

青樓夢六十四回 （清）俞達撰 民國鉛印本 三冊 存二十回（六至十二、二十一至三十三）

330000－1716－0023944 子補 0770－28/23944 子部/宗教類/道教之屬

關帝明聖真經一卷附感應靈籤一卷 民國上海明善書局石印本 徐維昌題記 一冊

330000－1716－0023946 子補 0770－29/23946 子部/宗教類/道教之屬

關帝明聖真經一卷附感應靈籤一卷 民國上海天寶印刷局石印本 一冊

330000－1716－0023947 子補 0770－30/23947 子部/宗教類/道教之屬

關帝明聖真經一卷附感應靈籤一卷 民國上海天寶印刷局石印本 韓樹人題記 一冊

330000－1716－0023948 史補 0480/23948 新學/政治法律/律例

司法圭臬二卷 民國會文堂石印本 七冊

330000－1716－0023950 經補 0421/23950 經部/四書類/總義之屬/傳說

四書集注十九卷 （宋）朱熹撰 民國五年（1916）上海鴻寶書局石印本 五冊 存二種

330000－1716－0023951 子補 0770－33/23951 子部/宗教類/道教之屬

關帝明聖真經一卷附感應靈籤一卷 民國上海宏大善書局石印本 一冊

330000－1716－0023952 經補 0422/23952 經部/四書類/總義之屬/傳說

四書集注十九卷 （宋）朱熹撰 民國五年（1916）上海鴻寶書局石印本 二冊 存二種

330000－1716－0023953 子補 0770－34/23953 子部/宗教類/道教之屬

關帝明聖真經一卷附感應靈籤一卷 民國上海宏大善書局石印本 一冊

330000－1716－0023954 子補 0770－35/23954 子部/宗教類/道教之屬

關帝明聖真經一卷附感應靈籤一卷 民國上海天寶印書局石印本 一冊

330000－1716－0023955 經補 0424/23955 經部/四書類/總義之屬/傳說

四書集注十九卷 （宋）朱熹撰 民國五年（1916）上海鴻寶書局石印本 二冊 存一種

330000－1716－0023956 經補 0423/23956 經部/四書類/總義之屬/傳說

四書集注十九卷 （宋）朱熹撰 民國五年（1916）上海鴻寶書局石印本 五冊 存二種

330000－1716－0023957 子補 0770－36/23957 子部/宗教類/道教之屬

關帝明聖真經一卷附感應靈籤一卷 民國上海天寶印書局石印本 一冊

330000－1716－0023959 子補 0770－37/23959 子部/宗教類/道教之屬

關帝明聖真經一卷附感應靈籤一卷 民國上海天寶印書局石印本 一冊

330000－1716－0023961 經補 0425/23961 經部/四書類/總義之屬/傳說

四書集注十九卷 （宋）朱熹撰 民國五年

（1916）上海鴻寶書局石印本　四冊　存二種

330000－1716－0023962　子補 0478/23962
子部/小說家類/雜事之屬
履園叢話二十四卷　（清）錢泳輯　民國四年
（1915）蘇州振新書社石印本　八冊

330000－1716－0023964　經補 0426/23964
經部/四書類/總義之屬/傳說
四書集注十九卷　（宋）朱熹撰　民國五年
（1916）上海鴻寶書局石印本　五冊　存二種

330000－1716－0023966　子補 0770－38/
23966　子部/宗教類/道教之屬
關帝明聖真經一卷附感應靈籤一卷　民國石
印本　一冊

330000－1716－0023967　經補 0427/23967
經部/四書類/總義之屬/傳說
四書集注十九卷　（宋）朱熹撰　民國五年
（1916）上海鴻寶書局石印本　五冊　存二種

330000－1716－0023968　子補 0479/23968
類叢部/叢書類/彙編之屬
五朝小說五百二十三種　（明）□□輯　民國
十五年（1926）上海掃葉山房石印本　二十冊
　存二百八十一種

330000－1716－0023969　子補 0770－39/
23969　子部/宗教類/道教之屬
關帝明聖真經一卷附感應靈籤一卷　民國石
印本　一冊

330000－1716－0023971　子補 0770－40/
23971　子部/宗教類/道教之屬
關帝明聖真經一卷附感應靈籤一卷　民國石
印本　一冊

330000－1716－0023972　子補 0770－41/
23972　子部/宗教類/道教之屬
關帝明聖真經一卷附感應靈籤一卷　民國上
海天寶印刷局石印本　一冊

330000－1716－0023973　經補 0429/23973
經部/四書類/總義之屬/傳說
四書集注十九卷　（宋）朱熹撰　民國五年

（1916）上海鴻寶書局石印本　四冊　存二種

330000－1716－0023975　子補 0770－42/
23975　子部/宗教類/道教之屬
關帝明聖真經一卷附感應靈籤一卷　民國上
海翼化堂石印本　余燦題記　一冊

330000－1716－0023976　集補 0243/23976
集部/別集類/宋別集
六一居士文集五卷外集錄二卷　（宋）歐陽修
撰　民國二年（1913）上海會文堂書局石印本
　六冊

330000－1716－0023977　集補 0244/23977
集部/別集類/清別集
亭林詩集五卷文集六卷餘集一卷　（清）顧炎
武撰　民國十七年（1928）上海掃葉山房石印
本　四冊

330000－1716－0023979　經補 0430－1/
23979　經部/四書類/總義之屬/傳說
四書集注十九卷　（宋）朱熹撰　民國五年
（1916）上海鴻寶書局石印本　三冊　存二種

330000－1716－0023982　史補 0481/23982
史部/政書類/律令之屬/律例
司法公文式一卷　胡暇編　民國二年（1913）
上海中華書局鉛印本　一冊

330000－1716－0023983　地獻 1319－21/
23983　子部/宗教類/道教之屬/經文
關聖帝君奇驗明聖經一卷　民國十七年
（1928）石印本　一冊

330000－1716－0023984　集補 0110－1/
23984　集部/小說類/長篇之屬
三十六宮春艷秘史一卷歷代春艷秘圖一卷
芸蘭女史撰　民國十三年（1924）上海世界書
局石印本　一冊

330000－1716－0023985　史補 0482－1/
23985　集部/詩文評類/文法之屬/函牘格式
士商實用最新公牘全書六卷　廣文書局編輯
所編　民國十一年（1922）上海世界書局石印
本　一冊　存三卷（四至六）

紹興圖書館民國時期傳統裝幀書籍普查登記目錄

330000－1716－0023987　子補 0480/23987
子部/術數類/命書相書之屬

財命易知錄一卷　（□）止止居士撰　民國鉛
印本　一冊

330000－1716－0023988　地獻 1319－22/
23988　子部/宗教類/道教之屬/經文

關聖帝君奇驗明聖經一卷　民國十七年
（1928）石印本　一冊

330000－1716－0023990　地獻 1319－23/
23990　子部/宗教類/道教之屬/經文

關聖帝君奇驗明聖經一卷　民國十七年
（1928）石印本　一冊

330000－1716－0023991　集補 0110－2/
23991　集部/小說類/長篇之屬

三十六宮春艷秘史一卷歷代春艷秘圖一卷
芸蘭女史撰　民國上海廣太書局石印本
一冊

330000－1716－0023994　地獻 1319－24/
23994　子部/宗教類/道教之屬/經文

關聖帝君奇驗明聖經一卷　民國十七年
（1928）石印本　一冊

330000－1716－0023995　史補 0483/23995
史部/金石類/甲骨之屬/文字

契學概論不分卷　陳晉撰　民國上海中華書
局石印本　一冊

330000－1716－0024002　子補 0482/24002
子部/宗教類/道教之屬

**玉定金科例誅輯要十卷首一卷末一卷特宥輯
要十卷首一卷末一卷例賞輯要十卷首一卷末
一卷**　南天都劫司　桂宮武昌侯輯　民國北
京金科流通處鉛印本　一冊　存二卷（七至
八）

330000－1716－0024005　經補 0431/24005
經部/四書類/總義之屬/傳說

四書集注十九卷　（宋）朱熹撰　民國鉛印本
一冊　存一種

330000－1716－0024006　經補 0432－2/
24006　經部/四書類/總義之屬/傳說

四書集注十九卷　（宋）朱熹撰　民國鉛印本
汪潤題記　一冊　存一種

330000－1716－0024009　集補 0114/24009
集部/戲劇類/傳奇之屬

錫六環二卷二十四回　（清）孫埏撰　民國五
年（1916）奉化湖瀾書塾刻本　二冊

330000－1716－0024010　經補 0434/24010
經部/四書類/大學之屬/傳說

大學古本質言一卷　（清）劉沅撰　民國八年
（1919）石印本　一冊

330000－1716－0024012　經補 0435/24012
經部/四書類/總義之屬/傳說

四書集注十九卷　（宋）朱熹撰　民國鉛印本
二冊　存二種

330000－1716－0024013　普經 0956－4/
24013　經部/四書類/總義之屬/傳說

四書集注十九卷　（宋）朱熹撰　民國鉛印本
五冊　缺三卷（孟子一至三）

330000－1716－0024014　地獻 1319－25/
24014　子部/宗教類/道教之屬/經文

關聖帝君奇驗明聖經一卷　民國十七年
（1928）石印本　一冊

330000－1716－0024015　經補 0437/24015
經部/四書類/總義之屬/傳說

四書集注十九卷　（宋）朱熹撰　民國鉛印本
汪潤題記　一冊　存一種

330000－1716－0024016　地獻 1319－26/
24016　子部/宗教類/道教之屬/經文

關聖帝君奇驗明聖經一卷　民國石印本
一冊

330000－1716－0024017　地獻 1319－27/
24017　子部/宗教類/道教之屬/經文

關聖帝君奇驗明聖經一卷　民國石印本
一冊

330000－1716－0024018　地獻 1319－28/
24018　子部/宗教類/道教之屬/經文

關聖帝君奇驗明聖經一卷　民國石印本

一冊

330000－1716－0024021　經補0438/24021
經部/四書類/總義之屬/傳說

四書集注十九卷　（宋）朱熹撰　民國鉛印本
一冊　存一種

330000－1716－0024023　地獻1319－29/
24023　子部/宗教類/道教之屬/經文

關聖帝君奇驗明聖經一卷　民國石印本
一冊

330000－1716－0024026　地獻1319－30/
24026　子部/宗教類/道教之屬/經文

關聖帝君奇驗明聖經一卷　民國石印本
一冊

330000－1716－0024028　地獻1319－31/
24028　子部/宗教類/道教之屬/經文

關聖帝君奇驗明聖經一卷　民國石印本
一冊

330000－1716－0024029　集補0247/24029
集部/別集類/清別集

箋注提要有正味齋駢體文二十四卷　（清）吳
錫麒撰　（清）王廣業箋　（清）葉聯芬注　民
國十五年（1926）上海會文堂書局石印本
八冊

330000－1716－0024030　史補0487/24030
史部/史抄類

史記菁華錄六卷　（清）姚祖恩輯評　民國上
海商務印書館鉛印本　三冊

330000－1716－0024032　地獻1319－32/
24032　子部/宗教類/道教之屬/經文

聖帝奇驗明聖經一卷　民國石印本　一冊

330000－1716－0024036　史補0488/24036
史部/史抄類

史記菁華錄六卷　（清）姚祖恩輯評　民國石
印本　四冊　存五卷（二至六）

330000－1716－0024037　史補0489/24037
史部/史抄類

史記精華八卷　中華書局編　民國上海中華

書局鉛印本　二冊　存二卷（三至四）

330000－1716－0024040　集補0115－3/
24040　集部/戲劇類/傳奇之屬

繡像繪圖桃花扇傳奇二卷四十齣　（清）孔尚
任撰　民國上海進步書局石印本　一冊

330000－1716－0024041　子補0486/24041
子部/兵家類/武術技巧之屬

太極拳刀劍桿散手合編十卷附錄一卷　陳炎
林撰　民國三十二年（1943）上海國光書局鉛
印本　一冊　缺五卷（一至五）

330000－1716－0024044　集補0115－4/
24044　集部/戲劇類/傳奇之屬

桃花扇傳奇二卷四十齣　（清）孔尚任撰　民
國石印本　一冊　存一卷（上）

330000－1716－0024047　子補0771－1/
24047　子部/宗教類/道教之屬

關帝明聖經一卷　民國楊氏刻本　一冊

330000－1716－0024048　經補0440/24048
經部/四書類/孟子之屬/傳說

孟子要略五卷　（宋）朱熹撰　（清）劉傳瑩輯
（清）曾國藩按　民國九年（1920）上海中華
書局鉛印本　一冊

330000－1716－0024049　子補0771－2/
24049　子部/宗教類/道教之屬

關帝明聖經一卷　民國楊氏刻本　一冊

330000－1716－0024050　子補0772－1/
24050　子部/宗教類/道教之屬

關帝明聖真經一卷　民國上海宏大紙號石印
本　一冊

330000－1716－0024058　子補0802/24058
子部/雜著類/雜編之屬

安士全書四種　（清）周夢顏撰　民國七年
（1918）陝西趙步雲刻本　二冊　存一種

330000－1716－0024059　集補0249/24059
集部/別集類/清別集

鄭板橋全集六卷　（清）鄭燮撰　民國石印本
四冊

330000－1716－0024061　　史補 0491/24061
史部/傳記類/別傳之屬/事狀

宋侍郎胡忠佑公事跡録一卷　　程鳳山輯　　民
國十年（1921）朱文釗刻本　　一冊

330000－1716－0024070　　子補 0772－2/
24070　　子部/宗教類/道教之屬

關帝明聖真經一卷　　民國上海宏大紙號石印
本　　一冊

330000－1716－0024072　　子補 0804/24072
子部/宗教類/佛教之屬/諸宗

淨土生無生論注一卷　　（明）釋傳燈撰　　（明）
釋正寂注　　民國十三年（1924）杭州刻經處刻
本　　一冊

330000－1716－0024081　　經補 0444/24081
經部/四書類/總義之屬/傳說

四書讀本十九卷　　（宋）朱熹集注　　民國十一
年（1922）上海天寶書局石印本　　二冊　　存六
卷（中庸、論語一至五）

330000－1716－0024084　　集補 0251/24084
集部/總集類/選集之屬/通代

古文比四卷　　陳曾則輯　　民國六年（1917）上
海中華書局鉛印本　　二冊

330000－1716－0024086　　集補 0117－4/
24086　　集部/戲劇類/傳奇之屬

長生殿二卷五十齣　　（清）洪昇填詞　　民國十
四年（1925）上海掃葉山房石印本　　二冊　　存
一卷（上）

330000－1716－0024087　　經補 0445/24087
經部/四書類/總義之屬/傳說

四書讀本十九卷　　（宋）朱熹集注　　民國元年
（1912）上海、漢口鑄記書棧石印本　　二冊
存一種

330000－1716－0024091　　子補 0806/24091
子部/宗教類/佛教之屬/總録

普賢行願品五譯合行一卷　　湯薌銘編　　民國
三十一年（1942）北京菩提學會鉛印本　　一冊

330000－1716－0024094　　經補 0446/24094
經部/四書類/總義之屬/傳說

四書讀本十九卷　　（宋）朱熹集注　　民國元年
（1912）上海、漢口鑄記書棧石印本　　一冊
存一種

330000－1716－0024095　　子補 0774/24095
子部/雜著類

因果實録一卷　　民國二十一年（1932）上海明
善書局石印本　　一冊

330000－1716－0024098　　經補 0436/24098
經部/四書類/總義之屬/傳說

四書正文　　民國四年（1915）上海章福記書局
石印本　　一冊　　存一種

330000－1716－0024100　　集補 0118/24100
集部/戲劇類

京調大觀不分卷　　許志豪編　　民國上海世界
書局石印本　　一冊

330000－1716－0024102　　子補 0776－1/
24102　　子部/宗教類/佛教之屬/經

南無阿彌陀佛一卷　　民國十年（1921）杭州壽
安坊華興石印局石印本　　一冊

330000－1716－0024104　　集補 0119/24104
集部/戲劇類/傳奇之屬

繪圖燕子箋記四卷四十二齣　　（明）阮大鋮撰
　（清）雪韻堂批點　　民國石印本　　一冊　　存
二卷（一至二）

330000－1716－0024105　　子補 0776－2/
24105　　子部/宗教類/佛教之屬/經

南無阿彌陀佛一卷　　民國浙江蕭山合義和善
書局鉛印本　　一冊

330000－1716－0024106　　經補 0447/24106
經部/四書類/總義之屬/傳說

國語四書　　民國石印本　　九冊　　存二種

330000－1716－0024107　　子補 0776－3/
24107　　子部/宗教類/佛教之屬/經

南無阿彌陀佛一卷　　民國浙江蕭山合義和善
書局鉛印本　　一冊

330000－1716－0024108　　集補 0674/24108
集部/總集類

研白齋論文集不分卷　何子培等撰　民國二十年（1931）鉛印本　一冊

330000－1716－0024109　子補0776－4/24109　子部/宗教類/佛教之屬/經

南無阿彌陀佛一卷　民國浙江蕭山合義和善書局鉛印本　一冊

330000－1716－0024110　子補0776－5/24110　子部/宗教類/佛教之屬/經

南無阿彌陀佛一卷　民國浙江蕭山合義和善書局鉛印本　一冊

330000－1716－0024112　子補0776－6/24112　子部/宗教類/佛教之屬/經

南無阿彌陀佛一卷　民國浙江蕭山合義和善書局鉛印本　一冊

330000－1716－0024114　子補0776－7/24114　子部/宗教類/佛教之屬/經

南無阿彌陀佛一卷　民國浙江蕭山合義和善書局鉛印本　一冊

330000－1716－0024115　子補0776－8/24115　子部/宗教類/佛教之屬/經

南無阿彌陀佛一卷　民國浙江蕭山合義和善書局鉛印本　一冊

330000－1716－0024116　子補0776－9/24116　子部/宗教類/佛教之屬/經

南無阿彌陀佛一卷　民國浙江蕭山合義和善書局鉛印本　一冊

330000－1716－0024117　集補0252/24117　集部/總集類/選集之屬/通代

古唐詩合解十二卷古詩箋注四卷　（清）王堯衢注　民國四年（1915）上海書局石印本　八冊

330000－1716－0024118　子補0776－10/24118　子部/宗教類/佛教之屬/經

南無阿彌陀佛一卷　民國浙江蕭山合義和善書局鉛印本　一冊

330000－1716－0024119　子補0807/24119　子部/宗教類/佛教之屬/諸宗

聖者賢行願王釋義一卷　（清）章嘉遊戲金剛造　湯薌銘譯　民國三十一年（1942）北京菩提學會鉛印本　一冊

330000－1716－0024120　集補0253/24120　集部/總集類/選集之屬/斷代

唐詩三百首注疏六卷　（清）孫洙編　（清）章燮注　民國上海鴻寶齋書局石印本　六冊

330000－1716－0024121　經補0449/24121　經部/四書類/總義之屬/傳說

新訂四書補注備旨十卷　（明）鄧林撰　（清）鄧煜編　（清）杜定基增訂　民國十年（1921）上海共和書局石印本　七冊　缺一卷（孟子一）

330000－1716－0024123　集補0120/24123　集部/小說類/長篇之屬

繪圖白蓮教演義四卷二十回　吳公雄編　民國十一年（1922）上海世界書局石印本　一冊　存一卷（一）

330000－1716－0024124　集補0254/24124　集部/別集類

天嬰室叢稿第一輯九卷　陳訓正撰　民國十四年（1925）鉛印本　四冊

330000－1716－0024125　子補0808/24125　子部/宗教類/佛教之屬/經咒

慈悲三昧水懺申義疏三卷　釋諦閑撰　民國鉛印本　一冊　存一卷（一）

330000－1716－0024126　集補0121/24126　集部/小說類/長篇之屬

聖朝鼎盛八集七十六回　民國上洋陶明記石印本　一冊　存一卷（一）

330000－1716－0024130　集補0122/24130　集部/小說類/長篇之屬

劍俠小說六集江湖劍俠傳四卷二十回　海上塵隱氏撰　民國二十一年（1932）上海沈鶴記書局石印本　一冊　存一卷（四）

330000－1716－0024133　子補0810/24133　子部/宗教類/佛教之屬

金剛般若波羅蜜經一卷　（後秦）釋鳩摩羅什

譯　民國二十七年(1938)上海道德書局影印本　一冊

330000－1716－0024138　經補 0451/24138
經部/四書類/總義之屬/文字音義
注音字母四書白話句解十九卷　周覲光　吳毅民演譯　民國上海求古齋石印本　十二冊　缺二卷(孟子五至六)

330000－1716－0024140　子補 0776－11/24140　子部/宗教類/佛教之屬/經
南無阿彌陀佛一卷　民國十一年(1922)杭州壽安坊華興石印局石印本　一冊

330000－1716－0024144　子補 0777－1/24144　子部/宗教類/道教之屬/經文
明聖經一卷　民國五年(1916)石印本　一冊

330000－1716－0024145　子補 0777－2/24145　子部/宗教類/道教之屬/經文
明聖經一卷　民國石印本　一冊

330000－1716－0024146　經補 0453/24146
經部/四書類/總義之屬/傳說
新訂四書補注備旨十卷　(明)鄧林撰　(清)鄧煜編　(清)杜定基增訂　民國六年(1917)上海錦章書局石印本　一冊　存三卷(大學、中庸、論語三)

330000－1716－0024148　子補 0777－3/24148　子部/宗教類/道教之屬
關帝明聖經一卷　民國八年(1919)寧波鈞和印刷公司鉛印本　一冊

330000－1716－0024149　集補 1082－1/24149　集部/詩文評類/文法之屬/函牘格式
最新分類尺牘大觀不分卷　文明書局編　民國七年(1918)上海文明書局石印本　十二冊

330000－1716－0024152　經補 0454/24152
經部/四書類/論語之屬/正文
論語白文十卷　民國上海商務印書館鉛印本　一冊　存五卷(一至五)

330000－1716－0024153　經補 0455/24153
經部/四書類/總義之屬/傳說

四書讀本十九卷　(宋)朱熹集注　民國十三年(1924)上海劉德記書局石印本　一冊　存一卷(中庸)

330000－1716－0024154　地獻 1612－93/24154　集部/別集類/清別集
新體廣注秋水軒尺牘二卷　(清)許思湄撰　陸翔注　**新體廣注雪鴻軒尺牘二卷**　(清)龔萼撰　朱詩隱　徐慎幾注　民國十二年(1923)上海世界書局石印本　二冊　存二卷(雪鴻軒尺牘一至二)

330000－1716－0024155　集補 0256/24155
集部/總集類/選集之屬/通代
陶詩彙評四卷東坡和陶合箋四卷　(清)溫汝能撰　民國四年(1915)上海掃葉山房石印本　四冊

330000－1716－0024158　地獻 1612－94/24158　集部/別集類/清別集
新體廣注秋水軒尺牘二卷　(清)許思湄撰　陸翔注　**新體廣注雪鴻軒尺牘二卷**　(清)龔萼撰　朱詩隱　徐慎幾注　民國十四年(1925)上海世界書局石印本　二冊　存二卷(雪鴻軒尺牘一至二)

330000－1716－0024159　經補 0456/24159
經部/四書類/論語之屬/傳說
二論講義養正編十卷　(清)史可亭輯　民國上海昌文書局石印本　二冊　存五卷(六至十)

330000－1716－0024160　地獻 1612－95/24160　集部/別集類/清別集
新體廣注秋水軒尺牘二卷　(清)許思湄撰　陸翔注　**新體廣注雪鴻軒尺牘二卷**　(清)龔萼撰　朱詩隱　徐慎幾注　民國十四年(1925)上海世界書局石印本　二冊　存二卷(雪鴻軒尺牘一至二)

330000－1716－0024163　集補 0124－3/24163　集部/小說類/長篇之屬
野叟曝言二十卷一百五十回　(清)夏敬渠撰　民國石印本　二冊　存八卷(九至十二、十七至二十)

330000－1716－0024164　地獻 1612－96/24164　集部/別集類/清別集

秋水軒尺牘二卷　（清）許思湄撰　**雪鴻軒尺牘二卷**　（清）龔蕚撰　民國上海鴻寶齋書局石印本　一冊

330000－1716－0024168　子補 0778/24168　子部/宗教類/道教之屬

關聖帝君覺世真經一卷　民國明善書局石印本　一冊

330000－1716－0024169　子部/宗教類/道教之屬/經文

明聖經一卷　民國五年（1916）紹興育新書局石印本　一冊

330000－1716－0024171　子補 0757－2/24171　子部/宗教類/道教之屬

關聖帝君反本報恩妙經一卷　民國上海明善書局鉛印本　一冊

330000－1716－0024172　史補 0500/24172　史部/史抄類

史鑑節要□□卷　（清）鮑東里撰　民國三年（1914）石印本　二冊　存二卷（一至二）

330000－1716－0024173　子補 0779－1/24173　子部/宗教類/道教之屬

昭明上帝明聖經一卷　民國石印本　一冊

330000－1716－0024174　地獻 1687－4/24174　子部/宗教類/道教之屬/經文

明聖經一卷　民國八年（1919）紹興育新書局石印本　一冊

330000－1716－0024175　經補 0457/24175　經部/四書類/總義之屬/文字音義

注音字母四書白話句解十九卷　周觀光 吳穀民演譯　民國上海求古齋石印本　九冊　缺七卷（論語五至八、孟子五至七）

330000－1716－0024176　史補 0501/24176　史部/史抄類

史鑑節要□□卷　（清）鮑東里撰　民國石印本　一冊　存一卷（三）

330000－1716－0024177　集補 0258/24177　集部/別集類/清別集

梅村詩集箋注十八卷　（清）吳偉業撰　（清）吳翌鳳箋注　民國中華圖書館石印本　六冊　存十二卷（一至十、十七至十八）

330000－1716－0024178　普子 2010/24178　子部/小說家類/異聞之屬

夷堅志一百八十卷志補二十五卷再補一卷　（宋）洪邁撰　**夷堅志校勘記一卷**　張元濟撰　民國十六年（1927）上海商務印書館鉛印本　十冊　存一百卷（甲志一至二十、乙志一至二十、丙志一至二十、丁志一至二十、支甲一至十、支乙一至十）

330000－1716－0024179　史補 0502/24179　史部/史抄類

史鑑節要□□卷　（清）鮑東里撰　民國鴻寶齋書局石印本　一冊　存二卷（四至五）

330000－1716－0024182　史補 0503/24182　史部/史評類/史論之屬

評選船山史論二卷　林紓撰　民國上海商務印書館鉛印本　一冊　存一卷（一）

330000－1716－0024183　子補 0496－4/24183　子部/小說家類/異聞之屬

繪圖山海經十八卷　（晉）郭璞傳　（清）畢沅校正　民國六年（1917）上海會文堂書局石印本　二冊　存十卷（一至二、五至十二）

330000－1716－0024184　地獻 1654－2/24184　集部/詩文評類/詩評之屬

越縵堂詩話三卷　（清）李慈銘撰　蔣瑞藻編　民國上海商務印書館鉛印本　一冊　存一卷（一）

330000－1716－0024186　地獻 1440－4/24186　集部/別集類/明別集

王文成公全書三十八卷　（明）王守仁撰　民國上海中華圖書館影印本　六冊　存二十卷（十九至三十八）

330000－1716－0024187　集補 0124－4/24187　集部/小說類/長篇之屬

玫正野叟曝言二十卷一百五十四回　（清）夏敬渠撰　民國石印本　二冊　存二卷（十八、二十）

330000－1716－0024188　地獻1613－2/24188　子部/醫家類/綜合之屬/合刻、合抄

景岳全書六十四卷　（明）張介賓撰　民國石印本　七冊　缺六卷（一至六）

330000－1716－0024195　經補0458/24195　經部/四書類/總義之屬/文字音義

注音字母四書白話句解十九卷　周觀光　吳榖民演譯　民國石印本　一冊　存二卷（論語五至六）

330000－1716－0024199　經補0459/24199　經部/四書類/總義之屬/文字音義

注音字母四書白話句解十九卷　周觀光　吳榖民演譯　民國石印本　一冊　存七卷（孟子一至七）

330000－1716－0024205　新補0374/24205　新學/雜著/叢編

日用萬事全書二十編　新華編輯所編　民國十二年（1923）上海新華書局鉛印本　一冊　存一編

330000－1716－0024206　子補0814－1/24206　子部/宗教類/道教之屬

太上感應讀篇一卷　民國上海宏大善書局石印本　一冊

330000－1716－0024207　子補0814－2/24207　子部/宗教類/道教之屬

太上感應讀篇一卷　民國上海宏大善書局石印本　錢淑群題記　一冊

330000－1716－0024208　集補0126－2/24208　集部/曲類/彈詞之屬

來生福彈詞八卷三十六回　（清）橘中逸叟撰　錢黎民補填　民國石印本　三冊　存三卷（二至四）

330000－1716－0024209　經補0460/24209　經部/四書類/孟子之屬/傳說

批點注解白話孟子讀本七卷年譜一卷　張兆

瑢　沈元起編譯　讀孟子記一卷　張九如撰　民國上海廣益書局石印本　四冊　缺二卷（六至七）

330000－1716－0024210　子補0815－1/24210　子部/宗教類/道教之屬

太上感應篇一卷　民國十二年（1923）上海宏大善書局石印本　一冊

330000－1716－0024211　史補0504/24211　史部/目錄類/總錄之屬/私撰

書目答問五卷別錄一卷國朝箸述諸家姓名略一卷　（清）張之洞撰　民國十九年（1930）上海掃葉山房石印本　一冊　存三卷（一至三）

330000－1716－0024212　經補0461/24212　經部/四書類/總義之屬/傳說

四書白話注解　許伏民　童官卓編　民國十三年（1924）上海羣學書社石印本　八冊

330000－1716－0024213　集補0127/24213　集部/小說類/長篇之屬

繡像繪圖西晉演義四卷東晉演義八卷　（清）陳氏尺蠖齋評釋　民國上海進步書局石印本　二冊　存六卷（三至四、東晉演義一至四）

330000－1716－0024214　子補0811/24214　子部/宗教類/道教之屬

玉定金科例誅輯要十卷首一卷末一卷特宥輯要十卷首一卷末一卷例賞輯要十卷首一卷末一卷　南天都劫司　桂宮武昌侯輯　民國北京金科流通處鉛印本　十二冊　缺二卷（一至二）

330000－1716－0024216　史補0505/24216　史部/目錄類/總錄之屬/私撰

北平直隸書局寄售新書目錄一卷　直隸書局編　民國二十五年（1936）北平直隸書局鉛印本　一冊

330000－1716－0024217　史補0506/24217　史部/目錄類/總錄之屬/私撰

北平直隸書局寄售新書目錄一卷　直隸書局編　民國二十五年（1936）北平直隸書局鉛印本　一冊

330000－1716－0024218　　子補 0815－2/
24218　子部/宗教類/道教之屬

太上感應篇一卷　民國十二年（1923）上海宏
大善書局石印本　一冊

330000－1716－0024219　集補 0128/24219
集部/小說類/長篇之屬

清宮歷史演義十四卷一百二十回　許慕羲撰
民國十三年（1924）上海廣益書局石印本
二冊　存二卷（三、十四）

330000－1716－0024222　史補 0507/24222
史部/目錄類/總錄之屬/私撰

**書目答問五卷別錄一卷國朝箸述諸家姓名略
一卷**　（清）張之洞撰　民國十九年（1930）上
海掃葉山房石印本　二冊

330000－1716－0024223　史補 0508/24223
史部/目錄類/總錄之屬/私撰

開明書局書目不分卷　民國開明書局鉛印本
一冊

330000－1716－0024224　經補 0462/24224
經部/四書類/總義之屬/傳說

四書白話注解　許伏民　童官卓編　民國十
二年（1923）上海鍊石齋書局、羣學書社石印
本　十四冊

330000－1716－0024227　集補 0129/24227
集部/小說類/長篇之屬

繪圖歷朝通俗演義十一種　蔡東帆輯　民國
上海會文堂新記書局石印本　二冊　存一種

330000－1716－0024228　經補 0463/24228
經部/四書類/總義之屬/傳說

四書白話注解　許伏民　童官卓編　民國五
年（1916）上海鍊石齋書局、羣學書社石印本
一冊　存一卷（大學）

330000－1716－0024230　　子補 0815－3/
24230　子部/宗教類/道教之屬

太上感應篇一卷　民國十二年（1923）上海宏
大善書局石印本　一冊

330000－1716－0024231　經補 0464/24231
經部/四書類/總義之屬/傳說

新式標點四書白話注解十九卷　琴石山人注
解　民國十六年（1927）上海會文堂書局石印
本　七冊　存十卷（論語一至四、九至十，孟
子三至四、六至七）

330000－1716－0024232　　子補 0815－4/
24232　子部/宗教類/道教之屬

太上感應篇一卷　民國十二年（1923）上海宏
大善書局石印本　一冊

330000－1716－0024234　　子補 0815－5/
24234　子部/宗教類/道教之屬

太上感應篇一卷　民國石印本　一冊

330000－1716－0024236　　子補 0815－6/
24236　子部/宗教類/道教之屬

太上感應篇一卷　民國石印本　一冊

330000－1716－0024238　　子補 0815－7/
24238　子部/宗教類/道教之屬

太上感應篇一卷　民國石印本　一冊

330000－1716－0024239　　地獻 1302－2/
24239　子部/宗教類/道教之屬

感應篇直講一卷　民國六年（1917）華章石印
局石印本　一冊

330000－1716－0024241　經補 0466/24241
經部/四書類/總義之屬/傳說

新注四書白話解說三十六卷　江希張注　民
國上海書業公所石印本　五冊　存八卷（孟
子白話解說五至六、九至十三，中庸白話解說
一）

330000－1716－0024244　經補 0467/24244
經部/四書類/孟子之屬/傳說

孟子師說七卷　（清）黃宗羲撰　民國二十七
年（1938）鉛印本　一冊

330000－1716－0024249　　地獻 1693－1/
24249　子部/雜著類/雜說之屬

老學庵筆記二卷　（宋）陸游撰　民國六年
（1917）上海掃葉山房石印本　二冊

330000－1716－0024250　　集補 0130－1/
24250　集部/小說類/長篇之屬

紹興圖書館民國時期傳統裝幀書籍普查登記目錄

繪圖歷朝通俗演義十一種　蔡東帆輯　民國
上海會文堂新記書局石印本　二冊　存一種

330000－1716－0024256　經補0469/24256
經部/四書類

四書便蒙十九卷　（宋）朱熹撰　民國石印本
三冊　存二種

330000－1716－0024258　經補0470/24258
經部/四書類

四書便蒙十九卷　（宋）朱熹撰　民國石印本
二冊　存二種

330000－1716－0024260　經補0471/24260
經部/四書類

四書便蒙十九卷　（宋）朱熹撰　民國石印本
二冊　存二種

330000－1716－0024262　經補0472/24262
經部/四書類

四書便蒙十九卷　（宋）朱熹撰　民國石印本
二冊　存二種

330000－1716－0024267　經補0473/24267
經部/四書類

四書便蒙十九卷　（宋）朱熹撰　民國石印本
一冊　存一種

330000－1716－0024271　史補0515/24271
史部/傳記類/總傳之屬

浙江公立醫藥專門學校校友錄不分卷　民國
十一年（1922）鉛印本　一冊

330000－1716－0024272　經補0474/24272
經部/四書類

四書便蒙十九卷　（宋）朱熹撰　民國石印本
一冊　存二種

330000－1716－0024274　集補0133－2/
24274　集部/小說類/長篇之屬

新刻癡人福四卷八回　民國三年（1914）上海
春記書莊石印本　三冊　缺一卷（四）

330000－1716－0024276　史補0516/24276
史部/地理類/專志之屬/祠墓

周元公祠志略十卷首一卷　民國十八年

（1929）鉛印本　二冊

330000－1716－0024282　子補0132－6/
24282　子部/醫家類/婦科之屬/通論

濟陰綱目十四卷　（明）武之望　（明）金德生
撰　（清）汪淇箋釋　保生碎事一卷　（清）汪
淇輯　民國三十四年（1945）上海章福記書局
石印本　來鴻堯題記　一冊

330000－1716－0024283　子補0830－1/
24283　子部/宗教類/佛教之屬

二課合解七卷首一卷　釋興慈撰　民國十年
（1921）揚州藏經院刻本　二冊　存五卷（三
至七）

330000－1716－0024286　子補0830－2/
24286　子部/宗教類/佛教之屬

二課合解七卷首一卷　釋興慈撰　民國十八
年（1929）上海法藏寺鉛印本　二冊

330000－1716－0024289　子補0830－3/
24289　子部/宗教類/佛教之屬

二課合解七卷首一卷　釋興慈撰　民國十八
年（1929）上海法藏寺鉛印本　一冊　存四卷
（四至七）

330000－1716－0024290　子補0830－4/
24290　子部/宗教類/佛教之屬

二課合解七卷首一卷　釋興慈撰　民國十八
年（1929）上海法藏寺鉛印本　一冊　存四卷
（四至七）

330000－1716－0024293　子補0822/24293
子部/宗教類/道教之屬/戒律

感應篇圖說不分卷　（清）黃正元輯　民國中
央刻經院鉛印本　徐維昌題記　一冊

330000－1716－0024294　集補0261－1/
24294　集部/總集類/選集之屬/通代

御選唐宋詩醇四十七卷目錄二卷　（清）高宗
弘曆輯　民國中華圖書館石印本　八冊

330000－1716－0024296　子補0823/24296
子部/雜著類/雜說之屬

勸世歌詩一卷　民國上海謝文益印刷所石印
本　一冊

330000－1716－0024297　子補 0824/24297
子部/雜著類/雜說之屬
勸世希有真常一卷　民國上海中華書局鉛印
本　一冊

330000－1716－0024299　集補 0136/24299
集部/曲類/曲藝之屬
百代戲考一卷　百代公司編　民國鉛印本
一冊

330000－1716－0024300　子補 0825/24300
子部/宗教類/佛教之屬/諸宗
淨土津要六種　民國二十二年(1933)上海商
務印書館鉛印本　二冊

330000－1716－0024304　子補 0815－8/
24304　子部/宗教類/道教之屬
太上感應篇一卷　民國石印本　一冊

330000－1716－0024305　集補 0137/24305
集部/曲類/曲藝之屬
新輯戲譜圖考十二集不分卷　譚叫天　劉鴻
聲評定　民國上洋醉經堂石印本　一冊

330000－1716－0024306　子補 0826/24306
子部/宗教類/道教之屬
太上感應篇淺釋一卷　民國鉛印本　一冊

330000－1716－0024308　子補 0827－1/
24308　子部/宗教類/佛教之屬
初機淨業指南一卷　黃慶瀾撰　民國十一年
(1922)上海佛學推行社鉛印本　何顯本題記
　一冊

330000－1716－0024309　集補 0138/24309
集部/曲類/曲藝之屬
繪圖時調山歌不分卷　民國石印本　一冊
存一集(元)

330000－1716－0024312　集補 0140/24312
集部/曲類/曲藝之屬
新刻隋唐打登州鼓詞四卷二十二回　民國三
年(1914)上海姚文海書莊石印本　二冊

330000－1716－0024313　子補 0827－2/
24313　子部/宗教類/佛教之屬

初機淨業指南一卷　黃慶瀾撰　民國十一年
(1922)上海佛學推行社鉛印本　一冊

330000－1716－0024314　子補 0827－3/
24314　子部/宗教類/佛教之屬
初機淨業指南一卷　黃慶瀾撰　民國十一年
(1922)上海佛學推行社鉛印本　一冊

330000－1716－0024316　子補 0828－1/
24316　子部/宗教類/道教之屬/戒律
文昌帝君陰騭文注證不分卷　(清)潘成雲輯
　民國十一年(1922)佛學推行社鉛印本
一冊

330000－1716－0024319　子補 0828－2/
24319　子部/宗教類/道教之屬/戒律
文昌帝君陰騭文注證不分卷　(清)潘成雲輯
　民國十四年(1925)佛學推行社鉛印本
一冊

330000－1716－0024320　子補 0829/24320
子部/宗教類/道教之屬
周曉定大仙師清和明道聖經一卷　周曉定撰
　郭孝慈注　民國十九年(1930)暨陽普救總
壇鉛印本　一冊

330000－1716－0024329　集補 0143/24329
集部/小說類/長篇之屬
**新出真正原稿八竅珠二集沒牙虎打擂四卷六
十回**　鋤月山人撰　民國四年(1915)上海槐
蔭山房石印本　一冊　存一卷(一)

330000－1716－0024333　集補 0144－1/
24333　集部/曲類/彈詞之屬
增像繪圖雙珠球十二卷四十九回　民國石印
本　一冊　存二卷(九至十)

330000－1716－0024335　新補 0376/24335
新學/政治法律/制度
分類詳解新公文書程式彙編十四卷　法政學
社編　民國十五年(1926)上海廣益書局鉛印
本　一冊

330000－1716－0024340　集補 0144－3/
24340　集部/曲類/彈詞之屬
繪圖增像雙珠球十二卷四十九回　民國石印

本　一冊　存六卷(一至六)

330000－1716－0024342　史補0525/24342
史部/目録類/專録之屬

書目長編二卷補遺一卷補校一卷　邵瑞彭等
輯　民國十七年(1928)京師鉛印本　瑞彭題
記　二冊

330000－1716－0024344　史補0526/24344
史部/目録類/專録之屬

書目長編二卷補遺一卷補校一卷　邵瑞彭等
輯　民國十七年(1928)京師鉛印本　一冊

330000－1716－0024348　新補0378/24348
新學/學校

湖南新設課吏章程一卷　民國鉛印本　一冊

330000－1716－0024352　新補0380/24352
新學/工藝

準備機一卷　民國石印本　啟明題簽　一冊

330000－1716－0024356　集補0146/24356
集部/小說類/短篇之屬

小說名畫大觀二百七十種　胡寄塵編輯　民
國上海文明書局石印本　二冊　存二十五種

330000－1716－0024359　新補0382/24359
新學/醫學/衛生學

工業衛生學不分卷　厲家福述　民國石印本
啟明題簽　一冊

330000－1716－0024361　子補0500/24361
子部/兵家類/武術技巧之屬

拳經四卷　大聲圖書局輯　民國十八年
(1929)上海大聲圖書局石印本　二冊

330000－1716－0024362　新補0383/24362
新學/學校

國文講義不分卷　民國油印本　二冊

330000－1716－0024371　集補0267/24371
集部/別集類

舜若多齋吟草不分卷　張應銘撰　民國二十
五年(1936)衢州立達印刷社鉛印本　一冊

330000－1716－0024372　子補1001/24372
子部/農家農學類/園藝之屬/花卉

秘傳花鏡全書六卷　(清)陳淏子撰　民國上
海廣益書局石印本　三冊

330000－1716－0024373　新補0384/24373
史部/地理類/外紀之屬

西洋史講義四卷　夏廷章編　民國油印本
汝明題簽　一冊

330000－1716－0024375　子補1003/24375
子部/雜著類

振宜堂善書不分卷　楊瑞麟編　民國八年
(1919)無錫振宜堂石印本　一冊

330000－1716－0024376　子補0850－2/
24376　子部/宗教類/道教之屬

文昌帝君功過格□□卷　民國十年(1921)上
海宏大善書局石印本　一冊　存二卷(一至
二)

330000－1716－0024377　子補0850－3/
24377　子部/宗教類/道教之屬

文昌帝君功過格□□卷　民國十年(1921)上
海宏大善書局石印本　一冊　存二卷(一至
二)

330000－1716－0024380　子補1004/24380
子部/宗教類/道教之屬

風雷集不分卷　民國十二年(1923)上海宏大
善書局石印本　一冊

330000－1716－0024385　子補1006/24385
子部/雜著類/雜說之屬

八字覺圓一卷　洗心子撰　民國十年(1921)
上海宏大善書局石印本　一冊

330000－1716－0024387　集補0149/24387
集部/小說類/長篇之屬

繪圖薛仁貴跨海征東全傳□□卷□□回　民
國石印本　一冊　存二卷(五至六)

330000－1716－0024388　子補1007－2/
24388　子部/雜著類/雜說之屬

八字歌一卷　民國上海宏大善書局石印本
一冊

330000－1716－0024389　集補0150/24389

集部/曲類/彈詞之屬

繪圖校正十五貫全傳□□卷□□回 （清）鴛
湖逸史撰　民國上海古香閣石印本　一冊
存二卷（一至二）

330000－1716－0024390　子補 0832－9/
24390　子部/宗教類/佛教之屬/經咒

慈悲道場懺法十卷　（南朝梁）武帝蕭衍撰
民國十四年（1925）刻本　一冊　存四卷（七
至十）

330000－1716－0024394　子補 0850－5/
24394　子部/宗教類/道教之屬

功過格一卷　民國十二年（1923）上海宏大善
書局石印本　一冊

330000－1716－0024396　集補 0269/24396
集部/別集類

鳴堅白齋詩存十二卷補遺一卷　沈汝瑾撰
民國十年（1921）刻本　四冊

330000－1716－0024398　子補 0850－6/
24398　子部/宗教類/道教之屬

功過格一卷　民國十七年（1928）上海宏大善
書局石印本　一冊

330000－1716－0024401　子補 0851/24401
子部/宗教類/佛教之屬

祖派源流一卷　民國三年（1914）錦賢堂刻本
一冊

330000－1716－0024405　子補 0853/24405
子部/宗教類/佛教之屬

天降度劫經真言一卷　民國十一年（1922）上
海沈全記石印本　一冊

330000－1716－0024406　子補 0854－1/
24406　子部/宗教類/佛教之屬

**天降度劫經真言一卷觀音大士解劫文一卷純
陽祖師救劫文一卷**　民國十年（1921）上海宏
大善書局石印本　一冊

330000－1716－0024407　子補 0854－2/
24407　子部/宗教類/佛教之屬

**天降度劫經真言一卷觀音大士解劫文一卷純
陽祖師救劫文一卷**　民國十年（1921）上海宏

大善書局石印本　一冊

330000－1716－0024409　集補 0152－1/
24409　集部/小說類/長篇之屬

繡像南唐演義薛家將六卷一百回　（清）如蓮
居士編　民國石印本　一冊　存一卷（四）

330000－1716－0024413　集補 0152－2/
24413　集部/小說類/長篇之屬

繡像南唐演義薛家將十卷一百回　（清）如蓮
居士編　民國石印本　一冊　存五卷（六至
十）

330000－1716－0024414　集補 0273－1/
24414　集部/曲類/彈詞之屬

真真原板荊襄快談錄十六卷一百回　民國石
印本　八冊

330000－1716－0024415　集補 0153/24415
集部/曲類/彈詞之屬

新編新調黃金印全傳四卷二十四回　民國上
海雲記書局石印本　一冊　存一卷（四）

330000－1716－0024419　集補 0154/24419
集部/曲類/彈詞之屬

繡像楊金花爭帥印□□卷□□回　民國石印
本　一冊　存一卷（三）

330000－1716－0024425　集補 0156/24425
集部/曲類/曲藝之屬

**新編頭二本呼延慶出世說唱鼓詞四卷二十四
回**　民國十二年（1923）上海錦章圖書局石印
本　一冊　存一卷（一）

330000－1716－0024427　史補 0528－1/
24427　史部/政書類/律令之屬/判牘

新編評注刀筆菁華四種　平襟亞編　秋痕樓
主評　民國十二年（1923）上海東亞書局鉛印
本　四冊

330000－1716－0024430　子補 1013/24430
子部/儒家類

陸清獻公治嘉格言一卷　（清）陸隴其撰　民
國上海宏大善書局石印本　一冊

330000－1716－0024431　集補 0014－11/

24431　集部/曲類/彈詞之屬

繪圖後續楊家將文武曲星包狄演義初傳□□卷　民國石印本　一冊　存七卷（三至八、十）

330000－1716－0024437　子補 1014－1/24437　子部/儒家類/儒學之屬/禮教/家訓

治家格言釋義一卷　（清）朱用純撰　民國上海求古齋書帖社石印本　一冊

330000－1716－0024445　集補 0158/24445　集部/小說類/長篇之屬

新編雷峰塔奇傳五卷　（清）玉花堂主人校訂　丹徒觀侯氏編輯　民國二年（1913）上海沈鶴記書局石印本　一冊　存四卷（一至四）

330000－1716－0024446　子補 1015－1/24446　子部/農家農學類/園藝之屬/花卉

百花栽培秘訣六卷　（清）陳淏子撰　民國十七年（1928）上海中華新教育社石印本　二冊　存三卷（三、五至六）

330000－1716－0024447　子補 1015－2/24447　子部/農家農學類/園藝之屬/花卉

百花栽培秘訣六卷　（清）陳淏子撰　民國十四年（1925）上海中華新教育社石印本　三冊　存五卷（一至三、五至六）

330000－1716－0024448　集補 0159/24448　集部/小說類/長篇之屬

香艷武俠長篇小說古本金瓶梅□□集□□卷一百回　（明）蘭陵笑笑生撰　民國石印本　一冊　存一卷（下集三）

330000－1716－0024452　集補 0160/24452　集部/曲類/寶卷之屬

張氏三娘賣花寶卷全集一卷　民國上海文益書局、杭州聚元堂書局石印本　一冊

330000－1716－0024453　子補 1016/24453　子部/儒家類/儒學之屬/性理

近思錄集注十四卷考訂朱子世家一卷　（清）江永撰　**校勘記一卷**　（清）王炳撰　民國上海文瑞樓石印本　一冊　缺十三卷（一至十三）

330000－1716－0024455　集補 0276/24455　集部/詩文評類/詩評之屬

杜工部草堂詩話二卷　（宋）蔡夢弼輯　民國八年（1919）上海文瑞樓據宋麻沙本影印本　一冊

330000－1716－0024456　普叢 0183/24456　類叢部/叢書類/家集之屬

武林丁氏家集十三種　丁立誠　丁立中撰　民國錢塘丁氏嘉惠堂鉛印本　一冊　存一種

330000－1716－0024458　史補 0531/24458　史部/政書類/邦交之屬

秘稿清季外交史料樣本不分卷　王彧夫撰　北平清季外交史料編纂處編　民國二十一年（1932）北平清季外交史料編纂處鉛印本　一冊

330000－1716－0024459　子補 0837－1/24459　史部/傳記類/總傳之屬/釋道

敕建天台山國清禪寺戒壇同戒錄一卷　民國二十一年（1932）天台麗美石印局石印本　一冊

330000－1716－0024460　集補 0277/24460　集部/楚辭類

離騷三種　民國二年（1913）上海文瑞樓石印本　童鼎璜題簽　一冊　存一種

330000－1716－0024461　集補 0278/24461　集部/詞類/總集之屬

全唐詞選二卷　民國元年（1912）上海掃葉山房石印本　一冊　存一卷（上）

330000－1716－0024468　子補 0837－2/24468　史部/傳記類/總傳之屬/釋道

敕建天台山國清禪寺戒壇同戒錄一卷　民國三十七年（1948）石印本　一冊

330000－1716－0024473　集補 0164/24473　集部/曲類/彈詞之屬

新刻千里駒四卷四十回　民國上海大成書局石印本　一冊　存一卷（一）

330000－1716－0024476　子補 1019/24476　子部/儒家類/儒學之屬/俗訓

戒淫格言挽世舟一卷附病忌要覽一卷　民國
上海宏大善書局石印本　一冊

330000－1716－0024478　子補0855/24478
子部/宗教類/道教之屬

文昌大洞仙經親降定正三卷　民國十二年
(1923)上海宏大善書局石印本　一冊

330000－1716－0024480　集補0165/24480
集部/小說類/長篇之屬

新鐫繡像後宋慈雲太子逃難走國全傳四卷三
十五回　民國石印本　一冊

330000－1716－0024482　普叢0182－1/
24482　類叢部/叢書類/自著之屬

隨園全集三十六種　(清)袁枚撰　民國十年
(1921)上海中華圖書館鉛印本　八冊　存
一種

330000－1716－0024483　子補0857－1/
24483　子部/宗教類/道教之屬

救生船四卷　民國上海南洋書局石印本　一
冊　存一卷(一)

330000－1716－0024484　集補0280－1/
24484　集部/總集類/選集之屬　斷代

注釋唐詩三百首六卷　(清)蘅塘退士(孫洙)
編　民國二十四年(1935)上海商務印書館鉛
印本　二冊

330000－1716－0024485　史補0535/24485
史部/傳記類

韞雲偶刊不分卷　李雲良　孟韞佳編　民國
十八年(1929)鉛印本暨影印本　一冊

330000－1716－0024487　集補0280－2/
24487　集部/總集類/選集之屬　斷代

注釋唐詩三百首四卷　(清)蘅塘退士(孫洙)
編　民國上海天寶書局石印本　一冊

330000－1716－0024488　子補0858－1/
24488　子部/宗教類/佛教之屬

戒殺放生文一卷　(明)釋袾宏撰　民國十二
年(1923)上海宏大善書局石印本　一冊

330000－1716－0024489　集補0167/24489

集部/小說類/長篇之屬

劉備歷史演義□□編□□回　民國十二年
(1923)競智圖書館石印本　一冊　存十回
(下編一至十)

330000－1716－0024490　子補0858－3/
24490　子部/宗教類/佛教之屬

戒殺放生答客問一卷　民國鉛印本　顧超題
記　一冊

330000－1716－0024491　子補0858－2/
24491　子部/宗教類/佛教之屬

戒殺放生文一卷　(明)釋袾宏撰　民國鉛印
本　一冊

330000－1716－0024492　普叢0182－2/
24492　類叢部/叢書類/自著之屬

隨園全集三十六種　(清)袁枚撰　民國十年
(1921)上海中華圖書館鉛印本　三十二冊
存二十一種

330000－1716－0024496　子補0859－1/
24496　子部/宗教類/道教之屬

三聖經靈驗圖注不分卷　民國十七年(1928)
上海鴻寶齋書局石印本　一冊

330000－1716－0024497　子補0859－2/
24497　子部/宗教類/道教之屬

三聖經靈驗圖注不分卷　民國十七年(1928)
上海鴻寶齋書局石印本　一冊

330000－1716－0024499　子補0859－3/
24499　子部/宗教類/道教之屬

三聖經靈驗圖注不分卷　民國十七年(1928)
上海鴻寶齋書局石印本　一冊

330000－1716－0024500　子補0859－4/
24500　子部/宗教類/道教之屬

三聖經靈驗圖注不分卷　民國十七年(1928)
上海鴻寶齋書局石印本　一冊

330000－1716－0024502　子補0859－5/
24502　子部/宗教類/道教之屬

三聖經靈驗圖注不分卷　民國十七年(1928)
上海鴻寶齋書局石印本　一冊

330000 – 1716 – 0024503　　子補 0859 – 6/
24503　子部/宗教類/道教之屬

三聖經靈驗圖注不分卷　民國十七年（1928）
上海鴻寶齋書局石印本　一冊

330000 – 1716 – 0024505　　子補 0859 – 7/
24505　子部/宗教類/道教之屬

三聖經靈驗圖注不分卷　民國十七年（1928）
上海鴻寶齋書局石印本　一冊

330000 – 1716 – 0024506　　子補 0859 – 8/
24506　子部/宗教類/道教之屬

三聖經靈驗圖注不分卷　民國十七年（1928）
上海鴻寶齋書局石印本　宋寶彝題記　一冊

330000 – 1716 – 0024507　　史補 1363 – 7/
24507　史部/目録類/總録之屬/官修

欽定四庫全書簡明目録二十卷　（清）紀昀等
撰　**四庫未收書目提要五卷**　（清）阮元撰
民國八年（1919）上海掃葉山房石印本　四冊
存十二卷（七至十、十八至二十，提要一至
五）

330000 – 1716 – 0024508　　集補 0168/24508
集部/小說類/長篇之屬

神俠桃花女四卷十六回　民國惜陰書局石印
本　一冊　存二卷（一、三）

330000 – 1716 – 0024509　　子補 0839 – 1/
24509　子部/宗教類/佛教之屬/經咒

日誦經咒簡易科儀不分卷　求濟度室編　民
國世界佛教居士林鉛印本　一冊

330000 – 1716 – 0024510　　史補 0537/24510
史部/目録類/總録之屬

簡要書目一卷　民國十七年（1928）上海佛經
流通處鉛印本　一冊

330000 – 1716 – 0024512　　子補 0839 – 2/
24512　子部/宗教類/佛教之屬/經咒

日誦經咒簡易科儀不分卷　求濟度室編　民
國世界佛教居士林鉛印本　一冊

330000 – 1716 – 0024513　　史補 0538/24513
史部/傳記類/總傳之屬/姓名

繪圖百家姓一卷　民國上海昌文書局石印本

一冊

330000 – 1716 – 0024514　　普叢 0184/24514
類叢部/叢書類/自著之屬

花近樓雜撰　金濤撰　民國浙江圖書館印行
所鉛印本　一冊　存一種

330000 – 1716 – 0024516　　子補 0840 – 1/
24516　子部/宗教類/佛教之屬

禪門日誦一卷　民國十七年（1928）大中華印
刷局石印本　一冊

330000 – 1716 – 0024519　　集補 0280 – 3/
24519　集部/總集類/選集之屬/斷代

注釋唐詩三百首四卷　（清）蘅塘退士（孫洙）
編　民國上海天寶書局石印本　一冊

330000 – 1716 – 0024528　　史補 0542/24528
史部/政書類/律令之屬/判牘

樊山判牘續編四卷　樊增祥撰　民國大同書
局石印本　一冊　存一卷（四）

330000 – 1716 – 0024529　　集補 0169 – 3/
24529　集部/小說類/長篇之屬

增評加批金玉緣圖說一百二十卷首一卷
（清）曹霑　（清）高鶚撰　（清）蝶薌仙史評
訂　民國石印本　四冊

330000 – 1716 – 0024530　　集補 0281/24530
集部/總集類/氏族之屬

三蘇文集四十四卷　邵希雍輯　民國元年
（1912）上海會文學社石印本　六冊　缺十卷
（東坡文集七至八、欒城文集一至八）

330000 – 1716 – 0024531　　子補 0860 – 1/
24531　子部/宗教類/道教之屬

三聖經讀本一卷　民國十三年（1924）上海宏
大善書局石印本　一冊

330000 – 1716 – 0024532　　子補 0860 – 2/
24532　子部/宗教類/道教之屬

三聖經讀本一卷　民國二十二年（1933）上海
明善書局石印本　一冊

330000 – 1716 – 0024534　　子補 0860 – 3/
24534　子部/宗教類/道教之屬

三聖經讀本一卷　民國二十二年（1933）上海明善書局石印本　章□旗題記　一冊

330000 – 1716 – 0024535　集補 0261 – 2/24535　集部/總集類/選集之屬/通代
御選唐宋詩醇四十七卷目錄二卷　（清）高宗弘曆輯　民國四年（1915）中華圖書館石印本　二冊　缺四十卷（八至四十七）

330000 – 1716 – 0024536　子補 0860 – 4/24536　子部/宗教類/道教之屬
三聖經讀本一卷　民國二十二年（1933）上海明善書局石印本　章祥鴻題記　一冊

330000 – 1716 – 0024537　子補 0860 – 5/24537　子部/宗教類/道教之屬
三聖經讀本一卷　民國十三年（1924）上海宏大善書局石印本　一冊

330000 – 1716 – 0024540　集補 0459/24540　集部/總集類/尺牘之屬
國民學校注音白話尺牘不分卷　相菊潭　王鳳孫撰　民國九年（1920）上海崇文書局石印本　一冊

330000 – 1716 – 0024544　集補 0283/24544　集部/別集類/清別集
鈍吟集三卷馮舍人遺詩六卷　（清）馮班撰　民國二年（1913）上海集益書局石印本　三冊　缺二卷（馮舍人遺詩一至二）

330000 – 1716 – 0024550　子補 0859 – 12/24550　子部/宗教類/道教之屬
三聖經靈驗圖注不分卷　民國十二年（1923）元益善書流通處石印本　一冊

330000 – 1716 – 0024560　集補 0171/24560　集部/小說類/長篇之屬
繡像五女興唐傳四卷四十二回　民國石印本　三冊　存三卷（一、三至四）

330000 – 1716 – 0024561　集補 0284 – 2/24561　集部/別集類/清別集
定盦文集三卷續集四卷續錄一卷文集補二卷文集補編四卷　（清）龔自珍撰　民國石印本　一冊　存四卷（文集補編一至四）

330000 – 1716 – 0024579　集補 0285 – 1/24579　集部/詩文評類/詩評之屬
學詩指南二卷　顧亭鑑纂輯　民國詩學齋石印本　一冊　存一卷（上）

330000 – 1716 – 0024581　子補 0840 – 9/24581　子部/宗教類/佛教之屬
禪門日誦一卷　民國八年（1919）浙杭瑪瑙經房刻本　余燦題記　一冊

330000 – 1716 – 0024584　子補 0840 – 10/24584　子部/宗教類/佛教之屬
禪門日誦一卷　民國十二年（1923）浙杭瑪瑙經房刻本　淨志居士題記　一冊

330000 – 1716 – 0024585　集補 0285 – 2/24585　集部/詩文評類/詩評之屬
學詩指南二卷　顧亭鑑纂輯　民國詩學齋石印本　一冊　存一卷（上）

330000 – 1716 – 0024588　集補 0286/24588　集部/詩文評類/詩評之屬
然脂餘韻六卷　王蘊章輯　民國十四年（1925）上海商務印書館鉛印本　二冊　存四卷（一至二、五至六）

330000 – 1716 – 0024591　縣資 0032 – 6/24591　史部/地理類/專志之屬/寺觀
倉帝廟志一卷附臥龍山倉帝廟立石記一卷　（清）劉正誼編　續倉帝廟志不分卷　陳艮仙　周毅修輯　民國二十五年（1936）鉛印本　一冊　存一卷（立石記）

330000 – 1716 – 0024595　集補 0288 – 1/24595　集部/詞類/詞話之屬
最淺學詞法一卷　傅汝楫編　民國九年（1920）上海大東書局石印本　一冊

330000 – 1716 – 0024597　集補 0288 – 2/24597　集部/詞類/詞話之屬
最淺學詞法一卷　傅汝楫編　民國十二年（1923）上海大東書局石印本　一冊

330000 – 1716 – 0024598　縣資 0032 – 7/24598　史部/地理類/專志之屬/寺觀
倉帝廟志一卷附臥龍山倉帝廟立石記一卷

（清）劉正誼編　**續倉帝廟志不分卷**　陳艮仙
周毅修輯　民國二十五年（1936）鉛印本
一冊　存一卷（立石記）

330000－1716－0024601　集補0280－4/
24601　集部/總集類/選集之屬/斷代

注釋唐詩三百首六卷　（清）蘅塘退士（孫洙）
編　民國上海商務印書館鉛印本　一冊

330000－1716－0024602　子補0840－11/
24602　子部/宗教類/佛教之屬

禪門日誦一卷　民國十二年（1923）浙杭瑪瑙
經房刻本　一冊

330000－1716－0024607　地獻1708－1/
24607　子部/儒家類/儒學之屬/禮教/女範

繪圖女四書白話解四卷　沈朱坤編譯　民國
七年（1918）上海會文堂書局石印本　四冊

330000－1716－0024611　子補1031－3/
24611　子部/儒家類/儒學之屬/禮教/家訓

治家格言繹義一卷　（清）戴翊清撰　民國鉛
印本　一冊

330000－1716－0024614　子補1031－4/
24614　子部/儒家類/儒學之屬/禮教/家訓

治家格言繹義一卷　（清）戴翊清撰　民國十
二年（1923）揚州懷少義塾刻本　一冊

330000－1716－0024617　集補0176/24617
集部/小說類/長篇之屬

十里鶯花夢二十回　拂雲生撰　民國鉛印本
一冊　存十回（一至十）

330000－1716－0024624　新補0488/24624
史部/政書類/律令之屬

刑律釋要不分卷　民國江蘇警察傳習所鉛印
本　一冊

330000－1716－0024625　子補0842/24625
子部/宗教類/佛教之屬/經疏

佛說阿彌陀經簡釋一卷　（後秦）釋鳩摩羅什
譯　（明）釋袾宏疏鈔　（清）徐槐廷標摘　**拔
一切業障根本得生淨土陀羅尼一卷**　**廣大圓
滿無礙大悲心陀羅尼一卷**　**般若波羅蜜多心
經一卷**　（後秦）釋鳩摩羅什譯　孫鏘約參

民國七年（1918）鉛印本　一冊

330000－1716－0024628　地獻1709/24628
子部/儒家類/儒學之屬/禮教/家訓

治家格言類證一卷　（清）曹顯偉輯　民國十
二年（1923）紹城縣華商石印本　謝銓題記
一冊

330000－1716－0024631　地獻1708－3/
24631　子部/儒家類/儒學之屬/禮教/女範

繪圖女四書白話解四卷　沈朱坤編譯　民國
二十一年（1932）上海會文堂新記書局石印本
三冊　缺一卷（一）

330000－1716－0024632　地獻1708－4/
24632　子部/儒家類/儒學之屬/禮教/女範

繪圖女四書白話解四卷　沈朱坤編譯　民國
上海會文堂書局石印本　一冊　存一卷（三）

330000－1716－0024636　地獻1710/24636
子部/宗教類/佛教之屬

千手千眼無礙大悲心陀羅尼一卷　**佛說阿彌
陀經一卷**　（後秦）釋鳩摩羅什譯　**大懺悔文
一卷**　民國紹興縣廣仁寺釋寶月石印本
一冊

330000－1716－0024643　子補0843/24643
子部/宗教類/佛教之屬

**大方廣佛華嚴經樣本一卷影印南本大般涅槃
經樣本一卷**　民國上海佛學書局鉛印本暨影
印本　一冊

330000－1716－0024644　地獻1712－2/
24644　集部/別集類/明別集

楊忠愍公全集四卷首一卷　（明）楊繼盛撰
民國十年（1921）古越積善堂石印本　一冊

330000－1716－0024653　地獻1712－3/
24653　集部/別集類/明別集

楊忠愍公全集四卷首一卷　（明）楊繼盛撰
民國十年（1921）古越積善堂石印本　一冊

330000－1716－0024654　地獻1712－4/
24654　集部/別集類/明別集

楊忠愍公全集四卷首一卷　（明）楊繼盛撰
民國十年（1921）古越積善堂石印本　一冊

330000 – 1716 – 0024656　　地獻 1712 – 5/
24656　集部/別集類/明別集

楊忠愍公全集四卷首一卷　（明）楊繼盛撰
民國十年(1921)古越積善堂石印本　一冊

330000 – 1716 – 0024665　集補 0180/24665
集部/小說類/短篇之屬

繡像閨秀英才□□卷　（清）鴛湖煙水散人撰
民國石印本　一冊　存一卷(二)

330000 – 1716 – 0024673　集補 0181/24673
集部/小說類/長篇之屬

繡像野草閒花臭姻緣四卷四十回　（清）月湖
漁隱撰　民國石印本　一冊　存一卷(三)

330000 – 1716 – 0024677　集補 0182/24677
集部/曲類/彈詞之屬

新刻五雷陣四卷四十回　民國六年(1917)上
海鍊石齋書局石印本　一冊

330000 – 1716 – 0024678　　地獻 1713 – 1/
24678　集部/別集類

**蠲戲齋詩編年集八卷避寇集一卷芳杜詞賸一
卷**　馬浮撰　**蠲戲齋詩前集二卷**　馬浮撰
張立民　楊蔭林輯録　民國二十九年
(1940)、三十六年(1947)刻本　六冊

330000 – 1716 – 0024680　　地獻 1713 – 2/
24680　集部/別集類

**蠲戲齋詩編年集八卷避寇集一卷芳杜詞賸一
卷**　馬浮撰　**蠲戲齋詩前集二卷**　馬浮撰
張立民　楊蔭林輯録　民國二十九年
(1940)、三十六年(1947)刻本　六冊

330000 – 1716 – 0024683　　子補 0859 – 48/
24683　子部/宗教類/道教之屬

三聖經靈驗圖注不分卷　民國上海天寶書局
石印本　一冊

330000 – 1716 – 0024691　　子補 0859 – 49/
24691　子部/宗教類/道教之屬

三聖經靈驗圖注不分卷　民國上海天寶書局
石印本　一冊

330000 – 1716 – 0024692　　子補 0859 – 50/
24692　子部/宗教類/道教之屬

三聖經靈驗圖注不分卷　民國十一年(1922)
尚古山房石印本　一冊

330000 – 1716 – 0024694　　子補 0859 – 51/
24694　子部/宗教類/道教之屬

三聖經靈驗圖注不分卷　民國二十一年
(1932)上海明善書局石印本　一冊

330000 – 1716 – 0024695　　子補 0859 – 52/
24695　子部/宗教類/道教之屬

三聖經靈驗圖注不分卷　民國二十一年
(1932)上海明善書局石印本　一冊

330000 – 1716 – 0024696　集補 0183/24696
集部/小說類/長篇之屬

繪圖草木春秋四卷三十二回　（清）江洪撰
民國石印本　二冊　存二卷(二、四)

330000 – 1716 – 0024699　　子補 0859 – 53/
24699　子部/宗教類/道教之屬

三聖經靈驗圖注不分卷　民國二十一年
(1932)上海明善書局石印本　一冊

330000 – 1716 – 0024700　　子補 0859 – 54/
24700　子部/宗教類/道教之屬

三聖經靈驗圖注不分卷　民國二十一年
(1932)上海明善書局石印本　一冊

330000 – 1716 – 0024701　　子補 0859 – 55/
24701　子部/宗教類/道教之屬

三聖經靈驗圖注不分卷　民國二十一年
(1932)上海明善書局石印本　一冊

330000 – 1716 – 0024703　集補 0184 – 1/
24703　集部/小說類/長篇之屬

**繡像北方真武祖師玄天上帝出身全傳四卷二
十四回**　民國石印本　一冊　存二卷(一至
二)

330000 – 1716 – 0024704　　地獻 1715 – 3/
24704　史部/傳記類/別傳之屬/事狀

陳秉衡先生哀輓録不分卷　民國十六年
(1927)石印本　一冊

330000 – 1716 – 0024705　　地獻 1715 – 4/
24705　史部/傳記類/別傳之屬/事狀

嵊縣童潔泉先生暨德配魏太夫人哀輓錄不分卷　童杭　童濟輯　民國石印本暨鉛印本　一冊

330000－1716－0024706　子補0859－57/24706　子部/宗教類/道教之屬

三聖經靈驗圖注不分卷　民國十一年（1922）元益善書流通處石印本　一冊

330000－1716－0024707　子補0859－58/24707　子部/宗教類/道教之屬

三聖經感應靈驗圖注不分卷　民國十年（1921）杭州華興編譯書局石印本　一冊

330000－1716－0024708　集補0184－2/24708　集部/小說類/長篇之屬

繪像北方真武祖師玄天上帝出身全傳四卷二十四回　民國四年（1915）上海錦章圖書局石印本　一冊　存二卷（一至二）

330000－1716－0024709　地獻1716/24709　史部/傳記類/別傳之屬/事狀

晴川先生［孫之騄］事畧一卷　樊鎮輯　民國七年（1918）山陰樊氏刻本　一冊

330000－1716－0024710　子補0859－59/24710　子部/宗教類/道教之屬

三聖經感應靈驗圖注不分卷　民國八年（1919）浙江印刷公司善書總發行所鉛印本　一冊

330000－1716－0024711　子補0859－60/24711　子部/宗教類/道教之屬

三聖經感應靈驗圖注不分卷　民國八年（1919）上海科學書局石印本　一冊

330000－1716－0024712　地獻1715－5/24712　史部/傳記類/別傳之屬/事狀

宋庚初先生哀輓錄不分卷　民國二十四年（1935）石印本暨鉛印本　一冊

330000－1716－0024713　子補0859－61/24713　子部/宗教類/道教之屬

三聖經感應靈驗圖注不分卷　民國杭州華興編譯書局石印本　一冊

330000－1716－0024714　集補0185/24714　集部/小說類/長篇之屬

繡像吳越春秋四卷四十八回　民國石印本　一冊　存一卷（三）

330000－1716－0024717　地獻1715－6/24717　史部/傳記類/別傳之屬/事狀

程母韓夫人訃告不分卷　民國二十二年（1933）石印本暨鉛印本　一冊

330000－1716－0024718　子補0862－1/24718　子部/宗教類/道教之屬

三大聖經不分卷　民國浙江杭州迦音社鉛印本　一冊

330000－1716－0024721　子補0870－1/24721　子部/宗教類/佛教之屬

勸發菩提心文一卷　民國刻本　一冊

330000－1716－0024724　集補0187/24724　集部/曲類/曲藝之屬

共和戲曲四集一卷　李節齋校正　民國二年（1913）上海殷裕記書局石印本　一冊

330000－1716－0024726　子補0870－2/24726　子部/宗教類/佛教之屬

勸發菩提心文一卷　（清）釋實賢撰　民國上海佛學書局石印本　一冊

330000－1716－0024727　子補0870－3/24727　子部/宗教類/佛教之屬

勸發菩提心文一卷　（清）釋實賢撰　民國上海佛學書局石印本　童鼎璜題記　一冊

330000－1716－0024729　集補0188/24729　集部/小說類/短篇之屬

小小說　中華書局編輯　民國十七年（1928）上海中華書局鉛印本　一冊　存八種

330000－1716－0024733　子補0871/24733　子部/宗教類/佛教之屬/諸宗

淨土輯要三卷附錄一卷　潘慧純　邵慧圓輯述　民國鉛印本　丁之蕃題記並批注　一冊　存三卷（二至三、附錄）

330000－1716－0024734　地獻1715－7/

24734　史部/傳記類/別傳之屬/事狀

孫母王太夫人訃告不分卷　民國二十年
(1931)石印本　一冊

330000－1716－0024735　普叢 0189/24735
類叢部/叢書類/彙編之屬

續古逸叢書四十七種　張元濟等編　民國十
一年(1922)至一九五七年上海商務印書館影
印本　四冊　存三種

330000－1716－0024738　子補 0862－2/
24738　子部/宗教類/道教之屬

三大聖經不分卷　民國浙江杭州迦音社鉛印
本　一冊

330000－1716－0024740　子補 0872/24740
子部/宗教類/佛教之屬/經疏

佛說仁王護國般若波羅密經疏五卷　（後秦）
釋鳩摩羅什譯　（隋）釋智顗說　（隋）釋灌頂
記　民國十一年(1922)杭州近文齋刻本　二
冊　存二卷(三、五)

330000－1716－0024741　地獻 1715－8/
24741　史部/傳記類/別傳之屬/事狀

**清故奉政大夫同知衛候選按察司經歷附貢生
作亭孫君[鵬振]暨德配陶宜人孝節雙褒合傳
一卷附紀孝子節婦遺迹一卷**　孫壽鵬　孫斯
久輯　民國二十三年(1934)石印本暨鉛印本
一冊

330000－1716－0024742　子補 0863/24742
子部/宗教類/道教之屬

三聖經三卷　民國中央刻經院鉛印本　一冊

330000－1716－0024743　地獻 1715－9/
24743　史部/傳記類/別傳之屬/事狀

**清故奉政大夫同知衛候選按察司經歷附貢生
作亭孫君[鵬振]暨德配陶宜人孝節雙褒合傳
一卷附紀孝子節婦遺迹一卷**　孫壽鵬　孫斯
久輯　民國二十三年(1934)石印本暨鉛印本
一冊

330000－1716－0024746　集補 0295－1/
24746　集部/總集類/尺牘之屬

歷代名人書札注釋四卷　許國英撰　民國上

海商務印書館鉛印本　三冊　存三卷(一至
二、四)

330000－1716－0024747　地獻 1717－1/
24747　史部/金石類/石之屬

曹娥孝女廟碑不分卷　民國慎初堂朱氏鉛印
本暨石印本　一冊

330000－1716－0024749　地獻 1421－2/
24749　集部/別集類/清別集

**惕齋遺集四卷續集二卷補遺一卷首一卷末一
卷**　（清）周蘊良撰　民國二十四年(1935)會
稽周氏誦清芬館刻本　祖琛題記　二冊

330000－1716－0024750　集補 0295－2/
24750　集部/總集類/尺牘之屬

歷代名人書札注釋四卷　許國英撰　民國十
三年(1924)上海商務印書館鉛印本　三冊
缺一卷(三)

330000－1716－0024752　集補 0296－1/
24752　集部/總集類/尺牘之屬

歷代名人小簡二卷　吳曾祺輯　民國三年
(1914)上海商務印書館鉛印本　二冊

330000－1716－0024753　集補 0296－2/
24753　集部/總集類/尺牘之屬

歷代名人小簡二卷　吳曾祺輯　民國四年
(1915)上海商務印書館鉛印本　一冊　存一
卷(下)

330000－1716－0024754　史補 0561/24754
史部/傳記類/別傳之屬/墓誌

海鹽朱節母生壙銘并題詠一卷　朱立成輯
民國朱墨石印本　一冊

330000－1716－0024755　集補 0296－3/
24755　集部/總集類/尺牘之屬

歷代名人小簡二卷　吳曾祺輯　民國上海商
務印書館鉛印本　一冊　存一卷(上)

330000－1716－0024756　善附 0252/24756
史部/地理類/外紀之屬

安南志畧不分卷　（越南）黎崱編　民國陶在
寬抄本　四冊

330000－1716－0024757　集補 0297－1/
24757　集部/總集類/尺牘之屬

歷代名人小簡續編二卷　吳曾祺輯　民國二
十四年(1935)上海商務印書館鉛印本　一冊
缺一卷(上)

330000－1716－0024758　集補 0297－2/
24758　集部/總集類/尺牘之屬

歷代名人小簡續編二卷　吳曾祺輯　民國八
年(1919)上海商務印書館鉛印本　一冊　缺
一卷(上)

330000－1716－0024760　集補 0279－3/
24760　集部/總集類/尺牘之屬

歷代名人小簡續編二卷　吳曾祺輯　民國六
年(1917)上海商務印書館鉛印本　金聖文題
記　一冊　缺一卷(上)

330000－1716－0024761　子補 0869/24761
子部/宗教類/佛教之屬

戒殺放生一卷　王與楫輯　民國十年(1921)
鉛印本　一冊

330000－1716－0024762　善附 0253/24762
集部/總集類/選集之屬/通代

荊花館詠物詩抄一卷雜文抄一卷題畫抄一卷
田紹謙編　民國二十三年(1934)稿本
四冊

330000－1716－0024763　史補 0560/24763
史部/傳記類/總傳之屬/仕宦

關帝史略演詞一卷　民國鉛印本　張通謨題
記　一冊

330000－1716－0024764　史補 0562/24764
史部/政書類/邦計之屬

發起開闢三門灣報告書不分卷　徐春榮等撰
民國九年(1920)鉛印本　一冊

330000－1716－0024773　子補 0874/24773
子部/宗教類/佛教之屬/論疏

大乘廣五蘊論注一卷　蔣維喬注　民國十三
年(1924)上海商務印書館鉛印本　一冊

330000－1716－0024776　集補 0298－4/
24776　集部/總集類/尺牘之屬

歷代名人書札二卷　吳曾祺輯　民國上海商
務印書館鉛印本　一冊　存一卷(二)

330000－1716－0024779　地獻 1718/24779
集部/別集類/清別集

味佛諦盦尺牘一卷　(清)陶方琦撰　民國三
十二年(1943)陶聞齊影印本　一冊

330000－1716－0024782　集補 0298－5/
24782　集部/總集類/尺牘之屬

歷代名人書札二卷　吳曾祺輯　民國三年
(1914)上海商務印書館鉛印本　二冊

330000－1716－0024783　集補 0192/24783
集部/曲類/彈詞之屬

**繡像玉蜻蜓前傳八卷二十八回後傳八卷三十
二回**　民國石印本　四冊　存八卷(後傳一
至八)

330000－1716－0024784　善附 0255/24784
集部/別集類/清別集

棣鄂齋文集一卷詩鈔二卷　(清)蔣大椿撰
民國抄本　三冊

330000－1716－0024785　經補 0516/24785
經部/小學類/文字之屬/字書/字典

辭源十二卷檢字一卷勘誤一卷附錄五卷　陸
爾奎等編　民國四年(1915)上海商務印書館
鉛印本　四冊

330000－1716－0024790　地獻 3000/24790
史部/傳記類/總傳之屬/技藝

廣印人傳一卷　葉舟撰　民國抄本　二冊

330000－1716－0024793　地獻 3002/24793
子部/雜著類

鄉談一卷　田易撰　民國抄本　一冊

330000－1716－0024797　史補 0565/24797
史部/傳記類/總傳之屬/忠孝

浙江孝節錄初集二卷　張大庚　王昌杰編
民國上海明善書局鉛印本　一冊　存一卷
(二下)

330000－1716－0024798　集補 0299－□/
24798　集部/總集類/尺牘之屬

歷代名人書札續編二卷　吳曾祺輯　民國三年(1914)上海商務印書館鉛印本　四冊

330000－1716－0024799　地獻 3004/24799
史部/目錄類/總錄之屬/私撰
抱遺閣書目索引一卷　民國抄本　二冊

330000－1716－0024800　集補 0299－2/24800　集部/總集類/尺牘之屬
歷代名人書札續編二卷　吳曾祺輯　民國上海商務印書館鉛印本　二冊　存二卷(一上、二上)

330000－1716－0024801　集補 0194－1/24801　集部/小說類/長篇之屬
花月痕全書四卷五十二回　(清)魏秀仁撰　民國石印本　一冊　存一卷(四)

330000－1716－0024803　地獻 3005/24803
史部/傳記類/總傳之屬/釋道
高僧傳一卷　民國抄本　一冊

330000－1716－0024804　集補 0300－1/24804　集部/詩文評類/文法之屬/函牘格式
新撰詳注分類尺牘大全不分卷最新應酬實用文件不分卷　袁韜壺編　民國十九年(1930)上海會文堂書局石印本　六冊

330000－1716－0024806　集補 0194－2/24806　集部/小說類/長篇之屬
繡像繪圖花月痕十六卷五十二回　(清)魏秀仁撰　(清)棲霞居士評　民國上海進步書局石印本　二冊　存八卷(一至四、九至十二)

330000－1716－0024808　集補 0300－2/24808　集部/詩文評類/文法之屬/函牘格式
新撰詳注分類尺牘大全不分卷最新應酬實用文件不分卷　袁韜壺編　民國十一年(1922)上海會文堂書局石印本　二冊

330000－1716－0024809　集補 0300－3/24809　集部/詩文評類/文法之屬/函牘格式
新撰詳注分類尺牘大全不分卷最新應酬實用文件不分卷　袁韜壺編　民國十七年(1928)上海會文堂書局石印本　九冊

330000－1716－0024811　地獻 3006/24811
子部/術數類/相宅相墓之屬
富貴蘭臺一卷　(明)姚廣孝撰　民國抄本　一冊

330000－1716－0024812　集補 0648/24812
集部/詩文評類/文法之屬/函牘格式
最新詳解女子尺牘大觀四卷　黃朗軒撰　民國上海沈鶴記書局石印本　一冊　存二卷(一至二)

330000－1716－0024814　地獻 1723/24814
史部/目錄類/總錄之屬/官修
諸暨圖書館目錄初編八卷首一卷　樓藜然編　民國九年(1920)石印本　二冊　缺四卷(五至八)

330000－1716－0024815　地獻 3007/24815
集部/曲類/散曲之屬
詞曲牌名彙編　王黎陽輯　民國抄本　一冊

330000－1716－0024818　地獻 1470－5/24818　集部/別集類
聽香讀畫軒文鈔一卷詩鈔一卷詞鈔一卷聯語彙錄一卷　馬逸臣撰　孫葆英輯　民國二十八年(1939)鉛印本　一冊

330000－1716－0024819　集補 0301/24819
集部/總集類/尺牘之屬
蘇黃詩詞尺牘四卷　民國石印本　四冊

330000－1716－0024822　善附 0254/24822
史部/傳記類/別傳之屬/年譜
潘敦田先生自撰年譜一卷　(清)潘瑩撰　民國二十五年(1936)沈鈞業抄本　一冊

330000－1716－0024825　地獻 3008/24825
史部/地理類/山川之屬/水志
酈氏水經注摘錄一卷　民國抄本　一冊

330000－1716－0024827　地獻 3009－1/24827　經部/孝經類/正文之屬
孝經一卷　民國抄本　一冊

330000－1716－0024828　經補 0517/24828
經部/小學類/文字之屬/字書/字典

紹興圖書館民國時期傳統裝幀書籍普查登記目錄

辭源十二卷檢字一卷勘誤一卷附録五卷　陸爾奎等編　民國上海商務印書館鉛印本　十一冊　存十二卷(一至十一、檢字)

330000－1716－0024829　地獻 3009－2/24829　經部/孝經類/正文之屬
孝經一卷　民國抄本　一冊

330000－1716－0024830　地獻 3009－3/24830　經部/孝經類/正文之屬
孝經一卷　民國三十二年(1943)抄本　一冊

330000－1716－0024832　地獻 1482－9/24832　集部/別集類/清別集
姜徵君遺詩二卷附遺詞一卷　(清)姜秉初撰　朱啟瀾輯　民國二十七年(1938)四樂草堂鉛印本　一冊

330000－1716－0024834　地獻 3010/24834　史部/政書類/律令之屬/刑制
刑法錦囊一卷　民國抄本　一冊

330000－1716－0024835　地獻 3011/24835　史部/政書類/律令之屬/治獄
案例二卷　民國抄本　二冊

330000－1716－0024836　地獻 1724－1/24836　集部/別集類/清別集
晚香廬詩詞鈔不分卷　(清)韓潮撰　民國鉛印本　一冊

330000－1716－0024837　地獻 3023/24837　新學/議論
真實學問不分卷　民國三十二年(1943)抄本　一冊

330000－1716－0024840　地獻 1724－2/24840　集部/別集類/清別集
晚香廬詩詞鈔不分卷　(清)韓潮撰　民國鉛印本　一冊

330000－1716－0024841　地獻 1725/24841　子部/藝術類/遊藝之屬/詩鐘
屬湖社詩鐘一卷　金炳麟　王以銓選　民國鉛印本　一冊

330000－1716－0024843　　地獻 1403－3/

24843　史部/傳記類/別傳之屬/事狀
阮建章先生哀挽録一卷　孫家驤　潘文源輯　民國十五年(1926)鉛印本　陳津門題簽　一冊

330000－1716－0024846　地獻 1726－1/24846　史部/政書類/公牘檔冊之屬
紹興縣教育參觀團報告書一卷　紹興縣教育參觀團輯　民國八年(1919)鉛印本　一冊

330000－1716－0024847　地獻 3024/24847　史部/傳記類/日記之屬
成章小學六年級學生日記不分卷(民國十九年)　陳祖明撰　稿本　二冊

330000－1716－0024850　地獻 3012/24850　新學/議論
論說一卷　民國抄本　一冊

330000－1716－0024851　地獻 3026/24851　集部/別集類
信簿一卷　章銘撰　民國抄本　一冊

330000－1716－0024853　地獻 3013/24853　集部/詩文評類
文法録一卷　民國抄本　一冊

330000－1716－0024854　　子補 1039－6/24854　子部/小說家類/雜事之屬
音釋坐花誌果二卷　(清)汪道鼎撰　(清)鷺峰樵者音釋　民國上海科學編譯書局石印本　二冊

330000－1716－0024855　地獻 3014/24855　史部/傳記類/總傳之屬/郡邑
越人三不朽圖贊不分卷　董立抄　民國十四年(1925)抄本　一冊

330000－1716－0024857　　子補 1039－7/24857　子部/小說家類/雜事之屬
音釋坐花誌果二卷　(清)汪道鼎撰　(清)鷺峰樵者音釋　民國上海科學編譯書局石印本　二冊

330000－1716－0024858　地獻 3028/24858　類叢部/叢書類/自著之屬

朱脩齡輯稿五種　朱脩齡輯　民國十一年至十二年(1922－1923)稿本　九冊

330000－1716－0024859　地獻 3015/24859
集部/別集類/清別集

石笥山房詩集一卷　（清）胡天游撰　民國抄本　一冊

330000－1716－0024864　善附 0257/24864
集部/詞類/別集之屬

節霞詞存三卷　（清）俞忠孫撰　民國周氏綠杉野屋抄本　一冊

330000－1716－0024865　集補 0305/24865
集部/小說類/長篇之屬

繡像宋史奇書十二卷六十六回　民國三年(1914)上海錦章圖書局石印本　六冊

330000－1716－0024868　子補 1039－8/24868　子部/小說家類/雜事之屬

音釋坐花誌果八卷　（清）汪道鼎撰　（清）鷲峰樵者音釋　民國上海宏大善書局石印本　一冊　存四卷(一至四)

330000－1716－0024869　子補 1039－9/24869　子部/小說家類/雜事之屬

音釋坐花誌果八卷　（清）汪道鼎撰　（清）鷲峰樵者音釋　民國上海宏大善書局石印本　一冊　存四卷(一至四)

330000－1716－0024871　子補 1039－10/24871　子部/小說家類/雜事之屬

音釋坐花誌果八卷　（清）汪道鼎撰　（清）鷲峰樵者音釋　民國上海宏大善書局石印本　一冊　存四卷(一至四)

330000－1716－0024873　地獻 1730/24873
史部/政書類/公牘檔冊之屬

紹興民團總局收支徵信錄一卷　民國元年(1912)鉛印本　一冊

330000－1716－0024876　集補 0308/24876
集部/小說類

言情小說黑寶星不分卷　蔣景緘譯　民國時事報石印本　一冊

330000－1716－0024877　集補 0309/24877
集部/別集類

石倉詩集四卷　曹緣皋撰　民國十七年(1928)石倉山館鉛印本　二冊

330000－1716－0024882　地獻 3017/24882
新學/全體學

普通體操應用摘要一卷　民國沈寶楨抄本　一冊

330000－1716－0024885　地獻 3018/24885
子部/藝術類/遊藝之屬/棋弈

繪圖增變評注梅花譜一卷　馮遺生撰　民國十四年(1925)抄本　一冊

330000－1716－0024886　子補 0880－1/24886　子部/宗教類/佛教之屬/經疏

佛說四十二章經一卷　（漢）釋迦葉摩騰（漢）釋竺法蘭譯　八大人覺經一卷　（漢）釋安世高譯　佛遺教經一卷　（後秦）釋鳩摩羅什譯　民國上海佛學書局鉛印本　一冊

330000－1716－0024887　地獻 1453－2/24887　集部/別集類/清別集

愧廬文鈔二卷詩鈔一卷聯稿一卷　（清）胡鍾生撰　蔡元培選　民國三年(1914)上海越社鉛印本　一冊

330000－1716－0024888　集補 0195－1/24888　集部/戲劇類/雜劇之屬

京調□□種　民國石印本　一冊　存五種

330000－1716－0024889　地獻 1732/24889
史部/地理類/專志之屬/古跡

螭陽十景一卷續螭陽六景一卷附鳳湖十景一卷　錢鳳漁撰　民國鉛印本　陳則亮題記　一冊

330000－1716－0024890　善附 0259/24890
集部/總集類/題詠之屬

琴溪雜鈔一卷　周毅修輯　稿本　一冊

330000－1716－0024892　子補 0880－2/24892　子部/宗教類/佛教之屬/經疏

佛說四十二章經一卷　（漢）釋迦葉摩騰（漢）釋竺法蘭譯　八大人覺經一卷　（漢）釋

安世高譯　**佛遺教經一卷**　（後秦）釋鳩摩羅
什譯　民國上海佛學書局鉛印本　一冊

330000－1716－0024894　　地獻 1733－1/
24894　集部/別集類

翰芳詩草一卷　任翰芳撰　民國十七年
（1928）鉛印本　一冊

330000－1716－0024895　地獻 3019/24895
子部/宗教類/其他宗教之屬

上虞豐惠土地靈笈一卷　王煦撰　民國抄本
　一冊

330000－1716－0024896　地獻 1734/24896
集部/別集類

梅窗風雪稿一卷　任淑雲撰　民國十七年
（1928）鉛印本　一冊

330000－1716－0024898　地獻 3034/24898
集部/別集類

滑稽文一卷　張希聖撰　民國九年（1920）稿
本　一冊

330000－1716－0024900　地獻 1736/24900
史部/地理類/方志之屬/郡縣志

影印嘉泰會稽志寶慶續志樣本不分卷　王家
襄輯　民國十五年（1926）鉛印本暨影印本
一冊

330000－1716－0024901　子補 0882/24901
子部/宗教類/佛教之屬/經

佛說盂蘭盆經一卷　（晉）釋竺法護譯　民國
二十五年（1936）寧波鈞和印刷公司鉛印本
一冊

330000－1716－0024902　集補 0195－2/
24902　集部/戲劇類/雜劇之屬

繪圖京調□□種　民國石印本　一冊　存
五種

330000－1716－0024904　地獻 3033/24904
集部/別集類

聊盡我心一卷　施雲生撰　民國十三年
（1924）稿本　一冊

330000－1716－0024906　集補 0310/24906

集部/別集類

沃洲散人漫吟二卷　俞濬鑑撰　民國十九年
（1930）鉛印本　二冊

330000－1716－0024908　地獻 3035/24908
史部/目錄類/總錄之屬/官修

紹興縣圖書館第三進樓上新編書籍目錄一卷
　民國三十四年（1945）稿本　一冊

330000－1716－0024914　地獻 1239－2/
24914　集部/總集類/郡邑之屬

禹域叢書三種十二卷　禹域新聞社輯　民國
鉛印本　一冊　存一種

330000－1716－0024915　集補 0312－1/
24915　集部/別集類

耕道堂續詩鈔一卷　伊玉彬撰　民國十一年
（1922）汀州毛銘新石印本　惠齋先生題記
一冊

330000－1716－0024916　地獻 1644－9/
24916　史部/傳記類/日記之屬

越縵堂詹詹錄二卷　（清）李慈銘撰　李文紈
輯　民國二十二年（1933）李文紈鉛印本
二冊

330000－1716－0024920　地獻 1733－2/
24920　集部/別集類

翰芳詩草一卷　任翰芳撰　民國十七年
（1928）鉛印本　一冊

330000－1716－0024921　地獻 1733－3/
24921　集部/別集類

翰芳詩草一卷　任翰芳撰　民國十七年
（1928）鉛印本　一冊

330000－1716－0024924　集補 0312－2/
24924　集部/別集類/清別集

白華賸草一卷　（清）錢白華撰　民國二十二
年（1933）影印本　一冊

330000－1716－0024933　集補 0314/24933
集部/別集類/清別集

桐鳳集二卷　（清）曾彥撰　民國成都昌福公
司鉛印本　一冊

330000－1716－0024935　地獻 3052/24935
經部/小學類/音韻之屬/韻書

詩韻簡鈔一卷　民國養菴抄本　一冊

330000－1716－0024936　地獻 3053/24936
史部/政書類/公牘檔冊之屬

行政文牘一卷　民國十二年（1923）剡溪生抄
本　一冊

330000－1716－0024941　地獻 3054/24941
集部/總集類/課藝之屬

仰蕺山房課藝一卷　民國抄本　一冊

330000－1716－0024942　集補 0198/24942
集部/曲類/彈詞之屬

新編答救花魁女順記王婆子四卷九十六回
民國石印本　二冊　存二卷（二、四）

330000－1716－0024943　子補 0885/24943
子部/宗教類/佛教之屬/經疏

**大方廣佛華嚴經入不思議解脫境界普賢行願
品一卷**　（唐）釋般若譯　民國十七年（1928）
釋華智刻本　一冊

330000－1716－0024948　地獻 3055/24948
集部/小說類/長篇之屬

四大奇書第一種□□卷　民國抄本　二冊
存二卷（十二、十四）

330000－1716－0024951　善附 0261/24951
史部/地理類/專志之屬/古跡

會稽錢武肅王祠堂志不分卷　錢繩武輯　民
國十七年（1928）稿本　一冊

330000－1716－0024952　史補 0571/24952
史部/傳記類/別傳之屬/事狀

孫安軒先生［應會］行狀一卷　孫家驥　孫家
駒撰　民國鉛印本　一冊

330000－1716－0024954　地獻 1492－3/
24954　集部/總集類/酬唱之屬

詩巢壬社唱和集□□卷　戚升淮等撰　民國
鉛印本　一冊　存二卷（丙上下）

330000－1716－0024959　地獻 1525－5/
24959　子部/儒家類/儒學之屬/性理

**泰和會語一卷宜山會語一卷附玄義諸書舉略
一卷**　馬一浮撰　民國鉛印本　一冊　存一
卷（泰和會語）

330000－1716－0024963　子補 1046/24963
子部/儒家類/儒學之屬/禮教/女範

最新繪圖女兒經一卷　民國上海天寶書局石
印本　一冊

330000－1716－0024964　地獻 1525－6/
24964　子部/儒家類/儒學之屬/性理

**泰和會語一卷宜山會語一卷附玄義諸書舉略
一卷**　馬一浮撰　民國鉛印本　一冊　缺一
卷（泰和會語）

330000－1716－0024967　子補 1047－1/
24967　子部/道家類

南華真經解六卷　（清）宣穎撰　民國五年
（1916）上海江左書林石印本　三冊　存三卷
（一至三）

330000－1716－0024968　子補 0887/24968
子部/宗教類/其他宗教之屬

了道真經不分卷　民國二十一年（1932）石印
本　一冊

330000－1716－0024969　地獻 1525－7/
24969　子部/儒家類/儒學之屬/性理

**泰和會語一卷宜山會語一卷附玄義諸書舉略
一卷**　馬一浮撰　民國鉛印本　一冊　缺一
卷（泰和會語）

330000－1716－0024970　地獻 1525－8/
24970　子部/儒家類/儒學之屬/性理

**泰和會語一卷宜山會語一卷附玄義諸書舉略
一卷**　馬一浮撰　民國鉛印本　一冊　存一
卷（泰和會語）

330000－1716－0024971　地獻 1528－9/
24971　子部/儒家類/儒學之屬/性理

**泰和會語一卷宜山會語一卷附玄義諸書舉略
一卷**　馬一浮撰　民國鉛印本　童鼎璜題記
一冊　存一卷（泰和會語）

330000－1716－0024972　子補 0888/24972
子部/宗教類/佛教之屬/經

佛說阿彌陀經一卷 （後秦）釋鳩摩羅什譯 民國十三年（1924）徐文弼刻本　一冊

330000－1716－0024973　集補 0703/24973 集部/小說類/長篇之屬

繪圖第一情書聽月樓全傳四卷二十回 民國石印本　二冊　存二卷（一、四）

330000－1716－0024974　地獻 1525－10/24974　子部/儒家類/儒學之屬/性理

泰和會語一卷宜山會語一卷附玄義諸書舉略一卷 馬一浮撰　民國鉛印本　孝焱題簽　一冊　存一卷（泰和會語）

330000－1716－0024975　子補 1047－2/24975　子部/道家類

老莊正義合編 民國上海古書流通處據清光緒刻本影印本　一冊　存一種

330000－1716－0024976　地獻 1621－12/24976　史部/地理類/方志之屬/郡縣志

[民國]紹興地志述略不分卷 尹幼蓮纂　民國二十年（1931）鉛印本　一冊

330000－1716－0024977　集補 0704/24977 集部/小說類/長篇之屬

繡像八仙出處東遊記二卷五十六回 （明）吳元泰撰　民國上海鴻文書局石印本　一冊 存一卷（上）

330000－1716－0024978　子補 1047－3/24978　子部/道家類

南華經副墨八卷 （明）陸西星撰　民國上海受古書店、中一書局石印本　四冊　存六卷（一、三至四、六至八）

330000－1716－0024980　地獻 3056/24980 經部/儀禮類

六禮幾希一卷 民國抄本　一冊

330000－1716－0024982　地獻 3057/24982 集部/小說類/長篇之屬

樊梨花斬子一卷 民國抄本　一冊

330000－1716－0024984　地獻 3058/24984 史部/政書類

文牘類一卷 民國抄本　一冊

330000－1716－0024987　地獻 3059/24987 集部/總集類/選集之屬/通代

分韻詩一卷 民國綠筠書屋抄本　一冊

330000－1716－0024989　地獻 3060/24989 經部/小學類/文字之屬/字書

注釋增廣千字文類一卷 （清）朱炳南撰　民國抄本　一冊

330000－1716－0024991　地獻 3061/24991 子部/雜著類/雜纂之屬

國文存液一卷 民國金鑑抄本　一冊

330000－1716－0024998　地獻 1226－3/24998　史部/地理類/水利之屬

麻溪改壩為橋始末記四卷首一卷 王念祖纂　民國八年（1919）戩社鉛印本　一冊　缺二卷（三至四）

330000－1716－0025000　子補 0892/25000 子部/宗教類/佛教之屬/經疏

般若波羅蜜多心經淺注一卷 許止淨撰　民國十八年（1929）元昌茂印書局鉛印本　丁之蕃題記　一冊

330000－1716－0025003　子補 1047－5/25003　子部/道家類

莊子因六卷 （清）林雲銘評述　民國上海千頃堂書局石印本　一冊　存三卷（一至三）

330000－1716－0025006　集補 0706/25006 集部/戲劇類/雜劇之屬

繡像鴛鴦夢四卷十六回 （清）南岳道人編（清）青溪醉客評　民國石印本　一冊　存一卷（四）

330000－1716－0025007　地獻 3062/25007 子部/儒家類/儒學之屬/蒙學

便蒙習論一卷 民國抄本　一冊

330000－1716－0025014　子補 1047－6/25014　子部/道家類

莊子十卷 （晉）郭象注　（唐）陸德明音義 民國上海文瑞樓石印本　三冊　存七卷（四

至十）

330000－1716－0025016　地獻 1742/25016
類叢部/叢書類/自著之屬

越中喻氏崇德堂叢著　喻長鑒撰　民國十六
年（1927）紹興喻氏崇德堂鉛印本　二冊　存
一種

330000－1716－0025017　地獻 3064/25017
子部/醫家類

醫書□□卷　民國二十五年（1936）馬龍抄本
一冊　存一卷（二）

330000－1716－0025021　地獻 3065/25021
子部/農家農學類/園藝之屬/花卉

月季花總名一卷　民國抄本　一冊

330000－1716－0025022　子補 1047－4/
25022　子部/道家類

南華真經十卷　（晉）郭象注　（唐）陸德明音
義　民國三年（1914）右文社影印本　一冊
存一卷（八）

330000－1716－0025023　集補 0708/25023
集部/曲類/彈詞之屬

繡像胡必松九美圖四卷二十六回　民國鑄記
書局石印本　一冊　存一卷（二）

330000－1716－0025026　善附 0262/25026
史部/傳記類/總傳之屬/忠孝

祭文輯覽十卷　壽鵬更輯　稿本　三冊　存
三卷（三、六、八）

330000－1716－0025039　地獻 3070/25039
新學/雜著

新覽一卷　民國抄本　一冊

330000－1716－0025043　地獻 3071/25043
子部/雜著類/雜纂之屬

時文鈔一卷　民國抄本　一冊

330000－1716－0025044　地獻 3072/25044
子部/農家農學類

西國養蜂法摘要一卷　民國抄本　一冊

330000－1716－0025046　地獻 3073/25046
子部/醫家類/内科之屬/虛勞

虛癆癥一卷　民國抄本　一冊

330000－1716－0025049　地獻 3074/25049
子部/醫家類/溫病之屬

溫病條辨摘鈔一卷　民國抄本　一冊

330000－1716－0025052　地獻 3075/25052
子部/醫家類/傷寒金匱之屬/傷寒論

傷寒病一卷　民國抄本　一冊

330000－1716－0025053　集補 0711/25053
集部/曲類/彈詞之屬

繡像雙玉玦二卷　民國石印本　二冊

330000－1716－0025058　地獻 1571－2/
25058　經部/小學類/音韻之屬/韻書

增補同音字類標韻二卷續編一卷外編一卷
（清）石韞玉增輯　民國六年（1917）紹興育新
書局石印本　二冊

330000－1716－0025067　集補 0333/25067
集部/詩文評類/類編之屬

清詩話四十三種　丁福保訂　民國鉛印本
一冊　存二種

330000－1716－0025072　集補 0334/25072
集部/詞類/詞韻之屬

詞林正韻三卷發凡一卷　（清）戈載撰　民國
十三年（1924）掃葉山房石印本　三冊　缺一
卷（二）

330000－1716－0025073　集補 0335/25073
集部/詞類/總集之屬

全唐詞選二卷　民國十五年（1926）上海掃葉
山房石印本　一冊　存一卷（上）

330000－1716－0025074　子補 1049/25074
子部/道家類

道德經講義三卷　（清）黃裳撰　民國上海新
學會社鉛印本　一冊　存一卷（三）

330000－1716－0025075　集補 0713/25075
集部/小說類/長篇之屬

繪圖蕩平奇妖傳四卷二十回續傳四卷四十回
民國石印本　二冊　存二卷（二、續傳三）

330000－1716－0025077　集補 0336/25077

集部/總集類/選集之屬/斷代

康梁詩鈔三卷 民國中華書局石印本 一冊
存二卷(梁任公先生詩鈔、附癸丑禊集詩)

330000－1716－0025079 集補 0714/25079
集部/曲類/彈詞之屬

繪圖雅調八美圖初集四卷二十回二集四卷二十九回 民國九年(1920)上海育文書局石印本 二冊 存二卷(一至二)

330000－1716－0025081 集補 1418/25081
集部/別集類

悔餘生詩五卷 吳慶坻撰 民國十五年(1926)鉛印本 一冊 缺二卷(四至五)

330000－1716－0025083 善附 0263/25083
集部/別集類

睫巢詩稿一卷 稿本 一冊

330000－1716－0025084 集補 0339/25084
集部/楚辭類

離騷三種 民國二年(1913)上海文瑞樓石印本 三冊

330000－1716－0025088 子補 0896/25088
子部/宗教類/佛教之屬

讚禮地藏菩薩懺願儀一卷 (明)釋智旭述 民國三十三年(1944)石印本 一冊

330000－1716－0025096 地獻 1319－33/25096 子部/宗教類/道教之屬/經文

關聖帝君奇驗明聖經一卷 民國八年(1919)石印本 一冊

330000－1716－0025103 地獻 3110/25103
子部/醫家類/婦科之屬/產科

葛生初先生胎產良方二卷 民國三十五年(1946)留餘堂抄本 一冊 存一卷(二)

330000－1716－0025108 集補 0342/25108
集部/詞類/別集之屬

遺山先生新樂府四卷 (金)元好問撰 民國三年(1914)上海掃葉山房石印本 一冊 存二卷(一至二)

330000－1716－0025112 集補 0209－2/25112 集部/楚辭類

楚辭易讀四卷附楚懷襄二王在位事蹟考一卷 (清)林雲銘論述 民國六年(1917)中華圖書館石印本 一冊 缺二卷(三至四)

330000－1716－0025113 地獻 1288－2/25113 子部/儒家類/儒學之屬/性理

王陽明先生傳習錄集評四卷 (清)孫奇逢等參評 (清)陶澍霍 梁啟超續評 孫鏘輯校
王陽明先生年譜一卷 孫鏘輯 民國四年(1915)上海新學會社鉛印本 一冊 缺二卷(一至二)

330000－1716－0025117 集補 0718－1/25117 集部/小說類/長篇之屬

新鐫繡像後宋慈雲太子逃難走國全傳四卷三十五回 民國上海萃英書局石印本 三冊 缺一卷(二)

330000－1716－0025128 地獻 3112/25128
子部/醫家類/方書之屬/單方驗方

大吉盦良方雜錄一卷 民國抄本 一冊

330000－1716－0025130 經補 0540/25130
經部/四書類/總義之屬/傳說

四書蕅益解 (明)釋智旭撰 民國九年(1920)刻本 二冊 存一種

330000－1716－0025132 集補 0718－2/25132 集部/小說類/長篇之屬

繪圖大明奇俠傳六卷五十四回 民國三年(1914)上海文元書局石印本 五冊 缺一卷(六)

330000－1716－0025134 地獻 1750－1/25134 集部/總集類/郡邑之屬

諸暨詩英十一卷續編七卷 徐道政編 民國二十五年(1936)鉛印本 一冊 存四卷(十至十一、續編一至二)

330000－1716－0025135 集補 0719－2/25135 集部/曲類/彈詞之屬

繡像雙珠鳳全傳六卷八十回 (清)一葉主人撰 民國石印本 四冊 存四卷(一至二、四、六)

330000 – 1716 – 0025138　　子補 0898 – 3/
25138　子部/宗教類/道教之屬

金剛經直解一卷　（唐）呂嵒撰　民國上海錦
章圖書局石印本　一冊

330000 – 1716 – 0025143　善附 0264/25143
集部/詞類/詞譜之屬

筠巢學詞譜一卷　稿本　一冊

330000 – 1716 – 0025145　　集補 0719 – 1/
25145　集部/曲類/彈詞之屬

繡像雙珠鳳全傳六卷八十回　（清）一葉主人
撰　民國石印本　三冊　存三卷（二至三、
五）

330000 – 1716 – 0025146　　地獻 0209 – 2/
25146　史部/地理類/方志之屬/郡縣志

紹興縣修志採訪事例一卷　宋承家撰　民國
六年（1917）紹興縣修志採訪處鉛印本　一冊

330000 – 1716 – 0025147　　地獻 0209 – 3/
25147　史部/地理類/方志之屬/郡縣志

紹興縣修志採訪事例一卷　宋承家撰　民國
六年（1917）紹興縣修志採訪處鉛印本　一冊

330000 – 1716 – 0025149　　地獻 0209 – 4/
25149　史部/地理類/方志之屬/郡縣志

紹興縣修志採訪事例一卷　宋承家撰　民國
六年（1917）紹興縣修志採訪處鉛印本　一冊

330000 – 1716 – 0025150　　集補 0719 – 2/
25150　集部/曲類/彈詞之屬

繡像雙珠鳳全傳六卷八十回　（清）一葉主人
撰　民國石印本　一冊　存一卷（三）

330000 – 1716 – 0025151　善附 0265/25151
集部/詞類/別集之屬

綠杉野屋詞稿一卷　周毅修撰　稿本　一冊

330000 – 1716 – 0025153　　集補 0719 – 3/
25153　集部/曲類/彈詞之屬

繡像雙珠鳳全傳六卷八十回　（清）一葉主人
撰　民國石印本　二冊　存二卷（五至六）

330000 – 1716 – 0025154　地獻 3087/25154
史部/傳記類/總傳之屬

抄録典故□□卷　民國十二年（1923）抄本
一冊　存一卷（一）

330000 – 1716 – 0025156　集補 0344/25156
集部/詩文評類/詩評之屬

詩詞趣話四卷　葛煦存編　民國八年（1919）
上海會文堂書局石印本　一冊　存一卷（一）

330000 – 1716 – 0025158　集補 0345/25158
集部/詞類/總集之屬

絕妙近詞二卷　（清）顧貞觀　（清）納蘭成德
選　民國上海大東書局石印本　一冊　存一
卷（上）

330000 – 1716 – 0025159　集補 0346/25159
集部/詞類/類編之屬

詞學全書四種　（清）查培繼鑒定　民國木石
居石印本　一冊　存一種

330000 – 1716 – 0025167　　集補 0719 – 5/
25167　集部/曲類/彈詞之屬

繡像雙珠鳳全傳六卷八十回　（清）一葉主人
撰　民國石印本　一冊　存三卷（四至六）

330000 – 1716 – 0025170　善附 0267/25170
集部/別集類

六蟲吟館自怡草四集四卷　□□撰　稿本
四冊

330000 – 1716 – 0025177　　集補 0719 – 6/
25177　集部/曲類/彈詞之屬

繡像雙珠鳳全傳六卷八十回　（清）一葉主人
撰　民國上海文益書局石印本　一冊　存一
卷（二）

330000 – 1716 – 0025179　　子補 0899 – 6/
25179　子部/宗教類/佛教之屬/經

高王觀世音真經一卷　民國十八年（1929）教
敷營一得齋刻本　任懷正題記　一冊

330000 – 1716 – 0025181　　地獻 3117/25181
子部/醫家類/本草之屬/本草藥性

本草揭要一卷　民國十九年（1930）壺隱抄本
一冊

330000 – 1716 – 0025183　　集補 0719 – 7/

25183　集部/曲類/彈詞之屬

繡像雙珠鳳全傳六卷八十回　（清）一葉主人撰　民國石印本　一冊　存一卷（四）

330000－1716－0025186　集補 0719－8/25186　集部/曲類/彈詞之屬

繡像雙珠鳳全傳十二卷八十回　（清）一葉主人撰　民國文元書局石印本　三冊　存六卷（一至四、九至十）

330000－1716－0025187　集補 0347/25187　集部/詞類/總集之屬

天籟軒詞譜五卷詞韻一卷　葉申薌輯　民國上海埽葉山房石印本　童鼎璜題記　二冊　缺四卷（一至四）

330000－1716－0025189　地獻 3092/25189　子部/醫家類/傷寒金匱之屬/綜合

軒轅黃帝祝由科一卷　民國三十三年（1944）廬江萬安抄本　一冊

330000－1716－0025190　集補 0719－9/25190　集部/曲類/彈詞之屬

繡像雙珠鳳全傳十二卷八十回　（清）一葉主人撰　民國石印本　二冊　存四卷（七至八、十一至十二）

330000－1716－0025195　集補 0348/25195　集部/別集類

明十三陵小樂府一卷　凌啟鴻撰　民國二十二年（1933）上海明華印刷公司鉛印本　一冊

330000－1716－0025196　集補 0719－10/25196　集部/曲類/彈詞之屬

繡像雙珠鳳全傳十二卷八十回　（清）一葉主人撰　民國石印本　一冊　存二卷（十一至十二）

330000－1716－0025198　地獻 1751－2/25198　子部/雜著類/雜纂之屬

勝蓮華室漫錄一卷附錄一卷　駱季和撰　民國二十四年（1935）紹興凌霄社鉛印本　一冊

330000－1716－0025201　集補 0719－11/25201　集部/曲類/彈詞之屬

繡像雙珠鳳全傳十二卷八十回　（清）一葉主

人撰　民國石印本　四冊　存八卷（一至二、七至十二）

330000－1716－0025209　地獻 3119/25209　集部/別集類

陳津門詩一卷　陳津門撰　稿本　一冊

330000－1716－0025218　地獻 1752/25218　集部/別集類

洞仙秋唱一卷　唐風撰　民國二十年（1931）紹興印刷局鉛印本　一冊

330000－1716－0025220　子補 0903/25220　子部/宗教類/佛教之屬/經

佛說高王觀世音菩薩真經注解一卷般若波羅密多心經直解一卷　民國十四年（1925）上海錦章圖書局石印本　一冊

330000－1716－0025229　子補 0904/25229　子部/宗教類/佛教之屬

金剛般若波羅蜜經一卷　（後秦）釋鳩摩羅什譯　鄭光照錄　民國十二年（1923）武進新羣書社石印本　一冊

330000－1716－0025230　地獻 1715－10/25230　史部/傳記類/別傳之屬/事狀

徐太夫人哀啟一卷　毛鼎煜　毛鼎培　毛鼎新述　民國鉛印本　一冊

330000－1716－0025235　子補 0905/25235　子部/宗教類/佛教之屬/經疏

摩訶般若波羅蜜多心經一卷　（清）玉山老人秘解　民國十年（1921）鉛印本　一冊

330000－1716－0025237　史補 0588/25237　史部/史評類/史學之屬

史目表一卷　錢恂撰　民國元年（1912）歸安錢氏杭州刻本　一冊

330000－1716－0025247　地獻 1754/25247　集部/別集類/唐五代別集

樊諫議集七家注六種　（唐）樊宗師撰　樊鎮輯　民國十三年（1924）山陰樊氏綿桐書屋刻本　一冊　存三種

330000－1716－0025249　地獻 3098/25249

子部/宗教類/佛教之屬/經

佛說大乘大方廣佛冠經一卷　（宋）釋法護譯
　民國抄本　一冊

330000－1716－0025250　地獻 3099/25250
子部/術數類/占卜之屬

排八卦九宮東西四命掌訣一卷　民國抄本
一冊

330000－1716－0025254　子補 0906－2/
25254　子部/宗教類/佛教之屬

觀世音菩薩本迹感應頌四卷首一卷　許止淨
述　**金剛經功德頌一卷**　許止淨述　劉契淨
注　民國十六年（1927）上海中華書局鉛印本
　一冊　缺三卷（一至二、首）

330000－1716－0025256　史補 0590/25256
史部/傳記類/別傳之屬/事狀

沈母俞太夫人訃告不分卷　沈培鈞撰　民國
二十四年（1935）影印本暨鉛印本　一冊

330000－1716－0025258　子補 0907－2/
25258　子部/宗教類/佛教之屬

金剛般若波羅密經一卷　（後秦）釋鳩摩羅什
譯　民國二十二年（1933）刻本　一冊

330000－1716－0025263　子補 1057/25263
子部/雜著類

訂正增廣酬世寶笈不分卷　民國石印本
一冊

330000－1716－0025264　地獻 1601－2/
25264　集部/總集類/酬唱之屬

六朝民肖影題辭不分卷　李鏡燧編　民國二
十二年（1933）李氏鉛印本　一冊

330000－1716－0025267　子補 1058/25267
子部/兵家類/兵法之屬

六韜三卷　民國二年（1913）上海千頃堂書局
石印本　一冊

330000－1716－0025271　子補 0908－1/
25271　子部/宗教類/佛教之屬

金剛經傳燈真解一卷　（印度）無量度世古佛
撰　**佛祖般若心印經一卷**　觀自在菩薩親著
心經傳燈真解一卷　**文昌帝君戒淫寶訓一卷**

民國十二年（1923）上海宏大善書局石印本
一冊

330000－1716－0025272　地獻 3127/25272
史部/政書類/公牘檔冊之屬

**承築紹曹嵩公路汽車股份有限公司股東名冊
一卷**　民國抄本　一冊

330000－1716－0025279　子補 1062/25279
子部/藝術類/書畫之屬/書法書品

真草隸篆四體千字文一卷　**新輯繪圖洋務日
用雜字一卷**　民國石印本　一冊

330000－1716－0025281　集補 0724/25281
集部/小說類/長篇之屬

新編玉燕姻緣傳記六卷七十七回　民國石印
本　一冊　存一卷（一）

330000－1716－0025284　子補 1063/25284
子部/藝術類/書畫之屬/書法書品

真草隸篆四體千字文一卷　民國十四年
（1925）上海昌文書局石印本　一冊

330000－1716－0025285　集補 0725/25285
集部/小說類/長篇之屬

武俠小說江南奇俠傳六集四卷二十回　民國
二十一年（1932）上海全球書局石印本　一冊

330000－1716－0025293　地獻 3131/25293
子部/醫家類/方書之屬

醫方留底一卷　邵星潮撰　民國十三年
（1924）抄本　一冊

330000－1716－0025294　子補 0908－2/
25294　子部/宗教類/佛教之屬

金剛經傳燈真解一卷　（印度）無量度世古佛
撰　**佛祖般若心印經一卷**　觀自在菩薩親著
心經傳燈真解一卷　民國杭州浙江印刷公司
善書總發行所鉛印本　一冊

330000－1716－0025295　地獻 3132/25295
子部/醫家類/方書之屬

純陽丹方一卷　穎川滋記　民國抄本　一冊

330000－1716－0025296　史補 0595/25296
史部/政書類/公牘檔冊之屬

錢江義渡第一碼頭建築凉棚委員會徵信錄一卷　王曉籟等編　民國二十三年（1934）上海中原印務局鉛印本　一冊

330000－1716－0025297　史補 0594/25297
史部/傳記類/別傳之屬/事狀
改建定海縣成仁祠徵文啟不分卷　錢廷爵等啟　民國鉛印本　一冊

330000－1716－0025298　地獻 3133/25298
子部/醫家類/婦科之屬
婦科綱目一卷　民國倪蓉麗抄本　一冊

330000－1716－0025299　地獻 3134/25299
集部/別集類
惟謙廬詩草二卷　胡維銓撰　稿本　二冊

330000－1716－0025300　地獻 3135/25300
子部/醫家類/傷寒金匱之屬/傷寒論
傷寒論太陽中篇一卷　王邈達撰　民國抄本　一冊

330000－1716－0025304　地獻 3136/25304
子部/醫家類/婦科之屬
秘傳婦女產科壹伯念症一卷　民國鍾資抄本　一冊

330000－1716－0025307　地獻 3137/25307
子部/醫家類/兒科之屬/痘疹
痘科鈔本一卷　民國抄本　一冊

330000－1716－0025314　集補 0728/25314
集部/曲類/彈詞之屬
繡像雲外飄香四卷十一回　民國石印本　三冊　存三卷（二至四）

330000－1716－0025315　子補 0913/25315
子部/宗教類/道教之屬
募建崇道院宇啟一卷　道青撰　民國鉛印本　一冊

330000－1716－0025316　集補 0362/25316
集部/別集類
嗚原集十卷附五十三參樓吟草一卷　陳夔龍撰　民國十八年至二十六年（1929－1937）鉛印本　一冊　存一卷（十）

330000－1716－0025317　地獻 1760/25317
史部/政書類/公牘檔冊之屬
紹興縣救濟院二十年度收支報告不分卷　民國二十一年（1932）鉛印本　一冊

330000－1716－0025324　史補 0596/25324
史部/傳記類/別傳之屬/事狀
顏公哀輓錄一卷顏母哀輓錄一卷　顏樂天等編　民國鉛印本　一冊

330000－1716－0025325　地獻 1763－1/25325　新學/學校
紹興芝鳳鄉第一校十年一束不分卷　孫家驥編　民國十三年（1924）鉛印本　一冊

330000－1716－0025327　地獻 1763－2/25327　新學/學校
紹興芝鳳鄉第一校十年一束不分卷　孫家驥編　民國十三年（1924）鉛印本　一冊

330000－1716－0025328　地獻 1763－3/25328　新學/學校
紹興芝鳳鄉第一校十年一束不分卷　孫家驥編　民國十三年（1924）鉛印本　一冊

330000－1716－0025329　地獻 1763－4/25329　新學/學校
紹興芝鳳鄉第一校十年一束不分卷　孫家驥編　民國十三年（1924）鉛印本　一冊

330000－1716－0025334　史補 0598/25334
史部/政書類/邦計之屬
上八甲實在冊一卷　貳白瀝莊編　民國三十七年（1948）鉛印本　一冊

330000－1716－0025336　史補 0599/25336
史部/傳記類/別傳之屬/事狀
徐母郝太夫人襃揚徵文錄不分卷　徐國樑輯　民國石印本　一冊

330000－1716－0025337　地獻 3138/25337
子部/醫家類/溫病之屬
溫毒證治門一卷　民國丁之蕃抄本　一冊

330000－1716－0025338　史補 0600/25338
史部/傳記類/別傳之屬/事狀

徐母郝太夫人褒揚徵文錄不分卷　徐國樑輯
民國石印本　一冊

330000－1716－0025341　　子補 0908－3/
25341　子部/宗教類/佛教之屬
金剛經傳燈真解一卷　（印度）無量度世古佛
撰　**佛祖般若心印經一卷**　觀自在菩薩親著
心經傳燈真解一卷　民國鉛印本　一冊

330000－1716－0025343　　地獻 3141/25343
子部/醫家類/婦科之屬
產後編一卷女科一卷　（清）傅山撰　民國伯
氏抄本　二冊

330000－1716－0025344　　地獻 3158/25344
子部/藝術類/遊藝之屬/謎語
燈謎新編一卷　民國抄本　一冊

330000－1716－0025346　　地獻 3160/25346
子部/雜著類/雜纂之屬
記雜事簿一卷　民國仲蓮氏抄本　一冊

330000－1716－0025347　　善附 0271/25347
史部/金石類/金之屬
鐘鼎彝器款識不分卷　稿本　一冊

330000－1716－0025348　　地獻 3142/25348
史部/史表類/斷代之屬
年表一卷　民國抄本　一冊

330000－1716－0025354　　地獻 3702/25354
集部/總集類/選集之屬/通代
古趣亭選文一卷　（清）□□輯　民國十五年
（1926）抄本　存柏題記　一冊

330000－1716－0025355　　地獻 1764/25355
史部/政書類/公牘檔冊之屬
紹興縣新安鄉梅湖公案一卷　民國二年
（1913）鉛印本　一冊

330000－1716－0025358　　集補 1276－1/
25358　集部/曲類/寶卷之屬
太華山紫金鎮兩世修行劉香寶卷全集二卷
民國二年（1913）上海文元書莊石印本　一冊
　存一卷（上）

330000－1716－0025359　　地獻 1765/25359

史部/傳記類/別傳之屬/事狀
母氏[陶氏]八十述一卷　章景鄂撰　**附先府
君[章澍芳]傳一卷**　章乃龔撰　民國鉛印本
章魯瞻題記　一冊

330000－1716－0025362　　地獻 1766－1/
25362　史部/政書類/公牘檔冊之屬
**紹興縣管理縣教育款產委員會經管縣教育費
收支清冊不分卷**　民國鉛印本　四冊

330000－1716－0025363　　子補 1064－3/
25363　子部/小說家類/雜事之屬
音釋坐花誌果八卷　（清）汪道鼎撰　（清）鷟
峰樵者音釋　民國上海宏大善書局石印本
二冊

330000－1716－0025365　　集補 1276－2/
25365　集部/曲類/寶卷之屬
太華山紫金鎮兩世修行劉香寶卷全集二卷
民國石印本　一冊　存一卷（下）

330000－1716－0025366　　地獻 1767－1/
25366　史部/政書類/公牘檔冊之屬
**紹興縣第一區村里籌備會市集村落固有事項
調查報告一卷編制村里報告一卷**　紹興縣第
一區村里籌備會編　民國十七年（1928）紹興
印刷局鉛印本　一冊

330000－1716－0025369　　地獻 3145/25369
新學/雜著
隨錄一卷　民國少陵薾抄本　一冊

330000－1716－0025370　　地獻 1767－2/
25370　史部/政書類/公牘檔冊之屬
**紹興縣第一區村里籌備會市集村落固有事項
調查報告一卷編制村里報告一卷**　紹興縣第
一區村里籌備會編　民國十七年（1928）紹興
印刷局鉛印本　一冊

330000－1716－0025373　　地獻 3146/25373
集部/別集類
秋據樓詩稿八卷　陳伯英撰　稿本　一冊
存三卷（六至八）

330000－1716－0025374　　集補 1276－3/
25374　集部/曲類/寶卷之屬

太華山紫金鎮兩世修行劉香寶卷全集二卷
民國石印本　一冊

330000－1716－0025378　子補1065/25378
子部/小說家類/雜事之屬

世說新語補二十卷附釋名一卷　（南朝宋）劉
義慶撰　（南朝梁）劉孝標注　民國九年
(1920)上海掃葉山房石印本　六冊

330000－1716－0025379　子補1066/25379
子部/小說家類/異聞之屬

繪圖情史二十四卷　（清）詹詹外史評輯　民
國石印本　一冊　存四卷（十四至十七）

330000－1716－0025381　地獻1629－2/
25381　史部/地理類/專志之屬/寺觀

紹興開元寺供奉古佛藏經事蹟彙誌不分卷
民國二十五年(1936)鉛印本　一冊

330000－1716－0025385　地獻1768/25385
史部/政書類/公牘檔冊之屬

紹興縣民國十三年度縣地方歲出歲入預算書
一卷　紹興縣議會編　民國十三年(1924)鉛
印本　一冊

330000－1716－0025386　集補1269－2/
25386　集部/曲類/寶卷之屬

浙江杭州府錢塘縣白蛇寶卷二卷　民國石印
本　一冊　存一卷（上）

330000－1716－0025387　地獻1769－1/
25387　史部/傳記類/別傳之屬/事狀

紹興王臥山先生百齡追紀徵文集不分卷　王
福坤　王家襄輯　民國十二年(1923)鉛印本
　一冊

330000－1716－0025388　地獻1770/25388
史部/政書類/公牘檔冊之屬

紹蕭箔業公所十七年份上半年徵信錄一卷
□儒聲撰　民國十七年(1928)鉛印本　一冊

330000－1716－0025389　集補0734/25389
集部/小說類/短篇之屬

征事小說專製女界不分卷　生可撰　民國武
林印書館石印本　一冊

330000－1716－0025391　子補0899－8/
25391　子部/宗教類/佛教之屬/經

高王觀音經一卷　民國七年(1918)上海翼化
堂刻本　一冊

330000－1716－0025393　地獻1771－1/
25393　集部/詞類/別集之屬

八百里湖荷花漁唱二卷八百里荷花館題畫詞
一卷　袁天庚撰　民國二十三年(1934)鉛印
本　一冊　存二卷（一至二）

330000－1716－0025395　集補0735/25395
集部/小說類/長篇之屬

新刊賣油郎四卷九十六回　民國石印本　三
冊　缺一卷（三）

330000－1716－0025396　地獻1772/25396
史部/傳記類/別傳之屬/事狀

黃太史［壽袞］哀輓錄一卷　民國鉛印本
一冊

330000－1716－0025398　集補0356/25398
集部/總集類/選集之屬/通代

經史百家簡編二卷　（清）曾國藩纂　民國石
印本　一冊

330000－1716－0025400　地獻1773/25400
史部/傳記類/總傳之屬/忠孝

浙江紹屬會稽縣忠義錄不分卷　民國十二年
(1923)油印本　一冊

330000－1716－0025404　集補0736－1/
25404　集部/曲類/曲藝之屬

繪圖時調山歌不分卷　民國石印本　一冊
存一集（元）

330000－1716－0025406　集補0736－2/
25406　集部/曲類/曲藝之屬

繪圖時調山歌不分卷　民國石印本　一冊
存一集（冬）

330000－1716－0025410　地獻3163/25410
子部/雜著類/雜說之屬

竹窗瑣記一卷　民國抄本　一冊

330000－1716－0025413　集補0737/25413

集部/小說類/長篇之屬

新鎸繡像南宋慈雲太子逃難走國八卷三十五回　民國石印本　二冊　存二卷(三至四)

330000－1716－0025414　集補 0359/25414
集部/總集類/選集之屬/斷代

千首宋人絕句十卷　(清)嚴長明輯　民國二十三年(1934)上海商務印書館鉛印本　二冊

330000－1716－0025415　地獻 3165/25415
子部/雜著類

裕源往來一卷　民國十二年(1923)抄本　一冊

330000－1716－0025416　地獻 3166/25416
經部/小學類/音韻之屬/韻書

同音集摘要一卷　民國抄本　二冊

330000－1716－0025419　地獻 3147/25419
集部/別集類

梵籟文稿一卷梵籟草堂文稿一卷詩集一卷　胡維銓撰　稿本　四冊

330000－1716－0025420　地獻 3167/25420
史部/地理類/遊記之屬/紀勝

品山不分卷　民國抄本　一冊

330000－1716－0025421　地獻 1402－2/25421　史部/傳記類/別傳之屬/事狀

紹興孝子金鹿賓先生哀誄錄不分卷　陳澹然等撰　民國八年(1919)鉛印本　一冊

330000－1716－0025423　地獻 1402－3/25423　史部/傳記類/別傳之屬/事狀

紹興孝子金鹿賓先生哀誄錄不分卷　陳澹然等撰　民國八年(1919)鉛印本　一冊

330000－1716－0025424　地獻 1533－4/25424　集部/別集類

敉廬吟草二卷　朱允中撰　民國二十三年(1934)鉛印本　一冊

330000－1716－0025425　史補 0604/25425
史部/傳記類/別傳之屬/事狀

奉化王纂軒先生[序寶]榮哀錄一卷　王洪澤編　民國二十年(1931)鉛印本　一冊

330000－1716－0025427　地獻 3168/25427
史部/傳記類/總傳之屬

妬婦津奏捷一卷　民國抄本　一冊

330000－1716－0025428　地獻 3149/25428
史部/傳記類/別傳之屬/事狀

王公殉難事畧一卷　稿本　一冊

330000－1716－0025429　地獻 1778/25429
史部/政書類/公牘檔冊之屬

紹興縣議會會場落成記不分卷　張鍾湘編　民國十二年(1923)紹興印刷局鉛印本　一冊

330000－1716－0025432　地獻 3200/25432
子部/農家農學類/園藝之屬/花卉

卷石書屋月季花譜一卷　施能撰　民國抄本　一冊

330000－1716－0025434　集補 0738/25434
集部/曲類/彈詞之屬

新刻玉堂春四卷　民國石印本　二冊　存二卷(三至四)

330000－1716－0025435　子補 0917/25435
子部/宗教類/佛教之屬

金剛般若波羅蜜經講義五卷首一卷附校勘記一卷　江妙煦撰　民國三十三年(1944)普慧大藏經刊行會鉛印本　一冊　存一卷(三)

330000－1716－0025436　集補 0361/25436
集部/別集類

大荒集不分卷　林語堂撰　民國二十三年(1934)上海生活書店鉛印本　二冊

330000－1716－0025441　集補 0739/25441
集部/曲類/彈詞之屬

繡像鳳凰圖四卷三十六回　民國上海文元書莊石印本　四冊

330000－1716－0025443　普叢 0287－5/25443　類叢部/叢書類/自著之屬

曾文正公全集十六種　(清)曾國藩撰　民國九年(1920)上海中華書局鉛印本　四冊　存二種

330000－1716－0025444　地獻 1234－2/

25444　集部/別集類/清別集

躬恥齋文鈔十四卷別集一卷後編六卷附崇祀鄉賢錄一卷躬恥齋詩鈔十四卷首一卷後編七卷校勘記二卷　（清）宗稷辰撰　民國二年（1913）吳門鉛印本　二冊　存八卷（一至四、六至九）

330000－1716－0025447　地獻 3205/25447
子部/術數類/占候之屬

白猿經鈔本一卷　民國十九年（1930）抄本
一冊

330000－1716－0025448　集補 0740/25448
集部/曲類/彈詞之屬

繪圖醒世錄十二卷一百回　民國石印本　一冊　存六卷（七至十二）

330000－1716－0025449　地獻 1766－2/25449　史部/政書類/公牘檔冊之屬

紹興縣管理縣教育款產委員會接收款產清冊不分卷　民國鉛印本　一冊

330000－1716－0025454　集補 0363/25454
集部/總集類/選集之屬/通代

廣注古今體詩自修讀本二卷附淺說一卷　張廷華編輯　民國十年（1921）上海世界書局石印本　二冊

330000－1716－0025455　子補 0919－1/25455　子部/宗教類/佛教之屬/經

妙法蓮華經觀世音菩薩普門品一卷　（後秦）釋鳩摩羅什譯　民國上海道德書局鉛印本
一冊

330000－1716－0025460　子補 0919－2/25460　子部/宗教類/佛教之屬/經

妙法蓮華經觀世音菩薩普門品一卷　（後秦）釋鳩摩羅什譯　民國上海道德書局鉛印本
一冊

330000－1716－0025461　集補 0743/25461
集部/小說類/長篇之屬

睢陽忠毅錄四卷十六回　（清）素庵主人編
民國鉛印本　一冊　存一卷（二）

330000－1716－0025465　集補 0364－1/

25465　集部/總集類/選集之屬/斷代

新文精華五卷　陸翔輯　民國九年（1920）上海廣文書局石印本　四冊

330000－1716－0025466　集補 0744/25466
集部/小說類/長篇之屬

繡像清風閘四卷三十二回　（清）浦琳撰　民國上海鑄記書局石印本　一冊　存一卷（二）

330000－1716－0025467　集補 0364－2/25467　集部/總集類/選集之屬/斷代

新文精華五卷　陸翔輯　民國十一年（1922）上海廣文書局石印本　三冊

330000－1716－0025470　集補 0365/25470
集部/曲類/彈詞之屬

繡像玉蜻蜓前傳四卷二十八回後傳四卷三十二回　民國十九年（1930）上海全球書局石印本　四冊

330000－1716－0025472　子補 0919－3/25472　子部/宗教類/佛教之屬/經

妙法蓮華經觀世音菩薩普門品一卷　（後秦）釋鳩摩羅什譯　民國上海道德書局鉛印本
一冊

330000－1716－0025473　地獻 3173/25473
集部/小說類

隨撮一卷　民國十二年（1923）扶風肖義氏抄本　一冊

330000－1716－0025475　子補 0919－4/25475　子部/宗教類/佛教之屬/經

妙法蓮華經觀世音菩薩普門品一卷　（後秦）釋鳩摩羅什譯　民國上海道德書局鉛印本
一冊

330000－1716－0025476　地獻 3207/25476
子部/宗教類/佛教之屬

增福延壽受生經一卷　民國二十一年（1932）抄本　一冊

330000－1716－0025478　集補 0366/25478
集部/詩文評類

南野堂筆記十二卷　（清）吳文溥撰　民國元年（1912）中華國粹書社石印本　四冊

330000－1716－0025482　集補 0745/25482
集部/小說類/長篇之屬

第一美女錦香亭四卷十六回　（清）素庵主人
編　民國石印本　三冊　缺一卷（二）

330000－1716－0025486　地獻 3202/25486
史部/政書類/公牘檔冊之屬

募修蘭亭右軍祠交款贈帖名單一卷　蘭亭社
撰　民國六年(1917)稿本　一冊

330000－1716－0025488　集補 0746/25488
集部/曲類/彈詞之屬

繪圖烟雲嶺六集四卷　民國上海章福記書局
石印本　一冊

330000－1716－0025489　地獻 3208/25489
史部/政書類/公牘檔冊之屬

詳案雜記二卷　民國十六年(1927)抄本　一
冊　存一卷（二）

330000－1716－0025490　子補 0919－5/
25490　子部/宗教類/佛教之屬/經

妙法蓮華經觀世音菩薩普門品一卷　（後秦）
釋鳩摩羅什譯　民國上海道德書局鉛印本
一冊

330000－1716－0025493　善附 0272/25493
史部/傳記類/別傳之屬/事狀

壽言一卷　民國二十四年至二十五年(1935－
1936)稿本　一冊

330000－1716－0025494　子補 0921/25494
子部/宗教類/佛教之屬

觀音多心經一卷　民國上海明善書局鉛印本
一冊

330000－1716－0025496　地獻 3176/25496
子部/醫家類

藥案一卷　民國二十四年(1935)張啟抄本
一冊

330000－1716－0025497　地獻 3209/25497
集部/別集類

讀古詩一卷　渭滄撰　稿本　一冊

330000－1716－0025501　地獻 3210/25501

子部/宗教類/佛教之屬

佛學摘要一卷　民國抄本　一冊

330000－1716－0025504　地獻 3211/25504
子部/術數類/相宅相墓之屬

地理淺說一卷　民國抄本　一冊

330000－1716－0025505　地獻 1715－11/
25505　史部/傳記類/別傳之屬/事狀

陳秉衡先生哀輓錄不分卷　民國十六年
(1927)石印本　一冊

330000－1716－0025508　縣資 0032－8/
25508　史部/地理類/專志之屬/寺觀

倉帝廟志一卷附臥龍山倉帝廟立石記一卷
（清）劉正誼編　續倉帝廟志不分卷　陳艮仙
　周毅修輯　民國二十五年(1936)鉛印本
一冊　存一卷（立石記）

330000－1716－0025510　縣資 0032－9/
25510　史部/地理類/專志之屬/寺觀

倉帝廟志一卷附臥龍山倉帝廟立石記一卷
（清）劉正誼編　續倉帝廟志不分卷　陳艮仙
　周毅修輯　民國二十五年(1936)鉛印本
一冊　存一卷（立石記）

330000－1716－0025511　集補 0747－2/
25511　集部/曲類/彈詞之屬

新增全圖文武香毬三十六卷七十二回　民國
石印本　一冊　存五卷（十四至十八）

330000－1716－0025512　地獻 3212/25512
集部/別集類

咀英嚼華一卷　李氏撰　民國十三年(1924)
稿本　一冊

330000－1716－0025514　集補 0368－1/
25514　集部/總集類/選集之屬/通代

評校音注古文辭類纂七十四卷　（清）姚鼐輯
　王文濡校注　民國上海中華書局鉛印本
三冊　存十三卷（十九至二十二、二十七至三
十、五十九至六十三）

330000－1716－0025519　地獻 3215/25519
集部/別集類/清別集

嘿齋真定稿一卷　稿本　一冊

330000－1716－0025521　集補 0747－4/25521　集部/戲劇類/雜劇之屬

繡像校正文武相球八卷　民國十三年（1924）蔣春記書局石印本　一冊　存五卷（一至五）

330000－1716－0025522　地獻 3216/25522　史部/政書類/公牘檔冊之屬

遷善所章程一卷命案驗費一卷學堂章程一卷　民國抄本　一冊

330000－1716－0025523　地獻 3181/25523　子部/醫家類

用藥歌一卷　民國抄本　一冊

330000－1716－0025528　子補 0923/25528　子部/宗教類/道教之屬

處世之寶不分卷　秦德麟輯　民國十二年（1923）鉛印本　一冊

330000－1716－0025535　地獻 3185/25535　子部/醫家類/喉科口齒之屬/通論

喉科秘訣一卷　民國王宗威抄本　一冊

330000－1716－0025544　子補 0926/25544　子部/宗教類/佛教之屬

弘一大師精選讀書録日省録二卷　李叔同輯　民國二十年（1931）研白齋鉛印本　一冊

330000－1716－0025545　地獻 1783/25545　史部/傳記類/總傳之屬/人表

浙江省立第五中學校友會在校校友録一卷　民國十九年（1930）鉛印本　一冊

330000－1716－0025548　子補 0927/25548　子部/宗教類/道教之屬

靈祖真經不分卷　民國上海明善書局鉛印本　一冊

330000－1716－0025549　地獻 1785/25549　史部/政書類/公牘檔冊之屬

紹興育嬰堂收支徵信録一卷（民國九年七月一日起至十年六月末日止）　民國鉛印本　一冊

330000－1716－0025550　地獻 1786/25550　新學/學校

紹興縣立第一高等小學校概覽不分卷　民國八年（1919）鉛印本　一冊

330000－1716－0025553　地獻 1787/25553　史部/地理類/雜志之屬

紹興縣館紀略一卷　丁采三　馬吉生編　民國十二年（1923）鉛印本　一冊

330000－1716－0025554　子補 0928/25554　子部/宗教類/佛教之屬

佛學叢書□□種　丁福保輯　民國上海醫學書局鉛印本暨影印本　一冊　存一種

330000－1716－0025556　地獻 1600－2/25556　子部/宗教類/道教之屬

德行善道寶書一卷　何明光體述　何貫三結集　章煥斗校集　民國十一年（1922）紹興漱石齋鉛印本　一冊

330000－1716－0025560　地獻 3221/25560　集部/總集類/選集之屬/斷代

偶拾録一卷　微笑輯　民國六年（1917）八詠樓稿本　一冊

330000－1716－0025561　地獻 1789/25561　史部/政書類/公牘檔冊之屬

上虞縣議會民國十三年臨時會議決案不分卷　民國鉛印本　一冊

330000－1716－0025571　集補 0750/25571　集部/曲類/彈詞之屬

英雄譜三十二卷三十二回　民國石印本　一冊　存二卷（二十九至三十）

330000－1716－0025573　地獻 3225/25573　史部/政書類/公牘檔冊之屬

山陰會稽應徵各戶銀米額數不分卷　稿本　一冊

330000－1716－0025577　子補 0929/25577　子部/宗教類/道教之屬

純陽呂祖度呑寶鑑不分卷　（唐）純陽帝君呂祖撰　民國十年（1921）上海宏大善書局石印本　一冊

330000－1716－0025579　地獻 1790/25579

史部/政書類/公牘檔冊之屬

全紹教育會聯合會報告書　全紹教育會聯合會編　民國七年至十年（1918－1921）鉛印本　四冊　存四期（一、四至六）

330000－1716－0025580　新補0386/25580
新學/工藝/雜工

明密碼電報書不分卷　商務印書館編譯所編輯　民國元年（1912）上海商務印書館鉛印本暨石印本　一冊

330000－1716－0025581　新補0400/25581
類叢部/叢書類/彙編之屬

進德叢書八種　丁福保編　民國上海醫學書局鉛印本　琴鶴山人題記　一冊　存一種

330000－1716－0025582　子補0930/25582
子部/宗教類/佛教之屬/諸宗

異方便淨土傳燈歸元鏡三祖實錄二卷　（清）釋智達拈頌　（清）釋德日閱錄　民國四年（1915）上海有正書局影印本　一冊

330000－1716－0025583　地獻1791/25583
史部/傳記類/別傳之屬/事狀

黃膺白先生家傳一卷　沈亦雲撰　民國三十四年（1945）鉛印本　一冊

330000－1716－0025586　地獻1560－3/25586　新學/學校

紹興縣立敬敷小學添建校舍徵信錄不分卷　王崇禮編　民國二十三年（1934）鉛印本　一冊

330000－1716－0025587　新補0387/25587
史部/政書類/律令之屬/律例

中華法規大全不分卷　民國二年（1913）上海廣益書局石印本　四冊　存五類（九、十二至十五）

330000－1716－0025588　地獻1434－2/25588　集部/總集類/郡邑之屬

鹿山吟社第三集一卷　商寶慈編　民國二十年（1931）鉛印本　一冊

330000－1716－0025589　子補0931/25589
子部/宗教類/道教之屬

富貴源頭一卷　民國六年（1917）上海宏大善書局石印本　一冊

330000－1716－0025591　新補0388/25591
新學/雜著/叢編

華北譯箸編□□卷　民國鉛印本　十三冊　存十三卷（十八至十九、二十二至二十八、三十一至三十三、三十六）

330000－1716－0025592　地獻1726－2/25592　史部/政書類/公牘檔冊之屬

紹興縣第二次教育參觀團報告書一卷　紹興縣教育參觀團輯　民國九年（1920）鉛印本　一冊

330000－1716－0025593　集補0751－1/25593　集部/小說類/長篇之屬

忠孝節義二度梅全傳四卷四十回　（清）惜陰堂主人撰　民國石印本　一冊　存一卷（二）

330000－1716－0025596　子補0932/25596
子部/宗教類/道教之屬/雜著

大學注解一卷善緣一卷　道果圓成注　民國石印本　一冊

330000－1716－0025598　史補0616/25598
史部/政書類/公牘檔冊之屬

蔣委員長訓詞釋義一卷　蔣中正撰　民國二十二年（1933）鉛印本　一冊

330000－1716－0025599　集補0751－2/25599　集部/小說類/長篇之屬

節義小說二度梅四卷四十回　（清）惜陰堂主人撰　民國十年（1921）上海共和書局石印本　一冊　存一卷（一）

330000－1716－0025600　集補0372/25600
集部/總集類/選集之屬/通代

評選古詩源四卷　（清）沈德潛輯　民國六年（1917）上海會文堂書局石印本　四冊

330000－1716－0025601　子補0933－1/25601　子部/宗教類

天地心一卷　民國十三年（1924）上海善書流通處石印本　一冊

330000 - 1716 - 0025603　子補 0933 - 2/25603　子部/宗教類

天地心一卷　民國十三年（1924）上海善書流通處石印本　一冊

330000 - 1716 - 0025605　集補 0374/25605　集部/總集類/選集之屬/通代

評注昭明文選十五卷首一卷葉星衛附注一卷　（清）于光華輯　民國十五年（1926）上海掃葉山房石印本　五冊　存五卷（四、十二至十五）

330000 - 1716 - 0025607　地獻 1525 - 11/25607　子部/儒家類/儒學之屬/性理

泰和會語一卷宜山會語一卷附玄義諸書舉略一卷　馬一浮撰　民國鉛印本　一冊　存一卷（泰和會語）

330000 - 1716 - 0025608　集補 0373/25608　集部/總集類/選集之屬/通代

十八家詩鈔二十八卷首一卷　（清）曾國藩輯　民國二十年（1931）上海商務印書館鉛印本　四冊　存六卷（二十至二十三、二十七至二十八）

330000 - 1716 - 0025611　集補 0752/25611　集部/曲類/彈詞之屬

繪圖雅調八美圖初集四卷二十回二集四卷二十九回　民國石印本　二冊　存二卷（二、二集三）

330000 - 1716 - 0025615　地獻 1794/25615　集部/戲劇類

新編紹興文戲蜜蜂記二卷　董幼珍編輯　民國上海益民書局石印本　一冊

330000 - 1716 - 0025617　集補 0753/25617　集部/曲類/彈詞之屬

繪圖綉香囊七集十四卷　（清）陸士珍撰　民國石印本　七冊　存七卷（二、四、六、八至九、十一、十四）

330000 - 1716 - 0025619　子補 1084 - 1/25619　子部/小說家類/瑣語之屬

西青散記四卷　（清）史震林撰　民國古今書

室石印本　一冊

330000 - 1716 - 0025620　子補 1084 - 2/25620　子部/小說家類/瑣語之屬

西青散記四卷　（清）史震林撰　民國古今書室石印本　四冊

330000 - 1716 - 0025622　子補 0934/25622　子部/宗教類/道教之屬

精繪邪淫法戒全集一卷　民國二十一年（1932）上海明善書局石印本　一冊

330000 - 1716 - 0025623　子補 1085/25623　子部/儒家類/儒學之屬/禮教/家訓

了凡四訓一卷　（明）袁黃撰　民國上海宏大善書局石印本　一冊

330000 - 1716 - 0025625　新補 0116 - 4/25625　新學/學校

[高等小學校秋季始業]共和國教科書新地理六冊不分卷　莊俞編　民國上海商務印書館鉛印本　一冊　存一冊（一）

330000 - 1716 - 0025626　子補 0935/25626　子部/宗教類/佛教之屬

法相學一卷　王恩洋撰　民國三十六年（1947）東方文教研究院鉛印本　一冊

330000 - 1716 - 0025631　新補 0116 - 5/25631　新學/學校

[高等小學校秋季始業]共和國教科書新地理六冊不分卷　莊俞編　民國上海商務印書館鉛印本　沈園泉、王阿正題記　一冊　存一冊（一）

330000 - 1716 - 0025634　地獻 1634 - 9/25634　史部/傳記類/總傳之屬/郡邑

於越有明一代三不朽圖贊一卷　（清）張岱撰　民國七年（1918）紹興印刷局鉛印本　一冊

330000 - 1716 - 0025635　子補 0937/25635　子部/宗教類

雷教大綱一卷　丁抱乾撰　民國二十一年（1932）鉛印本　一冊

330000 - 1716 - 0025637　集補 0201 - 23/

25637　集部/總集類/尺牘之屬

交際大全九章　世界書局編輯所編輯　民國
十八年(1929)上海世界書局石印本　一冊

330000－1716－0025639　地獻 1644－10/
25639　史部/傳記類/日記之屬

越縵堂詹詹錄二卷　(清)李慈銘撰　李文紈
輯　民國二十二年(1933)李文紈鉛印本　一
冊　存一卷(二)

330000－1716－0025640　子補 2603/25640
子部/宗教類/其他宗教之屬/基督教

讚美詩一卷　民國油印本　一冊

330000－1716－0025642　子補 0938/25642
子部/宗教類/佛教之屬

成就大悲心陀羅尼修行法執一卷　民國鉛印
本　一冊

330000－1716－0025644　子補 0919－6/
25644　子部/宗教類/佛教之屬/經

妙法蓮華經觀世音菩薩普門品一卷　(後秦)
釋鳩摩羅什譯　民國刻本　一冊

330000－1716－0025648　集補 0280－5/
25648　集部/總集類/選集之屬/斷代

注釋唐詩三百首六卷　(清)蘅塘退士(孫洙)
編　民國二十四年(1935)上海商務印書館鉛
印本　二冊

330000－1716－0025651　集補 0376－2/
25651　集部/總集類/選集之屬/斷代

唐詩三百首注疏六卷　(清)孫洙編　(清)章
燮注　民國二年(1913)上海掃葉山房石印本
三冊　存三卷(一至三)

330000－1716－0025659　集補 0754－2/
25659　集部/小說類/長篇之屬

繡像金臺全傳六卷六十回　民國上海錦章圖
書局石印本　一冊　存三卷(四至六)

330000－1716－0025660　子補 0940/25660
子部/宗教類/道教之屬

覺源正訓語錄一卷　民國十二年(1923)蔡萬
順號鉛印本　一冊

330000－1716－0025666　集補 0754－3/
25666　集部/小說類/長篇之屬

繡像金臺全傳六卷六十回　民國石印本　一
冊　存一卷(二)

330000－1716－0025671　集補 0754－4/
25671　集部/小說類/長篇之屬

繡像金臺全傳六卷六十回　民國石印本　一
冊　存一卷(五)

330000－1716－0025678　集補 0376－3/
25678　集部/總集類/選集之屬/斷代

新體廣注唐詩三百首讀本六卷　世界書局編
輯所編輯　民國十四年(1925)上海世界書局
石印本　二冊

330000－1716－0025680　新補 0395/25680
史部/政書類/公牘檔冊之屬

**全浙教育會聯合會民國十年八月臨時會議決
案一卷**　浙江省教育會編　民國十年(1921)
鉛印本　一冊

330000－1716－0025684　地獻 1801/25684
子部/宗教類/佛教之屬

釋迦如來成道記一卷　(唐)王勃撰　民國十
二年(1923)紹興戒珠寺佛學研究社鉛印本
一冊

330000－1716－0025690　集補 0378/25690
集部/別集類/漢魏六朝別集

陶淵明文集十卷　(晉)陶潛撰　民國石印本
三冊　存七卷(四至十)

330000－1716－0025691　新補 0397/25691
新學/學校

國文一卷文選一卷　民國油印本　一冊

330000－1716－0025693　新補 0398－1/
25693　新學/工藝/雜工

中國電報新編不分卷　民國鉛印本　五柳堂
陶氏題記　一冊

330000－1716－0025694　地獻 1488－7/
25694　類叢部/類書類/專類之屬

詩學含英十四卷　(清)劉文蔚輯　民國八年
(1919)上海鑄記書局石印本　一冊　存一卷

（一）

330000－1716－0025695　新補 0398－3/25695　新學/工藝/雜工

中國電報新編不分卷　民國鉛印本　一冊

330000－1716－0025698　集補 0379/25698
集部/別集類/清別集

天真閣外集六卷　（清）孫原湘撰　民國二年（1913）上海掃葉山房石印本　二冊

330000－1716－0025700　新補 0398－2/25700　新學/工藝/雜工

中國電報新編不分卷　民國鉛印本　一冊

330000－1716－0025701　子補 0944/25701
子部/宗教類/佛教之屬

朝時課誦一卷暮時課誦一卷　民國二十六年（1937）上海法雲印經會鉛印本　一冊

330000－1716－0025702　地獻 1797/25702
集部/別集類/清別集

稷山獅弦集不分卷　（清）陶濬宣撰　民國油印本　一冊

330000－1716－0025704　集補 0380/25704
集部/別集類/明別集

疑雨集注四卷　（明）王彥泓撰　丁國鈞注　民國四年（1915）上海掃葉山房石印本　三冊　缺一卷（三）

330000－1716－0025707　集補 0381/25707
集部/總集類/選集之屬/通代

天下才子必讀書十五卷末一卷　（清）金人瑞選評　民國上海有正書局鉛印本　二冊

330000－1716－0025708　新補 0399/25708
新學/學校

小學校訓練大要一卷　鄭朝熙講述　民國九年（1920）北京開智印刷局鉛印本　一冊

330000－1716－0025714　地獻 1798－1/25714　史部/政書類/公牘檔冊之屬

箔司業職業工會留徒名冊一卷　民國三十五年（1946）施齊貴鉛印本　一冊

330000－1716－0025716　地獻 1798－2/

25716　史部/政書類/公牘檔冊之屬

箔司職業工會留徒總冊一卷　民國二十九年（1940）石印本　一冊

330000－1716－0025728　子補 1092/25728
子部/藝術類

美術叢書四集二百七十九種　鄧實輯　黃賓虹續輯　民國二十五年（1936）上海神州國光社鉛印本　二十四冊　存四十七種（初集十九種、二集十二種、三集十六種）

330000－1716－0025735　新補 0318－2/25735　史部/政書類/邦計之屬/賦稅

財政部釐定淮安關修正稅則表一卷　財政部編　民國鉛印本　一冊

330000－1716－0025738　新補 0398－4/25738　新學/工藝/雜工

中國電報新編不分卷　民國鉛印本　一冊

330000－1716－0025741　普叢 0049－2/25741　類叢部/叢書類/自著之屬

張季子九錄附一種　張謇撰　張怡祖編　民國上海中華書局鉛印本　八冊　存五種

330000－1716－0025742　新補 0403/25742
新學/學校

杭縣縣立第二高等小學校概況一卷　民國油印本　一冊

330000－1716－0025744　新補 0404/25744
新學/政治法律

憲法草案之誤點彙誌一卷　（日本）有賀長雄述　民國二年（1913）鉛印本　一冊

330000－1716－0025745　新補 0405－1/25745　新學/學校

國文不分卷　民國油印本　一冊

330000－1716－0025746　新補 0405－2/25746　新學/學校

國文不分卷　民國油印本　一冊

330000－1716－0025750　地獻 1805－1/25750　子部/藝術類/遊藝之屬/聯語

宋詞集聯一卷　程柏堂撰　民國二十三年

（1934）鎮江江南印書館影印本　一冊

330000－1716－0025751　　子補 0946－1/25751　子部/宗教類/佛教之屬/經

新頒中外普度皇經全部一卷附錄一卷　民國十九年（1930）上海明善書局石印本　一冊

330000－1716－0025752　　地獻 1805－2/25752　子部/藝術類/遊藝之屬/聯語

宋詞集聯一卷　程柏堂撰　民國二十三年（1934）鎮江江南印書館影印本　一冊

330000－1716－0025753　　地獻 1805－3/25753　子部/藝術類/遊藝之屬/聯語

宋詞集聯一卷　程柏堂撰　民國二十三年（1934）鎮江江南印書館影印本　一冊

330000－1716－0025754　　子補 0946－2/25754　子部/宗教類/佛教之屬/經

新頒中外普度皇經全部一卷附錄一卷　民國十九年（1930）上海明善書局石印本　一冊

330000－1716－0025755　　地獻 1805－4/25755　子部/藝術類/遊藝之屬/聯語

宋詞集聯一卷　程柏堂撰　民國二十三年（1934）鎮江江南印書館影印本　一冊

330000－1716－0025757　　地獻 1805－5/25757　子部/藝術類/遊藝之屬/聯語

宋詞集聯一卷　程柏堂撰　民國二十三年（1934）鎮江江南印書館影印本　一冊

330000－1716－0025759　　史補 0631/25759　史部/目錄類/總錄之屬/私撰

直隸書局書目一卷　直隸書局編　民國十九年（1930）北平直隸書局鉛印本　一冊

330000－1716－0025768　　新補 0406/25768　史部/政書類/律令之屬

中華新法令不分卷　民國鉛印本　一冊

330000－1716－0025770　　子補 1095/25770　子部/工藝類/日用器物之屬/陶瓷

匋雅二卷　陳瀏撰　民國二十二年（1933）上海古瓷研究會石印本　四冊

330000－1716－0025771　　普叢 0195/25771

類叢部/叢書類/自著之屬

船山遺書六十六種附一種　（清）王夫之撰　民國二十四年（1935）上海太平洋書店鉛印本　一冊　存三種

330000－1716－0025773　　新補 0407/25773　新學/報章

新聞報館三十年紀念冊不分卷　上海新聞報館編　民國十二年（1923）上海新聞報館鉛印本　一冊

330000－1716－0025777　　集補 0764/25777　集部/戲劇類/傳奇之屬

錫六環二卷二十四回　（清）孫埏撰　民國五年（1916）奉化湖瀾書塾刻本　一冊　存一卷（上）

330000－1716－0025780　　集補 0765/25780　集部/小說類/長篇之屬

按照原本編譯官話忠孝節義王清明投親合同記全部四卷　（清）槐蔭山房主人重編　民國元昌印書館石印本　一冊

330000－1716－0025782　　集補 0386－1/25782　集部/總集類/尺牘之屬

新撰商業尺牘二卷　徐珂編輯　民國十八年（1929）上海商務印書館鉛印本　二冊

330000－1716－0025785　　集補 0386－2/25785　集部/總集類/尺牘之屬

新撰商業尺牘二卷　徐珂編輯　民國十五年（1926）上海商務印書館鉛印本　二冊

330000－1716－0025788　　集補 0766/25788　集部/小說類/短篇之屬

新刻小清官烏江渡私訪全集一卷　民國石印本　一冊

330000－1716－0025789　　地獻 1612－100/25789　集部/別集類/清別集

秋水軒尺牘二卷　（清）許思湄撰　**雪鴻軒尺牘二卷**　（清）龔萼撰　民國上海鴻寶齋書局石印本　一冊　缺二卷（雪鴻軒尺牘一至二）

330000－1716－0025790　　地獻 1612－101/25790　集部/別集類/清別集

新輯秋水軒尺牘二卷 （清）許思湄撰 （清）婁世瑞注 （清）寄虹軒主人輯 民國元年（1912）上海會文堂石印本 一冊 存一卷（一）

330000－1716－0025793 普叢 0197/25793 類叢部/叢書類/自著之屬

潤德堂叢書 袁樹珊撰 民國江都袁氏潤德堂刻本 三冊 存一種

330000－1716－0025794 子補 0950/25794 史部/傳記類/別傳之屬/事狀

馮太夫人七十大慶舉行五教演講一卷 馮炳南輯 民國馮氏積善堂鉛印本 一冊

330000－1716－0025795 子補 0951－1/25795 子部/宗教類/道教之屬

性命雙修萬神圭旨四卷 民國上海錦章圖書局石印本 四冊

330000－1716－0025796 子補 0951－2/25796 子部/宗教類/道教之屬

性命雙修萬神圭旨四卷 民國上海錦章圖書局石印本 四冊

330000－1716－0025797 新補 0405－3/25797 新學/學校

國文不分卷 民國油印本 一冊

330000－1716－0025800 集補 0387－4/25800 集部/詩文評類/文法之屬/函牘格式

詳注通用尺牘六卷附錄二卷 中華書局編輯 民國十九年（1930）上海中華書局鉛印本 四冊

330000－1716－0025801 子補 0952/25801 子部/宗教類/佛教之屬

凤孽記一卷 （明）陸圻撰 民國中央刻經處鉛印本 一冊

330000－1716－0025802 新補 0410/25802 新學/政治法律/刑法

中華民國刑法一卷 明密碼電報書一卷 民國上海新華書局石印本 一冊

330000－1716－0025803 子補 0953/25803

子部/宗教類/道教之屬/雜著

張三丰先生全集八卷 （明）張三丰撰 （清）李西月重編 張三丰祖師無根樹詞注解一卷 （明）劉悟元注 （清）李西月增解 靈寶畢法三卷 題（唐）鍾離權撰 （唐）呂嵒傳 民國十五年（1926）上海明善書局石印本 一冊 存三卷（一至三）

330000－1716－0025804 集補 0387－5/25804 集部/詩文評類/文法之屬/函牘格式

詳注通用尺牘六卷附錄二卷 中華書局編輯 民國四年（1915）上海中華書局鉛印本 甘潤生題記 四冊 缺二卷（三、五）

330000－1716－0025806 新補 0411/25806 史部/政書類/律令之屬/律例

暫行辦事章程三卷 民國鉛印本 一冊

330000－1716－0025807 集補 0767/25807 集部/小說類/長篇之屬

吳三桂演義四卷四十回 民國上洋海左書局石印本 一冊 存二卷（三至四）

330000－1716－0025809 子補 0954/25809 子部/宗教類/道教之屬

正心衛生寶筏一卷 王景山撰 民國十二年（1923）上海劉德記石印本 一冊

330000－1716－0025811 集補 0387－6/25811 集部/詩文評類/文法之屬/函牘格式

詳注通用尺牘六卷附錄二卷 中華書局編輯 民國上海中華書局鉛印本 三冊 存五卷（一至三、五至六）

330000－1716－0025812 新補 0412/25812 新學/學校

金山縣教育狀況一卷 民國二年（1913）上海中國圖書公司鉛印本 一冊

330000－1716－0025814 集補 0387－7/25814 集部/詩文評類/文法之屬/函牘格式

詳注通用尺牘六卷附錄二卷 中華書局編輯 民國上海中華書局鉛印本 四冊

330000－1716－0025816 地獻 1453－3/25816 集部/別集類/清別集

愧廬文鈔二卷詩鈔一卷聯稿一卷　（清）胡鍾
生撰　蔡元培選　民國三年(1914)上海越社
鉛印本　一冊

330000－1716－0025817　子補 0955/25817
子部/宗教類/佛教之屬

天如醒言一卷天如禪師淨土或問摘要一卷
（清）石成金撰　民國寧波華陞局鉛印本
一冊

330000－1716－0025819　集補 0769/25819
集部/曲類/曲藝之屬

新編時調大觀三集一卷　民國上海文益書局
石印本　一冊

330000－1716－0025820　集補 0388/25820
集部/詩文評類/文法之屬/函牘格式

尺牘函海不分卷　（清）王鼎輯撰　民國十三
年(1924)上海左書局石印本　九冊

330000－1716－0025825　集補 0770/25825
集部/曲類/曲藝之屬

時調新曲一卷　民國石印本　一冊

330000－1716－0025827　集補 0771/25827
集部/曲類/曲選之屬

最新滑稽南腔北調四集四卷　民國上海新柳
書局石印本　一冊

330000－1716－0025828　子補 0957/25828
子部/宗教類/道教之屬

玉真白雲談玄錄一卷　陽明山人撰　民國十
四年(1925)寧波美大印書局鉛印本　一冊

330000－1716－0025829　集補 0390/25829
集部/詩文評類/文法之屬/函牘格式

新時代國民普通新尺牘不分卷　袁韜壺編
民國十八年(1929)上海文淵閣石印本　五冊

330000－1716－0025830　集補 0772/25830
集部/曲類/曲藝之屬

時調新曲初集一卷二集一卷三集一卷四集一
卷　野鶴道人編　民國十一年(1922)上海文
益書局石印本　一冊　存一卷(二集)

330000－1716－0025832　集補 0773/25832

集部/曲類/曲選之屬

時調大觀五集四卷　徐海樵編　民國文益書
局石印本　一冊

330000－1716－0025834　集補 0391－1/
25834　集部/總集類/尺牘之屬

名賢手札八卷　（清）郭慶藩輯　民國石印本
三冊　存七種

330000－1716－0025835　新補 0414/25835
新學/議論

論說一卷　民國石印本　一冊

330000－1716－0025836　新補 0415－1/
25836　新學/學校

私塾改良捷訣一卷　商務印書館編譯所編
民國五年(1916)上海商務印書館鉛印本
一冊

330000－1716－0025838　新補 0418/25838
新學/雜著

泰西改良社會策一卷　（美國）衡德森撰　民
國六年(1917)廣學會鉛印本　一冊

330000－1716－0025840　地獻 1809/25840
子部/宗教類/道教之屬

校正太乙金華宗旨一卷附金華闡幽問答一卷
民國十一年(1922)紹興越鐸印刷所鉛印本
一冊

330000－1716－0025841　集補 0391－2/
25841　集部/總集類/尺牘之屬

名賢手札八卷　（清）郭慶藩輯　民國石印本
一冊　存四種

330000－1716－0025843　集補 0391－3/
25843　集部/總集類/尺牘之屬

名賢手札八卷　（清）郭慶藩輯　民國十二年
(1923)上海東萊書局石印本　三冊　存七種

330000－1716－0025846　地獻 1634－10/
25846　史部/傳記類/總傳之屬/郡邑

於越有明一代三不朽圖贊一卷　（清）張岱撰
民國七年(1918)紹興印刷局鉛印本　唐風
題記　一冊

330000 – 1716 – 0025848　地獻 3232/25848　集部/詞類/別集之屬

無腔詞一卷清虚子一卷　胡維銓撰　稿本　一冊

330000 – 1716 – 0025850　縣資 0031 – 10/25850　史部/傳記類/總傳之屬/郡邑

龍山詩巢志略四卷　錢繩武輯　民國二十二年（1933）鉛印本　一冊

330000 – 1716 – 0025851　地獻 1402 – 4/25851　史部/傳記類/別傳之屬/事狀

紹興孝子金鹿賓先生哀誄録不分卷　陳澹然等撰　民國八年（1919）鉛印本　華啓道題記　一冊

330000 – 1716 – 0025852　新補 0405 – 4/25852　新學/學校

國文不分卷　民國油印本　一冊

330000 – 1716 – 0025854　善附 0278/25854　集部/別集類/唐五代別集

方處士殘集一卷　（唐）方干撰　錢蔭喬輯　民國十八年（1929）錢蔭喬抄本　一冊

330000 – 1716 – 0025855　集補 0774/25855　集部/曲類/彈詞之屬

繪圖莊子戲妻劈棺全傳一卷沉香救母寶蓮燈全傳一卷　民國上海槐蔭山房石印本　一冊

330000 – 1716 – 0025857　新補 0405 – 5/25857　新學/學校

國文不分卷　民國油印本　一冊

330000 – 1716 – 0025858　地獻 1600 – 3/25858　子部/宗教類/道教之屬

德行善道寶書一卷　何明光體述　何貫三結集　章煥斗校集　民國十二年（1923）紹興漱石齋鉛印本　一冊

330000 – 1716 – 0025860　地獻 1600 – 4/25860　子部/宗教類/道教之屬

德行善道寶書三卷　何明光體述　何貫三結集　章煥斗校集　民國十一年（1922）紹興漱石齋鉛印本　三冊

330000 – 1716 – 0025868　地獻 1527 – 3/25868　史部/傳記類/別傳之屬/事狀

宋侍郎胡忠佑公事跡録一卷　程鳳山輯　民國二十二年（1933）上海新華書局鉛印本　一冊

330000 – 1716 – 0025873　集補 0387 – 8/25873　集部/詩文評類/文法之屬/函牘格式

詳注通用尺牘六卷附録二卷　中華書局編輯　民國上海中華書局鉛印本　三冊　存五卷（一至五）

330000 – 1716 – 0025877　新補 0417/25877　新學/政治法律/政治

救亡策一卷　孫文撰　民國上海商務印書館鉛印本　一冊

330000 – 1716 – 0025878　集補 0775/25878　集部/小說類/長篇之屬

新刻燕王掃北□□卷□□回　民國石印本　一冊　存三卷（一至三）

330000 – 1716 – 0025881　集補 0776/25881　集部/小說類/長篇之屬

增像玉茗堂批點按鑑紊補北宋楊家將全傳四卷五十回　（明）研石山樵訂正　民國十七年（1928）上海沈鶴記書局石印本　一冊

330000 – 1716 – 0025882　地獻 3237/25882　集部/別集類

律賦從新一卷　壽孝天撰　稿本　一冊

330000 – 1716 – 0025883　史補 0641/25883　史部/目録類/總録之屬/私撰

萃文書局最近書目不分卷　萃文書局編　民國二十五年（1936）鉛印本　一冊

330000 – 1716 – 0025884　子補 0961/25884　子部/宗教類/道教之屬

玉露金盤二卷　民國鉛印本　一冊

330000 – 1716 – 0025885　集補 0392/25885　集部/詩文評類/文法之屬/函牘格式

最新詳注分類尺牘全書十二冊不分卷　袁韜壺編　民國上海羣學書社石印本　一冊　存五冊（一至五）

330000－1716－0025886　子補 0962/25886
子部/宗教類/佛教之屬

醒人鐘六卷　（清）盧勸生　（清）鄧修善編輯　（清）余蘭善鈔錄　民國九年（1920）上海善書宏大善書總發行所石印本　一冊

330000－1716－0025889　子補 0964/25889
子部/宗教類/佛教之屬

釋氏文鈔讀本不分卷　釋聖聰輯　民國二十三年（1934）浙杭慧空經房刻本　一冊

330000－1716－0025894　子補 0966－1/25894　子部/宗教類/道教之屬

九陽關注解一卷　（□）中和先生撰　（□）紫陽真人鑒　（□）飛龍先生注解　民國石印本　一冊

330000－1716－0025896　地獻 3194/25896
史部/傳記類/總傳之屬/家乘

全家誕生誌錄一卷　民國潁川煦抄本　一冊

330000－1716－0025897　子補 0966－2/25897　子部/宗教類/道教之屬

九陽關注解一卷　（□）中和先生撰　（□）紫陽真人鑒　（□）飛龍先生注解　民國石印本　一冊

330000－1716－0025900　集補 0393－1/25900　集部/詩文評類/文法之屬/函牘格式

新撰詳注分類尺牘大成不分卷　周蓮第編　民國石印本　十冊

330000－1716－0025904　集補 0393－2/25904　集部/詩文評類/文法之屬/函牘格式

新撰詳注分類尺牘大成不分卷　周蓮第編　民國六年（1917）上海鴻寶齋書局石印本　十二冊

330000－1716－0025907　子補 0967/25907
子部/宗教類/佛教之屬/律

在家律要四卷　朱止宜輯　民國十九年（1930）上海佛學書局鉛印本　一冊

330000－1716－0025910　集補 0393－3/25910　集部/詩文評類/文法之屬/函牘格式

新撰詳注分類尺牘大成不分卷　周蓮第編

民國石印本　十一冊

330000－1716－0025913　史補 0644/25913
史部/傳記類/總傳之屬/姓名

百家姓一卷　民國石印本　一冊

330000－1716－0025915　子補 1100/25915
子部/術數類/相宅相墓之屬

重鐫官板地理天機會元三十五卷　（唐）卜則魏撰　（明）顧乃德集　（明）徐之鎮重編刪補　民國石印本　一冊　存一卷（二十四）

330000－1716－0025919　子補 0969/25919
子部/宗教類/道教之屬/雜著

毅一子三卷外篇一卷　楊覲東撰　民國十四年（1925）新文石印本　一冊　存一卷（一）

330000－1716－0025921　子補 1101－1/25921　子部/術數類/相宅相墓之屬

增補地理直指原真大全三卷首一卷　（清）釋如玉撰　民國上海大成書局石印本　二冊　存二卷（二、首）

330000－1716－0025922　集補 0394/25922
集部/詩文評類/文法之屬/函牘格式

分類詳注各界問答尺牘大觀六卷　偶陽散人編　民國十二年（1923）上海會文堂書局石印本　六冊

330000－1716－0025927　子補 1102/25927
子部/術數類/相宅相墓之屬

重鐫官板地理天機會元三十五卷　（唐）卜則魏撰　（明）顧乃德集　（明）徐之鎮重編刪補　民國上海校經山房石印本　十一冊　存二十二卷（一至十九、二十九至三十、三十二）

330000－1716－0025931　地獻 1481－3/25931　集部/別集類

斐園詩草十一卷後集二卷　甘元坼撰　民國十三年（1924）紹興印刷局鉛印本　一冊　存二卷（後集一至二）

330000－1716－0025932　新補 0405－6/25932　新學/學校

國文不分卷　民國油印本　五冊

330000－1716－0025933　地獻 1481－4/25933　集部/別集類

斐園詩草十一卷後集二卷　甘元圻撰　民國十三年(1924)紹興印刷局鉛印本　一冊　存二卷(後集一至二)

330000－1716－0025943　子補 0971/25943　子部/宗教類/佛教之屬/論疏

成唯識論文釋併記十卷　(清)吳樹虛集說　民國上海醫學書局影印本　一冊　存三卷(八至十)

330000－1716－0025944　子補 3459－19/25944　子部/宗教類/其他宗教之屬/基督教

週年瞻禮不分卷　民國二十三年(1934)鉛印本　一冊

330000－1716－0025946　集補 0396/25946　集部/詩文評類/文法之屬/函牘格式

最新廣注分類尺牘大全不分卷　袁韜壺編　民國上海大通書局石印本　三冊

330000－1716－0025956　地獻 1769－2/25956　史部/傳記類/別傳之屬/事狀

紹興王臥山先生百齡追紀徵文集不分卷　王福坤　王家襄輯　民國十二年(1923)鉛印本　一冊

330000－1716－0025957　經補 0598/25957　經部/詩類/傳說之屬

詩經集傳八卷　(宋)朱熹撰　民國商務印書館鉛印本　四冊

330000－1716－0025958　經補 0599/25958　經部/詩類/傳說之屬

詩經集傳八卷　(宋)朱熹撰　民國商務印書館鉛印本　一冊　存二卷(一至二)

330000－1716－0025959　集補 0397－1/25959　集部/總集類/尺牘之屬

分類詳注新商業尺牘大全六卷　潘癯仙編輯　民國十四年(1925)上海競智圖書館石印本　六冊

330000－1716－0025960　地獻 1769－3/25960　史部/傳記類/別傳之屬/事狀

紹興王臥山先生百齡追紀徵文集不分卷　王福坤　王家襄輯　民國十二年(1923)鉛印本　二冊

330000－1716－0025963　子補 1106/25963　子部/雜著類/雜考之屬

古書校讀法一卷　胡韞玉編　民國十四年(1925)安吳胡氏鉛印本　一冊

330000－1716－0025968　集補 0398－1/25968　集部/總集類/尺牘之屬

分類詳注簡明新尺牘六卷　袁韜壺編　民國十五年(1926)上海羣學書社石印本　繼楣題記　四冊　存四卷(一、三至五)

330000－1716－0025969　集補 0398－2/25969　集部/總集類/尺牘之屬

分類詳注簡明新尺牘六卷　袁韜壺編　民國石印本　二冊　存二卷(三、六)

330000－1716－0025976　地獻 3307/25976　子部/醫家類/方書之屬/成方藥目

醫方湯頭歌括一卷　(清)汪昂編輯　民國抄本　一冊

330000－1716－0025977　地獻 3308/25977　子部/宗教類/佛教之屬

佛說八吉祥經一卷　(南朝梁)釋伽婆羅譯　民國抄本　一冊

330000－1716－0025978　集補 0399/25978　集部/總集類/尺牘之屬

分類廣注交際尺牘大觀不分卷　劉再蘇編輯　民國二十年(1931)上海世界書局石印本　孟月珍題記　四冊　存四冊(一、三、六至七)

330000－1716－0025980　地獻 1822/25980　子部/儒家類/儒學之屬/性理

昌儒醒世鏡正編一卷前編一卷附編一卷　張覺善　李道淵校錄　民國十二年(1923)杭州停雲軒鉛印本　一冊

330000－1716－0025981　集補 0400/25981　集部/總集類/尺牘之屬

新撰學生尺牘不分卷　商務印書館編譯所編纂　民國石印本　二冊

330000 – 1716 – 0025983　地獻 1239 – 3/25983　集部/總集類/郡邑之屬

禹域叢書三種十二卷　禹域新聞社輯　民國鉛印本　一冊　存一種

330000 – 1716 – 0025994　地獻 3313/25994 集部/總集類/選集之屬/通代

滑稽文選三編□□卷　民國抄本　一冊　存一卷（一）

330000 – 1716 – 0025995　子補 0974/25995 子部/宗教類/佛之屬/論疏

十二門論義記科會一卷　釋幻修講　張元成錄　民國九年（1920）鉛印本　一冊

330000 – 1716 – 0025996　普類 0110 – 10/25996　類叢部/類書類/專類之屬

新鐫校正詳註分類百子金丹全書十卷　（明）郭偉選註　（明）郭中吉編次　民國二年（1913）上海煥文書局石印本　七冊　缺二卷（九至十）

330000 – 1716 – 0026004　集補 0401/26004 集部/總集類/尺牘之屬

分類注釋通俗簡易尺牘不分卷　大東書局編　民國十九年（1930）上海大東書局石印本　四冊

330000 – 1716 – 0026005　子補 1110 – 2/26005　子部/叢編

子書三十二種　育文書局編　民國四年（1915）育文書局石印本　八冊　存六種

330000 – 1716 – 0026010　地獻 1750 – 2/26010　集部/總集類/郡邑之屬

諸暨詩英十一卷續編七卷　徐道政編　民國二十五年（1936）鉛印本　四冊

330000 – 1716 – 0026014　集補 0402/26014 集部/總集類/尺牘之屬

新式活用尺牘秘訣大全四卷　許慕羲編撰　民國十三年（1924）上海廣益書局石印本　二冊　存二卷（一、四）

330000 – 1716 – 0026015　地獻 3316/26015 集部/詞類

詞藻隨錄不分卷　民國五年（1916）抄本　一冊

330000 – 1716 – 0026016　子補 1113/26016 子部/術數類/命書相書之屬

新鐫希夷陳先生紫微斗數全書四卷　（清）潘希尹補輯　民國上海校經山房石印本　一冊

330000 – 1716 – 0026019　地獻 3317/26019 史部/政書類/公牘檔冊之屬

恊大祥注孫棧房出貨帳目一卷　民國二十九年（1940）抄本　一冊

330000 – 1716 – 0026020　子補 0976/26020 子部/宗教類/佛教之屬

大聖末刼經一卷　民國十年（1921）寧波汲綆齋石印本　一冊

330000 – 1716 – 0026021　集補 0403/26021 集部/總集類/尺牘之屬

新時代交際尺牘大成不分卷附文件婚喪契據一卷郵電新編一卷　袁韜壺編　民國十二年（1923）上海錦章圖書局石印本　十二冊

330000 – 1716 – 0026022　地獻 1823 – 1/26022　史部/地理類/專志之屬/祠墓

祀禹錄不分卷　賀揚靈輯　民國二十五年（1936）鉛印本　一冊

330000 – 1716 – 0026026　地獻 1823 – 2/26026　史部/地理類/專志之屬/祠墓

祀禹錄不分卷　賀揚靈輯　民國二十五年（1936）鉛印本　一冊

330000 – 1716 – 0026027　集補 0404/26027 集部/詩文評類/文法之屬/函牘格式

新撰句解高等女子新尺牘四卷　賀群上編輯　民國十二年（1923）上海廣益書局石印本　三冊　缺一卷（三）

330000 – 1716 – 0026028　地獻 3319/26028 史部/政書類/公牘檔冊之屬

合同分書一卷　民國十三年（1924）抄本　一冊

330000 – 1716 – 0026029　地獻 1717 – 2/

26029　史部/金石類/石之屬

曹娥孝女廟碑不分卷　民國慎初堂朱氏鉛印本暨石印本　一冊

330000－1716－0026031　子補 0978/26031
子部/雜家類

齊家真諦一卷　民國石印本　一冊

330000－1716－0026034　集補 0405/26034
集部/總集類/尺牘之屬

分類白話句解新式普通尺牘六卷　廣益書局編輯部輯　民國十年(1921)上海廣益書局石印本　六冊

330000－1716－0026036　子補 1114/26036
子部/術數類/命書相書之屬

命理四種　樂吾氏編輯　民國二十四年(1935)上海乾乾書社鉛印本　一冊　存二種

330000－1716－0026039　子補 0979/26039
子部/宗教類/佛教之屬

蓋天古佛慈悲度人經一卷　民國鉛印本一冊

330000－1716－0026040　子補 1115/26040
子部/儒家類/儒學之屬/禮教

五種遺規　(清)陳弘謀輯並撰　民國十三年(1924)上海商務印書館鉛印本　一冊　存一種

330000－1716－0026041　子補 0980/26041
子部/宗教類/道教之屬

濟世箴言一卷　民國十二年(1923)上海宏大善書局石印本　一冊

330000－1716－0026042　集補 0407/26042
集部/詩文評類/文法之屬

注釋分類通俗尺牘六卷　大東書局編　民國七年(1918)上海大東書局石印本　四冊　缺二卷(四至五)

330000－1716－0026045　善附 0277/26045
集部/總集類/氏族之屬

清芬集一卷　錢繩武輯　民國二十年(1931)稿本　一冊

330000－1716－0026051　地獻 1824－1/26051　集部/總集類/選集之屬/通代

古文觀止十二卷　(清)吳乘權　(清)吳大職輯　民國二十九年(1940)上海商務印書館鉛印本　三冊

330000－1716－0026052　集補 0783/26052
集部/詩文評類/文法之屬/函牘格式

分類句解通用尺牘大觀十二卷　賀群上輯民國十四年(1925)上海廣益書局石印本　七冊　存七卷(二至五、八、十至十一)

330000－1716－0026053　地獻 1824－2/26053　集部/總集類/選集之屬/通代

新體廣注古文觀止十二卷　(清)吳乘權(清)吳大職輯　黃築巖　劉再蘇注釋　民國二十三年(1934)上海世界書局石印本　六冊

330000－1716－0026054　子補 0981－1/26054　子部/宗教類/佛教之屬/經疏

大方廣佛華嚴經入不思議解脫境界普賢行願品一卷　(唐)釋般若譯　民國上海佛教居士林圖書流通部石印本　一冊

330000－1716－0026056　地獻 1824－3/26056　集部/總集類/選集之屬/通代

分段評注言文對照古文觀止十二卷　(清)吳乘權　(清)吳大職輯　民國二十二年(1933)上海學海書局石印本　十二冊

330000－1716－0026058　子補 0981－2/26058　子部/宗教類/佛教之屬/經疏

大方廣佛華嚴經入不思議解脫境界普賢行願品一卷　(唐)釋般若譯　民國石印本　一冊

330000－1716－0026059　地獻 1824－4/26059　集部/總集類/選集之屬/通代

言文對照古文觀止十二卷　(清)吳乘權(清)吳大職輯　廣益書局編譯　民國二十一年(1932)上海廣益書局石印本　十二冊

330000－1716－0026060　地獻 3323/26060
史部/政書類/公牘檔冊之屬

保安勝集一卷　民國十二年(1923)存智扇唐懋牲寶號抄本　一冊

330000 – 1716 – 0026061　　子補 0981 – 3/26061　子部/宗教類/佛教之屬/經疏

大方廣佛華嚴經入不思議解脫境界普賢行願品一卷　（唐）釋般若譯　民國佛學書局影印本　一冊

330000 – 1716 – 0026064　　地獻 1824 – 5/26064　集部/總集類/選集之屬/通代

言文對照古文觀止十二卷　（清）吳乘權（清）吳大職輯　廣益書局編譯　民國上海廣益書局石印本　十一冊　缺一卷（十二）

330000 – 1716 – 0026066　　地獻 1824 – 6/26066　集部/總集類/選集之屬/通代

言文對照古文觀止十二卷　（清）吳乘權（清）吳大職輯　廣益書局編譯　民國十四年（1925）上海廣益書局石印本　十二冊

330000 – 1716 – 0026073　　地獻 1824 – 7/26073　集部/總集類/選集之屬/通代

言文對照古文觀止十二卷　（清）吳乘權（清）吳大職輯　廣益書局編譯　民國十四年（1925）上海廣益書局石印本　十二冊

330000 – 1716 – 0026076　　地獻 3326/26076　集部/別集類/唐五代別集

重刊校正笠澤叢書四卷補遺一卷續補遺一卷　（唐）陸龜蒙撰　民國十一年（1922）求劍生抄本　一冊　存二卷（一至二）

330000 – 1716 – 0026080　　地獻 3255/26080　子部/術數類/相宅相墓之屬

堪輿讀書紀略不分卷　浙東南北山人撰　稽山樵客謄校　民國九年（1920）稿本　一冊

330000 – 1716 – 0026081　　地獻 1824 – 8/26081　集部/總集類/選集之屬/通代

新體廣注古文觀止十二卷　（清）吳乘權（清）吳大職輯　黃築巖　劉再蘇注釋　民國十八年（1929）上海世界書局石印本　六冊

330000 – 1716 – 0026083　　地獻 1824 – 9/26083　集部/總集類/選集之屬/通代

言文對照古文觀止十二卷　（清）吳乘權（清）吳大職輯　廣益書局編譯　民國二十一

年（1932）上海廣益書局石印本　八冊　缺四卷（二至四、十）

330000 – 1716 – 0026086　　集補 0408/26086　集部/總集類/選集之屬/通代

言文對照古文評注讀本十二卷　（清）過珙（清）黃越評選　民國上海世界書局石印本　二冊　存六卷（一至三、七至九）

330000 – 1716 – 0026087　　子補 0982 – 1/26087　子部/宗教類/道教之屬

諸佛仙真聖誕誥讚經咒摘録一卷　民國鉛印本　一冊

330000 – 1716 –0026088　　地獻 3327/26088　子部/醫家類/方書之屬

計方珠一卷　民國陶培安、徐少義抄本　一冊

330000 – 1716 – 0026089　　子補 0982 – 2/26089　子部/宗教類/道教之屬

諸佛仙真聖誕誥讚經咒摘録一卷　民國鉛印本　一冊

330000 – 1716 – 0026091　　地獻 3328/26091　史部/政書類/儀制之屬/典禮

祭文挽聯不分卷　民國十九年（1930）抄本　一冊

330000 – 1716 – 0026092　　子補 0983/26092　子部/宗教類/佛教之屬

普告大眾一卷　民國中央刻經院鉛印本　一冊

330000 – 1716 – 0026093　　地獻 1824 – 10/26093　集部/總集類/選集之屬/通代

言文對照古文觀止十二卷　（清）吳乘權（清）吳大職輯　廣益書局編譯　民國上海廣益書局石印本　二冊　存二卷（一、六）

330000 – 1716 – 0026094　　地獻 1824 – 11/26094　集部/總集類/選集之屬/通代

言文對照古文觀止十二卷　　（清）吳乘權（清）吳大職輯　廣益書局編譯　民國上海廣益書局石印本　七冊　存七卷（二至五、七至八、十）

330000－1716－0026095　子補1119/26095
子部/術數類/命書相書之屬
繪圖水鏡集四卷　（清）右髻道人（范騋）纂
民國上海錦章圖書局石印本　一冊　存二卷
（一至二）

330000－1716－0026096　地獻3329/26096
集部/別集類
浣紗詩鈔一卷　民國抄本　一冊

330000－1716－0026097　地獻1824－12/
26097　集部/總集類/選集之屬/通代
言文對照古文觀止十二卷　（清）吳乘權
（清）吳大職輯　廣益書局編譯　民國上海廣
益書局石印本　三冊　存三卷（二、八至九）

330000－1716－0026098　地獻1824－13/
26098　集部/總集類/選集之屬/通代
言文對照古文觀止十二卷　（清）吳乘權
（清）吳大職輯　廣益書局編譯　民國上海廣
益書局石印本　三冊　存三卷（一、三、十）

330000－1716－0026099　子補0984/26099
子部/宗教類/佛教之屬
八識規矩頌貫珠解一卷附法相表解一卷　釋
幻修述　民國十一年（1922）杭州佛學研究會
鉛印本　一冊

330000－1716－0026101　地獻3330/26101
子部/儒家類/儒學之屬/蒙學
四字成語一卷　民國抄本　一冊

330000－1716－0026102　地獻1824－14/
26102　集部/總集類/選集之屬/通代
言文對照古文觀止十二卷　（清）吳乘權
（清）吳大職輯　廣益書局編譯　民國上海廣
益書局石印本　一冊　存一卷（八）

330000－1716－0026104　子補0985/26104
子部/宗教類/佛教之屬
佛法引導論一卷　釋了餘記　民國五年
（1916）鉛印本　一冊

330000－1716－0026105　子補0986/26105
子部/雜著類
一貫淺說一卷　民國三十二年（1943）崇華堂

鉛印本　一冊

330000－1716－0026108　地獻3332/26108
史部/傳記類/別傳之屬/事狀
輓聯一卷　民國二十五年（1936）抄本　一冊

330000－1716－0026109　子補0987/26109
子部/宗教類
談真錄一卷　（清）王覺一撰　民國三十年
（1941）鉛印本　一冊

330000－1716－0026111　地獻3333/26111
集部/別集類
百尺樓稿一卷　民國古遺抄本　一冊

330000－1716－0026112　集補0789－1/
26112　集部/詩文評類/文法之屬/函牘格式
最新詳注分類尺牘大全不分卷　袁韜壼編
民國二十三年（1934）上海會文堂新記書局石
印本　三冊　缺一冊（二）

330000－1716－0026113　地獻3258/26113
集部/別集類
金庭艸一卷　吳朗叔撰　民國元年（1912）稿
本　一冊

330000－1716－0026114　地獻1824－19/
26114　集部/總集類/選集之屬/通代
新體廣注古文觀止十二卷　（清）吳乘權
（清）吳大職輯　黃築巖　劉再蘇注釋　民國
八年（1919）上海廣文書局石印本　十一冊
缺一卷（八）

330000－1716－0026115　地獻3334/26115
子部/醫家類/養生之屬
小食譜一卷　民國抄本　一冊

330000－1716－0026116　集補0789－2/
26116　集部/詩文評類/文法之屬/函牘格式
最新詳注分類尺牘大全不分卷　袁韜壼編
民國二十四年（1935）上海會文堂新記書局石
印本　一冊　存一冊（四）

330000－1716－0026118　善附0279/26118
集部/別集類/清別集
荊山殘集一卷　（清）錢霍撰　錢蔭喬輯　民

國十九年（1930）稿本　一冊

330000－1716－0026119　地獻 1824－16/26119　集部/總集類/選集之屬/通代
新體廣注古文觀止十二卷　（清）吳乘權
（清）吳大職輯　黃築巖　劉再蘇注釋　民國十三年（1924）上海世界書局石印本　陳維澤題簽　六冊

330000－1716－0026122　善附 0280/26122
集部/總集類/氏族之屬
越風錢氏詩存一卷　（清）商盤評選　錢蔭喬輯　稿本　一冊

330000－1716－0026123　地獻 1824－17/26123　集部/總集類/選集之屬/通代
新體廣注古文觀止十二卷　（清）吳乘權
（清）吳大職輯　黃築巖　劉再蘇注釋　民國七年（1918）上海世界書局石印本　彭鈞題記　六冊

330000－1716－0026126　地獻 1824－18/26126　集部/總集類/選集之屬/通代
新體廣注古文觀止十二卷　（清）吳乘權
（清）吳大職輯　黃築巖　劉再蘇注釋　民國十七年（1928）上海世界書局石印本　六冊

330000－1716－0026127　集補 0789－3/26127　集部/總集類/尺牘之屬
言文對照商業新尺牘二卷　世界書局編輯所編輯　民國二十二年（1933）上海世界書局石印本　二冊

330000－1716－0026130　地獻 1824－20/26130　集部/總集類/選集之屬/通代
新體廣注古文觀止十二卷　（清）吳乘權
（清）吳大職輯　黃築巖　劉再蘇注釋　民國八年（1919）上海廣文書局石印本　五冊　存五卷（一至二、七、十一至十二）

330000－1716－0026132　地獻 1824－21/26132　集部/總集類/選集之屬/通代
新體廣注古文觀止十二卷　（清）吳乘權
（清）吳大職輯　黃築巖　劉再蘇注釋　民國八年（1919）上海廣文書局石印本　一冊　存

一卷（二）

330000－1716－0026133　地獻 1824－22/26133　集部/總集類/選集之屬/通代
新體廣注古文觀止十二卷　（清）吳乘權
（清）吳大職輯　黃築巖　劉再蘇注釋　民國十年（1921）上海世界書局石印本　二冊　缺二卷（七至八）

330000－1716－0026135　地獻 1824－23/26135　集部/總集類/選集之屬/通代
新體廣注古文觀止十二卷　（清）吳乘權
（清）吳大職輯　黃築巖　劉再蘇注釋　民國十三年（1924）上海世界書局石印本　四冊　存八卷（五至十二）

330000－1716－0026136　地獻 3257/26136
史部/雜史類/斷代之屬
唐語林摘雋一卷　（宋）王讜撰　民國五年（1916）抄本　一冊

330000－1716－0026137　地獻 1824－24/26137　集部/總集類/選集之屬/通代
新體廣注古文觀止十二卷　（清）吳乘權
（清）吳大職輯　黃築巖　劉再蘇注釋　民國上海世界書局石印本　一冊　存二卷（五至六）

330000－1716－0026138　子補 0988/26138
子部/宗教類/道教之屬
金筒寶籙三一音符天仙心傳問答合刊三卷
民國鉛印本　一冊

330000－1716－0026140　地獻 3336/26140
子部/術數類/相宅相墓之屬
沈氏玄空學四卷　（清）沈紹勳撰　江志伊編　民國抄本　一冊　存一卷（一）

330000－1716－0026141　地獻 3259/26141
集部/曲類/曲藝之屬
仙莊會一卷　民國抄本　一冊

330000－1716－0026144　地獻 3260/26144
集部/總集類/選集之屬/斷代
選錄文集一卷右附檢字文分類部　民國施仲陸抄本　一冊

330000－1716－0026147　集補 0789－4/26147　集部/詩文評類/文法之屬/函牘格式

新撰詳注分類尺牘大成不分卷　周蓮第編　民國石印本　五冊　存家書類、求索類、借貸類、抵押類、謀託類、薦舉類、饋贈類、通候類、聘請類、允諾類、探詢類、報告類、詰問類、聲明類、籌辦類

330000－1716－0026150　善附 0281/26150　集部/別集類

螭陽癡吟錄一卷　錢繩武撰　民國二十六年（1937）稿本　一冊

330000－1716－0026153　地獻 3340/26153　集部/別集類/宋別集

白石樵唱一卷　（宋）林景熙撰　民國管庭芬抄本　一冊

330000－1716－0026154　善附 0285/26154　史部/傳記類/日記之屬

半廬日記不分卷（民國二年元月至三年八月）　稿本　二冊

330000－1716－0026156　集補 0789－5/26156　集部/詩文評類/文法之屬/函牘格式

新撰詳注分類尺牘大成不分卷　周蓮第編　民國八年（1919）上海鴻寶齋書局石印本　十一冊

330000－1716－0026157　子補 0989/26157　子部/雜著類

為善最樂□□卷　（□）王煥章編　民國石印本　一冊　存一卷（下）

330000－1716－0026162　集補 0789－6/26162　集部/詩文評類/文法之屬/函牘格式

新撰詳注分類尺牘大成不分卷　周蓮第編　民國上海鴻寶齋書局石印本　九冊

330000－1716－0026166　經補 0621/26166　經部/春秋穀梁傳類/傳說之屬

春秋穀梁傳十二卷　（晉）范甯集解　（唐）陸德明音義　民國五年（1916）上海掃葉山房石印本　二冊

330000－1716－0026167　經補 0622/26167

經部/易類/傳說之屬

易經八卷　（宋）程頤傳　民國四年（1915）上海中華書局鉛印本　四冊

330000－1716－0026168　子補 0990－2/26168　子部/宗教類/道教之屬

修行歌一卷　（□）守約山人輯　民國杭州同道益善書局鉛印本　一冊

330000－1716－0026175　集補 0411/26175　集部/詩文評類/詩評之屬

歷代詩話二十七種五十七卷考索一卷　（清）何文煥輯　民國石印本　四冊　存十五卷（後山詩話、臨漢隱居詩話、竹坡詩話、韻語陽秋一至十、全唐詩話一至二）

330000－1716－0026176　集補 0789－7/26176　集部/詩文評類/文法之屬/函牘格式

新撰詳注分類尺牘大成不分卷　周蓮第編　民國石印本　一冊　存家書類

330000－1716－0026179　集補 0412/26179　集部/總集類/選集之屬/通代

名媛詩歸三十六卷　（明）鍾惺輯　民國七年（1918）上海有正書局鉛印本　二冊　存九卷（九至十二、三十二至三十六）

330000－1716－0026181　集補 0789－8/26181　集部/詩文評類/文法之屬/函牘格式

新撰詳注分類尺牘大成不分卷　周蓮第編　民國石印本　八冊

330000－1716－0026183　地獻 1824－27/26183　集部/總集類/選集之屬/通代

新體廣注古文觀止十二卷　（清）吳乘權　（清）吳大職輯　黃築巖　劉再蘇注釋　民國十年（1921）上海世界書局石印本　一冊　存二卷（十一至十二）

330000－1716－0026184　集補 0413/26184　集部/別集類/唐五代別集

杜工部集二十卷附錄一卷諸家詩話一卷唱酬題詠附錄一卷　（清）錢謙益箋注　民國十年（1921）上海廣益書局鉛印本　一冊　存一卷（一）

330000－1716－0026185　子補1124/26185
子部/雜著類

增訂駢林摘豔五十卷首一卷　（清）黎景珊等增訂　民國十三年（1924）上海科學圖書社石印本　六冊　存十九卷（三十二至五十）

330000－1716－0026186　地獻1824－28/26186　集部/總集類/選集之屬/通代

新體廣注古文觀止十二卷　（清）吳乘權（清）吳大職輯　黃築巖　劉再蘇注釋　民國上海世界書局石印本　一冊　存二卷（七至八）

330000－1716－0026187　集補0790/26187
集部/別集類/宋別集

歐陽文忠公尺牘四卷　（宋）歐陽修撰　（清）彭期編訂　民國十四年（1925）上海商務印書館鉛印本　四冊

330000－1716－0026188　地獻1824－29/26188　集部/總集類/選集之屬/通代

新體廣注古文觀止十二卷　（清）吳乘權（清）吳大職輯　黃築巖　劉再蘇注釋　民國上海世界書局石印本　一冊　存二卷（七至八）

330000－1716－0026189　子補1125/26189
子部/雜著類/雜說之屬

文壇登龍術不分卷　章克標撰　民國二十二年（1933）鉛印本　二冊

330000－1716－0026191　地獻1824－30/26191　集部/總集類/選集之屬/通代

新體廣注古文觀止十二卷　（清）吳乘權（清）吳大職輯　黃築巖　劉再蘇注釋　民國上海世界書局石印本　一冊　存二卷（七至八）

330000－1716－0026193　子補0991/26193
子部/宗教類/佛教之屬

觀禮堂三教真傳　民國九年（1920）觀禮堂刻本　二冊　存二卷（孔教真理、佛教真經）

330000－1716－0026194　集補0415/26194
集部/總集類/選集之屬/通代

蔡氏古文評注補正全集十卷　（清）過珙選蔡鑄補正　民國上海商務印書館鉛印本　一冊　存一卷（七）

330000－1716－0026196　子補1126/26196
子部/儒家類/儒學之屬/禮教/家訓

先正格言一卷　民國上海宏大善書局石印本　一冊

330000－1716－0026197　地獻3262/26197
類叢部/叢書類/自著之屬

唐風書稿不分卷　唐風撰　稿本　十六冊

330000－1716－0026199　子補1127/26199
子部/雜著類/雜編之屬

簷曝雜記四卷　（清）趙翼撰　民國有正書局鉛印本　一冊　存二卷（一至二）

330000－1716－0026203　集補0791－1/26203　集部/詩文評類/文法之屬/函牘格式

新撰詳注分類尺牘大全不分卷最新應酬實用文件不分卷　袁韜壺編　民國石印本　一冊

330000－1716－0026207　子補1129/26207
子部/宗教類/道教之屬/雜著

邱祖語録一卷　（元）邱處機撰　**長春祖師傳一卷**　（清）莊騫撰　民國鉛印本　一冊

330000－1716－0026208　子補0996/26208
子部/雜著類

止善真詮一卷　金蓮花室主人續義　民國十二年（1923）上海中國道德純一慈濟會鉛印本　一冊

330000－1716－0026211　集補0791－2/26211　集部/詩文評類/文法之屬/函牘格式

新撰詳注分類尺牘大全不分卷最新應酬實用文件不分卷　袁韜壺編　民國石印本　十冊

330000－1716－0026212　子補0997/26212
子部/宗教類/佛教之屬/經

妙法蓮華經觀世音菩薩普門品一卷　（後秦）釋鳩摩羅什譯　民國上海道德書局石印本　慧量師題記　一冊

330000－1716－0026213　子補1130－1/

26213 子部/小說家類/諧謔之屬

改良繪圖解人頤廣集二卷 （清）胡澹庵撰 （清）錢德蒼增訂 民國上海錦章書局石印本 一冊

330000－1716－0026215 子補 1130－2/ 26215 子部/小說家類/諧謔之屬

改良繪圖解人頤廣集二卷 （清）胡澹庵撰 （清）錢德蒼增訂 民國三年(1914)上洋海左書局石印本 一冊

330000－1716－0026216 集補 0791－3/ 26216 集部/詩文評類/文法之屬/函牘格式

新撰詳注分類尺牘大全不分卷最新應酬實用文件不分卷 袁韜壺編 民國石印本 七冊

330000－1716－0026217 地獻 1824－33/ 26217 集部/總集類/選集之屬/通代

古文觀止十二卷 （清）吳乘權 （清）吳大職輯 民國五年(1916)上海中華書局石印本 陳福慶題字 六冊

330000－1716－0026220 子補 1130－3/ 26220 子部/小說家類/諧謔之屬

改良繪圖解人頤廣集二卷 （清）胡澹庵撰 （清）錢德蒼增訂 民國三年(1914)上洋海左書局石印本 一冊

330000－1716－0026221 地獻 3265/26221 集部/別集類

金夔伯先生遺稿一卷 金夔伯撰 稿本 一冊

330000－1716－0026222 子補 1130－4/ 26222 子部/小說家類/諧謔之屬

改良繪圖解人頤廣集二卷 （清）胡澹庵撰 （清）錢德蒼增訂 民國三年(1914)上洋海左書局石印本 二冊

330000－1716－0026224 集補 0791－4/ 26224 集部/詩文評類/文法之屬/函牘格式

新撰詳注分類尺牘大全不分卷最新應酬實用文件不分卷 袁韜壺編 民國石印本 三冊

330000－1716－0026225 地獻 1824－35/ 26225 集部/總集類/選集之屬/通代

古文觀止十二卷 （清）吳乘權 （清）吳大職輯 民國上海大成書局石印本 二冊 存四卷(一至二、九至十)

330000－1716－0026226 地獻 1824－36/ 26226 集部/總集類/選集之屬/通代

古文觀止十二卷 （清）吳乘權 （清）吳大職輯 民國上海錦章圖書局石印本 三冊 存六卷(五至六、九至十二)

330000－1716－0026227 集補 0300－5/ 26227 集部/詩文評類/文法之屬/函牘格式

新撰詳注分類尺牘大全不分卷最新應酬實用文件不分卷 袁韜壺編 民國石印本 十二冊

330000－1716－0026229 地獻 1824－37/ 26229 集部/總集類/選集之屬/通代

古文觀止十二卷 （清）吳乘權 （清）吳大職輯 民國上海商務印書館鉛印本 四冊 存八卷(三至四、七至十二)

330000－1716－0026231 地獻 1824－40/ 26231 集部/總集類/選集之屬/通代

古文觀止十二卷 （清）吳乘權 （清）吳大職輯 民國上海商務印書館鉛印本 一冊 存二卷(一至二)

330000－1716－0026233 地獻 3267/26233 集部/別集類

蘇臺遊草一卷 金鍾彥撰 稿本 一冊

330000－1716－0026234 地獻 1824－41/ 26234 集部/總集類/選集之屬/通代

古文觀止十二卷 （清）吳乘權 （清）吳大職輯 民國上海商務印書館鉛印本 施德題字 二冊 存四卷(一至二、七至八)

330000－1716－0026235 地獻 1824－42/ 26235 集部/總集類/選集之屬/通代

古文觀止十二卷 （清）吳乘權 （清）吳大職輯 民國上海商務印書館鉛印本 嚴國賢題字 一冊 存二卷(三至四)

330000－1716－0026236 地獻 1824－43/ 26236 集部/總集類/選集之屬/通代

古文觀止十二卷　（清）吳乘權　（清）吳大職
輯　民國上海商務印書館鉛印本　一冊　存
二卷(十一至十二)

330000－1716－0026237　子補 1131/26237
子部/術數類/相宅相墓之屬
羅經透解二卷首一卷　（清）王道亨輯　民國
石印本　二冊　缺一卷(首)

330000－1716－0026239　地獻 1824－44/
26239　集部/總集類/選集之屬/通代
古文觀止十二卷　（清）吳乘權　（清）吳大職
輯　民國上海商務印書館鉛印本　二冊　存
四卷(七至十)

330000－1716－0026241　善附 0288/26241
類叢部/叢書類/自著之屬
蟄廬書稿五種　稿本　二冊

330000－1716－0026244　集補 0416/26244
集部/總集類/選集之屬/通代
詳訂古文評注全集八卷　（清）過珙　（清）黃
越評選　民國石印本　二冊　存二卷(六至
七)

330000－1716－0026252　子補 1130－6/
26252　子部/小說家類/諧謔之屬
改良繪圖解人頤廣集二卷　（清）胡澹庵撰
（清）錢德蒼增訂　民國三年(1914)上洋海左
書局石印本　二冊

330000－1716－0026255　集補 0791－5/
26255　集部/詩文評類/文法之屬/函牘格式
新撰詳注分類尺牘大全不分卷最新應酬實用
文件不分卷　袁韜壺編　民國上海會文堂新
記書局石印本　十冊

330000－1716－0026256　地獻 3356/26256
經部/四書類/總義之屬/傳說
宋十家四書義一卷　王世裕編　民國抄本
一冊

330000－1716－0026257　善附 0274/26257
子部/雜著類/雜纂之屬
南范因可錄一卷　錢繩武輯　民國三十年
(1941)稿本　一冊

330000－1716－0026258　集補 0418－1/
26258　集部/總集類/選集之屬
東社第二集不分卷　東社編　民國四年
(1915)上海右文社鉛印本　一冊

330000－1716－0026260　經補 0631/26260
經部/四書類/總義之屬/傳說
四書蕅益解　（明）釋智旭撰　民國九年
(1920)刻本　三冊　存三種

330000－1716－0026261　善附 0275/26261
子部/雜著類/雜纂之屬
勞販消夏錄一卷　錢繩武輯　民國二十八年
(1939)稿本　一冊

330000－1716－0026263　集補 0418－2/
26263　集部/總集類/選集之屬
東社第二集不分卷　東社編　民國四年
(1915)上海右文社鉛印本　一冊

330000－1716－0026265　集補 0792/26265
集部/別集類/清別集
新體廣注小倉山房尺牘八卷　（清）袁枚撰
（清）胡光斗箋釋　（清）徐楨增注　民國七年
(1918)上海廣文書局石印本　三冊　存六卷
(一至六)

330000－1716－0026269　地獻 1824－45/
26269　集部/總集類/選集之屬/通代
古文觀止十二卷　（清）吳乘權　（清）吳大職
輯　民國五年(1916)上海廣益書局石印本
二冊　存八卷(一至四、九至十二)

330000－1716－0026270　集補 0793/26270
集部/小說類/長篇之屬
繪圖施公案前傳八卷九十八回後傳六卷一百
回三傳四卷五十回四傳四卷五十回五傳四卷
四十回六傳四卷四十回七傳四卷四十回八傳
四卷四十回九傳四卷四十回全續四卷四十回
　民國上海錦章圖書局石印本　二冊　存八
卷(三至八、三傳三至四)

330000－1716－0026272　地獻 1824－49/
26272　集部/總集類/選集之屬/通代
古文觀止十二卷　（清）吳乘權　（清）吳大職

輯　民國五年(1916)上海鴻寶齋石印本　四冊　存八卷(一至八)

330000－1716－0026273　地獻 1824－46/26273　集部/總集類/選集之屬/通代

古文觀止十二卷　(清)吳乘權　(清)吳大職輯　民國上海廣益書局石印本　一冊　存二卷(十一至十二)

330000－1716－0026274　地獻 1824－47/26274　集部/總集類/選集之屬/通代

古文觀止十二卷　(清)吳乘權　(清)吳大職輯　民國石印本　蔣宗德題字　二冊　存四卷(九至十二)

330000－1716－0026275　地獻 1824－48/26275　集部/總集類/選集之屬/通代

古文觀止十二卷　(清)吳乘權　(清)吳大職輯　民國石印本　一冊　存二卷(七至八)

330000－1716－0026276　普類 0101－4/26276　類叢部/類書類/專類之屬

格言叢輯二十集　郁慕俠等輯　民國上海格言叢輯社鉛印本　一冊　存一集(二)

330000－1716－0026278　地獻 1824－50/26278　集部/總集類/選集之屬/通代

增批古文觀止十二卷　(清)吳乘權　(清)吳大職輯　(清)章祖泰增輯　民國三年(1914)寧波鈞和印刷所鉛印本　一冊　存一卷(一)

330000－1716－0026279　地獻 1824－51/26279　集部/總集類/選集之屬/通代

古文觀止十二卷　(清)吳乘權　(清)吳大職輯　民國七年(1918)上海天寶書局石印本　壽萱草堂題記　一冊　存六卷(一至六)

330000－1716－0026280　普類 0101－5/26280　類叢部/類書類/專類之屬

格言叢輯二十集　郁慕俠等輯　民國上海格言叢輯社鉛印本　二冊　存二集(三、十一)

330000－1716－0026281　地獻 3358/26281　子部/醫家類

胃病方藥彙錄一卷　民國抄本　一冊

330000－1716－0026284　普類 0101－6/26284　類叢部/類書類/專類之屬

格言叢輯二十集　郁慕俠等輯　民國上海格言叢輯社鉛印本　六冊　存六集(三、六至八、十至十一)

330000－1716－0026285　地獻 1824－52/26285　集部/總集類/選集之屬/通代

古文觀止十二卷　(清)吳乘權　(清)吳大職輯　民國七年(1918)上海天寶書局石印本　二冊　存四卷(一至二、五至六)

330000－1716－0026287　地獻 1824－53/26287　集部/總集類/選集之屬/通代

古文觀止十二卷　(清)吳乘權　(清)吳大職輯　民國上海錦章圖書局石印本　二冊　存四卷(五至六、九至十)

330000－1716－0026289　地獻 1824－54/26289　集部/總集類/選集之屬/通代

古文觀止十二卷　(清)吳乘權　(清)吳大職輯　民國五年(1916)上海鴻寶齋石印本　陳紹康題字　一冊　存二卷(一至二)

330000－1716－0026292　子補 1133/26292　子部/術數類/占卜之屬

大六壬大全十三卷　(清)郭御青撰　民國石印本　四冊　存八卷(一至二、五至十)

330000－1716－0026294　子補 1134/26294　子部/術數類/雜術之屬

六壬神課金口訣三卷　(清)熊大本校正　(清)周儆弦重訂　民國石印本　一冊　存一卷(中)

330000－1716－0026297　集補 0421/26297　集部/總集類/尺牘之屬

尺牘初桄六卷　(清)涂謙撰　民國上海著易堂書局石印本　張聖徵題記　三冊　存四卷(三至六)

330000－1716－0026298　集補 0419－1/26298　集部/詩文評類/文法之屬/函牘格式

注釋尺牘進階三卷　李澹吾編纂　民國十一年(1922)商務印書館鉛印本　二冊　缺一卷

（上）

330000－1716－0026300　集補0419－2/26300　集部/詩文評類/文法之屬/函牘格式

注釋尺牘進階三卷　李澹吾編纂　民國十七年(1928)商務印書館鉛印本　一冊　存一卷（下）

330000－1716－0026301　地獻3361/26301　集部/曲類/曲韻曲譜曲律之屬

風箏誤一卷　民國抄本　一冊

330000－1716－0026304　新補0421－1/26304　史部/政書類/律令之屬

中華六法全書　民國石印本　十一冊　存四種

330000－1716－0026305　集補0420/26305　集部/別集類/明別集

六如居士尺牘四卷　（明）唐寅撰　民國光霽草廬石印本　二冊　存二卷（一、三）

330000－1716－0026309　子補1135/26309　子部/術數類/相宅相墓之屬

八宅明鏡二卷　（唐）楊益撰　（清）箬冠道人傳　民國四年(1915)上海會文堂書局石印本　二冊

330000－1716－0026310　地獻1824－55/26310　集部/總集類/選集之屬/通代

古文觀止十二卷　（清）吳乘權　（清）吳大職輯　民國石印本　五冊　存十卷（三至十二）

330000－1716－0026312　地獻1824－56/26312　集部/總集類/選集之屬/通代

古文觀止十二卷　（清）吳乘權　（清）吳大職輯　民國石印本　三冊　存六卷（七至十二）

330000－1716－0026313　子補1504－1/26313　子部/宗教類/其他宗教之屬/基督教

救恩頌讚得勝歌一卷　民國十九年(1930)上海協和書局鉛印本　一冊

330000－1716－0026314　子補1136/26314　子部/術數類/雜術之屬

六壬神課金口訣三卷　（清）熊大本校正

（清）周儆弦重訂　民國石印本　一冊

330000－1716－0026316　地獻1824－57/26316　集部/總集類/選集之屬/通代

古文觀止十二卷　（清）吳乘權　（清）吳大職輯　民國石印本　一冊　存二卷（十一至十二）

330000－1716－0026317　子補1504－2/26317　子部/宗教類/其他宗教之屬/基督教

救恩頌讚得勝歌一卷　民國鉛印本　一冊

330000－1716－0026318　地獻1824－58/26318　集部/總集類/選集之屬/通代

古文觀止十二卷　（清）吳乘權　（清）吳大職輯　民國石印本　一冊　存二卷（十一至十二）

330000－1716－0026319　地獻1824－59/26319　集部/總集類/選集之屬/通代

古文觀止十二卷　（清）吳乘權　（清）吳大職輯　民國石印本　二冊　存四卷（九至十二）

330000－1716－0026320　子補1505/26320　子部/宗教類/道教之屬

關聖帝君覺世經一卷　民國上海宏大善書局石印本　一冊

330000－1716－0026321　地獻1824－60/26321　集部/總集類/選集之屬/通代

古文觀止十二卷　（清）吳乘權　（清）吳大職輯　民國石印本　一冊　存二卷（五至六）

330000－1716－0026322　集補0795/26322　集部/別集類/清別集

春在堂尺牘六卷　（清）俞樾撰　民國八年(1919)上海益新書局石印本　二冊

330000－1716－0026324　地獻1824－61/26324　集部/總集類/選集之屬/通代

古文觀止十二卷　（清）吳乘權　（清）吳大職輯　民國石印本　陳吉安題記　一冊　存二卷（三至四）

330000－1716－0026325　子補1506/26325　子部/宗教類/道教之屬

覺世經一卷　民國石印本　一冊

330000 – 1716 – 0026326　地獻 1824 – 62/
26326　集部/總集類/選集之屬/通代

言文一貫古文觀止十二卷　文明書局編輯
民國十五年(1926)上海文明書局石印本　四
冊　存五卷(六至九、十二)

330000 – 1716 – 0026327　集補 0796/26327
集部/別集類/清別集

春在堂尺牘四種六卷　(清)俞樾撰　民國六
年(1917)上海廣益書局石印本　四冊

330000 – 1716 – 0026328　集補 0422/26328
集部/總集類/尺牘之屬

共和新尺牘四卷　孔憲彭撰　民國二年
(1913)上海會文堂石印本　一冊

330000 – 1716 – 0026329　地獻 1824 – 63/
26329　集部/總集類/選集之屬/通代

言文一貫古文觀止十二卷　文明書局編輯
民國十年(1921)上海文明書局石印本　四冊
存五卷(四、六至七、十一至十二)

330000 – 1716 – 0026331　子補 1138/26331
子部/雜著類/雜纂之屬

身世準繩二卷　(清)李迪光輯　民國石印本
一冊

330000 – 1716 – 0026332　地獻 1824 – 64/
26332　集部/總集類/選集之屬/通代

增輯古文觀止十四卷　(清)吳乘權　(清)吳
大職輯　謝璿增輯　民國九年(1920)上海進
化書局石印本　五冊　缺二卷(十一至十二)

330000 – 1716 – 0026333　地獻 1824 – 65/
26333　集部/總集類/選集之屬/通代

續古文觀止六卷　謝璿輯　民國九年(1920)
上海進化書局石印本　二冊

330000 – 1716 – 0026335　子補 1139/26335
子部/術數類/相宅相墓之屬

地理辨正疏五卷首一卷末一卷　(清)張心言
撰　民國上海錦章圖書局石印本　四冊

330000 – 1716 – 0026336　集補 0423/26336

集部/總集類/尺牘之屬

民國商業經濟尺牘不分卷　陳鶴煒編　民國
石印本　一冊

330000 – 1716 – 0026337　集補 0798/26337
集部/總集類/尺牘之屬

近代十大家尺牘十種　文明書局編　民國十
七年(1928)上海文明書局石印本　六冊

330000 – 1716 – 0026339　集補 0424/26339
集部/總集類/尺牘之屬

廣注高等尺牘大全二卷　世界書局編輯所編
輯　民國十四年(1925)世界書局石印本
一冊

330000 – 1716 – 0026341　子補 1141 – 1/
26341　子部/術數類/相宅相墓之屬

王氏地理書　王邈達撰　民國三十六年
(1947)六百金文齋鉛印本　一冊　存一種

330000 – 1716 – 0026342　子補 1141 – 2/
26342　子部/術數類/相宅相墓之屬

王氏地理書　王邈達撰　民國三十六年
(1947)六百金文齋鉛印本　一冊　存一種

330000 – 1716 – 0026343　子補 1141 – 3/
26343　子部/術數類/相宅相墓之屬

王氏地理書　王邈達撰　民國三十六年
(1947)六百金文齋鉛印本　一冊　存一種

330000 – 1716 – 0026344　集補 0425/26344
集部/總集類/尺牘之屬

新撰商業尺牘二卷　徐珂編輯　民國十八年
(1929)上海商務印書館鉛印本　二冊

330000 – 1716 – 0026345　地獻 3369/26345
史部/政書類/公牘檔冊之屬

公牘一卷　民國抄本　一冊

330000 – 1716 – 0026346　子補 1507/26346
子部/宗教類/道教之屬

仙姑勸一卷　民國杭州同道益善書局鉛印本
一冊

330000 – 1716 – 0026347　集補 0426 – 1/
26347　集部/詩文評類/文法之屬/函牘格式

言文對照學生新尺牘二卷附錄一卷　世界書局編輯所編輯　民國十八年（1929）上海世界書局石印本　一冊

330000－1716－0026348　集補 0427－1/26348　集部/總集類/尺牘之屬

女子白話尺牘不分卷　吳公雄輯　民國十年（1921）上海世界書局石印本　二冊

330000－1716－0026349　子補 1508/26349　子部/宗教類/道教之屬

冥罰淫律錄二卷　民國元益善書流通處石印本　一冊

330000－1716－0026351　集補 0427－2/26351　集部/總集類/尺牘之屬

女子白話尺牘不分卷　吳公雄輯　民國上海世界書局石印本　二冊

330000－1716－0026352　集補 0427－3/26352　集部/總集類/尺牘之屬

女子白話尺牘不分卷　吳公雄輯　民國十年（1921）上海世界書局石印本　一冊

330000－1716－0026353　地獻 3371/26353　子部/雜著類/雜說之屬

見聞錄不分卷　民國三十年（1941）抄本　一冊

330000－1716－0026355　地獻 3372/26355　史部/地理類/雜志之屬

紹興城鎮山水一覽不分卷　民國抄本　一冊

330000－1716－0026370　集補 0428/26370　集部/詩文評類/文法之屬/函牘格式

言文對照女子新尺牘二卷　廣文書局編輯所編輯　民國十二年（1923）上海世界書局石印本　一冊　存一卷（二）

330000－1716－0026375　集補 0429/26375　集部/詩文評類/文法之屬/函牘格式

言文對照新體女子尺牘二卷　鄒俠禪撰　民國十五年（1926）上海大東書局石印本　一冊

330000－1716－0026377　子補 1144/26377　子部/儒家類/儒學之屬/俗訓

益世良歌一卷　金南池等編　民國十二年（1923）上海宏大善書局石印本　一冊

330000－1716－0026378　子補 1509－2/26378　子部/宗教類/道教之屬

敬竈全書不分卷　民國十一年（1922）上海共和書局石印本　一冊

330000－1716－0026379　集補 0430/26379　集部/總集類/尺牘之屬

新體學生尺牘大全不分卷　沈維鈞編輯　民國十九年（1930）上海世界書局石印本　一冊

330000－1716－0026381　子補 1145/26381　子部/術數類

漢鏡齋秘書四種　（清）程芝雲輯　民國十年（1921）泰華圖書館石印本　一冊　存一種

330000－1716－0026382　子補 1509－3/26382　子部/宗教類/道教之屬

增經敬竈全書不分卷　民國十七年（1928）上海宏大善書局石印本　一冊

330000－1716－0026383　集補 0431/26383　集部/總集類/尺牘之屬

分類詳注新式商業尺牘四卷　廣益書局編輯　民國十一年（1922）上海廣益書局石印本　二冊　缺一卷（二）

330000－1716－0026387　集補 0432－1/26387　集部/總集類/尺牘之屬

言文對照初等新尺牘不分卷　黃克宗編　民國上海世界書局石印本　一冊

330000－1716－0026389　集補 0432－2/26389　集部/總集類/尺牘之屬

言文對照初等新尺牘不分卷　黃克宗編　民國上海世界書局石印本　一冊

330000－1716－0026391　集補 0433/26391　集部/總集類/尺牘之屬

言文對照商業新尺牘二卷　黃興洛編　民國十二年（1923）上海大東書局石印本　一冊　存一卷（下）

330000－1716－0026394　集補 0434/26394

集部/詩文評類/文法之屬/函牘格式

初等白話尺牘不分卷 民國上海世界書局石印本 二冊

330000－1716－0026397 集補 0435/26397
集部/總集類/尺牘之屬

言文對照尺牘句解初集一卷二集一卷 世界書局編輯所編輯 民國十六年（1927）上海世界書局石印本 一冊

330000－1716－0026398 地獻 1824－104/26398 集部/總集類/選集之屬/通代

增批古文觀止十二卷 （清）吳乘權 （清）吳大職輯 民國七年（1918）上海鑄記書局石印本 一冊 存六卷（一至六）

330000－1716－0026404 地獻 3376/26404
新學/學校

教科書一卷 民國章梁抄本 一冊

330000－1716－0026406 集補 0426－2/26406 集部/詩文評類/文法之屬/函牘格式

言文對照學生新尺牘二卷 世界書局編輯所編輯 民國十八年（1929）上海世界書局石印本 二冊

330000－1716－0026407 地獻 3377/26407
新學/地學/地理學

地理表解便查一卷 民國抄本 一冊

330000－1716－0026410 地獻 3378/26410
子部/雜著類

祿在其中一卷 民國二十四年（1935）抄本 一冊

330000－1716－0026412 子補 1148/26412
子部/雜著類/雜說之屬

三餘札記四卷 劉文典撰 民國二十四年（1935）、二十八年（1939）上海商務印書館鉛印本 一冊 存二卷（三至四）

330000－1716－0026414 地獻 1824－106/26414 集部/總集類/選集之屬/通代

古文觀止十二卷 （清）吳乘權 （清）吳大職輯 民國三年（1914）上海鴻寶齋石印本 四冊 缺四卷（三至四、十一至十二）

330000－1716－0026415 子補 1509－7/26415 子部/宗教類/道教之屬

敬竈全書不分卷 民國十一年（1922）上海宏大善書局石印本 一冊

330000－1716－0026417 子補 1509－8/26417 子部/宗教類/道教之屬

敬竈全書不分卷 民國十一年（1922）上海宏大善書局石印本 一冊

330000－1716－0026420 子補 1509－9/26420 子部/宗教類/道教之屬

敬竈全書不分卷 民國十一年（1922）上海宏大善書局石印本 一冊

330000－1716－0026423 子補 1509－10/26423 子部/宗教類/道教之屬

增經敬竈全書不分卷 民國十七年（1928）上海宏大善書局石印本 一冊

330000－1716－0026425 子補 1509－11/26425 子部/宗教類/道教之屬

增經敬竈全書不分卷 民國十七年（1928）上海宏大善書局石印本 一冊

330000－1716－0026428 地獻 3379/26428
集部/曲類/曲藝之屬

紹興平胡調樂譜一卷 民國夸申氏抄本 一冊

330000－1716－0026431 子補 1150/26431
子部/術數類/相宅相墓之屬

羅經解定四卷附羅經問答一卷 （清）胡國楨撰 民國元年（1912）廣益書局石印本 指迷氏題簽 一冊

330000－1716－0026432 集補 0436/26432
集部/詩文評類/文法之屬

中華高等學生尺牘不分卷 中華書局編輯所編 民國四年（1915）中華書局石印本 一冊 存一冊（下）

330000－1716－0026434 地獻 1824－114/26434 集部/總集類/選集之屬/通代

增批古文觀止十二卷 （清）吳乘權 （清）吳大職輯 民國十一年（1922）石印本 一冊

存六卷（一至六）

330000－1716－0026436　集補 0437/26436
集部/詩文評類/文法之屬

中華普通學生尺牘二卷　中華書局編輯所編
輯　民國四年（1915）上海中華書局石印本
四冊

330000－1716－0026439　普叢 0434－2/
26439　類叢部/叢書類/自著之屬

隨園全集三十八種　（清）袁枚撰　民國七年
（1918）上海文明書局石印本　八冊　存一種

330000－1716－0026442　集補 0438/26442
集部/詩文評類/文法之屬/函牘格式

言文對照小學生新尺牘不分卷　王一鳴撰
民國十七年（1928）上海大東書局石印本
二冊

330000－1716－0026444　集補 0439/26444
集部/詩文評類/文法之屬

中華民國女學生尺牘不分卷　胡懷琛編輯
民國六年（1917）上海廣益書局石印本　一冊
存一冊（下）

330000－1716－0026448　地獻 3382/26448
集部/別集類

杼新五卷　民國王者香抄本　一冊　存一卷
（一）

330000－1716－0026450　集補 0440/26450
集部/詩文評類/文法之屬/函牘格式

白話學生尺牘二卷　凌善清編　民國十一年
（1922）上海中華書局石印本　一冊

330000－1716－0026453　集補 0441/26453
集部/總集類/尺牘之屬

新撰學生尺牘不分卷　商務印書館編譯所編
纂　民國上海商務印書館石印本　一冊

330000－1716－0026455　地獻 1824－117/
26455　集部/總集類/選集之屬/通代

古文觀止十二卷　（清）吳乘權　（清）吳大職
輯　民國上海鴻寶齋石印本　朱煥文題簽
一冊　存二卷（七至八）

330000－1716－0026456　地獻 1824－116/
26456　集部/總集類/選集之屬/通代

古文觀止十二卷　（清）吳乘權　（清）吳大職
輯　民國上海鴻寶齋石印本　三冊　存六卷
（五至十）

330000－1716－0026459　地獻 1824－118/
26459　集部/總集類/選集之屬/通代

古文觀止十二卷　（清）吳乘權　（清）吳大職
輯　民國上海天寶書局石印本　三冊　存六
卷（三至四、七至八、十一至十二）

330000－1716－0026461　地獻 3386/26461
新學/議論

論說不分卷　民國抄本　二冊

330000－1716－0026469　集補 0442－1/
26469　集部/總集類/尺牘之屬

學生便用尺牘四卷　林萬里撰　民國上海會
文堂石印本　四冊

330000－1716－0026470　地獻 3388/26470
子部/雜著類/雜纂之屬

雜記一卷　民國三十五年（1946）抄本　一冊

330000－1716－0026471　集補 0442－2/
26471　集部/總集類/尺牘之屬

學生便用尺牘四卷　林萬里撰　民國上海會
文堂石印本　二冊　存二卷（二至三）

330000－1716－0026472　子補 1153/26472
子部/宗教類/道教之屬/雜著

心傳韻語五卷　（清）何謙撰　民國十一年
（1922）刻本　二冊　存二卷（一、三）

330000－1716－0026473　集補 0443/26473
集部/詩文評類/文法之屬/函牘格式

初學指南尺牘□□卷　丁拱辰輯　民國石印
本　一冊　存二卷（一至二）

330000－1716－0026477　子補 1511－1/
26477　子部/宗教類/道教之屬

竈王經一卷　民國三十五年（1946）杭州彩華
協記印刷所石印本　一冊

330000－1716－0026478　子補 1511－2/

26478　子部/宗教類/道教之屬

竈王經一卷　民國三十五年（1946）杭州彩華協記印刷所石印本　一冊

330000－1716－0026481　子補1512－1/26481　子部/宗教類/道教之屬

竈王真經一卷　民國十五年（1926）上海宏大善書局石印本　一冊

330000－1716－0026482　地獻3269/26482　新學/交涉/案牘

時務文鈔不分卷　朱允中輯　稿本　一冊

330000－1716－0026484　子補1512－2/26484　子部/宗教類/道教之屬

竈王真經一卷　民國十五年（1926）上海宏大善書局石印本　一冊

330000－1716－0026488　地獻1824－98/26488　集部/總集類/選集之屬/通代

古文觀止十二卷　（清）吳乘權　（清）吳大職輯　民國上海鴻寶齋石印本　一冊　存二卷（十一至十二）

330000－1716－0026492　地獻1824－124/26492　集部/總集類/選集之屬/通代

古文觀止十二卷　（清）吳乘權　（清）吳大職輯　民國上海鴻寶齋石印本　五冊　缺二卷（七至八）

330000－1716－0026498　子補1513/26498　子部/宗教類/佛教之屬/經疏

華嚴法界觀門一卷　（唐）釋法順集　民國三十六年（1947）鉛印本　一冊

330000－1716－0026499　地獻3273－1/26499　子部/宗教類/道教之屬

老子道德經正義不分卷　胡維銓撰　民國三十四年（1945）稿本　一冊

330000－1716－0026500　子補1514/26500　子部/宗教類/道教之屬

竈王本願真經一卷　民國上海明善書局石印本　一冊

330000－1716－0026502　經補0654/26502　經部/四書類/中庸之屬/傳說

中庸傳一卷　歐陽漸學　民國二十九年（1940）南京支那內學院刻本　一冊

330000－1716－0026503　地獻3274/26503　集部/別集類

雲史詩鈔一卷江山萬里樓詞鈔一卷洞山詩集一卷　楊圻撰　胡維銓選　民國三十八年（1949）稿本　一冊

330000－1716－0026504　子補1515/26504　子部/宗教類/道教之屬

靈驗灶司真經一卷　民國鉛印本　一冊

330000－1716－0026506　經補0655/26506　經部/四書類/中庸之屬/傳說

中庸傳一卷　歐陽漸學　民國二十九年（1940）南京支那內學院刻本　一冊

330000－1716－0026509　地獻3275/26509　史部/史抄類

辛亥檔案不分卷　民國抄本　一冊

330000－1716－0026515　集補0445/26515　集部/詩文評類/文法之屬/函牘格式

兒童新尺牘不分卷　世界書局編輯所編　民國二十一年（1932）上海世界書局石印本　婁安德題籤　一冊

330000－1716－0026517　子補1517/26517　子部/宗教類/道教之屬

救生船四卷　民國鉛印本　一冊　存一卷（三）

330000－1716－0026521　集補0446/26521　集部/詩文評類/文法之屬/函牘格式

兒童新尺牘不分卷　廣文書局編輯所編輯　民國十年（1921）上海世界書局石印本　二冊

330000－1716－0026526　集補0447/26526　集部/詩文評類/文法之屬/函牘格式

童子尺牘不分卷　張夢傑撰　民國九年（1920）上海普益書局石印本　一冊

330000－1716－0026529　集補0448/26529　集部/詩文評類/文法之屬/函牘格式

新體兒童白話尺牘不分卷 潘文安編 民國十一年(1922)上海大東書局石印本 二冊

330000 – 1716 – 0026539 集補 0499 – 1/26539 集部/詩文評類/文法之屬/函牘格式

童子尺牘不分卷 胡寄塵編 民國四年(1915)上海廣益書局石印本 丁善慶題記 二冊

330000 – 1716 – 0026543 普經 0962 – 1/26543 經部/叢編

十三經讀本 唐文治輯 民國十三年(1924)吳江施肇曾醒園刻本 十一冊 存三種

330000 – 1716 – 0026544 子補 1519 – 2/26544 子部/宗教類/道教之屬

敬竈全書不分卷 民國明善書局石印本 一冊

330000 – 1716 – 0026546 集補 0499 – 2/26546 集部/詩文評類/文法之屬/函牘格式

童子尺牘不分卷 胡寄塵編 民國七年(1918)上海廣益書局石印本 二冊

330000 – 1716 – 0026548 集補 0500 – 1/26548 集部/詩文評類/文法之屬/函牘格式

兒童白話尺牘不分卷 廣文書局編輯所編 民國十三年(1924)上海世界書局石印本 一冊

330000 – 1716 – 0026549 集補 0500 – 2/26549 集部/詩文評類/文法之屬/函牘格式

兒童白話尺牘不分卷 廣文書局編輯所編 民國十七年(1928)上海世界書局石印本 二冊

330000 – 1716 – 0026552 地獻 3400/26552 集部/別集類

唾壺缺一卷 民國十一年(1922)抄本 一冊

330000 – 1716 – 0026553 子補 1520/26553 子部/宗教類/道教之屬

身世金丹一卷 (清)讀我書屋輯 民國十年(1921)上海善書流通處石印本 一冊

330000 – 1716 – 0026556 集補 0501/26556

國民適用普通新尺牘六卷 吳癡僧撰 民國五年(1916)上海掃葉山房石印本 四冊 存四卷(一至四)

330000 – 1716 – 0026558 集補 0502 – 1/26558 集部/詩文評類/文法之屬/函牘格式

新撰普通尺牘二卷詳解一卷 商務印書館編譯所編纂 民國十六年(1927)上海商務印書館鉛印本 二冊 缺一卷(一)

330000 – 1716 – 0026559 集補 0502 – 2/26559 集部/詩文評類/文法之屬/函牘格式

新撰普通尺牘二卷詳解一卷 商務印書館編譯所編纂 民國上海商務印書館鉛印本 二冊 存二卷(一至二)

330000 – 1716 – 0026560 集補 0503/26560 集部/總集類/尺牘之屬

分類白話商界尺牘四卷 王藝撰 民國十年(1921)上海會文堂書局石印本 四冊

330000 – 1716 – 0026561 集補 0504/26561 集部/總集類/尺牘之屬

改良商務應用尺牘二卷 顏觀侯撰 江星橋繕寫 民國啟新學社石印本 二冊

330000 – 1716 – 0026563 集補 0505/26563 集部/詩文評類/文法之屬/函牘格式

最新詳注商業日用尺牘四卷 偁陽散人編 民國上海會文堂書局石印本 一冊 存一卷(二)

330000 – 1716 – 0026565 集補 0506/26565 集部/總集類/尺牘之屬

增廣尺牘句解初集二卷二集二卷附增補音郡音義百家姓一卷 少溪氏編次 民國三年(1914)上海啟新圖書局石印本 一冊 缺三卷(下,二集上、下)

330000 – 1716 – 0026566 地獻 3277/26566 子部/儒家類/儒學之屬/性理

馬一浮先生泰和會語一卷 馬一浮撰 民國抄本 一冊

330000 – 1716 – 0026567 地獻 1824 – 137/

26567　集部/總集類/選集之屬/通代

古文觀止十二卷　（清）吳乘權　（清）吳大職輯　民國上海鴻寶齋石印本　潁川氏題簽　一冊　存八卷（五至十二）

330000－1716－0026568　地獻1824－138/26568　集部/總集類/選集之屬/通代

古文觀止十二卷　（清）吳乘權　（清）吳大職輯　民國上海鴻寶齋石印本　二冊　存四卷（七至十）

330000－1716－0026569　地獻3273－2/26569　子部/宗教類/道教之屬

老子道德經正義不分卷　胡維銓撰　民國三十四年（1945）稿本　一冊

330000－1716－0026571　地獻1824－139/26571　集部/總集類/選集之屬/通代

古文觀止十二卷　（清）吳乘權　（清）吳大職輯　民國三年（1914）上海鴻寶齋石印本　四冊　存八卷（一至八）

330000－1716－0026572　地獻3402/26572　子部/宗教類/佛教之屬

金剛般若略義一卷　民國抄本　一冊

330000－1716－0026573　地獻3278/26573　集部/曲類/曲藝之屬

平調三種　民國黃楊館抄本　章德宣題記　一冊

330000－1716－0026574　地獻1824－140/26574　集部/總集類/選集之屬/通代

古文觀止十二卷　（清）吳乘權　（清）吳大職輯　民國三年（1914）上海鴻寶齋石印本　四冊　存八卷（一至六、十一至十二）

330000－1716－0026576　地獻1824－141/26576　集部/總集類/選集之屬/通代

古文觀止十二卷　（清）吳乘權　（清）吳大職輯　民國上海鴻寶齋石印本　一冊　存二卷（七至八）

330000－1716－0026580　地獻1824－142/26580　集部/總集類/選集之屬/通代

古文觀止十二卷　（清）吳乘權　（清）吳大職

輯　民國三年（1914）上海鴻寶齋石印本　張希聖題記　一冊　存二卷（一至二）

330000－1716－0026581　地獻3399/26581　子部/雜著類

逐日記事不分卷　民國抄本　一冊

330000－1716－0026582　地獻1824－143/26582　集部/總集類/選集之屬/通代

古文觀止十二卷　（清）吳乘權　（清）吳大職輯　民國三年（1914）上海鴻寶齋石印本　一冊　存二卷（一至二）

330000－1716－0026583　子補1525/26583　子部/宗教類/佛教之屬/經疏

圓覺親聞記二卷　釋諦閑講演　釋妙煦　釋顯琛　釋顯覺手録　民國鉛印本　一冊　存一卷（一）

330000－1716－0026585　子補1526/26585　子部/宗教類/佛教之屬/經

般若波羅蜜多心經一卷　（唐）釋玄奘譯　**佛說阿彌陀經一卷**　（後秦）釋鳩摩羅什譯　**楞嚴經大勢至菩薩念佛圓通章一卷**　**妙法蓮華經觀世音菩薩普門品一卷**　**千手千眼無礙大悲心陁羅尼一卷**　**附修行方法一卷**　民國十七年（1928）鉛印本　一冊

330000－1716－0026592　子補1528/26592　子部/宗教類/道教之屬

三字功過格一卷　民國七年（1918）合川會善堂慈善會刻本　合川會善堂慈善會題記　一冊

330000－1716－0026597　地獻1824－145/26597　集部/總集類/選集之屬/通代

古文觀止十二卷　（清）吳乘權　（清）吳大職輯　民國上海鴻寶齋石印本　二冊　存四卷（七至十）

330000－1716－0026599　新補0421－2/26599　史部/政書類/律令之屬

中華六法全書　民國石印本　一冊　存一種

330000－1716－0026602　地獻1824－144/26602　集部/總集類/選集之屬/通代

古文觀止十二卷　（清）吳乘權　（清）吳大職輯　民國上海鴻寶齋石印本　三冊　存六卷（五至十）

330000－1716－0026605　子補 1161/26605
子部/雜著類/雜說之屬

覺源語錄續刊集賢談話錄一卷　民國蔡萬順號鉛印本　一冊

330000－1716－0026608　子補 1162/26608
子部/術數類/占卜之屬

命學發微三集不分卷　鄧毓林撰　民國十三年(1924)鉛印本　一冊

330000－1716－0026609　地獻 1824－146/26609　集部/總集類/選集之屬/通代

古文觀止十二卷　（清）吳乘權　（清）吳大職輯　民國三年(1914)上海鴻寶齋石印本　三冊　存九卷(一至九)

330000－1716－0026613　地獻 1824－147/26613　集部/總集類/選集之屬/通代

古文觀止十二卷　（清）吳乘權　（清）吳大職輯　民國上海鴻寶齋石印本　三冊　存六卷（三至六、十一至十二）

330000－1716－0026617　地獻 1824－148/26617　集部/總集類/選集之屬/通代

古文觀止十二卷　（清）吳乘權　（清）吳大職輯　民國上海鴻寶齋石印本　三冊　存六卷（三至四、九至十二）

330000－1716－0026619　地獻 1824－149/26619　集部/總集類/選集之屬/通代

古文觀止十二卷　（清）吳乘權　（清）吳大職輯　民國三年(1914)上海鴻寶齋石印本　四冊　缺四卷（五至八）

330000－1716－0026621　地獻 1824－150/26621　集部/總集類/選集之屬/通代

古文觀止十二卷　（清）吳乘權　（清）吳大職輯　民國上海鴻寶齋石印本　一冊　存四卷（九至十二）

330000－1716－0026628　集補 0808/26628
集部/別集類/清別集

音注小倉山房尺牘八卷　（清）袁枚撰　（清）胡光斗箋釋　民國元年(1912)上海會文堂石印本　四冊

330000－1716－0026630　新補 0304－2/26630　新學/商務

商人寶庫八種　世界書局編輯所編　民國十二年(1923)上海世界書局石印本　俞利題記　二冊　存五種

330000－1716－0026634　新補 0426/26634
新學/政治法律/制度

增訂中華民國現行法令彙纂二十二卷　民國上海棋盤街廣益書局石印本　六冊　存六卷（七至九、十六、十九至二十）

330000－1716－0026643　善附 0294/26643
史部/政書類/公牘檔冊之屬

信稿一卷　民國二十六年(1937)抄本　一冊

330000－1716－0026644　善附 0295/26644
史部/政書類/公牘檔冊之屬

沈錫慶公牘稿一卷　沈錫慶輯　稿本　一冊

330000－1716－0026650　集補 0507/26650
集部/總集類/尺牘之屬

眉公才子尺牘四卷　（明）陳繼儒輯　（清）沈錫侯增訂　聖嘆才子尺牘四卷　（清）金人瑞鑒定　（清）金雍撰　民國上海碧梧山莊石印本　二冊　存四卷（二至三、聖嘆才子尺牘二至三）

330000－1716－0026651　子補 1534/26651
子部/宗教類/佛教之屬/經疏

般若波羅密多心經口義一卷　大圓居士說　民國十年(1921)中央刻經院鉛印本　一冊

330000－1716－0026655　子補 1535/26655
子部/宗教類/佛教之屬/經

般若波羅蜜多心經一卷　朱樓興詩書　民國中央刻經院影印本　一冊

330000－1716－0026657　新補 0431/26657
新學/工藝/工學

機械運動學不分卷　民國油印本　賢明題簽　一冊

330000－1716－0026658　子補 1536/26658
子部/宗教類/佛教之屬/經疏

般若波羅蜜多心經略贊一卷　釋清淨述　民
國中央刻經院鉛印本　一冊

330000－1716－0026663　子補 1537/26663
子部/宗教類/佛教之屬/經疏

般若波羅蜜多心經直解一卷　民國刻本
一冊

330000－1716－0026666　子補 1538－1/
26666　子部/宗教類/佛教之屬/經疏

摩訶般若波羅密多心經一卷　（清）玉山老人
秘解　民國鉛印本　一冊

330000－1716－0026668　子補 1538－2/
26668　子部/宗教類/佛教之屬/經疏

摩訶般若波羅蜜多心經一卷　（清）玉山老人
秘解　民國上海文華印書局石印本　一冊

330000－1716－0026687　集補 0509/26687
集部/總集類/尺牘之屬

普通適用詳注通俗白話尺牘二卷　許慕羲輯
民國十一年（1922）上海廣益書局石印本
二冊

330000－1716－0026690　子補 1540/26690
子部/宗教類/佛教之屬/經

佛說阿彌陀經一卷　（後秦）釋鳩摩羅什譯
民國十三年（1924）刻本　一冊

330000－1716－0026692　地獻 1833/26692
子部/宗教類/佛教之屬/經疏

般若波羅蜜多心經淺明注說一卷　陳王幼良
注　民國十九年（1930）刻本　一冊

330000－1716－0026693　集補 0510/26693
集部/總集類/尺牘之屬

普通應用白話尺牘初編二卷　程宗啟編　民
國元年（1912）上海彪蒙書室石印本　一冊
存一卷（二）

330000－1716－0026694　集補 0511/26694
集部/總集類/尺牘之屬

古今名人尺牘彙編不分卷　張澹然撰　民
國鉛印本　一冊

330000－1716－0026697　集補 0512/26697
集部/總集類/尺牘之屬

詳注嚶求集二卷　（清）繆艮撰　（清）倪照注
民國上海文盛書局石印本　二冊

330000－1716－0026704　地獻 3409/26704
新學/雜著

再續生活文選不分卷　民國廢士抄本　一冊

330000－1716－0026705　子補 1541/26705
子部/宗教類/佛教之屬/論

般若融心論一卷　（明）釋傳燈撰　民國十六
年（1927）杭州昭慶慧空經房刻本　一冊

330000－1716－0026711　集補 0513/26711
集部/詩文評類/文法之屬/函牘格式

注釋尺牘入門二卷　商務印書館編譯所編纂
民國十五年（1926）商務印書館石印本　一
冊　存一卷（下）

330000－1716－0026712　地獻 1834－1/
26712　子部/宗教類/佛教之屬/經疏

摩訶般若波羅密多心經淺解一卷　徐起霖撰
民國石印本　一冊

330000－1716－0026717　地獻 3283/26717
集部/別集類

國文學會通一卷　稿本　一冊

330000－1716－0026718　地獻 1834－2/
26718　子部/宗教類/佛教之屬/經疏

摩訶般若波羅密多心經淺解一卷　徐起霖撰
民國石印本　一冊

330000－1716－0026719　地獻 3284/26719
集部/詩文評類/詩評之屬

詩苑菁華二卷續編一卷　胡維銓編　稿本
二冊

330000－1716－0026723　地獻 3285/26723
集部/別集類

晉廬主人寫作集一卷　稿本　一冊

330000－1716－0026727　集補 0813/26727
集部/別集類/清別集

音注小倉山房尺牘八卷　（清）袁枚撰　（清）

胡光斗箋釋　民國石印本　一冊

330000－1716－0026734　集補 0814/26734
集部/小說類/長篇之屬

第一奇書十六卷一百回　（明）蘭陵笑笑生撰
　民國石印本　二冊　存二卷（三、十三）

330000－1716－0026745　子補 1545/26745
子部/宗教類/佛教之屬

華嚴字母音譜一卷　民國十八年（1929）蘇州
桃花塢古桃花庵刻本　一冊

330000－1716－0026746　集補 0519/26746
集部/詩文評類/文法之屬

民國適用酬應全書□□卷　民國上海掃葉山
房石印本　三冊　存九卷（三至十一）

330000－1716－0026748　集補 0815/26748
集部/小說類/長篇之屬

真本神怪白蛇傳四卷二十回　民國二十年
（1931）上海惜陰書局石印本　一冊

330000－1716－0026751　地獻 3289/26751
史部/政書類/公牘檔冊之屬

了了和尚案卷一卷　民國三十一年（1942）抄
本　一冊

330000－1716－0026754　地獻 3290/26754
史部/傳記類/日記之屬

**日記不分卷（民國三十一年十一月至一九五
〇年九月）**　稿本　二冊

330000－1716－0026756　子補 1178/26756
類叢部/叢書類/彙編之屬

五朝小說五百二十三種　（明）□□輯　民國
十五年（1926）上海掃葉山房石印本　九冊
存九十七種

330000－1716－0026759　地獻 3291/26759
史部/政書類/公牘檔冊之屬

呈文一卷　民國樹棠抄本　翰墨題記　一冊

330000－1716－0026760　地獻 3410/26760
子部/宗教類/道教之屬

玉皇懺不分卷　民國越臨道院抄本　一冊

330000－1716－0026763　子補 1179/26763

類叢部/叢書類/彙編之屬

少年叢書　民國十年（1921）上海中華書局鉛
印本　一冊　存一種

330000－1716－0026766　地獻 3293/26766
史部/政書類/公牘檔冊之屬

山會田存疑一卷　民國抄本　一冊

330000－1716－0026773　地獻 3412/26773
子部/醫家類/針灸之屬

鍼灸學講義一卷　民國抄本　一冊

330000－1716－0026775　子補 1182/26775
子部/藝術類/書畫之屬/書法書品

古今尺牘墨蹟大觀不分卷　高野侯輯　民國
十七年（1928）中華書局影印本　九冊　存九
冊（八至十六）

330000－1716－0026782　集補 0521/26782
集部/總集類/選集之屬/斷代

當代五百名家分類應酬文匯二十二卷　張鄂
生編　民國十五年（1926）上海大東書局石印
本　二冊

330000－1716－0026784　地獻 3298/26784
集部/詩文評類/詩評之屬

詩學淺說一卷　發鳩山人撰　民國八年
（1919）稿本　一冊

330000－1716－0026792　集補 0523/26792
集部/別集類/清別集

弢園尺牘續鈔六卷　（清）王韜撰　民國鉛印
本　一冊　存三卷（四至六）

330000－1716－0026806　地獻 3009－4/
26806　經部/孝經類/正文之屬

孝經一卷　民國三十二年（1943）抄本　一冊

330000－1716－0026809　地獻 3009－5/
26809　經部/孝經類/正文之屬

孝經一卷　民國三十二年（1943）抄本　一冊

330000－1716－0026810　地獻 3009－6/
26810　經部/孝經類/正文之屬

孝經一卷　民國三十二年（1943）抄本　一冊

330000－1716－0026812　地獻 3009－7/

26812　經部/孝經類/正文之屬

孝經一卷　民國三十二年（1943）抄本　一冊

330000－1716－0026814　地獻 3009－8/26814　經部/孝經類/正文之屬

孝經一卷　民國三十二年（1943）抄本　一冊

330000－1716－0026817　子補 1550/26817　子部/宗教類/佛教之屬

釋迦如來應化事蹟不分卷　（清）釋永珊撰並繪　**釋迦如來成道記一卷**　（唐）王勃撰　民國石印本　一冊

330000－1716－0026818　子補 1189/26818　子部/雜著類/雜說之屬

讀子巵言二卷　江瑔撰　民國六年（1917）上海商務印書館鉛印本　二冊

330000－1716－0026825　地獻 3416/26825　子部/宗教類/佛教之屬

簡經一卷　民國抄本　一冊

330000－1716－0026839　集補 0673/26839　集部/別集類

張季子詩錄十卷　張謇撰　民國石印本　童鼎瑨題記　一冊　缺四卷（一至四）

330000－1716－0026847　地獻 3423/26847　子部/宗教類/佛教之屬

經本不分卷　民國陳氏抄本　一冊

330000－1716－0026851　集補 0528/26851　集部/總集類/選集之屬/通代

古文筆法百篇八卷　（清）李扶九編集　民國石印本　一冊　存三卷（六至八）

330000－1716－0026855　集補 0529/26855　集部/總集類/選集之屬/通代

新選古文筆法百篇八卷首一卷　（清）李扶九編集　民國三年（1914）振華書局石印本　二冊　缺三卷（三至五）

330000－1716－0026857　地獻 3500/26857　集部/總集類/選集之屬/斷代

詩文碎錦一卷　民國十一年（1922）心元抄本　一冊

330000－1716－0026862　地獻 3501/26862　史部/雜史類/斷代之屬

皇朝紀略一卷　何琪編　稿本　一冊

330000－1716－0026863　集補 0530/26863　集部/總集類/選集之屬/通代

古文筆法八卷　（清）李扶九編集　民國五年（1916）上海鑄記書局石印本　三冊　缺二卷（二至三）

330000－1716－0026865　經補 0688－5/26865　經部/春秋左傳類/傳說之屬

新體廣注東萊博議四卷　（宋）呂祖謙撰　民國十一年（1922）上海世界書局石印本　一冊

330000－1716－0026868　經補 0688－6/26868　經部/春秋左傳類/傳說之屬

新體廣注東萊博議四卷　（宋）呂祖謙撰　民國十二年（1923）上海世界書局石印本　一冊

330000－1716－0026876　地獻 3426/26876　史部/政書類/公牘檔冊之屬

賃租稿一卷　民國三十六年（1947）抄本　一冊

330000－1716－0026879　集補 0532/26879　集部/總集類/選集之屬/通代

古文筆法二十卷　（清）李扶九編集　民國石印本　一冊　存五卷（八至十二）

330000－1716－0026886　集補 0533/26886　集部/總集類/選集之屬/通代

言文對照古文筆法百篇四卷　廣益書局編輯部編　民國十二年（1923）上海廣益書局石印本　二冊　存二卷（二至三）

330000－1716－0026888　地獻 3505/26888　集部/曲類/寶卷之屬

懊惱祖師寶卷一卷　民國元年（1912）鏡心堂賀氏抄本　一冊

330000－1716－0026892　地獻 1837/26892　集部/詩文評類/文法之屬/函牘格式

圖注尺牘初步二卷　葛栩存撰　民國十三年（1924）上海會文堂書局石印本　一冊

330000－1716－0026896　地獻 1838/26896
集部/詩文評類/文評之屬

言文對照古文評注全集八卷　（清）過珙評選
湯壽銘校訂　民國上海會文堂書局石印本
二冊　存二卷（四至五）

330000－1716－0026897　集補 0534－1/
26897　集部/詩文評類/文法之屬

正草商務應用尺牘二卷附算學必讀一卷　民
國十七年（1928）上海昌文書局石印本　二冊

330000－1716－0026899　地獻 1829/26899
子部/雜著類/雜纂之屬

共和應酬彙選四卷　馬漢裔撰　民國十二年
（1923）上海會文堂書局石印本　二冊　存二
卷（二、四）

330000－1716－0026900　　子補 1556－1/
26900　子部/術數類/命書相書之屬

鉄板神數十二集十二卷乾集一卷坤集一卷
（宋）邵雍撰　民國上海大成書局石印本　七
冊　缺二卷（辰、巳）

330000－1716－0026903　集補 0535/26903
集部/總集類/尺牘之屬

普通白話正草尺牘二卷　民國十年（1921）上
海書局石印本　一冊

330000－1716－0026908　集補 0536/26908
集部/總集類/尺牘之屬

最新正草商賈尺牘二卷　民國十三年（1924）
上海文元書局石印本　一冊

330000－1716－0026917　集補 0534－2/
26917　集部/詩文評類/文法之屬

正草商務應用尺牘二卷附算學必讀一卷　民
國十七年（1928）上海昌文書局石印本　二冊

330000－1716－0026918　經補 0688－13/
26918　經部/春秋左傳類/傳說之屬

批評東萊博議四卷增補虛字注釋總目一卷
（宋）呂祖謙撰　民國三年（1914）上海鴻寶齋
書局石印本　四冊

330000－1716－0026921　經補 0688－14/
26921　經部/春秋左傳類/傳說之屬

批評東萊博議四卷增補虛字注釋總目一卷
（宋）呂祖謙撰　民國三年（1914）上海鴻寶齋
書局石印本　一冊

330000－1716－0026922　地獻 1612－102/
26922　集部/總集類/尺牘之屬

新輯尺牘合璧四卷　（清）許思湄　（清）龔尊
撰　（清）裘世瑞注　（清）邱與久輯　民國上
海廣雅書局、啟新書局石印本　四冊

330000－1716－0026923　經補 0688－15/
26923　經部/春秋左傳類/傳說之屬

批評東萊博議四卷增補虛字注釋總目一卷
（宋）呂祖謙撰　民國三年（1914）上海鴻寶齋
書局石印本　松菊書室題記　一冊

330000－1716－0026925　經補 0688－16/
26925　經部/春秋左傳類/傳說之屬

東萊博議四卷　（宋）呂祖謙撰　民國十四年
（1925）上海鴻章書局石印本　一冊

330000－1716－0026926　子補 1556－2/
26926　子部/術數類/命書相書之屬

鉄板神數十二集十二卷乾集一卷坤集一卷
（宋）邵雍撰　民國上海錦章圖書局石印本
四冊　存七卷（寅、卯、辰、巳、午、未，坤集）

330000－1716－0026930　子補 1556－3/
26930　子部/術數類/命書相書之屬

鐵板神數十四卷　（宋）邵雍撰　民國上海廣
益書局石印本　二冊　存四卷（子、丑、辰、
巳）

330000－1716－0026933　集補 0537/26933
集部/詩文評類/文法之屬/函牘格式

**最新民國正草商學尺牘合璧二卷附增補攷正
字彙一卷**　民國元年（1912）上海醉經堂書莊
石印本　一冊　缺一卷（上）

330000－1716－0026937　集補 0538/26937
集部/詩文評類/文法之屬/函牘格式

**最新民國正草商學尺牘合璧二卷附增補攷正
字彙一卷**　民國五年（1916）上海醉經堂書莊
石印本　二冊

330000－1716－0026940　地獻 3510/26940

集部/戲劇類/傳奇之屬

西廂記二卷 民國二十二年（1933）存厚堂周氏抄本 一冊 存一卷（二）

330000 - 1716 - 0026944 集補 0539/26944
集部/總集類/尺牘之屬

新編正草商賈學界白話尺牘二卷 岑仰之編輯 民國三年（1914）石印本 二冊

330000 - 1716 - 0026945 縣資 0002 - 2/26945 史部/地理類/方志之屬/郡縣志

康熙會稽縣志圖一卷 稿本 一冊

330000 - 1716 - 0026946 集補 0540/26946
集部/總集類/尺牘之屬

商學適用普通白話尺牘二卷 陳重寅編 民國十六年（1927）上海鴻文書局石印本 一冊

330000 - 1716 - 0026948 地獻 3437/26948
子部/宗教類/道教之屬

男丹經一卷 民國十一年（1922）抄本 一冊

330000 - 1716 - 0026950 地獻 1467 - 8/26950 類叢部/叢書類/彙編之屬

國學選粹□□種 民國越鐸日報鉛印本 一冊 存一種

330000 - 1716 - 0026953 子補 1557/26953
子部/術數類/占卜之屬

呂純陽祖師太極生生神數一卷 民國石印本 一冊

330000 - 1716 - 0026955 集補 0541/26955
集部/總集類/尺牘之屬

普通應用白話尺牘初編二卷 民國石印本 一冊 存一卷（二）

330000 - 1716 - 0026957 子補 1558/26957
子部/術數類/占卜之屬

諸葛武侯靈感神卦一卷 民國三年（1914）上海文益書局石印本 一冊

330000 - 1716 - 0026959 集補 0542/26959
集部/總集類/尺牘之屬

分類白話商界尺牘四卷 王藝撰 民國九年（1920）上海會文堂書局石印本 一冊 存一卷（一）

330000 - 1716 - 0026960 地獻 3440/26960
史部/政書類/公牘檔冊之屬

零用帳目一卷 民國二十五年（1936）孟記抄本 一冊

330000 - 1716 - 0026961 子補 1559/26961
子部/術數類/命書相書之屬

繪圖校正相理衡真十卷首一卷 （清）陳釗撰 民國上海錦章圖書局石印本 二冊 缺二卷（五至六）

330000 - 1716 - 0026973 子補 1560/26973
子部/術數類/陰陽五行之屬

推背圖說不分卷 題（唐）袁天罡撰 （唐）李淳風注 民國上海廣益書局石印本 一冊

330000 - 1716 - 0026975 地獻 3444/26975
集部/詩文評類/文評之屬

海棠香雪盦四六文草不分卷 民國抄本 一冊

330000 - 1716 - 0026976 集補 0545/26976
集部/詩文評類/文法之屬/函牘格式

最新民國商務普通音義注解尺牘二卷 袁蔚山編輯 民國上洋海左書局石印本 一冊

330000 - 1716 - 0026982 地獻 3511/26982
子部/小說家類/瑣語之屬

節霞紀逸二卷 （清）俞忠孫撰 民國三年（1914）會稽董氏抄本 二冊

330000 - 1716 - 0026984 地獻 3512/26984
史部/時令類

草野通言一卷 民國抄本 一冊

330000 - 1716 - 0026985 地獻 3513/26985
子部/雜著類/雜纂之屬

賢良對一卷 （漢）董仲舒撰 民國抄本 一冊

330000 - 1716 - 0026990 新補 0436/26990
子部/雜著類/雜編之屬

日用酬世大觀 世界書局編輯所編 民國上海世界書局石印本 一冊 存一種

330000－1716－0026997　　普類 0114－11/26997　類叢部/類書類/通類之屬

新增應酬彙選五卷　（清）陸九如纂輯　民國上海廣雅書局石印本　一冊

330000－1716－0027005　集補 0546/27005　集部/總集類/尺牘之屬

普通適用通俗白話尺牘二卷　民國上海中原書局石印本　二冊

330000－1716－0027009　集補 0838/27009　集部/詩文評類/文法之屬

初學論說必讀四卷　孔憲彭撰　民國上海會文堂書局石印本　一冊　存一卷（三）

330000－1716－0027013　集補 0547/27013　集部/總集類/尺牘之屬

新體實用正草白話尺牘二卷　民國十年（1921）上海廣益書局石印本　一冊　存一卷（一）

330000－1716－0027015　集補 0548/27015　集部/總集類/尺牘之屬

共和國民適用尺牘不分卷　民國中華圖書館等石印本　一冊

330000－1716－0027017　地獻 3520/27017　史部/傳記類/總傳之屬/通代

昭代名人小傳摘錄一卷　民國抄本　一冊

330000－1716－0027018　集補 0549/27018　集部/總集類/尺牘之屬

普通應用白話尺牘二卷　民國上海文元書局石印本　二冊

330000－1716－0027021　新補 0439/27021　子部/雜著類/雜編之屬

日用酬世大觀　世界書局編輯所編　民國上海世界書局石印本　一冊　存一種

330000－1716－0027025　集補 0550/27025　集部/總集類/尺牘之屬

分類文明尺牘四卷　民國十七年（1928）上海昌文書局石印本　一冊　存二卷（三至四）

330000－1716－0027031　子補 1192/27031　子部/雜著類/雜編之屬

善書撮要一卷　民國十一年（1922）上海宏大善書局石印本　一冊

330000－1716－0027032　新補 0444/27032　史部/政書類/邦計之屬

重印總稅務司赫德籌餉節略一卷　（英國）赫德撰　梁士詒輯　民國三年（1914）北京正蒙印書局鉛印本　一冊

330000－1716－0027033　集補 0551/27033　集部/總集類/尺牘之屬

最新文明尺牘四卷　民國上海文元書局石印本　二冊　存二卷（二、四）

330000－1716－0027037　集補 0553－1/27037　集部/總集類/尺牘之屬

最新商界文明尺牘四卷　民國四年（1915）上海章福記書局石印本　一冊

330000－1716－0027038　集補 0553－2/27038　集部/總集類/尺牘之屬

分類文明尺牘四卷　民國元年（1912）上海文益書局石印本　一冊　存一卷（一）

330000－1716－0027039　集補 0554/27039　集部/詩文評類/文法之屬/函牘格式

分類句解女界新尺牘指南四卷　錦章圖書館編輯　民國十六年（1927）上海錦鴻圖書局石印本　二冊　存二卷（一至二）

330000－1716－0027042　地獻 3009－9/27042　經部/孝經類/正文之屬

孝經一卷　民國三十二年（1943）胡維銓抄本　一冊

330000－1716－0027044　新補 0447/27044　史部/傳記類/總傳之屬

浙江公立甲種工業學校同學錄一卷　民國石印本　一冊

330000－1716－0027047　集補 0555－1/27047　集部/總集類/尺牘之屬

新撰女子尺牘二卷　商務印書館編譯所編　民國上海商務印書館石印本　一冊　存一卷（一）

330000 – 1716 – 0027052　集補 0555 – 2/
27052　集部/總集類/尺牘之屬

新撰女子尺牘二卷　商務印書館編譯所編
民國十三年（1924）上海商務印書館石印本
二冊

330000 – 1716 – 0027054　子補 1563/27054
子部/術數類/命書相書之屬

繪圖校正相理衡真十卷首一卷　（清）陳釗撰
民國四年（1915）上海錦文堂石印本　一冊

330000 – 1716 – 0027055　地獻 3558/27055
集部/別集類

附科甲級周延慶考試文章一卷　周延慶撰
稿本　一冊

330000 – 1716 – 0027056　集補 0555 – 3/
27056　集部/總集類/尺牘之屬

新撰女子尺牘二卷　商務印書館編譯所編
民國十五年（1926）上海商務印書館石印本
二冊

330000 – 1716 – 0027058　子補 1564/27058
子部/術數類/命書相書之屬

袁柳莊先生神相全編三卷　（明）袁忠復秘傳
民國鑄記書局石印本　二冊

330000 – 1716 – 0027059　經補 0703 – 1/
27059　經部/小學類/訓詁之屬/字詁

言文一貫虛字使用法不分卷　周善培撰　民
國十二年（1923）鉛印本　四冊

330000 – 1716 – 0027060　集補 0555 – 4/
27060　集部/總集類/尺牘之屬

新撰女子尺牘二卷　商務印書館編譯所編
民國十二年（1923）上海商務印書館石印本
二冊

330000 – 1716 – 0027061　新補 0448/27061
新學/農政

直省農林統計報告書說明一卷　民國杭州浙
江印刷公司鉛印本　一冊

330000 – 1716 – 0027065　子補 1565/27065
子部/術數類/命書相書之屬

子平四言集腋六卷　（清）廖瀛海撰　民國十

六年（1927）上海中一書局石印本　三冊　存
四卷（一至二、五至六）

330000 – 1716 – 0027066　新補 0449/27066
新學/政治法律/制度

浙江省自治法一卷附施行法一卷附屬法一卷
民國鉛印本　一冊

330000 – 1716 – 0027067　新補 0450/27067
史部/政書類/公牘檔冊之屬

浙江實業觀光團染織組調查報告錄一卷　許
炳堃等撰　民國石印本　一冊

330000 – 1716 – 0027069　集補 0556/27069
集部/總集類/尺牘之屬

分類詳注簡明新尺牘六卷　袁韜壺編　民國
十四年（1925）上海羣學書社石印本　一冊

330000 – 1716 – 0027070　經補 0703 – 2/
27070　經部/小學類/訓詁之屬/字詁

言文一貫虛字使用法不分卷　周善培撰　民
國三年（1914）上海商務印書館鉛印本　一冊

330000 – 1716 – 0027071　集補 0557/27071
集部/總集類/尺牘之屬

普通尺牘全璧八卷　西湖俠漢撰　民國石印
本　三冊　存三卷（一、三至四）

330000 – 1716 – 0027072　經補 0703 – 3/
27072　經部/小學類/訓詁之屬/字詁

言文一貫虛字使用法不分卷　周善培撰　民
國四年（1915）上海商務印書館鉛印本　二冊

330000 – 1716 – 0027073　普子 2071/27073
子部/宗教類/道教之屬

離苦得樂法不分卷　民國石印本　一冊

330000 – 1716 – 0027076　集補 0558/27076
集部/詩文評類/文法之屬

注解淺釋初學尺牘指南不分卷　民國元年
（1912）上海廣益書局石印本　一冊

330000 – 1716 – 0027078　地獻 3559/27078
類叢部/類書類/通類之屬

摘錄經史子集典故一卷　民國十二年（1923）
抄本　一冊

330000－1716－0027090　地獻 3452/27090
類叢部/類書類/專類之屬
二字成語一卷　民國抄本　一冊

330000－1716－0027095　集補 0559－1/
27095　集部/詩文評類/文法之屬
中華民國學生明白如話尺牘二卷　民國十三
年(1924)上海姚文元書局石印本　一冊

330000－1716－0027096　新補 0452/27096
史部/政書類/邦計之屬
審計綱要五卷　浙江省政府建設廳編　民國
二十四年(1935)浙江省政府建設廳鉛印本
一冊

330000－1716－0027101　史補 1405/27101
類叢部/類書類/通類之屬
清初殿版銅活字印古今圖書集成樣本不分卷
中華書局編　民國二十三年(1934)中華書
局鉛印本暨影印本　一冊

330000－1716－0027109　集補 0559－2/
27109　集部/詩文評類/文法之屬
中華民國學生明白如話尺牘二卷　民國十三
年(1924)上海姚文元書局石印本　二冊

330000－1716－0027112　地獻 3564/27112
集部/別集類/清別集
雜錄詩稿一卷　民國抄本　一冊

330000－1716－0027113　新補 0455/27113
史部/政書類/邦計之屬
財政政策與民生一卷　于右任撰　民國二十
年(1931)影印本　一冊

330000－1716－0027118　子補 1569/27118
子部/術數類/雜術之屬
真本斷夢秘書三卷附周公詳夢全書一卷　民
國十四年(1925)上海世界書局石印本　一冊

330000－1716－0027119　集補 0560/27119
集部/總集類/選集之屬/通代
詳訂古文評注全集八卷　(清)過珙　(清)黃
越評選　民國九年(1920)上海會文堂石印本
一冊　存一卷(一)

330000－1716－0027120　史補 0723/27120
史部/目錄類
**石埭楊居士手訂祇洹精舍分年課程用書叢刊
樣本不分卷**　民國二十六年(1937)鉛印本
一冊

330000－1716－0027121　地獻 3457/27121
集部/總集類
送儀語一卷　民國抄本　一冊

330000－1716－0027122　經補 0703－8/
27122　經部/小學類/訓詁之屬/字詁
繪圖速通虛字法初編不分卷　施崇恩編　民
國二年(1913)上海彪文書局石印本　三冊

330000－1716－0027123　經補 0703－9/
27123　經部/小學類/訓詁之屬/字詁
繪圖速通虛字法初編不分卷　施崇恩編　民
國上海彪文書局石印本　二冊

330000－1716－0027129　新補 0456/27129
新學/議論/通論
開發西北意見書三卷　葉佩高撰　民國鉛印
本　一冊

330000－1716－0027130　集補 0844－1/
27130　集部/詩文評類/文法之屬/函牘格式
寫信必讀十卷　(清)唐芸洲撰　民國石印本
一冊

330000－1716－0027131　新補 0457/27131
新學/兵制/陸軍
國民革命軍編制表草案不分卷　民國十六年
(1927)油印本　一冊

330000－1716－0027132　地獻 3273－3/
27132　子部/宗教類/道教之屬
老子道德經正義頌不分卷　胡維銓撰　民國
三十四年(1945)稿本　一冊

330000－1716－0027134　集補 0844－2/
27134　集部/詩文評類/文法之屬/函牘格式
寫信必讀十卷　(清)唐芸洲撰　民國上海廣
益書局石印本　二冊　存二卷(九至十)

330000－1716－0027137　地獻 3566/27137

集部/別集類

牧廬吟草補一卷　朱允中撰　民國油印本
一冊

330000－1716－0027141　集補 0561/27141
集部/總集類/尺牘之屬

男女交際自由尺牘不分卷　王非王撰　民國
三年(1914)上海平權社石印本　一冊

330000－1716－0027143　子補 1571/27143
子部/術數類/相宅相墓之屬

入地眼全書十卷　(宋)釋靜道撰　(清)萬樹
華編次　民國六年(1917)上海章福記書局石
印本　三冊　存七卷(一至二、六至十)

330000－1716－0027144　集補 0844－4/
27144　集部/詩文評類/文法之屬/函牘格式

寫信必讀十卷　(清)唐芸洲撰　民國上海萃
英書局石印本　二冊

330000－1716－0027145　集補 0562/27145
集部/詩文評類/文法之屬

中華民國學生明白如話尺牘二卷　民國四年
(1915)上海蔣春記書局鉛印本　一冊

330000－1716－0027146　集補 0844－5/
27146　集部/詩文評類/文法之屬/函牘格式

寫信必讀十卷　(清)唐芸洲撰　民國上海會
文堂書局石印本　二冊

330000－1716－0027148　地獻 1844/27148
子部/藝術類/篆刻之屬/印譜

趙撝叔印譜初集不分卷二集不分卷　(清)趙
之謙篆刻　吳隱輯　民國六年(1917)西泠印
社鈐印本　四冊

330000－1716－0027149　地獻 1557－16/
27149　史部/傳記類/別傳之屬/事狀

故室李氏傳略一卷　王崇禮述　唐風校訂
民國鉛印本　一冊

330000－1716－0027151　地獻 1629－3/
27151　史部/地理類/專志之屬/寺觀

紹興開元寺供奉古佛藏經事蹟彙誌不分卷
民國二十五年(1936)鉛印本　一冊

330000－1716－0027153　地獻 1845/27153
史部/傳記類/別傳之屬/事狀

錢武肅王功德史一卷　錢文選輯　民國二十
四年(1935)錢氏鉛印本　一冊

330000－1716－0027155　子補 1573/27155
子部/術數類/相宅相墓之屬

增補地理直指原真大全四卷　(清)釋如玉撰
民國石印本　一冊　存一卷(一)

330000－1716－0027156　集補 0844－6/
27156　集部/詩文評類/文法之屬/函牘格式

中華民國新寫信必讀八卷　民國八年(1919)
上海鴻寶書局石印本　二冊　存三卷(一至
二、六)

330000－1716－0027158　地獻 1846/27158
史部/政書類/邦計之屬

魏頌唐偶存稿三卷　魏頌唐撰　民國鉛印本
一冊　存一卷(浙江財政最近狀況)

330000－1716－0027162　子補 1574/27162
子部/術數類/相宅相墓之屬

**地理青囊經天玉心印奧語續編注解八卷首一
卷**　(清)王宗臣撰　民國石印本　一冊

330000－1716－0027166　集補 0844－7/
27166　集部/詩文評類/文法之屬/函牘格式

寫信必讀十卷　(清)唐芸洲撰　民國石印本
三冊　存五卷(三、五、七至九)

330000－1716－0027170　集補 0844－8/
27170　集部/詩文評類/文法之屬/函牘格式

中華民國新寫信必讀八卷　民國八年(1919)
上海鴻寶書局石印本　一冊　存二卷(一至
二)

330000－1716－0027171　子補 1576/27171
子部/術數類/命書相書之屬

秘授命理須知滴天髓二卷　(宋)京圖撰
(明)劉基注　民國泰華圖書館石印本　一冊

330000－1716－0027172　子補 1577/27172
子部/藝術類/遊藝之屬/博戲

牙牌靈數八種　民國石印本　一冊

330000－1716－0027175　集補 0844－9/27175　集部/詩文評類/文法之屬/函牘格式

寫信必讀十卷　（清）唐芸洲撰　民國石印本　一冊　存三卷（六至八）

330000－1716－0027176　經補 0704－1/27176　經部/小學類/文字之屬/字書/訓蒙

千字文訓纂一卷附札記一卷　唐風撰　民國二十二年（1933）鉛印本　一冊

330000－1716－0027178　經補 0704－2/27178　經部/小學類/文字之屬/字書/訓蒙

千字文訓纂一卷附札記一卷　唐風撰　民國二十二年（1933）鉛印本　一冊

330000－1716－0027179　經補 0704－3/27179　經部/小學類/文字之屬/字書/訓蒙

千字文訓纂一卷附札記一卷　唐風撰　民國二十二年（1933）鉛印本　一冊

330000－1716－0027180　經補 0704－4/27180　經部/小學類/文字之屬/字書/訓蒙

千字文訓纂一卷附札記一卷　唐風撰　民國二十二年（1933）鉛印本　一冊

330000－1716－0027183　地獻 3528/27183　集部/總集類/選集之屬/通代

信天廬駢文詩詞草一卷　壽鵬更輯　民國抄本　一冊

330000－1716－0027184　地獻 0209－5/27184　史部/地理類/方志之屬/郡縣志

紹興縣修志採訪事例一卷　宋承家撰　民國六年（1917）紹興縣修志採訪處鉛印本　陳津門題簽　一冊

330000－1716－0027185　新補 0459/27185　新學/學校

〔初等小學校春季始業〕共和國教科書新修身八冊不分卷　沈頤　戴克敦編　民國上海商務印書館石印本　一冊　存一冊（五）

330000－1716－0027186　集補 0566/27186　集部/總集類/選集之屬/通代

古文辭類纂選本十卷　（清）姚鼐纂輯　林紓評　民國上海商務印書館鉛印本　二冊　存二卷（三至四）

330000－1716－0027188　集補 0567/27188　集部/總集類/選集之屬/通代

教科適用古文辭類纂精華一卷　中華書局編　民國上海中華書局鉛印本　一冊

330000－1716－0027189　集補 0568－1/27189　集部/總集類/選集之屬/通代

古文辭類纂七十四卷　（清）姚鼐纂輯　**續古文辭類纂三十四卷**　王先謙輯　民國上海商務印書館鉛印本　二冊　存二十一卷（十一至二十、續古文辭類纂二十四至三十四）

330000－1716－0027194　集補 0845/27194　集部/總集類/選集之屬/通代

漢魏六朝文繡四卷續鈔一卷　（清）凌德編次　民國八年（1919）上海掃葉山房石印本　三冊　缺一卷（四）

330000－1716－0027196　集補 0568－2/27196　集部/總集類/選集之屬/通代

古文辭類纂七十四卷　（清）姚鼐纂輯　**續古文辭類纂三十四卷**　王先謙輯　民國上海商務印書館鉛印本　一冊　存十卷（十一至二十）

330000－1716－0027198　子補 1199/27198　子部/儒家類/儒學之屬/性理

泰和宜山會語合刻二卷附錄一卷　馬一浮撰　民國二十八年（1939）四川嘉州刻本　一冊

330000－1716－0027202　普集 1769－5/27202　集部/別集類/清別集

李笠翁一家言全集十六卷　（清）李漁撰　民國上海會文堂書局石印本　七冊　存九卷（一至五、七、十、偶集三至四）

330000－1716－0027203　集補 0569/27203　集部/別集類/清別集

清儀閣詩稿一卷　（清）張廷濟撰　民國二十一年（1932）依幻廬影印本　一冊

330000－1716－0027210　子補 1579/27210　子部/宗教類/佛教之屬

放生文圖說一卷　（明）釋祩宏撰　民國中央

刻經院鉛印本　一冊

330000－1716－0027214　地獻 3472/27214
集部/曲類/寶卷之屬

硃砂痣一卷　民國二年（1913）趙氏抄本
一冊

330000－1716－0027223　集補 0570/27223
集部/別集類/清別集

晦廔詩鈔八卷　（清）諸聯撰　民國掃葉山房
石印本　四冊

330000－1716－0027232　地獻 3529/27232
史部/傳記類/日記之屬

守三日記一卷（民國六年正月初一至二十四）
守三撰　民國三年（1914）稿本　一冊

330000－1716－0027233　集補 0571－1/
27233　集部/別集類

寒莊文編二卷　虞輝祖撰　民國十年（1921）
上海聚珍倣宋印書局鉛印本　一冊

330000－1716－0027237　集補 0571－2/
27237　集部/別集類

寒莊文編二卷　虞輝祖撰　民國十年（1921）
上海聚珍倣宋印書局鉛印本　一冊

330000－1716－0027246　子補 1585－1/
27246　子部/術數類/雜術之屬

新刻萬法歸宗五卷　（唐）李淳風撰　（唐）袁
天罡補　民國上海大成書局石印本　一冊
存一卷（四）

330000－1716－0027249　子補 1585－2/
27249　子部/術數類/雜術之屬

新刻萬法歸宗五卷　（唐）李淳風撰　（唐）袁
天罡補　民國石印本　一冊　存一卷（四）

330000－1716－0027254　地獻 1612－105/
27254　集部/別集類/清別集

增注鴻雪軒尺牘二卷　（清）龔尊撰　（清）寄
虹軒主人輯注　民國四年（1915）上海章福記
書局石印本　一冊

330000－1716－0027256　地獻 1854－1/
27256　集部/總集類/尺牘之屬

普通應用商務尺牘教本十三卷　孫公望撰
民國浙紹墨潤堂石印本　一冊　存五卷（一
至五）

330000－1716－0027260　地獻 1854－2/
27260　集部/總集類/尺牘之屬

普通應用商務尺牘教本十三卷　孫公望撰
民國浙紹墨潤堂石印本　俞秋槎題記　一冊
存六卷（一至六）

330000－1716－0027264　地獻 1854－3/
27264　集部/總集類/尺牘之屬

普通應用商務尺牘教本十三卷　孫公望撰
民國五年（1916）浙紹墨潤堂書莊石印本　一
冊　存五卷（一至五）

330000－1716－0027265　地獻 3480/27265
史部/政書類/公牘檔冊之屬

五庫徵解數一卷　民國抄本　一冊

330000－1716－0027266　地獻 0211/27266
史部/傳記類/別傳之屬/年譜

黃補臣太史[壽裒]年略一卷　民國鉛印本
一冊

330000－1716－0027277　子補 1586/27277
子部/術數類/雜術之屬

六壬神課金口訣三卷　（清）熊大本校正
（清）周儆弦重訂　民國石印本　一冊

330000－1716－0027278　子補 1587/27278
子部/術數類/命書相書之屬

秘授命理須知滴天髓二卷　（宋）京圖撰
（明）劉基注　民國石印本　一冊

330000－1716－0027279　子補 1588/27279
子部/術數類/相宅相墓之屬

乾坤法竅三卷　（清）范宜賓撰　民國石印本
一冊　存一卷（地冊一）

330000－1716－0027280　子補 1589－1/
27280　子部/宗教類/佛教之屬

慧命經一卷　（清）柳華陽撰並注　（清）一陽
參訂　民國埽葉山房石印本　一冊

330000－1716－0027289　地獻 1854－4/

27289　集部/總集類/尺牘之屬

最新商務尺牘教科書正集二卷續集二卷　周
天鵬編　民國二年(1913)上海會文學社石印
本　一冊　存二卷(一至二)

330000－1716－0027290　子補1591/27290
子部/術數類/命書相書之屬

新刊校正增釋合併麻衣先生人相編十卷
(明)陸位崇編　民國上海大成書局石印本
一冊　存五卷(一至五)

330000－1716－0027293　地獻1854－5/
27293　集部/總集類/尺牘之屬

最新商務尺牘教科書正集二卷續集二卷　周
天鵬編　民國二年(1913)上海會文學社石印
本　一冊　存二卷(一至二)

330000－1716－0027295　地獻1854－6/
27295　集部/總集類/尺牘之屬

最新商務尺牘教科書正集二卷續集二卷　周
天鵬編　民國二年(1913)上海會文學社石印
本　二冊　存二卷(一至二)

330000－1716－0027297　地獻1854－7/
27297　集部/總集類/尺牘之屬

最新商務尺牘教科書正集二卷續集二卷　周
天鵬編　民國二年(1913)上海會文學社石印
本　二冊　存二卷(一至二)

330000－1716－0027301　地獻1854－8/
27301　集部/詩文評類/文法之屬/函牘格式

最新商務尺牘教科書正集二卷續集二卷　周
天鵬編　民國二年(1913)上海會文學社石印
本　四冊

330000－1716－0027302　地獻1854－9/
27302　集部/總集類/尺牘之屬

最新商務尺牘教科書正集二卷續集二卷　周
天鵬編　民國二十年(1931)上海大文書局石
印本　吳康年題記　一冊　存一卷(一)

330000－1716－0027303　地獻1854－10/
27303　集部/總集類/尺牘之屬

最新商務尺牘教科書正集二卷續集二卷　周
天鵬編　民國二十年(1931)上海大文書局石

印本　一冊　存一卷(一)

330000－1716－0027311　子補1592/27311
子部/術數類/命書相書之屬

演禽三世相法不分卷　民國上海大成書局石
印本　一冊

330000－1716－0027312　子補1593－1/
27312　子部/術數類

秘本諸葛神數一卷　(三國蜀)諸葛亮撰　**關
帝聖籤一卷**　民國十四年(1925)上海世界書
局石印本　一冊

330000－1716－0027316　子補1593－2/
27316　子部/術數類

秘本諸葛神數一卷　(三國蜀)諸葛亮撰　**關
帝聖籤一卷**　民國上海世界書局石印本
一冊

330000－1716－0027317　子補1594/27317
子部/術數類/相宅相墓之屬

陽宅八門精義新書四卷　(清)趙渭陽(趙季
錫)撰　民國石印本　二冊

330000－1716－0027319　子補1589－2/
27319　子部/宗教類/佛教之屬

慧命經一卷　(清)柳華陽撰並注　(清)一陽
參訂　民國石印本　一冊

330000－1716－0027321　子補1595/27321
子部/術數類/命書相書之屬

三命通會十二卷　(明)萬民英撰　民國上海
經藝齋書局石印本　一冊　存一卷(十二)

330000－1716－0027325　子補1596/27325
子部/術數類/相宅相墓之屬

嚴陵張九儀增釋地理琢玉斧巒頭歌括四卷
(清)張鳳藻撰　民國埽葉山房石印本　二冊
存二卷(三至四)

330000－1716－0027328　譜0218/27328　史
部/傳記類/總傳之屬/家乘

宗祠神牌錄不分卷　稿本　九冊

330000－1716－0027331　譜0219－1/27331
史部/政書類/公牘檔冊之屬

張琴孫遺囑一卷　張琴孫撰　民國二十五年（1936）抄本　一冊

330000－1716－0027332　地獻 3487/27332　子部/農家農學類/園藝之屬/花卉
栽花法不分卷　民國抄本　一冊

330000－1716－0027335　譜 0219－2/27335　史部/傳記類/雜傳之屬
張琴孫遺囑一卷　張琴孫撰　民國二十五年（1936）抄本　一冊

330000－1716－0027336　譜 0220/27336　史部/傳記類/雜傳之屬
朱氏家藏雜總不分卷　民國四年（1915）南陽慶抄本　一冊

330000－1716－0027338　地獻 3488/27338　集部/總集類
民國詩鈔一卷　民國抄本　一冊

330000－1716－0027339　新補 0460－1/27339　新學/史志/臣民傳記
萬國人物備考不分卷　余天民撰　民國杭州學稼社石印本　二冊

330000－1716－0027340　地獻 3491/27340　子部/術數類
論空七訣不分卷　民國抄本　一冊

330000－1716－0027341　地獻 3489/27341　集部/總集類
陳國惠文鈔一卷　民國陳國惠抄本　伯翔題記　一冊

330000－1716－0027351　子補 1598/27351　子部/術數類/雜術之屬
壬課眹斯二卷　（清）葉悔亭輯　民國元年（1912）上海江東書局石印本　一冊

330000－1716－0027358　普叢 0201－1/27358　類叢部/叢書類/自著之屬
俞氏編著叢書（泗水集）二十編　俞印民撰　民國十三年（1924）上海大華文化社鉛印本　六冊　存六編（一至二、六、十、十六至十七）

330000－1716－0027360　普叢 0201－2/27360　類叢部/叢書類/自著之屬
俞氏編著叢書（泗水集）二十編　俞印民撰　民國十三年（1924）上海大華文化社鉛印本　一冊　存一編（十）

330000－1716－0027362　地獻 1854－11/27362　集部/總集類/尺牘之屬
最新商務尺牘教科書正集二卷續集二卷　周天鵬編　民國二年（1913）上海會文學社石印本　一冊　存一卷（二）

330000－1716－0027365　地獻 1854－12/27365　集部/總集類/尺牘之屬
最新商務尺牘教科書正集二卷續集二卷　周天鵬編　民國二年（1913）上海會文學社石印本　清蘭氏題記　一冊　存一卷（續集二）

330000－1716－0027366　地獻 3492/27366　史部/政書類/公牘檔冊之屬
會稽都圖地名細號畝分糧額南米科則一卷　民國抄本　一冊

330000－1716－0027373　地獻 3494/27373　集部/總集類/選集之屬/斷代
偶拾錄一卷　微笑輯　民國十年（1921）稿本　童鼎璜題記　一冊

330000－1716－0027375　地獻 1854－16/27375　集部/總集類/尺牘之屬
最新商務尺牘教科書正集二卷續集二卷　周天鵬編　民國二年（1913）上海會文學社石印本　一冊　存一卷（二）

330000－1716－0027379　譜 0224/27379　史部/政書類/公牘檔冊之屬
愛日堂趙氏分書不分卷　趙林氏立　民國三十二年（1943）抄本　一冊

330000－1716－0027380　譜 0225/27380　史部/傳記類/總傳之屬/家乘
[浙江紹興]劉氏簡明宗系表編一卷　民國抄本　一冊

330000－1716－0027382　譜 0226/27382　史部/政書類/公牘檔冊之屬
李氏世德堂牌位單一卷　民國抄本　一冊

330000－1716－0027383　譜 0227/27383　史部/傳記類/別傳之屬/事狀

雁公祭簿不分卷　民國三十二年（1943）抄本　一冊

330000－1716－0027385　集補 0859－1/27385　集部/詩文評類/文法之屬/函牘格式

言文對照普通新尺牘十八卷附錄一卷　世界書局編輯所編輯　民國上海世界書局石印本　一冊　存三卷（十至十二）

330000－1716－0027391　集補 0859－2/27391　集部/詩文評類/文法之屬/函牘格式

言文對照普通新尺牘十八卷附錄一卷　世界書局編輯所編輯　民國上海世界書局石印本　三冊　存九卷（七至九、十三至十八）

330000－1716－0027393　集補 0577/27393　集部/詩文評類/詩評之屬

無師自通作詩百法二卷　劉鐵冷編　民國十二年（1923）上海崇新書局鉛印本　二冊

330000－1716－0027394　集補 0859－3/27394　集部/詩文評類/文法之屬/函牘格式

言文對照普通新尺牘十八卷附錄一卷　世界書局編輯所編輯　民國上海世界書局石印本　四冊　存十二卷（一至三、十至十八）

330000－1716－0027400　譜 0230/27400　史部/政書類/公牘檔冊之屬

胡氏分書一卷　胡謝氏立　民國三十三年（1944）抄本　一冊

330000－1716－0027401　地獻 1857/27401　史部/政書類/公牘檔冊之屬

紹興縣中醫公會章程及會員名錄一卷　曹炳章撰　民國鉛印本　一冊

330000－1716－0027406　地獻 1859/27406　史部/政書類/公牘檔冊之屬

紹興旅滬同鄉會通告一卷　紹興旅滬同鄉會輯　民國元年（1912）鉛印本　一冊

330000－1716－0027409　地獻 1860/27409　史部/政書類/公牘檔冊之屬

世界紅十字會紹興分會報告書一卷　世界紅十字會紹興分會輯　民國二十七年（1938）鉛印本　一冊

330000－1716－0027410　集補 0861/27410　集部/小說類/短篇之屬

折獄奇聞四卷　葛建初編輯　民國七年（1918）上海會文堂書局石印本　四冊

330000－1716－0027412　集補 0578/27412　集部/別集類/唐五代別集

唐陸宣公集二十二卷　（唐）陸贄撰　民國上海會文堂書局石印本　三冊　存十六卷（七至二十二）

330000－1716－0027415　集補 0579/27415　集部/總集類/選集之屬/通代

言文對照古文筆法百篇不分卷　世界書局編輯所編輯　民國十二年（1923）上海世界書局石印本　二冊

330000－1716－0027416　集補 0580－1/27416　集部/詩文評類/詩評之屬

學詩初步三卷　張廷華　吳玉編　民國二十年（1931）上海文明書局鉛印本　一冊

330000－1716－0027417　集補 0580－2/27417　集部/詩文評類/詩評之屬

學詩初步三卷　張廷華　吳玉編　民國六年（1917）上海文明書局鉛印本　一冊

330000－1716－0027419　集補 0580－3/27419　集部/詩文評類/詩評之屬

學詩初步三卷　張廷華　吳玉編　民國七年（1918）上海文明書局鉛印本　一冊

330000－1716－0027424　地獻 1861/27424　新學/學校

稽東第一校徵信錄一卷　章鴻樑等編　民國鉛印本　一冊

330000－1716－0027428　集補 0581－1/27428　集部/別集類/宋別集

心史二卷　（宋）鄭思肖撰　民國二十二年（1933）刻本　二冊

330000－1716－0027429　地獻 1862/27429

新學/學校

**紹興縣東關鄉區立第一國民高等小學校概覽
一卷** 民國十一年(1922)鉛印本 一冊

330000－1716－0027433 集補 0581－2/
27433 集部/別集類/宋別集

心史二卷 （宋）鄭思肖撰 民國二十二年
(1933)刻本 二冊

330000－1716－0027437 地獻 1854－20/
27437 集部/總集類/尺牘之屬

廣注分類新華尺牘彙海十二卷 梁燕蓀編輯
民國十四年(1925)上海新華書局石印本
一冊 存一卷(十二)

330000－1716－0027438 地獻 3498/27438
集部/別集類

王彥謙文課一卷 王彥謙撰 民國三年
(1914)稿本 一冊

330000－1716－0027440 地獻 1854－21/
27440 集部/總集類/尺牘之屬

共和女界新尺牘二卷 孔憲彭撰 民國十四
年(1925)上海會文堂書局石印本 一冊 存
一卷(二)

330000－1716－0027442 地獻 3499/27442
子部/術數類/陰陽五行之屬

推背圖說不分卷 題(唐)袁天罡撰 (唐)李
淳風注 民國抄本 一冊

330000－1716－0027443 地獻 1854－22/
27443 集部/總集類/尺牘之屬

共和女界新尺牘二卷 孔憲彭撰 民國十二
年(1923)上海會文堂書局石印本 一冊 存
一卷(二)

330000－1716－0027445 地獻 1863/27445
新學/地學/地理學

地理講義一卷 魯載幬撰 民國鉛印本
一冊

330000－1716－0027447 地獻 1864/27447
子部/宗教類/道教之屬/雜著

天圖經一卷 民國元年(1912)紹興友文齋刻
本 一冊

330000－1716－0027449 地獻 3534/27449
集部/別集類

詩鈔一卷 民國抄本 一冊

330000－1716－0027454 地獻 3536/27454
集部/別集類

超觀室詩不分卷 張弧撰 民國二十八年
(1939)抄本 一冊

330000－1716－0027457 地獻 1824－155/
27457 集部/總集類/選集之屬/通代

古文觀止十二卷 （清）吳乘權 （清）吳大職
輯 民國五年(1916)上海中華書局石印本
六冊

330000－1716－0027461 集補 0867/27461
集部/小說類/長篇之屬

增廣笑林廣記四卷 民國九年(1920)上海書
局石印本 三冊 缺一卷(三)

330000－1716－0027463 地獻 1492－4/
27463 集部/總集類/酬唱之屬

詩巢壬社唱和集□□卷 戚升淮等撰 民國
鉛印本 一冊 存一卷(己卯下)

330000－1716－0027466 地獻 1492－5/
27466 集部/總集類/酬唱之屬

詩巢壬社唱和集□□卷 戚升淮等撰 民國
鉛印本 一冊 存二卷(乙亥上下)

330000－1716－0027469 地獻 1492－6/
27469 集部/總集類/酬唱之屬

詩巢壬社唱和集□□卷 戚升淮等撰 民國
鉛印本 一冊 存八卷(甲一至六、乙亥上
下)

330000－1716－0027473 地獻 1492－7/
27473 集部/總集類/酬唱之屬

詩巢壬社唱和集□□卷 戚升淮等撰 民國
鉛印本 一冊 存一卷(丁丑)

330000－1716－0027476 地獻 1492－8/
27476 集部/總集類/酬唱之屬

詩巢今雨唱和集□□卷 唐風等撰 民國二
十一年(1932)鉛印本 一冊 存一卷(一)

330000－1716－0027478　子補 1614/27478
子部/術數類/命書相書之屬

新刊合併官板音義評注淵海子平五卷　（宋）
徐升編　民國上海文宜書局石印本　三冊

330000－1716－0027480　譜 0235/27480　史
部/政書類/公牘檔冊之屬

儀簿一卷　民國十三年（1924）繆氏松壽堂抄
本　一冊

330000－1716－0027481　譜 0236/27481　史
部/傳記類/總傳之屬/家乘

黃氏本支要覽一卷　民國三十六年（1947）抄
本　一冊

330000－1716－0027484　集補 1120/27484
集部/總集類/選集之屬/通代

古唐詩合解十二卷古詩合解四卷　（清）王堯
衢注　民國上海章福記書局石印本　五冊
存九卷（五至六、九至十二，古詩合解二至四）

330000－1716－0027486　地獻 1239－4/
27486　集部/總集類/郡邑之屬

禹域叢書三種十二卷　禹域新聞社輯　民國
鉛印本　一冊　存一種

330000－1716－0027489　地獻 1239－5/
27489　集部/總集類/郡邑之屬

禹域叢書三種十二卷　禹域新聞社輯　民國
鉛印本　一冊　存一種

330000－1716－0027493　子補 1613/27493
子部/術數類/命書相書之屬

校正鬼谷先師四字經命理前定數一卷　（晉）
王詡撰　民國石印本　一冊

330000－1716－0027498　譜 0241/27498　史
部/政書類/公牘檔冊之屬

黃氏分書一卷　黃范氏等立　民國二年
（1913）抄本　一冊

330000－1716－0027504　譜 0243/27504　史
部/政書類/公牘檔冊之屬

周母鮑太夫人禮簿一卷　民國十九年（1930）
愛蓮堂周氏抄本　一冊

330000－1716－0027505　譜 0244/27505　史
部/政書類/公牘檔冊之屬

分書一卷　民國抄本　一冊

330000－1716－0027507　譜 0245/27507　史
部/傳記類/總傳之屬/家乘

陳氏世系表一卷　民國二十二年（1933）抄本
一冊

330000－1716－0027509　地獻 3545/27509
集部/別集類/明別集

王文成公全書不分卷　（明）王守仁撰　民國
抄本　一冊

330000－1716－0027511　子補 1615－1/
27511　子部/術數類/占卜之屬

**新刻增定邵康節先生梅花觀梅拆字數全集五
卷**　（宋）邵雍撰　民國上海錦章圖書局石印
本　一冊

330000－1716－0027512　集補 0871/27512
集部/總集類/課藝之屬

文苑菁華不分卷　民國鉛印本　七冊

330000－1716－0027514　子補 1615－2/
27514　子部/術數類/占卜之屬

**繪圖增定邵康節先生梅花觀梅拆字數全集五
卷**　（宋）邵雍撰　民國石印本　一冊

330000－1716－0027523　子補 1617/27523
子部/術數類/相宅相墓之屬

選擇求真十卷　（清）胡暉撰　民國三年
（1914）上海會文堂石印本　四冊

330000－1716－0027529　子補 1203－1/
27529　子部/小說家類/異聞之屬

新齊諧五卷續新齊諧三卷　（清）袁枚撰　民
國石印本　二冊　存二卷（三至四）

330000－1716－0027533　地獻 1869/27533
史部/政書類/邦計之屬/賦稅

浙江財政紀略不分卷　魏頌唐編輯　民國十
四年（1925）鉛印本　一冊

330000－1716－0027536　子補 1618/27536
子部/術數類/命書相書之屬

校正鬼谷先師四字經命理前定數一卷　（晉）
王詡撰　民國上海陶明記書局石印本　稽山
老人題記　一冊

330000－1716－0027537　地獻3547/27537
經部/小學類/音韻之屬
詩歌之韻一卷　凌九輯　稿本　一冊

330000－1716－0027539　子補1620/27539
子部/宗教類/佛教之屬/律
在家律要四卷　朱止宜輯　民國十九年
(1930)上海佛學書局鉛印本　一冊

330000－1716－0027541　子補1203－2/
27541　子部/小說家類/異聞之屬
新齊諧五卷續新齊諧三卷　（清）袁枚撰　民
國石印本　二冊　存二卷(續新齊諧二至三)

330000－1716－0027542　地獻3548/27542
子部/雜著類
閱報隨筆不分卷　稿本　一冊

330000－1716－0027549　地獻1403－4/
27549　史部/傳記類/別傳之屬/事狀
阮建章先生哀挽錄一卷　孫家驤　潘文源輯
　民國十五年(1926)鉛印本　一冊

330000－1716－0027552　地獻1715－12/
27552　史部/傳記類/別傳之屬/事狀
孫安軒先生[應會]哀輓錄不分卷　孫家驤
孫家駒輯　民國鉛印本　一冊

330000－1716－0027553　集補0874/27553
類叢部/叢書類/彙編之屬
百尺樓叢書五種　陳去病編　民國鉛印本
一冊　存二種

330000－1716－0027557　子補1204－1/
27557　子部/術數類/命書相書之屬
新刊合併官板音義評注淵海子平五卷　（宋）
徐升編　民國上海天機書局石印本　四冊

330000－1716－0027558　子補1204－2/
27558　子部/術數類/命書相書之屬
新刊合併官板音義評注淵海子平五卷　（宋）
徐升編　民國上海天機書局石印本　一冊

存一卷(二)

330000－1716－0027560　子補1622/27560
子部/雜家類
齊家真諦一卷　民國石印本　一冊

330000－1716－0027562　子補1204－3/
27562　子部/術數類/命書相書之屬
音義評注淵海子平五卷增補星命須知一卷萬
年曆一卷　（宋)徐升編　民國石印本　一冊

330000－1716－0027567　子補1204－4/
27567　子部/術數類/命書相書之屬
新刊合併官板音義評注淵海子平五卷　（宋）
徐升編　民國杭州錦文堂石印本　三冊　存
三卷(一至三)

330000－1716－0027569　子補1204－5/
27569　子部/術數類/命書相書之屬
音義評注淵海子平五卷增補萬年曆一卷
(宋)徐升編　民國石印本　三冊　缺二卷
(一至二)

330000－1716－0027571　子補1204－6/
27571　子部/術數類/命書相書之屬
音義評注淵海子平五卷　（宋)徐升編　民國
石印本　一冊　存二卷(二至三)

330000－1716－0027572　子補1623/27572
子部/術數類/命書相書之屬
選時造命四卷　（清）魏青江纂　民國石印本
　一冊　存一卷(一)

330000－1716－0027575　子補1624/27575
子部/術數類/相宅相墓之屬
宅譜邇言二卷　（清）魏青江纂訂　（清）魏正
瀋編　民國石印本　一冊

330000－1716－0027579　地獻1557－17/
27579　史部/傳記類/別傳之屬/事狀
故室李氏傳略一卷　王崇禮述　唐風校訂
民國鉛印本　一冊

330000－1716－0027580　普類0114－3/
27580　類叢部/類書類/通類之屬
新增應酬彙選五卷　（清）陸九如纂輯　民國

上海廣益書局石印本　四冊

330000 – 1716 – 0027581　地獻 1557 – 18/
27581　史部/傳記類/別傳之屬/事狀

故室李氏傳略一卷　王崇禮述　唐風校訂
民國鉛印本　一冊

330000 – 1716 – 0027582　地獻 1557 – 19/
27582　史部/傳記類/別傳之屬/事狀

故室李氏傳略一卷　王崇禮述　唐風校訂
民國鉛印本　一冊

330000 – 1716 – 0027583　地獻 1557 – 20/
27583　史部/傳記類/別傳之屬/事狀

故室李氏傳略一卷　王崇禮述　唐風校訂
民國鉛印本　一冊

330000 – 1716 – 0027584　地獻 1557 – 21/
27584　史部/傳記類/別傳之屬/事狀

故室李氏傳略一卷　王崇禮述　唐風校訂
民國鉛印本　一冊

330000 – 1716 – 0027586　地獻 1557 – 22/
27586　史部/傳記類/別傳之屬/事狀

故室羅氏事略一卷附錄一卷　壽孝天撰　**故
室李氏傳略一卷**　王崇禮述　民國鉛印本
一冊

330000 – 1716 – 0027588　普 類 0114 – 5/
27588　類叢部/類書類/通類之屬

新增應酬彙選五卷　（清）陸九如纂輯　民國
鉛印本　三冊　缺一卷（一）

330000 – 1716 – 0027590　子 補 1204 – 8/
27590　子部/術數類/命書相書之屬

音義評注淵海子平五卷　（宋）徐升編　民國
石印本　一冊　存二卷（二至三）

330000 – 1716 – 0027595　集補 0585/27595
集部/總集類/選集之屬　斷代

靈峰小識不分卷　富陽靈峰精舍編輯　民國
浙江富陽靈峯精舍鉛印本　二冊　存二冊
（三、五）

330000 – 1716 – 0027599　縣資 0045/27599
史部/地理類/方志之屬/郡縣志

民國紹興縣志資料人物類不分卷　紹興縣修
志委員會輯　稿本　一百七十七冊

330000 – 1716 – 0027601　子 補 1204 – 10/
27601　子部/術數類/命書相書之屬

新刊合併官板音義評注淵海子平五卷　（宋）
徐升編　民國石印本　一冊　存一卷（一）

330000 – 1716 – 0027602　子 補 1204 – 11/
27602　子部/術數類/命書相書之屬

新刊合併官板音義評注淵海子平五卷　（宋）
徐升編　民國石印本　一冊

330000 – 1716 – 0027604　地獻 1675 – 3/
27604　集部/別集類/唐五代別集

樊紹述集注二卷　（唐）樊宗師撰　（清）孫之
騄輯　民國五年（1916）山陰樊氏刻本　二冊

330000 – 1716 – 0027606　集補 0586/27606
集部/別集類

靈峰先生集十一卷　夏震武撰　民國五年
（1916）劉子民、何紹韓鉛印本　一冊　存八
卷（四至十一）

330000 – 1716 – 0027610　普 類 0114 – 12/
27610　類叢部/類書類/通類之屬

新增應酬彙選五卷　（清）陸九如纂輯　民國
上海啟新書局石印本　三冊　缺一卷（二）

330000 – 1716 – 0027612　子 補 1204 – 12/
27612　子部/術數類/命書相書之屬

新刊合併官板音義評注淵海子平五卷　（宋）
徐升編　民國石印本　一冊

330000 – 1716 – 0027617　縣資 0046/27617
史部/地理類/方志之屬/郡縣志

民國紹興縣志資料氏族類不分卷　紹興縣修
志委員會輯　稿本　二十六冊

330000 – 1716 – 0027624　子 補 1633 – 1/
27624　集部/小說類/長篇之屬

洞冥寶記十卷三十八回　（清）呂帷一輯　民
國石印本　一冊　存一卷（九）

330000 – 1716 – 0027625　子 補 1633 – 2/
27625　集部/小說類/長篇之屬

洞冥寶記十卷三十八回　（清）呂惟一輯　民國石印本　一冊　存一卷（九）

330000－1716－0027628　縣資 0047/27628
史部/政書類/公牘檔冊之屬
紹興縣修志委員會文牘檔冊不分卷　紹興縣修志委員會輯　民國二十七年（1938）稿本　十冊

330000－1716－0027630　地獻 3551/27630
子部/雜著類/雜說之屬
東山布衣自警齋語一卷　（清）夏崇德撰　民國夏德生抄本　一冊

330000－1716－0027635　善附 0309/27635
史部/傳記類/總傳之屬/郡邑
龍山詩巢志略不分卷袝祀諸賢題名四卷　錢繩武輯　稿本　七冊

330000－1716－0027636　地獻 1207－2/27636　史部/地理類/專志之屬/寺觀
重修柯橋融光寺徵信錄一卷　民國鉛印本　一冊

330000－1716－0027638　普類 0115/27638
經部/小學類/音韻之屬/韻書
詩韻全璧五卷　（清）湯祥瑟輯　虛字韻藪一卷　（清）潘維城輯　民國四年（1915）上海文盛書局石印本　六冊

330000－1716－0027639　集補 1135/27639
集部/詩文評類/文法之屬/函牘格式
言文對照普通新尺牘十八卷附錄一卷　世界書局編輯所編輯　民國十八年（1929）上海世界書局石印本　五冊　存十五卷（一至三、七至十八）

330000－1716－0027645　縣資 0048/27645
史部/地理類/方志之屬/郡縣志
民國紹興縣志採訪文徵稿四種　紹興縣修志委員會輯　稿本　五冊

330000－1716－0027649　地獻 1320－29/27649　史部/傳記類/別傳之屬/事狀
會稽施仲魯先生暨德配程淑人六十徵言事略一卷　施贊等輯　民國十五年（1926）刻朱印

本　一冊

330000－1716－0027650　善附 0310/27650
史部/傳記類/總傳之屬
詩巢右楹題名一卷　民國二十四年（1935）抄本　一冊

330000－1716－0027651　地獻 1715－13/27651　史部/傳記類/別傳之屬/事狀
清故奉政大夫同知銜候選按察司經歷附貢生作亭孫君［鵬振］暨德配陶宜人孝節雙褒合傳一卷附紀孝子節婦遺迹一卷　孫壽鵬　孫斯久輯　民國二十三年（1934）石印本暨鉛印本　一冊

330000－1716－0027653　地獻 1767－3/27653　史部/政書類/公牘檔冊之屬
紹興縣第一區村里籌備會市集村落固有事項調查報告一卷編制村里報告一卷　紹興縣第一區村里籌備會編　民國十七年（1928）紹興印刷局鉛印本　一冊

330000－1716－0027654　集補 1136/27654
集部/別集類/清別集
新體廣注小倉山房尺牘八卷　（清）袁枚撰　（清）胡光斗箋釋　（清）徐楨增注　民國七年（1918）上海廣文書局石印本　一冊　存四卷（一至四）

330000－1716－0027657　集補 1137/27657
集部/別集類/清別集
新體廣注小倉山房尺牘八卷　（清）袁枚撰　（清）胡光斗箋釋　（清）徐楨增注　民國十四年（1925）上海廣文書局石印本　二冊

330000－1716－0027665　子補 1636/27665
子部/宗教類/佛教之屬
建築諦公衣缽紀念塔發願功德冊一卷　民國二十三年（1934）鉛印本　一冊

330000－1716－0027671　地獻 2119/27671
史部/政書類/公牘檔冊之屬
小沿江排號置產簿不分卷　民國抄本　一冊

330000－1716－0027673　地獻 3556/27673
史部/政書類/公牘檔冊之屬

熱河都統公署電報不分卷　民國二年（1913）
稿本　一冊

330000－1716－0027675　子補 1207－1/27675
子部/小說家類/瑣語之屬
客窗閒話初集四卷續集四卷　（清）吳熾昌撰
　民國十三年（1924）石印本　二冊　存四卷
（一至二、續集三至四）

330000－1716－0027677　地獻 3557/27677
子部/雜著類/雜說之屬
見聞錄初稿不分卷　稿本　一冊

330000－1716－0027685　地獻 1854－28/
27685　集部/詩文評類/文法之屬/函牘格式
最新應用尺牘教科書四卷　杜元炳撰　杜瀚
生增訂　民國二年（1913）上海會文堂石印本
　一冊　存一卷（一）

330000－1716－0027696　縣資 0049/27696
史部/地理類/方志之屬/郡縣志
清史稿列傳紹興人物不分卷　紹興縣修志委
員會輯　稿本　二冊

330000－1716－0027701　縣資 0050/27701
史部/地理類/方志之屬
函稿粘存不分卷　王子餘輯　民國二十四年
至二十八年（1935－1939）稿本　十七冊

330000－1716－0027703　地獻 1854－41/
27703　集部/總集類/尺牘之屬
最新商務尺牘教科書正集二卷續集二卷　周
天鵬編　民國二年（1913）上海會文學社石印
本　楊鼎賢題記　一冊　存一卷（二）

330000－1716－0027704　集補 0593/27704
集部/別集類/清別集
苕香館遺草一卷　（清）祝幼珊撰　民國十八
年（1929）祝履中影印本暨鉛印本　一冊

330000－1716－0027708　集補 1138/27708
集部/詩文評類/文法之屬/函牘格式
新撰詳注分類尺牘大成不分卷　周蓮第編
民國二十四年（1935）上海大興圖書館石印本
　二冊　存書契程式、便條式、信封程式

330000－1716－0027709　縣資 0051/27709
史部/地理類/方志之屬
志會黏信一卷帳一卷　王子餘輯　民國二十
七年至二十八年（1938－1939）稿本　二冊

330000－1716－0027711　譜 0247/27711　史
部/政書類/公牘檔冊之屬
周氏分書一卷　周孔氏立　民國九年（1920）
抄本　一冊

330000－1716－0027712　集補 1139/27712
集部/詩文評類/文法之屬/函牘格式
新撰詳注分類尺牘大成不分卷　周蓮第編
民國八年（1919）上海然藜閣書局石印本　一
冊　存書契程式、便條式、信封程式

330000－1716－0027714　集補 1140/27714
集部/詩文評類/文法之屬/函牘格式
新撰詳注分類尺牘大成不分卷　周蓮第編
民國石印本　二冊　存探尋類、報告類、詢問
類、聲明類、籌辦類、書契程式

330000－1716－0027716　集補 1141/27716
集部/詩文評類/文法之屬/函牘格式
新撰詳注分類尺牘大成不分卷　周蓮第編
民國石印本　一冊　存書契程式、便條式、信
封程式

330000－1716－0027717　地獻 1854－36/
27717　集部/總集類/尺牘之屬
最新商務尺牘教科書正集二卷續集二卷　周
天鵬編　民國二年（1913）上海會文學社石印
本　四冊

330000－1716－0027719　地獻 1854－37/
27719　集部/總集類/尺牘之屬
最新商務尺牘教科書正集二卷續集二卷　周
天鵬編　民國二年（1913）上海會文學社石印
本　一冊　存二卷（一至二）

330000－1716－0027721　地獻 1854－38/
27721　集部/總集類/尺牘之屬
最新商務尺牘教科書正集二卷續集二卷　周
天鵬編　民國二年（1913）上海會文學社石印
本　二冊　存二卷（一至二）

330000 – 1716 – 0027722　地獻 1854 – 39/
27722　集部/總集類/尺牘之屬

最新商務尺牘教科書正集二卷續集二卷　周
天鵬編　民國二年(1913)上海會文學社石印
本　一冊　存一卷(一)

330000 – 1716 – 0027723　地獻 1854 – 40/
27723　集部/總集類/尺牘之屬

最新商務尺牘教科書正集二卷續集二卷　周
天鵬編　民國上海會文學社石印本　一冊
存一卷(二)

330000 – 1716 – 0027724　地獻 1854 – 42/
27724　集部/總集類/尺牘之屬

最新商務尺牘教科書正集二卷續集二卷　周
天鵬編　民國二年(1913)上海會文學社石印
本　徐明曉題記　一冊　存一卷(一)

330000 – 1716 – 0027725　地獻 1854 – 43/
27725　集部/總集類/尺牘之屬

最新商務尺牘教科書正集二卷續集二卷　周
天鵬編　民國二年(1913)上海會文學社石印
本　一冊　存一卷(一)

330000 – 1716 – 0027726　地獻 1854 – 44/
27726　集部/總集類/尺牘之屬

最新商務尺牘教科書正集二卷續集二卷　周
天鵬編　民國上海會文學社石印本　一冊
存一卷(續集二)

330000 – 1716 – 0027732　集補 1142/27732
集部/別集類/清別集

新體廣注小倉山房尺牘八卷　(清)袁枚撰
(清)胡光斗箋釋　(清)徐楨增注　民國上海
廣文書局石印本　二冊　存四卷(三至六)

330000 – 1716 – 0027734　集補 1143/27734
集部/詩文評類/文法之屬　函牘格式

新撰詳注分類尺牘大成不分卷　周蓮第編
民國石印本　一冊　存書契程式、便條式、信
封程式

330000 – 1716 – 0027739　子補 1642 – 1/
27739　子部/宗教類/佛教之屬/經咒

白衣大士神咒一卷　民國北京中央刻經院鉛

印本　一冊

330000 – 1716 – 0027740　地獻 1854 – 45/
27740　集部/總集類/尺牘之屬

最新商務尺牘教科書正集二卷續集二卷　周
天鵬編　民國二年(1913)上海會文學社石印
本　二冊　存二卷(一至二)

330000 – 1716 – 0027741　子補 1642 – 2/
27741　子部/宗教類/佛教之屬/經咒

白衣大士神咒一卷　民國北京中央刻經院鉛
印本　一冊

330000 – 1716 – 0027744　縣資 0052/27744
史部/地理類/方志之屬/通志

[民國]浙江續通志稿不分卷　紹興縣修志委
員會輯　稿本　四冊

330000 – 1716 – 0027747　地獻 1854 – 48/
27747　集部/總集類/尺牘之屬

最新商務尺牘教科書正集二卷續集二卷　周
天鵬編　民國上海會文學社石印本　一冊
存一卷(二)

330000 – 1716 – 0027749　地獻 1854 – 50/
27749　集部/總集類/尺牘之屬

最新商務尺牘教科書正集二卷續集二卷　周
天鵬編　民國上海會文學社石印本　一冊
存一卷(二)

330000 – 1716 – 0027753　縣資 0053/27753
史部/地理類/方志之屬/郡縣志

紹興採訪處第一次採輯稿不分卷　紹興縣修
志委員會輯　稿本　四冊

330000 – 1716 – 0027758　子補 1646/27758
子部/天文曆算類/曆法之屬

星命須知一卷附萬年書一卷　(西域)北馬魯
丁撰　民國上海千頃堂書局石印本　一冊

330000 – 1716 – 0027759　地獻 1715 – 15/
27759　史部/傳記類/別傳之屬/事狀

王嫂樓夫人哀輓錄不分卷　王孝頫輯　民國
二十一年(1932)石印本暨鉛印本　一冊

330000 – 1716 – 0027760　子補 1647/27760

子部/天文曆算類/曆法之屬

中華民國十年新通書不分卷 民國十年（1921）廣州學院守經堂刻朱墨套印本 一冊

330000－1716－0027761 地獻 1771－2/27761 集部/詞類/別集之屬

八百里湖荷花漁唱二卷八百里荷花館題畫詞一卷 袁天庚撰 民國二十三年（1934）鉛印本 一冊 存二卷（一至二）

330000－1716－0027763 地獻 1715－16/27763 史部/傳記類/別傳之屬/事狀

陳秉衡先生哀輓錄不分卷 民國十六年（1927）石印本 一冊

330000－1716－0027767 子補 1649/27767 子部/天文曆算類/曆法之屬

乙亥年大字通書不分卷 民國二十四年（1935）石印本 一冊

330000－1716－0027770 集補 0594/27770 集部/詞類/詞譜之屬

白香詞譜一卷晚翠軒詞韻一卷 （清）舒夢蘭輯 民國元年（1912）振始堂石印本 二冊

330000－1716－0027779 地獻 0991－2/27779 集部/總集類/課藝之屬

逸廬詩社課藝初集一卷二集一卷三集一卷四集一卷 逸廬詩社編 民國十六年（1927）鉛印本 一冊 存一卷（三集）

330000－1716－0027782 集補 1147/27782 集部/別集類/清別集

菊隱廬詩錄二卷 （清）唐恭安撰 民國十三年（1924）瓶花齋鉛印本 一冊

330000－1716－0027787 地獻 1854－56/27787 集部/總集類/尺牘之屬

最新商務尺牘教科書正集二卷續集二卷 周天鵬編 民國上海會文學社石印本 一冊 存一卷（二）

330000－1716－0027788 地獻 1854－57/27788 集部/總集類/尺牘之屬

最新商務尺牘教科書正集二卷續集二卷 周天鵬編 民國二十年（1931）上海大文書局石印本 一冊 存一卷（一）

330000－1716－0027789 集補 1498/27789 集部/總集類/選集之屬/通代

古文啽鳳新編八卷 （清）汪基輯 民國三年（1914）上海會文堂書局石印本 四冊 存六卷（一至六）

330000－1716－0027792 地獻 1854－59/27792 集部/總集類/尺牘之屬

普通應用商務尺牘教本十三卷 孫公望撰 民國五年（1916）浙紹墨潤堂書莊石印本 一冊 存五卷（一至五）

330000－1716－0027794 地獻 1854－60/27794 集部/詩文評類/文法之屬/函牘格式

最新應用女子尺牘教科書二卷 杜芝庭撰 民國七年（1918）上海會文堂書局石印本 一冊 存一卷（二）

330000－1716－0027795 地獻 1854－61/27795 集部/詩文評類/文法之屬/函牘格式

最新應用女子尺牘教科書二卷 杜芝庭撰 民國七年（1918）上海會文堂書局石印本 二冊

330000－1716－0027800 子補 1650/27800 子部/天文曆算類/曆法之屬

乙亥年三篇通書不分卷 民國二十四年（1935）石印本 一冊

330000－1716－0027801 地獻 3583/27801 子部/雜著類

雜抄一卷 民國抄本 一冊

330000－1716－0027804 地獻 3584/27804 史部/傳記類/總傳之屬/郡邑

有明於越三不朽明賢圖贊不分卷 民國抄本 一冊

330000－1716－0027810 地獻 3585/27810 子部/宗教類/佛教之屬/諸宗

淨土聖賢錄一卷 民國抄本 一冊

330000－1716－0027819 地獻 3617/27819 集部/別集類

課餘寄興一卷　施文炳撰　稿本　一冊

330000－1716－0027826　譜0248/27826　史部/政書類/公牘檔冊之屬

宗氏附錄一卷　民國抄本　一冊

330000－1716－0027834　子補1655－1/27834　子部/天文曆算類/曆法之屬

丙子年三篇通書不分卷　民國二十五年（1936）石印本　一冊

330000－1716－0027837　史補0777/27837　史部/目錄類

有美堂潤單不分卷　民國鉛印本　一冊

330000－1716－0027841　子補1655－2/27841　子部/天文曆算類/曆法之屬

丙子年三篇通書不分卷　民國二十五年（1936）石印本　一冊

330000－1716－0027847　普叢0359/27847　類叢部/叢書類/彙編之屬

龍潭精舍叢刻十五種　劉海涵編　民國十年至二十年（1921－1931）刻本　果圖居士題記　二冊　存一種

330000－1716－0027848　縣資0055/27848　史部/地理類/方志之屬/郡縣志

民國紹興縣志資料采訪稿不分卷　紹興縣修志委員會輯　稿本　三十一冊

330000－1716－0027851　集補0595/27851　集部/總集類/題詠之屬

詩學因緣一卷　張□抏輯　民國三年（1914）石印本　一冊

330000－1716－0027856　善附0311/27856　史部/傳記類/總傳之屬/家乘

沈氏統宗氏譜一卷　沈鈞業編　民國二十四年（1935）稿本　一冊

330000－1716－0027858　縣資0054/27858　史部/地理類/方志之屬/郡縣志

人物資料採集本不分卷　紹興縣修志委員會輯　稿本　二冊

330000－1716－0027876　地獻1854－62/

27876　集部/總集類/尺牘之屬

最新商務尺牘教科書正集二卷續集二卷　周天鵬編　民國二年（1913）上海會文學社石印本　一冊　存二卷（一至二）

330000－1716－0027878　經補0752/27878　經部/小學類/文字之屬/字書

字學舉隅不分卷　（清）黃本驥　（清）龍光甸　（清）龍啟瑞輯　民國五年（1916）上海會文堂書局石印本　一冊

330000－1716－0027885　子補1662/27885　子部/儒家類/儒學之屬/蒙學

改良幼學須知句解四卷　（清）程登吉撰　民國上海廣益書局石印本　濮春林題記　一冊

330000－1716－0027886　地獻3591/27886　新學/議論

國文範本不分卷　民國引孫抄本　一冊

330000－1716－0027887　集補0999－21/27887　集部/別集類/清別集

小倉山房詩集三十七卷補遺二卷　（清）袁枚撰　民國石印本　一冊　存十卷（三十至三十七、補遺一至二）

330000－1716－0027890　經補0077－1/27890　經部/小學類/文字之屬/字書/字體

集篆四種　吳受福編次　民國十年（1921）孚華書局石印本　一冊

330000－1716－0027891　縣資0056/27891　史部/地理類/方志之屬/郡縣志

民國紹興縣志資料氏族類不分卷　紹興縣修志委員會輯　稿本　八冊

330000－1716－0027892　縣資0057/27892　史部/地理類/方志之屬/郡縣志

民國紹興縣志資料選舉類不分卷　紹興縣修志委員會輯　稿本　八冊

330000－1716－0027893　集補0999－22/27893　集部/別集類/清別集

音注隨園尺牘八卷補遺一卷　（清）袁枚撰　（清）胡光斗箋釋　民國上海廣益書局石印本　一冊　存二卷（一至二）

330000－1716－0027895　集補0999－23/27895　集部/別集類/清別集

音注小倉山房尺牘八卷　（清）袁枚撰　（清）胡光斗箋釋　民國石印本　四冊

330000－1716－0027896　集補0999－24/27896　集部/別集類/清別集

新體廣注小倉山房尺牘八卷　（清）袁枚撰（清）胡光斗箋釋　（清）徐楨增注　民國八年（1919）上海廣文書局石印本　二冊　存四卷（五至八）

330000－1716－0027897　縣資0058/27897　史部/地理類/方志之屬/郡縣志

民國紹興縣志資料第一輯底稿不分卷　紹興縣修志委員會輯　稿本　十一冊

330000－1716－0027899　經補0755/27899　經部/叢編

五經白文　民國上海商務印書館鉛印本　二冊　存二種

330000－1716－0027900　縣資0060/27900　史部/政書類/公牘檔冊之屬

民國紹興縣修志會各鄉鎮採訪員姓名一覽一卷　稿本　一冊

330000－1716－0027903　集補1082－6/27903　集部/詩文評類/文法之屬/函牘格式

最新分類尺牘大觀不分卷　民國上海文明書局石印本　二冊　存二冊（四至五）

330000－1716－0027908　集補1082－4/27908　集部/詩文評類/文法之屬/函牘格式

最新分類尺牘大觀不分卷　民國上海文明書局石印本　九冊　存九冊（二至五、七至九、十一至十二）

330000－1716－0027909　縣資0061/27909　史部/政書類/公牘檔冊之屬

紹興縣修志委員會工作概況一卷（民國二十六年）　紹興縣修志委員會輯　民國二十六年（1937）鉛印本　一冊

330000－1716－0027911　善附0315/27911　史部/傳記類/總傳之屬

會稽節孝祠神牌錄存一卷　周毅修輯　民國二十五年（1936）稿本　一冊

330000－1716－0027913　集補0597/27913　集部/總集類/尺牘之屬

眉公才子尺牘四卷　（明）陳繼儒輯　（清）沈錫侯增訂　**聖嘆才子尺牘四卷**　（清）金人瑞鑒定　（清）金雍撰　民國七年（1918）上海碧梧山莊石印本　四冊

330000－1716－0027914　集補0999－25/27914　集部/別集類/清別集

音注小倉山房尺牘八卷　（清）袁枚撰　（清）胡光斗箋釋　民國石印本　二冊　缺四卷（一至二、五至六）

330000－1716－0027916　集補0999－26/27916　集部/別集類/清別集

音注小倉山房尺牘八卷　（清）袁枚撰　（清）胡光斗箋釋　民國上海文益書局石印本　一冊　存二卷（一至二）

330000－1716－0027918　集補0999－27/27918　集部/別集類/清別集

音注小倉山房尺牘八卷　（清）袁枚撰　（清）胡光斗箋釋　民國上海文益書局石印本　一冊　存二卷（一至二）

330000－1716－0027919　經補0757/27919　經部/叢編

十三經讀本　唐文治輯　民國上海天寶書局石印本　二冊　存一種

330000－1716－0027920　集補0999－28/27920　集部/別集類/清別集

音注小倉山房尺牘八卷　（清）袁枚撰　（清）胡光斗箋釋　民國上海廣益書局石印本　一冊　存二卷（三至四）

330000－1716－0027921　縣資0059/27921　史部/地理類/方志之屬/郡縣志

民國紹興縣志資料文徵類不分卷　紹興縣修志委員會輯　稿本　十五冊

330000－1716－0027922　集補0999－29/27922　集部/別集類/清別集

音注小倉山房尺牘八卷 （清）袁枚撰 （清）胡光斗箋釋 民國元年（1912）上海會文堂石印本 二冊 缺四卷（三至六）

330000－1716－0027923 集補 0999－30/27923 集部/別集類/清別集

音注小倉山房尺牘八卷 （清）袁枚撰 （清）胡光斗箋釋 民國石印本 一冊 存二卷（三至四）

330000－1716－0027925 縣資 0062/27925 史部/地理類/方志之屬/郡縣志

民國紹興縣志資料目錄類不分卷 紹興縣修志委員會輯 稿本 十一冊

330000－1716－0027927 縣資 0063/27927 史部/政書類/公牘檔冊之屬

紹興縣修志委員會公函不分卷（民國二十四年） 紹興縣修志委員會輯 民國二十四年（1935）稿本 一冊

330000－1716－0027931 集補 0999－31/27931 集部/別集類/清別集

音注小倉山房尺牘八卷 （清）袁枚撰 （清）胡光斗箋釋 民國元年（1912）上海會文堂石印本 二冊

330000－1716－0027933 集補 0999－32/27933 集部/別集類/清別集

新體廣注小倉山房尺牘八卷 （清）袁枚撰 （清）胡光斗箋釋 （清）徐楨增注 民國石印本 一冊 存二卷（五至六）

330000－1716－0027934 集補 0999－33/27934 集部/別集類/清別集

新體廣注小倉山房尺牘八卷 （清）袁枚撰 （清）胡光斗箋釋 （清）徐楨增注 民國十年（1921）上海世界書局石印本 一冊 存二卷（七至八）

330000－1716－0027935 縣資 0064/27935 史部/地理類/方志之屬/郡縣志

民國紹興縣志資料科貢類不分卷 紹興縣修志委員會輯 稿本 三冊

330000－1716－0027937 集補 0598/27937

集部/詩文評類/文法之屬/函牘格式

詳注中華高等學生尺牘二卷 中華書局編 民國十二年（1923）上海中華書局石印本 章舜美題記 二冊

330000－1716－0027938 集補 0999－34/27938 集部/別集類/清別集

新體廣注小倉山房尺牘八卷 （清）袁枚撰 （清）胡光斗箋釋 （清）徐楨增注 民國八年（1919）上海廣文書局石印本 二冊 存三卷（六至八）

330000－1716－0027939 集補 0999－35/27939 集部/別集類/清別集

音注小倉山房尺牘八卷 （清）袁枚撰 （清）胡光斗箋釋 民國上海掃葉山房石印本 一冊 存二卷（七至八）

330000－1716－0027943 縣資 0065/27943 史部/地理類/方志之屬/郡縣志

民國紹興縣志資料職官類不分卷 紹興縣修志委員會輯 稿本 六冊

330000－1716－0027944 地獻 1612－106/27944 集部/別集類/清別集

新體廣注秋水軒尺牘二卷 （清）許思湄撰 陸翔注 民國上海廣文書局石印本 一冊 存一卷（一）

330000－1716－0027945 經補 0760/27945 經部/詩類/傳說之屬

新注詩經白話解八卷 洪子良編纂 民國上海中原書局石印本 二冊 存四卷（三至六）

330000－1716－0027946 集補 0599/27946 集部/總集類/尺牘之屬

新撰學生尺牘不分卷 商務印書館編譯所編纂 民國石印本 一冊

330000－1716－0027948 縣資 0066/27948 史部/地理類/方志之屬/郡縣志

民國紹興縣志資料地理類不分卷 紹興縣修志委員會輯 稿本 九冊

330000－1716－0027952 集補 0600/27952 集部/詩文評類/文法之屬

中華高等學生尺牘不分卷　　中華書局編輯所
編　民國六年(1917)中華書局石印本　二冊

330000－1716－0027955　　集補0601/27955
集部/總集類/尺牘之屬

學生便用尺牘四卷　林萬里撰　民國上海會
文堂石印本　一冊　存一卷(三)

330000－1716－0027956　　集補1028/27956
集部/總集類/選集之屬/通代

六朝文絜箋注十二卷　　(清)許槤輯並評
(清)黎經誥箋注　民國十七年(1928)上海掃
葉山房石印本　三冊　存七卷(一至七)

330000－1716－0027957　　集補0602/27957
集部/總集類/尺牘之屬

新體學生尺牘大全不分卷　沈維鈞編輯　民
國九年(1920)上海廣文書局石印本　一冊

330000－1716－0027958　　地獻1854－64/
27958　集部/總集類/尺牘之屬

最新商務尺牘教科書正集二卷續集二卷　周
天鵬編　民國二年(1913)上海會文學社石印
本　徐明曉題記　一冊　存一卷(一)

330000－1716－0027964　　經補0762/27964
類叢部/類書類/專類之屬

詩韻合璧五卷　(清)許時庚輯　　虛字韻藪一
卷　(清)潘維城輯　民國上洋公興書局鉛印
本　四冊　存四卷(一至四)

330000－1716－0027965　　地獻1854－67/
27965　集部/總集類/尺牘之屬

最新商務尺牘教科書正集二卷續集二卷　周
天鵬編　民國二年(1913)上海會文學社石印
本　一冊　存一卷(二)

330000－1716－0027968　　地獻1854－68/
27968　集部/總集類/尺牘之屬

最新商務尺牘教科書正集二卷續集二卷　周
天鵬編　民國上海會文學社石印本　一冊
存一卷(二)

330000－1716－0027969　　集補1158/27969
集部/總集類/尺牘之屬

分類尺牘淵海不分卷　民國石印本　一冊

存一冊(六)

330000－1716－0027970　　地獻1854－69/
27970　集部/總集類/尺牘之屬

最新商務尺牘教科書正集二卷續集二卷　周
天鵬編　民國上海會文學社石印本　一冊
存一卷(二)

330000－1716－0027971　　經補0763/27971
類叢部/類書類/專類之屬

詩韻合璧五卷　(清)許時庚輯　　虛字韻藪一
卷　(清)潘維城輯　民國上洋公興書局鉛印
本　三冊　存三卷(一至二、五)

330000－1716－0027973　　集補1159/27973
集部/詩文評類/文法之屬/函牘格式

最新詳注分類尺牘全書十二冊不分卷　袁韜
壺編　民國羣學書社石印本　一冊　存一冊
(六)

330000－1716－0027974　　集補1160/27974
集部/總集類/尺牘之屬

分類廣注交際尺牘大觀不分卷　劉再蘇編輯
　民國上海世界書局石印本　三冊　存三冊
(二、六、八)

330000－1716－0027975　　子補1668－1/
27975　子部/術數類/命書相書之屬

水鏡集四卷　(清)范騋撰　民國石印本
一冊

330000－1716－0027978　　經補0764/27978
經部/小學類/音韻之屬/韻書

增廣詩韻全璧五卷　(清)湯祥瑟輯　(清)華
鯤重編　虛字韻藪一卷　(清)潘維城輯　初
學檢韻袖珍一卷　(清)姚文登輯　民國十一
年(1922)上海鴻寶齋書局石印本　三冊　缺
三卷(一至二、四)

330000－1716－0027979　　子補1668－2/
27979　子部/術數類/命書相書之屬

水鏡集四卷　(清)范騋撰　民國石印本　一
冊　存一卷(三)

330000－1716－0027982　　經補0765/27982
經部/小學類/音韻之屬/韻書

增廣詩韻全璧五卷　（清）湯祥瑟輯　（清）華鋸重編　虛字韻藪一卷　（清）潘維城輯　初學檢韻袖珍一卷　（清）姚文登輯　民國石印本　一冊　存一卷（三）

330000－1716－0027987　經補 0766/27987
經部/小學類/音韻之屬/韻書

增廣詩韻全璧五卷　（清）湯祥瑟輯　（清）華鋸重編　虛字韻藪一卷　（清）潘維城輯　初學檢韻袖珍一卷　（清）姚文登輯　民國九年（1920）上海鴻寶齋書局石印本　一冊　存一卷（一）

330000－1716－0027989　集補 1033/27989
集部/別集類/宋別集

六一居士文集五卷外集録二卷　（宋）歐陽修撰　民國二年（1913）上海會文堂書局石印本　二冊　存三卷（一、三至四）

330000－1716－0027990　集補 1161/27990
集部/詩文評類/文法之屬/函牘格式

新撰詳注分類尺牘大全不分卷最新應酬實用文件不分卷　袁韜壺編　民國上海會文堂新記書局石印本　七冊

330000－1716－0027993　集補 0603/27993
集部/詩文評類/文法之屬

注釋中華普通學生尺牘不分卷　民國上海中華書局石印本　一冊　存一冊（上）

330000－1716－0027998　集補 0604/27998
集部/總集類/尺牘之屬

新撰學生尺牘不分卷　商務印書館編譯所編纂　民國上海商務印書館石印本　一冊

330000－1716－0027999　集補 1162/27999
集部/詩文評類/文法之屬/函牘格式

新撰詳注分類尺牘大全不分卷最新應酬實用文件不分卷　袁韜壺編　民國上海會文堂新記書局石印本　二冊

330000－1716－0028000　地獻 3597/28000
子部/宗教類/道教之屬

太上大羅天仙純陽呂太祖師玄修寶懺一卷　民國越臨道院抄本　一冊

330000－1716－0028001　地獻 3598/28001
子部/宗教類/道教之屬

太上慈悲道場三元滅罪水懺法三卷　民國越臨道院抄本　一冊

330000－1716－0028005　集補 0605/28005
集部/詩文評類/文法之屬/函牘格式

言文對照學生新尺牘二卷　世界書局編輯所編輯　民國十八年（1929）上海世界書局石印本　一冊　缺一卷（一）

330000－1716－0028006　集補 1163/28006
集部/詩文評類/文法之屬/函牘格式

新撰詳注分類尺牘大全不分卷最新應酬實用文件不分卷　袁韜壺編　民國上海會文堂新記書局石印本　二冊

330000－1716－0028008　縣資 0067/28008
史部/傳記類/總傳之屬/郡邑

紹興府人物采訪稿不分卷　民國浙江省立圖書館抄本　二冊

330000－1716－0028009　集補 0606/28009
集部/詩文評類/文法之屬/函牘格式

言文對照學生尺牘範本不分卷　世界書局編輯所編輯　民國十三年（1924）上海世界書局石印本　一冊

330000－1716－0028010　經補 0768/28010
類叢部/類書類/專類之屬

詩韻合璧五卷　（清）許時庚輯　虛字韻藪一卷　（清）潘維城輯　民國十四年（1925）上海錦章圖書局石印本　三冊　存三卷（一至二、五）

330000－1716－0028011　縣資 0068/28011
史部/政書類/公牘檔冊之屬

江蘇吳江縣施氏通雅堂管業不分卷　民國抄本　二冊

330000－1716－0028012　地獻 3600/28012
子部/醫家類/醫案之屬

藏拙軒醫案六卷　民國三十一年（1942）陳紹融抄本　三冊

330000－1716－0028013　集補 0607/28013

集部/總集類/尺牘之屬

言文對照高級小學生尺牘二卷　沈斐成編輯
民國十八年(1929)上海大東書局石印本
一冊　缺一卷(一)

330000－1716－0028014　集補 1164/28014
集部/詩文評類/文法之屬/函牘格式

新撰詳注分類尺牘大成不分卷　周蓮第編
民國上海鴻寶齋書局石印本　九冊

330000－1716－0028019　地獻 3604/28019
子部/醫家類/方書之屬

藥方不分卷　民國抄本　二冊

330000－1716－0028020　譜 0249/28020　史
部/傳記類/總傳之屬/家乘

[浙江紹興]紹興新河王氏族譜十卷　民國刻
本　一冊　存一卷(八)

330000－1716－0028021　經補 0769/28021
經部/小學類/音韻之屬/韻書

詩韻全璧五卷　(清)汪慕杜輯　(清)湯文潞
　(清)惜陰主人續輯　民國上海錦章圖書局
石印本　一冊　存一卷(一)

330000－1716－0028022　集補 1165/28022
集部/詩文評類/文法之屬/函牘格式

新撰詳注分類尺牘大成不分卷　周蓮第編
民國上海鴻寶齋書局石印本　五冊

330000－1716－0028024　地獻 1279－2/
28024　子部/宗教類/佛教之屬

佛教淨土淺說一卷　民國九年(1920)紹興戒
珠寺蓮社鉛印本　一冊

330000－1716－0028025　縣資 0069/28025
史部/傳記類/總傳之屬/列女

三志列女姓氏一卷　民國抄本　一冊

330000－1716－0028026　地獻 3601/28026
子部/醫家類/醫案之屬

仁壽廬醫案一卷　民國陳紹融抄本　一冊

330000－1716－0028027　地獻 1883－1/
28027　史部/傳記類/總傳之屬/姓名

百家姓一卷　民國浙紹墨潤堂石印本　倪瀛

生題字　一冊

330000－1716－0028029　地獻 1884/28029
子部/宗教類/道教之屬

修道真言一卷　(宋)玉蟾子輯　民國十二年
(1923)蕭山合義和善書局石印本　一冊

330000－1716－0028030　子補 1672/28030
子部/叢編

子書百家(百子全書)　(清)崇文書局編　民
國上海掃葉山房石印本　一冊　存一種

330000－1716－0028031　地獻 1885/28031
集部/詩文評類/文法之屬

初學論說小品四卷　朱勤侯輯　民國三年
(1914)浙東尚志學社石印本　一冊

330000－1716－0028032　地獻 3602/28032
子部/醫家類/醫案之屬

曹氏外科醫案一卷　曹滄洲撰　董雪帆編
民國陳紹融抄本　一冊

330000－1716－0028033　地獻 3603/28033
子部/醫家類/醫案之屬

曹滄洲內科醫案二卷　董雪帆編　民國陳紹
融抄本　二冊

330000－1716－0028034　縣資 0070/28034
史部/政書類/公牘檔冊之屬

山會蕭田產有契據者附抵戥等項不分卷　民
國抄本　一冊

330000－1716－0028035　地獻 3605/28035
子部/醫家類/方書之屬

李氏方案錄褉一卷　民國抄本　一冊

330000－1716－0028036　縣資 0003－7/
28036　史部/金石類/石之屬/目錄

搜存碑目一卷　紹興縣修志委員會輯　稿本
　一冊

330000－1716－0028039　集補 0609/28039
集部/總集類/尺牘之屬

普通應用尺牘教本二卷　竇警凡撰　民國上
海文明書局石印本　一冊　存一卷(下)

330000－1716－0028040　縣資 0071/28040

史部/地理類/方志之屬

小李山房事蹟薈錄不分卷 稿本 一冊

330000－1716－0028042 子補1221/28042
子部/術數類/相宅相墓之屬

地學二卷 （清）沈鎬撰 民國上海錦章圖書
局影印本 六冊

330000－1716－0028045 縣資0072/28045
史部/政書類/公牘檔冊之屬

**紹興縣修志委員會志料成本收支對照表不分
卷** 紹興縣修志委員會輯 稿本 一冊

330000－1716－0028046 地獻1495－2/
28046 集部/別集類/清別集

曉霞軒詩詞焚餘集一卷 （清）梁壽賢撰 民
國八年(1919)鉛印本 金肇榮題記 一冊

330000－1716－0028048 子補1675/28048
子部/雜著類/雜說之屬

息戰一卷 江希張撰 民國濟南榮華石印局
石印本 一冊

330000－1716－0028052 地獻1854－70/
28052 集部/總集類/尺牘之屬

普通應用商務尺牘教本十三卷 孫公望撰
民國五年(1916)浙紹墨潤堂書莊石印本 一
冊 存五卷(一至五)

330000－1716－0028053 新補0463/28053
新學/雜著

家庭百科全書不分卷 民國上海新華書局石
印本 一冊

330000－1716－0028055 經補0772/28055
經部/易類/易占之屬

易隱八卷首一卷 （明）曹九錫輯 （明）曹璿
演 民國十六年(1927)上海鴻寶齋書局石印
本 一冊 存二卷(一、首)

330000－1716－0028056 子補1222－1/
28056 子部/雜著類/雜編之屬

民國新萬事不求人不分卷 民國石印本
一冊

330000－1716－0028060 經補0773/28060

經部/春秋總義類/文字音義之屬

春秋小學八卷 （清）莊有可撰 民國二十四
年(1935)上海商務印書館石印本 三冊 存
六卷(一至六)

330000－1716－0028061 子補1676－1/
28061 子部/農家農學類/園藝之屬/花卉

秘傳花鏡六卷 （清）陳淏子撰 民國三年
(1914)上海鶴記書局石印本 二冊 存二卷
(一至二)

330000－1716－0028062 子補1222－2/
28062 子部/雜著類/雜編之屬

民國新萬事不求人不分卷 民國石印本
一冊

330000－1716－0028064 地獻3607/28064
集部/曲類/寶卷之屬

賢孝寶卷一卷 民國抄本 一冊

330000－1716－0028065 子補1676－2/
28065 子部/農家農學類/園藝之屬/花卉

秘傳花鏡六卷 （清）陳淏子撰 民國三年
(1914)上海鶴記書局石印本 一冊 存二卷
(一至二)

330000－1716－0028066 子補1677/28066
子部/雜著類

王中書勸孝歌一卷 （清）王中書撰 民國上
海宏大善書總發行所石印本 一冊

330000－1716－0028067 子補1222－3/
28067 子部/雜著類/雜編之屬

萬事不求人全書不分卷 民國上海大觀書局
石印本 一冊

330000－1716－0028069 新補0462/28069
新學/學校

**[初等小學校春季始業]共和國教科書新國文
八冊不分卷** 莊俞 沈頤編 民國上海商務
印書館石印本 一冊 存一冊(一)

330000－1716－0028070 子補1223/28070
經部/小學類/文字之屬/字書/字體

隸字彙十卷 （清）項懷述編錄 民國十四年
(1925)上海掃葉山房石印本 四冊

330000－1716－0028071　集補 0928/28071
集部/別集類/清別集

晚宜樓集十六卷補遺一卷　（清）毛瑩撰　民國十年(1921)勝谿柳氏鉛印本　一冊　存六卷(一至六)

330000－1716－0028072　子補 1224/28072
子部/藝術類/書畫之屬/法帖

草字彙十二卷附補　（清）石梁集　民國上海會文堂書局石印本　六冊

330000－1716－0028075　地獻 3608/28075
集部/總集類/尺牘之屬

手札一卷　民國抄本　一冊

330000－1716－0028078　地獻 3609/28078
史部/傳記類/別傳之屬/事狀

私謚孝貞會稽李之京女士銀管錄一卷　曾厚章等撰　民國抄本　一冊

330000－1716－0028082　地獻 1427－25/28082　新學/學校

高等小學論說文範四卷　邵伯棠撰　民國十九年(1930)上海會文堂新記書局石印本　一冊　存一卷(四)

330000－1716－0028083　新補 0466/28083
新學/理學

經理問題不分卷　民國鉛印本　一冊

330000－1716－0028097　縣資 0073/28097
史部/地理類/方志之屬/郡縣志

會稽縣志校誤補遺二卷　紹興縣修志委員會輯　稿本　二冊

330000－1716－0028100　縣資 0074/28100
史部/地理類/方志之屬

易縣新志例言一卷　稿本　一冊

330000－1716－0028101　縣資 0075/28101
史部/政書類/公牘檔冊之屬

第一區村里籌備報告一卷　稿本　一冊

330000－1716－0028102　子補 1674/28102
子部/宗教類/佛教之屬/經

妙法蓮華經觀世音菩薩普門品一卷　（後秦）釋鳩摩羅什譯　民國上海道德書局鉛印本　一冊

330000－1716－0028104　縣資 0076/28104
史部/傳記類/別傳之屬/事狀

孫德卿先生生前事略一卷　鍾華庭撰　民國二十一年(1932)稿本　一冊

330000－1716－0028105　子補 1678/28105
子部/醫家類/方書之屬/單方驗方

萬應保產方一卷　民國明善書局石印本　一冊

330000－1716－0028106　縣資 0077/28106
史部/政書類/公牘檔冊之屬

修志故實一卷　紹興縣修志委員會輯　稿本　一冊

330000－1716－0028107　新補 0550－1/28107　新學/幼學

國民字課圖說不分卷　壽潛廬編輯　民國十五年(1926)上海會文堂書局石印本　七冊

330000－1716－0028113　經補 0778/28113
新學/幼學

小學字課講義不分卷　民國五年(1916)倉聖明智大學石印本　二冊

330000－1716－0028115　地獻 1892/28115
子部/雜家類

覺路金繩不分卷　民國十七年(1928)會稽周顯模刻本　一冊

330000－1716－0028118　經補 0779/28118
新學/幼學

小學字課圖釋不分卷　民國倉聖明智大學石印本　二冊

330000－1716－0028119　善附 0318/28119
集部/別集類

琴溪吟稿一卷　周毅修撰　稿本　一冊

330000－1716－0028122　集補 0611/28122
集部/詩文評類/文法之屬

中華民國學生明白如話尺牘二卷　民國十三年(1924)上海姚文元書局石印本　一冊

330000－1716－0028124　子補 1226/28124
新學/農政/樹藝

桑樹栽培法一卷　民國油印本　一冊

330000－1716－0028125　集補 0937/28125
史部/傳記類/別傳之屬

闡潛錄甲編不分卷　民國九年（1920）鉛印本
一冊

330000－1716－0028129　普史 1486/28129
史部/目錄類/總錄之屬/私撰

千頃堂書目三十二卷　（清）黃虞稷撰　民國
抄本　七冊　存九卷（一、三至五、九、十七至
十八、二十一至二十二）

330000－1716－0028130　史補 0731/28130
史部/政書類/公牘檔冊之屬

**浙江桐廬縣義泰來煤礦股份有限公司暫定章
程不分卷**　民國鉛印本　一冊

330000－1716－0028133　地獻 1854－71/
28133　集部/詩文評類/文法之屬/函牘格式

最新應用女子尺牘教科書二卷　杜芝庭撰
民國三年（1914）上海會文學社石印本　一冊
存一卷（二）

330000－1716－0028135　古越 0757/28135
集部/總集類/郡邑之屬

瀏陽二傑文二卷　（清）譚嗣同　（清）唐才常
撰　民國鉛印本　一冊　存一卷（二）

330000－1716－0028140　地獻 3621/28140
子部/宗教類/佛教之屬

大悲懺合節儀式一卷淨土懺儀一卷　民國二
十八年（1939）蕺山北天竺釋弟子抄本　一冊

330000－1716－0028142　集補 0939/28142
集部/別集類

鳴原集十卷附五十三參樓吟草一卷　陳夒龍
撰　民國十八年至二十六年（1929－1937）鉛
印本　一冊　存一卷（五）

330000－1716－0028148　經補 0780/28148
經部/小學類/音韻之屬/韻書

詩韻全璧五卷　（清）汪慕杜輯　（清）湯文潞
（清）惜陰主人續輯　民國上海錦章書局石

印本　五冊

330000－1716－0028152　集補 0613－1/
28152　集部/總集類/尺牘之屬

共和新尺牘四卷　孔憲彭撰　民國上海會文
堂石印本　一冊　存一卷（三）

330000－1716－0028155　子補 1231/28155
子部/醫家類/醫案之屬

丁氏醫案十五卷　丁澤周撰　丁濟萬編輯
民國十六年（1927）鉛印本　一冊　存五卷
（六至十）

330000－1716－0028157　集補 0613－3/
28157　集部/總集類/尺牘之屬

共和新尺牘四卷　孔憲彭撰　民國十七年
（1928）上海會文堂書局石印本　一冊　存一
卷（四）

330000－1716－0028158　集補 0613－2/
28158　集部/總集類/尺牘之屬

共和新尺牘四卷　孔憲彭撰　民國上海會文
堂書局石印本　一冊　存一卷（三）

330000－1716－0028160　集補 0614/28160
集部/總集類/尺牘之屬

共和新尺牘四卷　孔憲彭撰　**共和國民適用
尺牘不分卷**　民國石印本　一冊　缺三卷
（二至四）

330000－1716－0028165　譜 0250/28165　史
部/政書類/公牘檔冊之屬

契據一卷　民國抄本　一冊

330000－1716－0028166　集補 0615/28166
集部/詩文評類/文法之屬/函牘格式

新撰句解共和尺牘四卷　賀群上編輯　民國
八年（1919）上海廣益書局石印本　二冊

330000－1716－0028167　縣資 0078/28167
史部/政書類/公牘檔冊之屬

會議錄一卷　紹興縣修志委員會輯　稿本
一冊

330000－1716－0028168　縣資 0080/28168
史部/政書類/公牘檔冊之屬

預約券通信姓名録一卷　紹興縣修志委員會輯　稿本　一冊

330000－1716－0028169　縣資 0079/28169
史部/政書類/公牘檔冊之屬

經費卷一卷　紹興縣修志委員會輯　稿本
一冊

330000－1716－0028171　經補 0783/28171
經部/小學類/文字之屬/字書/訓蒙

澄衷蒙學堂字課圖說四卷檢字一卷類字一卷
（清）劉樹屏編　（清）吳子城繪圖　民國七
年（1918）上海石竹山房石印本　八冊

330000－1716－0028175　地獻 1446－5/
28175　子部/儒家類/儒學之屬/禮教/鑑戒

八德須知初集八卷二集八卷三集八卷四集八
卷　蔡振紳輯　**白話本二卷**　蔡振紳輯　陳
覺民演　民國上海明善書局石印本　一冊
存一卷（四集二）

330000－1716－0028178　地獻 3624/28178
子部/宗教類/佛教之屬

大悲合節懺儀一卷　民國二十八年（1939）戢
山北天竺釋弟子抄本　一冊

330000－1716－0028181　子補 1232/28181
子部/醫家類/類編之屬

黃氏醫學叢書　黃維翰輯　民國鉛印本　一
冊　存一種

330000－1716－0028186　地獻 3626/28186
史部/政書類/公牘檔冊之屬

驗契章程一卷　民國抄本　一冊

330000－1716－0028193　地獻 3630/28193
史部/政書類/公牘檔冊之屬

帳目一卷　民國抄本　一冊

330000－1716－0028196　地獻 3631/28196
子部/雜著類/雜纂之屬

集詞二卷　民國抄本　二冊

330000－1716－0028199　集補 0616/28199
集部/總集類/尺牘之屬

共和國民普通應用尺牘不分卷　陳竺菴編輯

民國二年（1913）上海守培書局石印本
一冊

330000－1716－0028202　集補 0617－1/
28202　集部/總集類/尺牘之屬

言文對照尺牘句解初集一卷二集一卷　世界
書局編輯所編輯　民國十二年（1923）上海世
界書局石印本　一冊

330000－1716－0028203　史補 1515－2/
28203　史部/政書類/公牘檔冊之屬

重建粵古康橋徵信録一卷　民國二十四年
（1935）鉛印本　一冊

330000－1716－0028204　地獻 1854－72/
28204　集部/總集類/尺牘之屬

共和女界新尺牘二卷　孔憲彭撰　民國十年
（1921）上海會文堂書局石印本　一冊　存一
卷（二）

330000－1716－0028206　集補 0946－1/
28206　集部/詞類/詞譜之屬

白香詞譜一卷晚翠軒詞韻一卷　（清）舒夢蘭
輯　民國元年（1912）振始堂石印本　四冊

330000－1716－0028208　集補 0617－2/
28208　集部/總集類/尺牘之屬

言文對照尺牘句解初集一卷二集一卷　世界
書局編輯所編輯　民國十七年（1928）上海世
界書局石印本　一冊

330000－1716－0028212　集補 0946－2/
28212　集部/詞類/詞譜之屬

白香詞譜一卷晚翠軒詞韻一卷　（清）舒夢蘭
輯　民國元年（1912）振始堂石印本　三冊

330000－1716－0028219　集補 0618－1/
28219　集部/總集類/尺牘之屬

普通尺牘全璧八卷　西湖俠漢撰　民國石印
本　六冊　缺一卷（三）

330000－1716－0028224　縣資 0081/28224
史部/地理類/方志之屬/郡縣志

和州志摘録一卷　紹興縣修志委員會輯　稿
本　一冊

330000－1716－0028230　縣資 0082/28230
集部/別集類/清別集

梓里記一卷　（清）吳鳳翥撰　民國抄本
一冊

330000－1716－0028231　縣資 0083/28231
史部/政書類/公牘檔冊之屬

整理紹興縣志採訪稿說略一卷　王緇塵撰
稿本　一冊

330000－1716－0028232　集補 0619/28232
集部/總集類/尺牘之屬

普通應用白話尺牘二卷　民國上海文元書局
石印本　一冊

330000－1716－0028237　集補 0621/28237
集部/總集類/尺牘之屬

分類注釋通俗簡易尺牘不分卷　大東書局編
　民國上海大東書局石印本　二冊　存二冊
（二至三）

330000－1716－0028240　地獻 1893/28240
子部/儒家類/儒學之屬/蒙學

便蒙四書　（宋）朱熹撰　民國浙紹墨潤堂石
印本　一冊　存一種

330000－1716－0028242　子補 1690/28242
子部/雜著類

士商日用寶鑑十編　文明書局編　民國上海
文明書局石印本　一冊　存二編（一至二）

330000－1716－0028249　集補 0950/28249
集部/總集類/尺牘之屬

最新商務尺牘二卷　范渭濱編　民國五年
（1916）上海萃英書莊石印本　一冊　存一卷
（上）

330000－1716－0028251　地獻 1894/28251
集部/總集類/尺牘之屬

分類箋注文辭大尺牘樣本一卷　（明）鍾惺纂
輯　（明）馮夢龍訂釋　（清）王鼎增輯　民國
十年（1921）上海求古齋鉛印本　一冊

330000－1716－0028254　集補 0624－1/
28254　集部/詩文評類/文法之屬/函牘格式

新撰普通尺牘二卷詳解一卷　商務印書館編

譯所編纂　民國上海商務印書館鉛印本　二
冊　存二卷（一至二）

330000－1716－0028255　集補 0624－2/
28255　集部/詩文評類/文法之屬/函牘格式

新撰普通尺牘二卷詳解一卷　商務印書館編
譯所編纂　民國九年（1920）上海商務印書館
鉛印本　謝銓民題記　三冊

330000－1716－0028256　地獻 1527－4/
28256　史部/傳記類/別傳之屬/事狀

宋侍郎胡忠佑公事跡録一卷　程鳳山輯　民
國二十二年（1933）上海新華書局鉛印本
一冊

330000－1716－0028259　史補 0745/28259
史部/目録類/總録之屬/官修

湖南官書報局圖書彙目　湖南官書報局編
民國三年（1914）湖南官書報局鉛印本　一冊
存二卷（一至二）

330000－1716－0028266　子補 1697/28266
子部/雜家類

齊家真諦一卷　民國石印本　一冊

330000－1716－0028270　地獻 1555－2/
28270　子部/術數類/命書相書之屬

越州胖漢瞎話一卷　蔣清渠撰　稿本　一冊

330000－1716－0028272　集補 0624－3/
28272　集部/詩文評類/文法之屬/函牘格式

新撰普通尺牘二卷詳解一卷　商務印書館編
譯所編纂　民國三年（1914）上海商務印書館
鉛印本　一冊

330000－1716－0028273　地獻 3641/28273
集部/總集類

集句一卷　民國抄本　一冊

330000－1716－0028280　地獻 0209－6/
28280　史部/地理類/方志之屬/郡縣志

紹興縣修志採訪事例一卷　宋承家撰　民國
六年（1917）紹興縣修志採訪處鉛印本　一冊

330000－1716－0028281　地獻 0209－7/
28281　史部/地理類/方志之屬/郡縣志

紹興縣修志採訪事例一卷　宋承家撰　民國
六年(1917)紹興縣修志採訪處鉛印本　一冊

330000－1716－0028282　地獻 0209－8/
28282　史部/地理類/方志之屬/郡縣志

紹興縣修志採訪事例一卷　宋承家撰　民國
六年(1917)紹興縣修志採訪處鉛印本　一冊

330000－1716－0028283　地獻 0209－9/
28283　史部/地理類/方志之屬/郡縣志

紹興縣修志採訪事例一卷　宋承家撰　民國
六年(1917)紹興縣修志採訪處鉛印本　一冊

330000－1716－0028285　地獻 0209－10/
28285　史部/地理類/方志之屬/郡縣志

紹興縣修志採訪事例一卷　宋承家撰　民國
六年(1917)紹興縣修志採訪處鉛印本　一冊

330000－1716－0028287　集補 0952/28287
集部/總集類/尺牘之屬

寫信百法四冊不分卷　民國上海進化書局石
印本　一冊

330000－1716－0028289　地獻 1896/28289
史部/政書類/公牘檔冊之屬

紹興光明火柴公司表冊一卷　莫侶凡編　民
國鉛印本　一冊

330000－1716－0028291　地獻 1726－3/
28291　史部/政書類/公牘檔冊之屬

紹興縣第三次教育參觀團報告書一卷　紹興
縣教育參觀團輯　民國鉛印本　一冊

330000－1716－0028294　地獻 1897－2/
28294　新學/商務

商辦春澤墾牧股分有限公司章程一卷附任事
章程一卷　民國鉛印本　一冊

330000－1716－0028296　地獻 1898/28296
新學/商務

紹屬典業事務所辛酉年紀事錄一卷　孫慶達
編　民國十一年(1922)鉛印本　一冊

330000－1716－0028297　史補 1345－1/
28297　史部/雜史類/斷代之屬

明季實錄二卷　(清)顧炎武輯　民國石印本

一冊　缺一卷(一)

330000－1716－0028300　集補 1046/28300
集部/總集類/選集之屬/通代

增補重訂千家詩注解二卷　(宋)謝枋得選
(清)王相注　新鐫五言千家詩箋注二卷
(清)王相選注　民國上海掃葉山房石印本
一冊　存二卷(一至二)

330000－1716－0028302　經補 0801/28302
經部/孝經類/傳說之屬

孝經一卷附二十四孝圖說一卷　(唐)玄宗李
隆基注　王震繪　民國上海孤兒院據宋刻本
影印本　一冊

330000－1716－0028303　集補 0625/28303
集部/詩文評類/文法之屬

正草商務應用尺牘二卷附算學必讀一卷　民
國十七年(1928)上海昌文書局石印本　一冊

330000－1716－0028305　地獻 3642/28305
子部/宗教類/佛教之屬

紹興佛學研究會志願書一卷　民國三十六年
(1947)石印本　一冊

330000－1716－0028307　集補 0626/28307
集部/詩文評類/文法之屬/函牘格式

最新民國正草商學尺牘指南二卷附增補攺正
字彙一卷　民國五年(1916)上海文元書局石
印本　一冊　缺一卷(下)

330000－1716－0028309　地獻 1899/28309
史部/政書類/公牘檔冊之屬

紹興縣管理縣公款公產委員會接收縣地方產
款清冊一卷　民國鉛印本　一冊

330000－1716－0028317　史補 0748/28317
史部/紀傳類/正史之屬

司馬遷貨殖列傳輯注一卷　王引才撰　民國
鉛印本　一冊

330000－1716－0028318　地獻 3646/28318
子部/術數類/命理相書之屬

命理推算一卷　民國十二年(1923)抄本　守
愚山人題記　一冊

330000 – 1716 – 0028319　史補 0749/28319
史部/政書類/公牘檔冊之屬

北平文物臨時維護會報告一卷　民國石印本
　一冊

330000 – 1716 – 0028321　譜 0252/28321　史
部/政書類/公牘檔冊之屬

朱氏分書不分卷　朱稷辰立　民國三十五年
（1946）稿本　一冊

330000 – 1716 – 0028323　縣資 00084/28323
　史部/政書類/公牘檔冊之屬

**藏經樓財產目錄一卷祁忠敏公日記分配目錄
一卷**　紹興縣修志委員會輯　稿本　二冊

330000 – 1716 – 0028328　集補 0627 – 1/
28328　集部/總集類/尺牘之屬

普通白話正草尺牘二卷　民國十年（1921）上
海書局石印本　一冊

330000 – 1716 – 0028329　經補 0802/28329
經部/四書類/大學之屬

大學新讀本一卷　唐文治撰　民國上海徐家
匯工業專門學校鉛印本　一冊

330000 – 1716 – 0028335　地獻 3650/28335
子部/宗教類/佛教之屬

佛經一卷　民國六年（1917）阮福梻抄本
一冊

330000 – 1716 – 0028342　地獻 3651/28342
史部/目錄類/總錄之屬/私撰

書目一卷　民國抄本　一冊

330000 – 1716 – 0028343　史補 0750/28343
史部/傳記類/別傳之屬/事狀

秋林感逝錄不分卷　葉希明輯　民國二十五
年（1936）鉛印本　一冊

330000 – 1716 – 0028344　善附 0319/28344
集部/總集類/選集之屬/斷代

琴溪雜綴一卷詩巢雜綴一卷　周毅修輯　稿
本　二冊

330000 – 1716 – 0028345　地獻 3652/28345
子部/宗教類/佛教之屬

**善惡分明燈籠經一卷灶世經一卷般若波羅蜜
多心經一卷本命真經一卷**　民國抄本　一冊

330000 – 1716 – 0028346　史補 0751/28346
史部/目錄類/總錄之屬/私撰

鄞范氏天一閣書目內編十卷　馮貞羣編　民
國二十六年至二十九年（1937 – 1940）寧波重
修天一閣委員會鉛印本　一冊　存一卷（五）

330000 – 1716 – 0028347　集補 0627 – 2/
28347　集部/總集類/尺牘之屬

普通白話正草尺牘二卷　民國上海書局石印
本　一冊

330000 – 1716 – 0028352　經補 0806/28352
經部/孝經類/傳說之屬

孝經一卷附二十四孝圖說一卷　（唐）玄宗李
隆基注　王震繪　民國上海孤兒院據宋刻本
影印本　一冊

330000 – 1716 – 0028354　經補 0807/28354
經部/孝經類/傳說之屬

孝經一卷附二十四孝圖說一卷　（唐）玄宗李
隆基注　王震繪　民國上海孤兒院據宋刻本
影印本　一冊

330000 – 1716 – 0028356　經補 0808/28356
經部/孝經類/傳說之屬

孝經一卷附二十四孝圖說一卷　（唐）玄宗李
隆基注　王震繪　民國上海孤兒院據宋刻本
影印本　一冊

330000 – 1716 – 0028358　縣資 00085/28358
　子部/宗教類/道教之屬

紹興道院科文不分卷　紹興縣修志委員會輯
　民國油印本　一冊

330000 – 1716 – 0028360　集補 0627 – 4/
28360　集部/總集類/尺牘之屬

普通白話正草尺牘二卷　民國十年（1921）上
海書局石印本　一冊

330000 – 1716 – 0028361　集補 0627 – 3/
28361　集部/總集類/尺牘之屬

普通白話正草尺牘二卷　民國十年（1921）上
海書局石印本　一冊

330000－1716－0028363　集補 0622/28363
集部/總集類/尺牘之屬
普通白話正草尺牘二卷　民國十四年（1925）
上海鴻章書局石印本　一冊　存一卷（二）

330000－1716－0028364　集補 0623/28364
集部/詩文評類/文法之屬/函牘格式
**最新民國正草商學尺牘指南二卷附增補攷正
字彙一卷**　民國五年（1916）上海文元書局石
印本　一冊

330000－1716－0028366　集補 0628/28366
集部/詩文評類/文法之屬
正草商務應用尺牘二卷附算學必讀一卷　民
國十七年（1928）上海昌文書局石印本　一冊

330000－1716－0028368　新補 0474/28368
新學/學校
**[高等小學校春季始業]共和國教科書新修身
不分卷**　包公毅　沈頤編　民國二年（1913）
上海商務印書館鉛印本　一冊

330000－1716－0028371　集補 0629/28371
集部/詩文評類/文法之屬/函牘格式
**最新民國正草商學尺牘合璧二卷附增補攷正
字彙一卷**　民國元年（1912）上海醉經堂書莊
石印本　一冊　缺一卷（上）

330000－1716－0028373　集補 0630/28373
集部/詩文評類/文法之屬/函牘格式
**最新民國正草商學尺牘合璧二卷附增補攷正
字彙一卷**　民國元年（1912）上海醉經堂書莊
石印本　二冊

330000－1716－0028374　集補 0631/28374
集部/總集類/尺牘之屬
分類詳注新式商業尺牘四卷　廣益書局編輯
　民國十一年（1922）上海廣益書局石印本
三冊　存三卷（二至四）

330000－1716－0028375　集補 0632/28375
集部/總集類/尺牘之屬
普通應用白話尺牘初編二卷　民國十七年
（1928）上海昌文書局石印本　一冊　存一卷
（二）

330000－1716－0028376　集補 0633/28376
集部/總集類/尺牘之屬
商業新尺牘四卷　林萬里撰　民國十年
（1921）上海會文堂書局石印本　一冊　存一
卷（四）

330000－1716－0028381　譜 0258/28381　史
部/傳記類/總傳之屬/家乘
[浙江紹興]山陰天樂葛氏宗譜□□卷　葛毓
蘭等纂修　民國六年（1917）讀書堂木活字印
本　一冊　存一卷（一）

330000－1716－0028382　子補 1236/28382
子部/小說家類/雜事之屬
池上草堂筆記八卷　（清）梁恭辰撰　民國上
海受古書店石印本　一冊　存一卷（四）

330000－1716－0028388　集補 0635/28388
集部/總集類/尺牘之屬
新撰商業尺牘二卷　徐珂編輯　民國十二年
（1923）上海商務印書館鉛印本　二冊

330000－1716－0028389　集補 0636－1/
28389　集部/總集類/尺牘之屬
新撰商業尺牘二卷　徐珂編輯　民國上海商
務印書館鉛印本　沈仲民題記　一冊　存一
卷（一）

330000－1716－0028390　集補 0636－2/
28390　集部/總集類/尺牘之屬
新撰商業尺牘二卷　徐珂編輯　民國上海商
務印書館鉛印本　一冊　存一卷（一）

330000－1716－0028394　集補 0637/28394
集部/詩文評類/文法之屬
中華初等商業尺牘不分卷　民國中華書局石
印本　張毓浼題記　一冊

330000－1716－0028395　地獻 1327－3/
28395　子部/醫家類/方書之屬
紹興縣同善局附設施醫局醫方彙選不分卷
張鍾沅輯　民國十年（1921）鉛印本　一冊

330000－1716－0028400　集補 0638/28400
集部/總集類/尺牘之屬
改良商務應用尺牘二卷　顏觀侯撰　江星橋

繕寫　民國啟新學社石印本　一冊

330000－1716－0028401　集補0639/28401
集部/總集類/尺牘之屬

新編正草商賈學界白話尺牘二卷　岑仰之編
輯　民國煉石齋書局石印本　一冊

330000－1716－0028407　子補1238/28407
子部/小說家類/異聞之屬

里乘八卷　（清）許奉恩撰　民國石印本　一
冊　存二卷（三至四）

330000－1716－0028410　集補0640－2/
28410　集部/詩文評類/文法之屬

正草商務應用尺牘二卷附算學必讀一卷　民
國二十八年（1939）上海昌文書局石印本　一
冊　缺一卷（上）

330000－1716－0028411　集補0640－1/
28411　集部/詩文評類/文法之屬

正草商務應用尺牘二卷附算學必讀一卷　民
國十七年（1928）上海昌文書局石印本　一冊

330000－1716－0028412　子補1239/28412
子部/藝術類/遊藝之屬/劇藝

唱戲指南不分卷　民國上海統一書局石印本
　一冊

330000－1716－0028414　地獻1906/28414
經部/四書類/總義之屬

繪圖四書正文七卷　民國浙紹育新書局石印
本　一冊　存一卷（孟子一）

330000－1716－0028418　集補0641/28418
集部/總集類/尺牘之屬

改良商務應用尺牘二卷　顏觀侯撰　江星橋
繕寫　民國啟新學社石印本　二冊

330000－1716－0028420　經補0812/28420
經部/四書類/孟子之屬/專著

讀孟備忘七卷　范熙焕撰　民國鉛印本　一
冊　存一卷（一）

330000－1716－0028421　集補0642/28421
集部/總集類/尺牘之屬

商業普通白話尺牘四卷　袁壽世編　民國九

年（1920）上海寶德書局石印本　三冊　存三
卷（二至四）

330000－1716－0028423　集補0643/28423
集部/總集類/尺牘之屬

言文對照商業新尺牘二卷　黃興洛編　民國
十七年（1928）上海大東書局石印本　一冊

330000－1716－0028424　集補0644/28424
集部/總集類/尺牘之屬

言文對照商業新尺牘二卷　廣文書局編輯所
編輯　民國十五年（1926）上海世界書局石印
本　沈永春題簽　一冊

330000－1716－0028426　集補0645/28426
集部/總集類/尺牘之屬

言文對照商業新尺牘二卷　世界書局編輯所
編輯　民國十七年（1928）上海世界書局石印
本　二冊

330000－1716－0028428　子補1243/28428
子部/藝術類/書畫之屬/畫譜

明月前身□□卷　民國石印本　一冊　存一
卷（下）

330000－1716－0028432　經補0814－1/
28432　經部/小學類/文字之屬/字書/訓蒙

新增小學啟蒙五千字文圖注一卷　智新社重
校　民國石印本　元灝題記　一冊

330000－1716－0028433　地獻1426－6/
28433　子部/儒家類/儒學之屬/蒙學

便蒙四書　（宋）朱熹撰　民國浙紹育新書局
石印本　一冊　存二種

330000－1716－0028434　地獻1426－7/
28434　子部/儒家類/儒學之屬/蒙學

便蒙四書　（宋）朱熹撰　民國浙紹育新書局
石印本　二冊　存一種

330000－1716－0028437　地獻1426－8/
28437　子部/儒家類/儒學之屬/蒙學

便蒙四書　（宋）朱熹撰　民國浙紹育新書局
石印本　一冊　存一種

330000－1716－0028438　子補1245/28438

子部/雜著類/雜說之屬

讀經救國論六卷 孫雄撰 民國九年(1920)
鉛印本 三冊 存四卷(一至四)

330000－1716－0028440 經補 0817/28440
經部/孝經類/傳說之屬

孝行經圖不分卷 王震編 民國上海孤兒院
影印本 一冊

330000－1716－0028443 集補 0646/28443
集部/詩文評類/文法之屬/函牘格式

**新撰詳注分類尺牘大全不分卷最新應酬實用
文件不分卷** 袁韜壺編 民國石印本 一冊

330000－1716－0028444 集補 0647/28444
集部/詩文評類/文法之屬/函牘格式

詳注中華女子尺牘不分卷 中華書局編 民
國十五年(1926)中華書局石印本 一冊

330000－1716－0028448 集補 0649/28448
集部/詩文評類/文法之屬/函牘格式

言文對照女子尺牘範本不分卷 世界書局編
輯所編輯 民國十五年(1926)上海世界書局
石印本 一冊

330000－1716－0028449 地獻 1426－9/
28449 子部/儒家類/儒學之屬/蒙學

便蒙四書 (宋)朱熹撰 民國浙紹奎照樓石
印本 二冊 存二種

330000－1716－0028451 地獻 1426－10/
28451 子部/儒家類/儒學之屬/蒙學

便蒙四書 (宋)朱熹撰 民國浙紹墨潤堂石
印本 二冊 存二種

330000－1716－0028452 地獻 1426－11/
28452 子部/儒家類/儒學之屬/蒙學

便蒙四書 (宋)朱熹撰 民國浙紹墨潤堂石
印本 一冊 存一種

330000－1716－0028453 經補 0814－4/
28453 子部/藝術類/書畫之屬/書法書品

真草隸篆四體千字文一卷 王昇治書 民國
上海文益書局石印本 一冊

330000－1716－0028454 地獻 1426－12/

28454 子部/儒家類/儒學之屬/蒙學

便蒙四書 (宋)朱熹撰 民國浙紹大同書局
石印本 一冊 存一種

330000－1716－0028455 地獻 1426－13/
28455 子部/儒家類/儒學之屬/蒙學

便蒙四書 (宋)朱熹撰 民國浙紹大同書局
石印本 一冊 存一種

330000－1716－0028457 地獻 1416－5/
28457 經部/小學類/文字之屬/字書/訓蒙

繪圖九千字文一卷 民國浙紹奎照樓石印本
一冊

330000－1716－0028458 集補 0650/28458
集部/詩文評類/文法之屬/函牘格式

言文對照女子新尺牘三卷 民國上海會文堂
書局石印本 一冊

330000－1716－0028462 地獻 1416－6/
28462 經部/小學類/文字之屬/字書/訓蒙

繪圖九千字文一卷 民國浙紹奎照樓石印本
一冊

330000－1716－0028469 集補 0651/28469
集部/總集類/尺牘之屬

白話注解女子尺牘範本三卷 民國上海廣益
書局石印本 一冊 存一卷(中)

330000－1716－0028471 集補 0652/28471
集部/總集類/尺牘之屬

新撰女子尺牘二卷 商務印書館編譯所編
民國四年(1915)上海商務印書館石印本
二冊

330000－1716－0028473 集補 0653/28473
集部/詩文評類/文法之屬/函牘格式

言文對照新體女子尺牘二卷 鄒俠襌撰 民
國上海大東書局石印本 一冊

330000－1716－0028475 集補 0654－1/
28475 集部/詩文評類/文法之屬/函牘格式

言文對照女子新尺牘二卷 世界書局編輯所
編輯 民國十七年(1928)上海世界書局石印
本 二冊

330000 - 1716 - 0028477　集補 0654 - 2/
28477　集部/詩文評類/文法之屬/函牘格式

言文對照女子新尺牘二卷　世界書局編輯所
編輯　民國十八年（1929）上海世界書局石印
本　一冊

330000 - 1716 - 0028478　集補 0654 - 3/
28478　集部/詩文評類/文法之屬/函牘格式

言文對照女子新尺牘二卷　世界書局編輯所
編輯　民國十七年（1928）上海世界書局石印
本　一冊

330000 - 1716 - 0028479　集補 0654 - 4/
28479　集部/詩文評類/文法之屬/函牘格式

言文對照女子新尺牘二卷　世界書局編輯所
編輯　民國上海世界書局石印本　一冊

330000 - 1716 - 0028484　子補 1248/28484
子部/儒家類/儒學之屬/禮教/鑑戒

師說一卷　（清）退思子撰　民國七年（1918）
合川會善堂慈善會刻本　一冊

330000 - 1716 - 0028485　集補 0655 - 1/
28485　集部/總集類/尺牘之屬

新體女子白話尺牘不分卷　胡懷琛編　民國
十七年（1928）大東書局石印本　一冊

330000 - 1716 - 0028486　集補 0655 - 2/
28486　集部/總集類/尺牘之屬

新體女子白話尺牘不分卷　胡懷琛編　民國
十九年（1930）大東書局石印本　一冊

330000 - 1716 - 0028487　集補 0656 - 1/
28487　集部/總集類/尺牘之屬

女子白話尺牘不分卷　吳公雄輯　民國十三
年（1924）上海世界書局石印本　一冊

330000 - 1716 - 0028488　集補 0656 - 2/
28488　集部/總集類/尺牘之屬

女子白話尺牘不分卷　吳公雄輯　民國十二
年（1923）上海世界書局石印本　二冊

330000 - 1716 - 0028489　集補 0656 - 3/
28489　集部/總集類/尺牘之屬

女子白話尺牘不分卷　吳公雄輯　民國十八
年（1929）上海世界書局石印本　二冊

330000 - 1716 - 0028490　子補 1737/28490
子部/醫家類/類編之屬

國醫小叢書三十七種　上海國醫書局輯　民
國上海國醫書局鉛印本　一冊　存一種

330000 - 1716 - 0028491　子補 1251/28491
史部/傳記類/總傳之屬/釋道

敕建天台山國清禪寺同戒錄一卷　民國三年
（1914）刻本　一冊

330000 - 1716 - 0028493　子補 1711/28493
子部/宗教類/其他宗教之屬/基督教

日領神糧一卷　民國二年（1913）北京救世堂
鉛印本　一冊

330000 - 1716 - 0028497　集補 0657/28497
集部/總集類/尺牘之屬

新撰女子尺牘二卷　商務印書館編譯所編
民國上海商務印書館石印本　一冊　存一卷
（一）

330000 - 1716 - 0028498　集補 0658/28498
集部/總集類/尺牘之屬

音注女界進步新尺牘四卷　民國進步學社石
印本　一冊　存一卷（一）

330000 - 1716 - 0028502　史補 0758/28502
史部/地理類/山川之屬/水志

西湖名景全圖一卷　民國六年（1917）西湖鑫
記圖書社石印本　一冊

330000 - 1716 - 0028506　普叢 0215 - 1/
28506　類叢部/叢書類/彙編之屬

春暉叢書二種　張天錫輯　民國九年至十二
年（1920 - 1923）鉛印本　一冊　存一種

330000 - 1716 - 0028510　集補 0660 - 4/
28510　集部/總集類/尺牘之屬

普通應用白話尺牘初編二卷　民國二年
（1913）石印本　一冊　存一卷（二）

330000 - 1716 - 0028512　集補 0660 - 3/
28512　集部/總集類/尺牘之屬

普通應用白話尺牘初編二卷　民國二年
（1913）石印本　一冊

330000－1716－0028516　集補 0660－5/28516　集部/總集類/尺牘之屬

普通應用白話尺牘初編二卷　民國二年（1913）石印本　一冊　存一卷（二）

330000－1716－0028520　普集 1772/28520　集部/詞類/詞譜之屬

詞譜四十卷　（清）王奕清等纂修　民國影印本　一冊　存二卷（三十五至三十六）

330000－1716－0028522　普集 1773/28522　集部/別集類/明別集

楊孟載手録眉庵集二卷　（明）楊基撰　民國上海有正書局影印本　一冊　存一卷（二）

330000－1716－0028530　集補 0660－6/28530　集部/總集類/尺牘之屬

普通應用白話尺牘初編二卷　民國二年（1913）石印本　一冊

330000－1716－0028532　經補 0814－12/28532　經部/小學類/文字之屬/字書/訓蒙

繪圖三千字文一卷　（清）補拙居士編輯（清）姜岳注釋　民國石印本　歐世□題簽　一冊

330000－1716－0028537　集補 0660－8/28537　集部/總集類/尺牘之屬

普通應用白話尺牘初編二卷　民國十七年（1928）上海昌文書局石印本　一冊　存一卷（一）

330000－1716－0028538　普叢 0220－1/28538　類叢部/叢書類/彙編之屬

雙梅影闇叢書十六種　葉德輝編　民國鉛印本　二冊

330000－1716－0028539　集補 0660－9/28539　集部/總集類/尺牘之屬

普通應用白話尺牘初編二卷　民國十七年（1928）上海昌文書局石印本　一冊

330000－1716－0028540　地獻 1527－5/28540　史部/傳記類/別傳之屬/事狀

宋侍郎胡忠佑公事跡録一卷　程鳳山輯　民國二十二年（1933）上海新華書局鉛印本一冊

330000－1716－0028544　地獻 1911/28544　史部/政書類/公牘檔冊之屬

紹興縣小學教育基金委員會紀念録不分卷　民國十六年（1927）、十七年（1928）鉛印本　一冊

330000－1716－0028547　史補 0760/28547　史部/政書類/公牘檔冊之屬

寧紹商輪股份有限公司戊辰年止帳略不分卷　民國十七年（1928）鉛印本　一冊

330000－1716－0028549　集補 0661/28549　集部/總集類/尺牘之屬

商業白話尺牘二卷　民國上海世界書局石印本　一冊

330000－1716－0028551　集補 0662/28551　集部/詩文評類/文法之屬/函牘格式

學生白話尺牘不分卷　民國上海世界書局石印本　一冊

330000－1716－0028555　集補 0663/28555　集部/總集類/尺牘之屬

普通應用白話尺牘初編二卷　朱斗南撰　民國八年（1919）上海鑄記書莊石印本　一冊　存一卷（一）

330000－1716－0028556　集補 0665/28556　集部/總集類/尺牘之屬

商學適用普通白話尺牘二卷　陳重寅編　民國十六年（1927）上海鴻文書局石印本　一冊　存一卷（下）

330000－1716－0028557　集補 0664/28557　集部/總集類/尺牘之屬

普通應用白話尺牘初編二卷　民國十六年（1927）石印本　二冊

330000－1716－0028559　集補 0666/28559　集部/總集類/尺牘之屬

普通適用詳注通俗白話尺牘二卷　許慕義輯　民國二十一年（1932）上海廣益書局石印本二冊

330000－1716－0028561　集補 0668/28561
集部/總集類/尺牘之屬

啟蒙白話商賈尺牘二卷　民國上海廣益書局
石印本　二冊

330000－1716－0028562　新補 0195－2/
28562　新學/學校

普通書信範本不分卷　宋樹基編輯　夏日琹
校補　民國十二年(1923)中國圖書公司石印
本　一冊

330000－1716－0028564　普集 1779/28564
集部/詩文評類/詩評之屬

隨園詩話十六卷補遺十卷　(清)袁枚撰　民
國上海廣益書局石印本　一冊　存四卷(補
遺一至四)

330000－1716－0028566　普史 1491/28566
史部/傳記類/總傳之屬/列女

新刊古列女傳八卷　(漢)劉向撰　(明)仇英
繪　民國石印本　三冊　存六卷(三至八)

330000－1716－0028569　新補 0479/28569
新學/報章

長蘆鹽務公報不分卷　民國二年(1913)鉛印
本　三冊

330000－1716－0028572　集補 0450/28572
集部/總集類/尺牘之屬

普通適用通俗白話尺牘二卷　民國十九年
(1930)上海昌文書局、尚古山房石印本
二冊

330000－1716－0028574　集補 1057/28574
集部/總集類/選集之屬/通代

本科二年級選文不分卷　民國油印本　啟明
題簽　三冊

330000－1716－0028575　集補 0451/28575
集部/總集類/尺牘之屬

分類文明尺牘四卷　民國十七年(1928)上海
昌文書局石印本　一冊

330000－1716－0028586　集補 0452－1/
28586　集部/總集類/尺牘之屬

分類文明尺牘四卷　民國七年(1918)上海文

益書局石印本　一冊

330000－1716－0028597　集補 0454/28597
集部/別集類/宋別集

東坡尺牘不分卷　(宋)蘇軾撰　民國石印本
一冊

330000－1716－0028598　集補 0455/28598
集部/詩文評類/文法之屬

中華初等尺牘一卷　章瑞蘭編輯　民國五年
(1916)上海中華書局石印本　一冊

330000－1716－0028600　集補 0456/28600
集部/總集類/尺牘之屬

普通適用詳注通俗白話尺牘二卷　許慕羲輯
民國十一年(1922)上海廣益書局石印本
一冊

330000－1716－0028602　集補 0457/28602
集部/總集類/尺牘之屬

普通適用通俗白話尺牘二卷　民國五年
(1916)上海錦章圖書局石印本　一冊

330000－1716－0028613　集補 0458/28613
集部/詩文評類/文法之屬/函牘格式

兒童白話尺牘不分卷　廣文書局編輯所編
民國上海世界書局石印本　一冊

330000－1716－0028625　集補 1060/28625
集部/總集類/尺牘之屬

分類尺牘觀海十二卷　廣益書局編輯部編
民國八年(1919)廣益書局石印本　三冊　存
三卷(七、十、十二)

330000－1716－0028626　集補 0460/28626
集部/詩文評類/文法之屬/函牘格式

新式分類國民尺牘大全不分卷　徐耀宗撰
民國上海華普書局石印本　二冊

330000－1716－0028627　新補 0161－3/
28627　新學/雜著

新體白話信二卷　楊平編纂　民國十一年
(1922)石印本　二冊

330000－1716－0028632　普集 1795/28632
集部/別集類/清別集

曼殊沙盦三十六壺盧銘一卷　（清）葉金壽撰
（清）郭傳璞注　民國鉛印本　一冊

330000－1716－0028647　集補 0463－1/
28647　集部/詩文評類/文法之屬/函牘格式
言文對照初等新尺牘不分卷　黃克宗編　民
國十三年(1924)上海世界書局石印本　二冊

330000－1716－0028648　集補 0463－2/
28648　集部/詩文評類/文法之屬/函牘格式
言文對照初等新尺牘不分卷　黃克宗編　民
國上海世界書局石印本　一冊

330000－1716－0028649　集補 0463－3/
28649　集部/詩文評類/文法之屬/函牘格式
言文對照初等新尺牘不分卷　黃克宗編　民
國十二年(1923)上海世界書局石印本　一冊

330000－1716－0028657　集補 0462－3/
28657　集部/詩文評類/文法之屬/函牘格式
新撰句解分類尺牘正軌八卷　賀群上編　民
國上海錦章圖書局石印本　一冊　存一卷
（五）

330000－1716－0028670　集補 0476/28670
集部/詩文評類/文法之屬/函牘格式
詳注通用尺牘六卷附錄二卷　中華書局編輯
　民國上海中華書局鉛印本　二冊　存四卷
（一至四）

330000－1716－0028672　集補 0477/28672
集部/詩文評類/文法之屬/函牘格式
詳注通用尺牘六卷附錄二卷　中華書局編輯
　民國上海中華書局鉛印本　一冊　存三卷
（一至三）

330000－1716－0028675　集補 0478/28675
集部/詩文評類/文法之屬
中華初等尺牘一卷　章瑞蘭編輯　民國十年
(1921)上海中華書局石印本　一冊

330000－1716－0028677　集補 0479/28677
集部/詩文評類/文法之屬
中華初等尺牘一卷　章瑞蘭編輯　民國十三
年(1924)上海中華書局石印本　一冊

330000－1716－0028688　集補 0480/28688
集部/詩文評類/文法之屬/函牘格式
言文對照初等新尺牘不分卷　黃克宗編　民
國十年(1921)上海世界書局石印本　二冊

330000－1716－0028689　集補 0481/28689
集部/詩文評類/文法之屬/函牘格式
言文對照初等新尺牘不分卷　黃克宗編　民
國十四年(1925)上海世界書局石印本　二冊

330000－1716－0028691　集補 0482/28691
集部/別集類
一問二答新國民尺牘不分卷　林任撰　民國
上海中央書社石印本　二冊

330000－1716－0028697　子補 1265/28697
子部/儒家類/儒學之屬/禮教/女範
婦女箴規一卷　民國十二年(1923)寧波同善
社鉛印本　一冊

330000－1716－0028704　集補 0484/28704
集部/總集類/尺牘之屬
言文對照商業新尺牘二卷　世界書局編輯所
編輯　民國上海世界書局石印本　一冊　存
一卷（一）

330000－1716－0028706　集補 1082－5/
28706　集部/詩文評類/文法之屬/函牘格式
最新分類尺牘大觀不分卷　文明書局編　民
國六年(1917)上海文明書局石印本　四冊

330000－1716－0028708　集補 1171－1/
28708　集部/詩文評類/文法之屬/函牘格式
注釋尺牘入門二卷　商務印書館編譯所編纂
　民國十四年(1925)商務印書館石印本　一
冊　存一卷（下）

330000－1716－0028709　集補 1171－2/
28709　集部/詩文評類/文法之屬/函牘格式
注釋尺牘入門二卷　商務印書館編譯所編纂
　民國商務印書館石印本　甘天超題簽並記
　一冊

330000－1716－0028711　集補 1172－1/
28711　集部/詩文評類/文法之屬/函牘格式
寫信必讀十卷　（清）唐芸洲撰　民國三年

（1914）上海鍊石齋書局石印本　徐崧森題記
一冊　存二卷（一至二）

330000－1716－0028712　集補 0485/28712
集部/總集類/尺牘之屬

美術的男女交際自由尺牘二卷　王非王撰
通愛樓校　民國上海平權社石印本　一冊
存一卷（一）

330000－1716－0028713　集補 0486/28713
集部/詩文評類/文法之屬/函牘格式

言文對照青年交際尺牘不分卷　民國上海交
際研究所石印本　一冊

330000－1716－0028715　集補 0487/28715
集部/總集類/尺牘之屬

**增廣尺牘句解初集二卷二集二卷附百千字文
一卷**　民國上海鴻寶齋石印本　一冊

330000－1716－0028724　集補 1172－2/
28724　集部/詩文評類/文法之屬/函牘格式

寫信必讀十卷　（清）唐芸洲撰　民國三年
（1914）上海鍊石齋書局石印本　一冊　存二
卷（一至二）

330000－1716－0028725　普集 1805/28725
集部/別集類/清別集

先訓導公遺著一卷　（清）阮慶榳撰　阮紹昌
輯　民國十七年（1928）阮性純鉛印本　田紹
謙批跋　一冊

330000－1716－0028726　集補 0493/28726
集部/詩文評類/文法之屬/函牘格式

尺牘句解二集二卷　民國石印本　二冊

330000－1716－0028727　集補 1172－3/
28727　集部/詩文評類/文法之屬/函牘格式

寫信必讀十卷　（清）唐芸洲撰　民國石印本
一冊　存二卷（九至十）

330000－1716－0028730　集補 1172－4/
28730　集部/詩文評類/文法之屬/函牘格式
商業寫信必讀□□卷　民國上海文益書局石
印本　二冊　存二卷（五至六）

330000－1716－0028731　集補 0489/28731

集部/詩文評類/文法之屬/函牘格式

應酬通用新稱呼尺牘二卷　王少春編輯　民
國七年（1918）中華小說社石印本　一冊

330000－1716－0028734　集補 0490/28734
集部/詩文評類/文法之屬

中華初等尺牘一卷　章瑞蘭編輯　民國三年
（1914）上海中華書局石印本　一冊

330000－1716－0028738　集補 0492/28738
集部/詩文評類/文法之屬/函牘格式

初學指南尺牘□□卷附商業文件細則一卷
丁拱辰輯　民國石印本　一冊　存二卷（四
至五）

330000－1716－0028744　集補 0494/28744
集部/總集類/尺牘之屬

百千音義尺牘句解□□卷　民國石印本　張
善慶題記　一冊　存一卷（二集集下）

330000－1716－0028750　集補 1178/28750
集部/總集類/尺牘之屬

普通適用通俗白話尺牘二卷　民國十九年
（1930）上海昌文書局、尚古山房石印本　一
冊　存一卷（一）

330000－1716－0028753　集補 1179/28753
集部/總集類/尺牘之屬

改良商務應用尺牘二卷　顏觀侯撰　江星橋
繕寫　民國啟新學社石印本　陶偉長題簽
一冊　存一卷（一）

330000－1716－0028759　集補 0496/28759
集部/詩文評類/文法之屬/函牘格式

兒童白話尺牘不分卷　廣文書局編輯所編
民國十七年（1928）上海世界書局石印本
二冊

330000－1716－0028760　子補 0019－3/
28760　子部/藝術類/書畫之屬/法帖

一心書詞一卷　童式規書　民國二十二年
（1933）影印本　一冊

330000－1716－0028762　集補 0497/28762
集部/詩文評類/文法之屬/函牘格式

新體兒童白話尺牘不分卷　潘文安編　民國

十九年(1930)上海大東書局石印本　二冊

330000－1716－0028764　集補 0498/28764
集部/詩文評類/文法之屬/函牘格式

兒童新尺牘不分卷　廣文書局編輯所編輯
言文對照初等新尺牘不分卷　世界書局編輯
所編輯　民國十五年至十六年(1926－1927)
上海世界書局石印本　一冊

330000－1716－0028765　集補 1180－3/
28765　集部/總集類/尺牘之屬

尺牘初桄八卷　(清)子虛氏輯　民國四年
(1915)上海千頃堂石印本　六冊　缺一卷
(六)

330000－1716－0028766　普集 1810/28766
集部/別集類

龐檗子遺集二卷　龐樹柏撰　民國六年
(1917)王蘊章等鉛印本　一冊

330000－1716－0028775　集補 1072/28775
集部/別集類

相思日記四十章　陸秀蘭撰　民國十年
(1921)上海世界書局石印本　一冊

330000－1716－0028777　集補 0671/28777
集部/總集類/尺牘之屬

中華女子尺牘不分卷　民國石印本　一冊
存一冊(上)

330000－1716－0028780　普集 1813/28780
集部/小說類/長篇之屬

繡像繪圖後列國志八卷六十回　民國上海進
步書局石印本　一冊　存一卷(一)

330000－1716－0028781　地獻 1914/28781
新學/學校

最新初等小學尺牘教科書二卷　魏濱撰　民
國十一年(1922)上海廣益書局石印本　二冊

330000－1716－0028783　地獻 1916/28783
集部/總集類/選集之屬/斷代

八股餘韻一卷附錄一卷　王世裕輯　民國鉛
印本　一冊

330000－1716－0028787　集補 1074－2/

28787　集部/詞類/詞譜之屬

白香詞譜箋四卷　(清)舒夢蘭輯　(清)謝朝
徵箋　民國十七年(1928)埽葉山房石印本
三冊　存三卷(一至三)

330000－1716－0028789　集補 0675－1/
28789　集部/別集類/清別集

溪上草堂文稿八卷首一卷　(清)駱晉祺撰
魏東編　民國十年(1921)魏東鉛印本　一冊
　存二卷(七至八)

330000－1716－0028790　集補 0675－2/
28790　集部/別集類/清別集

溪上草堂文稿八卷首一卷　(清)駱晉祺撰
魏東編　民國十年(1921)魏東鉛印本　一冊
存二卷(七至八)

330000－1716－0028794　子補 1268/28794
子部/儒家類/儒學之屬/蒙學

童叟古諺不分卷　(清)牛樹梅編　(清)寇守
信重輯　民國十三年(1924)上海善書流通處
石印本　一冊

330000－1716－0028795　集補 1075－1/
28795　集部/詞類/詞譜之屬

攷正白香詞譜三卷附錄一卷　陳小蝶編　增
訂晚翠軒詞韻一卷　陳祖耀校正　民國七年
(1918)春草軒鉛印本暨石印本　一冊　存三
卷(一至三)

330000－1716－0028796　集補 1075－2/
28796　集部/詞類/詞譜之屬

攷正白香詞譜三卷附錄一卷　陳小蝶編　增
訂晚翠軒詞韻一卷　陳祖耀校正　民國七年
(1918)春草軒鉛印本暨石印本　二冊　存二
卷(一、三)

330000－1716－0028797　普子 2020－1/
28797　子部/藝術類/篆刻之屬/印譜

吳讓之印存不分卷　(清)吳熙載篆　西泠印
社輯　民國西泠印社鈐拓本　三冊

330000－1716－0028815　集補 0681/28815
集部/詩文評類/文法之屬/函牘格式

寫信必讀十卷　(清)唐芸洲撰　民國四年

665

（1915）上海大成書局石印本　一冊　缺一卷
（十）

330000－1716－0028818　集補 0683/28818
集部/詩文評類/文法之屬/函牘格式
唐著寫信必讀二卷　（清）唐芸洲撰　民國上
海姚文海書局石印本　一冊　存一卷（下）

330000－1716－0028823　普子 2036/28823
子部/藝術類/篆刻之屬/印譜
鄰古閣印存一卷　戴景遷篆　戴譽輯　民國
十五年（1926）鈐印本　一冊

330000－1716－0028825　地獻 1919－17/
28825　集部/別集類/清別集
增注秋水軒尺牘二卷　（清）許思湄撰　（清）
婁世瑞注　（清）寄虹軒主人輯　民國上海文
瑞樓石印本　一冊　存一卷（上）

330000－1716－0028826　集補 0685/28826
集部/詩文評類/文法之屬/函牘格式
寫信必讀四卷　（清）唐芸洲撰　**新撰生意必
讀一卷**　民國六年（1917）上海廣記石印本
潘仁壽題記　一冊

330000－1716－0028829　普史 1497－1/
28829　史部/地理類/方志之屬/郡縣志
[民國]衢縣志樣本不分卷　民國浙江衢縣縣
志校印處鉛印本　一冊

330000－1716－0028833　子補 1271/28833
子部/雜著類/雜纂之屬
福壽寶鑑不分卷　邱征輯　民國二十二年
（1933）鉛印本　一冊

330000－1716－0028840　地獻 3683/28840
子部/藝術類/篆刻之屬/印譜
玉笏盦印譜一卷　民國鈐印本　一冊

330000－1716－0028841　地獻 3681/28841
子部/藝術類/篆刻之屬/印譜
摩印一卷　民國鈐印本　一冊

330000－1716－0028842　地獻 3682/28842
子部/藝術類/篆刻之屬/印譜
思補室藏石一卷　民國鈐印本　一冊

330000－1716－0028844　普子 2042/28844
子部/藝術類/篆刻之屬/印譜
松石山房印譜銅印之部一卷　（日本）鄉純造
鑑藏　民國鈐印本　一冊

330000－1716－0028847　普子 2044/28847
子部/藝術類/篆刻之屬/印譜
石農印存不分卷　民國鈐印本　一冊

330000－1716－0028849　普史 1522/28849
史部/目錄類/版本之屬
景印元板元四大家集樣本不分卷　民國上海
古書流通處影印本　一冊

330000－1716－0028850　普子 2045/28850
子部/藝術類/篆刻之屬/印譜
富文書屋印譜不分卷　民國鈐印本　一冊

330000－1716－0028851　集補 0688/28851
集部/詩文評類/文法之屬/函牘格式
寫信必讀十卷　（清）唐芸洲撰　民國上海廣
益書局石印本　二冊　存四卷（一至四）

330000－1716－0028854　集補 0689/28854
集部/詩文評類/文法之屬/函牘格式
寫信必讀十卷　（清）唐芸洲撰　民國上海廣
益書局石印本　四冊　存七卷（一至四、七至
八、十）

330000－1716－0028857　普子 2047/28857
子部/藝術類/篆刻之屬/印譜
銅章印譜不分卷　民國鈐印本　二冊

330000－1716－0028859　地獻 3685/28859
子部/藝術類/篆刻之屬/印譜
課耕草堂印譜一卷　民國鈐印本　一冊

330000－1716－0028862　集補 0690－1/
28862　集部/詩文評類/文法之屬/函牘格式
寫信必讀十卷　（清）唐芸洲撰　民國上海昌
文書局石印本　三冊　缺二卷（一至二）

330000－1716－0028863　集補 0690－2/
28863　集部/詩文評類/文法之屬/函牘格式
寫信必讀十卷　（清）唐芸洲撰　民國上海昌
文書局石印本　一冊　存二卷（九至十）

330000 – 1716 – 0028864　集補 0691/28864
集部/詩文評類/文法之屬/函牘格式

寫信必讀十卷　（清）唐芸洲撰　民國上海萃英書局石印本　二冊　存四卷（四至五、八至九）

330000 – 1716 – 0028865　史補 0775 – 2/28865　史部/政書類/律令之屬/判牘

十大名家判牘十卷　平襟亞編　秋痕樓主評　民國上海東亞書局鉛印本　一冊　存一種

330000 – 1716 – 0028871　集補 1192 – 4/28871　集部/詩文評類/文法之屬/函牘格式

寫信必讀十卷　（清）唐芸洲撰　民國三年（1914）石印本　羅鶴椿題簽　二冊　存五卷（一至二、六至八）

330000 – 1716 – 0028874　集補 0692/28874
集部/詩文評類/文法之屬/函牘格式

言文對照廣注寫信必讀不分卷　（清）唐芸洲撰　民國十六年（1927）上海世界書局石印本　一冊

330000 – 1716 – 0028876　集補 0693/28876
集部/詩文評類/文法之屬/函牘格式

寫信必讀十卷　（清）唐芸洲撰　民國石印本　一冊

330000 – 1716 – 0028877　集補 0694/28877
集部/詩文評類/文法之屬/函牘格式

寫信必讀十卷　（清）唐芸洲撰　民國上海萃英書局石印本　一冊　缺一卷（十）

330000 – 1716 – 0028879　集補 0695/28879
集部/詩文評類/文法之屬/函牘格式

言文對照廣注寫信必讀十卷　（清）唐芸洲撰　民國十年（1921）上海世界書局石印本　一冊

330000 – 1716 – 0028881　集補 0696/28881
集部/詩文評類/文法之屬/函牘格式

言文對照唐著寫信必讀不分卷　舒屋山人編　民國上海大北書局石印本　一冊

330000 – 1716 – 0028883　集補 0697/28883
集部/詩文評類/文法之屬/函牘格式

寫信必讀十卷　（清）唐芸洲撰　民國上海錦章圖書局石印本　一冊

330000 – 1716 – 0028886　普史 1497 – 2/28886　史部/地理類/方志之屬/郡縣志

[民國]衢縣志樣本不分卷　民國浙江衢縣縣志校印處鉛印本　一冊

330000 – 1716 – 0028887　集補 0698/28887
集部/別集類/清別集

柏梘山房文集十六卷續集一卷駢體文二卷詩集十卷續集二卷　（清）梅曾亮撰　民國石印本　二冊　存十三卷（三至十五）

330000 – 1716 – 0028889　集補 0700 – 3/28889　集部/總集類/尺牘之屬

分類箋注文辭大尺牘二十六卷　（明）鍾惺纂輯　（明）馮夢龍訂釋　（清）王鼎增輯　民國上海求古齋鉛印本　二冊　存三卷（一至二、八）

330000 – 1716 – 0028894　集補 1192 – 12/28894　集部/詩文評類/文法之屬/函牘格式

酬世尺牘彙新□□卷　（清）王紫紳撰　民國鉛印本　一冊　存一卷（八）

330000 – 1716 – 0028895　普史 1503/28895
史部/傳記類/別傳之屬/事狀

鏡宇尚書八秩晉五鄉舉周甲徵詩文啟一卷　李焜瀛等撰　民國十六年（1927）刻朱印本　一冊

330000 – 1716 – 0028897　普集 1824/28897
集部/別集類

呂鏡宇尚書鄉舉周甲自述詩一卷　呂海寰撰　民國十五年（1926）刻朱印本　一冊

330000 – 1716 – 0028900　集補 1192 – 15/28900　集部/詩文評類/文法之屬/函牘格式

新增學堂商務應用尺牘二卷　民國石印本　一冊　存一卷（二）

330000 – 1716 – 0028908　集補 0960/28908
集部/詩文評類/文法之屬/函牘格式

寫信必讀十卷　（清）唐芸洲撰　民國上海大一統書局石印本　一冊

330000－1716－0028910　　新補0017－4/28910　子部/雜著類/雜編之屬

日用酬世大觀　世界書局編輯所編　民國十三年(1924)上海世界書局石印本　一冊　存五種

330000－1716－0028911　子補1274/28911　子部/醫家類/養生之屬

壽親養老新書四卷　(宋)陳直撰　(元)鄒鉉續撰　民國八年(1919)上海朝記書莊鉛印本　一冊　存一卷(一)

330000－1716－0028915　地獻1608－2/28915　新學/理學/文學

小學適用紀事文模範四卷　鍾懋宣撰　民國九年(1920)上海進化書局石印本　一冊　存一卷(一)

330000－1716－0028916　集補0962/28916　集部/總集類/選集之屬/通代

鍾伯敬先生訂補千家詩圖注二卷　(明)鍾惺訂補　民國石印本　一冊

330000－1716－0028917　地獻1922/28917　集部/別集類

轉蓬集一卷　陳中嶽撰　民國二十一年(1932)天津大公報館鉛印本　一冊

330000－1716－0028918　集補0963/28918　集部/別集類/清別集

瓊臺詩集二卷　(清)齊召南撰　民國上海廣益書局石印本　一冊　存一卷(上)

330000－1716－0028919　集補1299－2/28919　集部/曲類/寶卷之屬

新出繪圖金枝寶卷二卷　民國五年(1916)上海文益書局石印本　一冊　存一卷(一)

330000－1716－0028920　集補0965/28920　集部/總集類/選集之屬/通代

御選唐宋文醇五十八卷目錄一卷　(清)高宗弘曆輯　民國石印本　一冊　存七卷(五十二至五十八)

330000－1716－0028922　集補0966－2/28922　集部/總集類/尺牘之屬

詳注嚶求集二卷　(清)繆艮撰　(清)倪照注　民國上海文盛書局石印本　浩然題簽　一冊

330000－1716－0028924　經補0845/28924　經部/小學類/音韻之屬/韻書

增補詩韻合璧五卷　(清)湯祥瑟輯　(清)華錕重編　**虛字韻藪一卷**　(清)潘維城輯　**初學檢韻袖珍一卷**　(清)姚文登輯　民國四明暢懷書屋石印本　四冊　存四卷(一至四)

330000－1716－0028927　普集1825/28927　集部/戲劇類

真正京都頭等名角曲本　民國上海文宜書局石印本　一冊　存四種

330000－1716－0028932　普集1826/28932　集部/戲劇類

真正京都頭等名角曲本二集　民國石印本　一冊　存五種

330000－1716－0028957　集補0974/28957　集部/別集類

屈巡按使出巡全浙文稿四卷　屈映光撰　民國鉛印本　一冊　存一卷(二)

330000－1716－0028969　集補1197/28969　集部/總集類/尺牘之屬

分類廣注交際尺牘大觀不分卷　劉再蘇編輯　民國十六年(1927)上海世界書局石印本　一冊　存一冊(十二)

330000－1716－0028974　地獻3696/28974　子部/藝術類/篆刻之屬/印譜

介盦印存不分卷　民國十二年(1923)鈐印本　一冊

330000－1716－0028975　地獻3689/28975　子部/藝術類/篆刻之屬/印譜

印譜一卷　民國鈐印本　一冊

330000－1716－0028977　普集1834/28977　集部/別集類/宋別集

龍川文集三十卷首一卷　(宋)陳亮撰　**附錄二卷　辨誣考異二卷**　(清)胡鳳丹撰　民國掃葉山房石印本　一冊　存四卷(附錄一至

二、辨譌考異一至二）

330000－1716－0028978　地獻 3690/28978
子部/藝術類/篆刻之屬/印譜
樊晉陽手翰章一卷　民國鈐印本　一冊

330000－1716－0028979　集補 0978/28979
集部/總集類/選集之屬/斷代
注釋唐詩易讀六卷　民國八年（1919）中華書局鉛印本　一冊　缺二卷（一至二）

330000－1716－0028980　地獻 3691/28980
子部/藝術類/篆刻之屬/印譜
退庵印存一卷　民國鈐印本　一冊

330000－1716－0028982　地獻 3692/28982
子部/藝術類/篆刻之屬/印譜
覺世經印譜一卷　民國鈐印本　一冊

330000－1716－0028985　地獻 3693/28985
子部/藝術類/篆刻之屬/印譜
陳多鼎印譜一卷　民國鈐印本　一冊

330000－1716－0028986　集補 0979/28986
集部/總集類/選集之屬/斷代
繪圖唐詩三百首四卷　（清）蘅塘退士（孫洙）編　民國石印本　一冊

330000－1716－0028989　地獻 3694/28989
子部/藝術類/篆刻之屬/印譜
馬惟遵印譜一卷　民國鈐印本　一冊

330000－1716－0028990　新補 0486/28990
新學/學校
最新論說初階四卷　開智社編輯　民國上海中華書局鉛印本　一冊　缺一卷（四）

330000－1716－0028996　集補 0980/28996
集部/總集類/尺牘之屬
寫信百法四冊不分卷　民國九年（1920）上海進化書局石印本　二冊

330000－1716－0028998　集補 0981－10/28998　集部/總集類/選集之屬/通代
古唐詩合解十二卷古詩合解四卷　（清）王堯衢注　民國十年（1921）上海鴻寶齋石印本　七冊　缺二卷（七至八）

330000－1716－0029000　集補 0981－9/29000　集部/總集類/選集之屬/通代
古唐詩合解十二卷古詩合解四卷　（清）王堯衢注　民國上海鑄記書局石印本　一冊　存二卷（五至六）

330000－1716－0029001　集補 0982/29001
集部/總集類/選集之屬/斷代
唐詩三百首注疏六卷　（清）孫洙編　（清）章燮注　民國上海鴻寶齋書局石印本　一冊　存二卷（一至二）

330000－1716－0029004　經補 0847/29004
經部/小學類/文字之屬/說文/傳說
說文釋例二十卷　（清）王筠撰　民國石印本　五冊　存十六卷（五至二十）

330000－1716－0029010　集補 0985/29010
集部/別集類
百八和聲一卷　潘守廉撰　民國二十三年（1934）鉛印本　一冊

330000－1716－0029018　經補 0852/29018
經部/禮記類/傳說之屬
禮記節本不分卷　民國山會師範學堂石印本　一冊

330000－1716－0029030　經補 0856/29030
經部/小學類/文字之屬/字書
虛字折中四卷　吳熙纂　民國十四年（1925）上海古今圖書店鉛印本　一冊

330000－1716－0029031　地獻 1854－79/29031　集部/總集類/尺牘之屬
普通應用商務尺牘教本十三卷　孫公望撰　民國浙紹墨潤堂石印本　一冊　存四卷（六至九）

330000－1716－0029032　地獻 1923/29032
子部/儒家類/儒學之屬/蒙學
三字經一卷　民國浙紹育新書局石印本　一冊

330000－1716－0029033　地獻 1552－3/29033　經部/小學類/文字之屬/字書/訓蒙
千字文一卷　民國浙紹墨潤堂石印本　一冊

330000－1716－0029035　集補 0669/29035
集部/別集類/唐五代別集

**白香山詩長慶集二十卷後集十七卷別集一卷
補遺二卷**　（唐）白居易撰　（清）汪立名編訂
白香山年譜一卷　（清）汪立名撰　**白香山
年譜舊本一卷**　（宋）陳振孫撰　民國上海會
文堂石印本　一冊　存四卷（後集十七、別
集、補遺一至二）

330000－1716－0029037　地獻 1427－26/
29037　集部/詩文評類/文法之屬

初學論說文範四卷　邵伯棠撰　民國四年
（1915）上海會文堂粹記石印本　一冊　存一
卷（一）

330000－1716－0029038　集補 1300/29038
集部/總集類/酬唱之屬

桃潭觴詠集一卷　如如老人輯　民國鉛印本
　一冊

330000－1716－0029039　集補 0791－7/
29039　集部/詩文評類/文法之屬/函牘格式

**新撰詳注分類尺牘大全不分卷最新應酬實用
文件不分卷**　袁韜壺編　民國石印本　一冊

330000－1716－0029040　子補 1281－1/
29040　子部/小說家類/異聞之屬

拍案驚異十八卷　民國石印本　三冊　存十
卷（九至十八）

330000－1716－0029041　集補 1204/29041
集部/詩文評類/文法之屬/函牘格式

言文對照女子新尺牘二卷　世界書局編輯所
編輯　民國十八年（1929）上海世界書局石印
本　一冊　存一卷（二）

330000－1716－0029045　子補 1280/29045
子部/小說家類/異聞之屬

挑燈新錄六卷　（清）吳荊園撰　民國四年
（1915）上海書局石印本　二冊　存三卷（一
至二、六）

330000－1716－0029048　子補 1281－2/
29048　子部/小說家類/異聞之屬

拍案驚異十八卷　民國石印本　二冊　存十
卷（九至十八）

330000－1716－0029049　集補 1205－1/
29049　集部/詩文評類/文法之屬/函牘格式

寫信必讀十卷　（清）唐芸洲撰　民國四年
（1915）上海大成書局石印本　一冊　存三卷
（一至三）

330000－1716－0029050　子補 1281－3/
29050　子部/小說家類/異聞之屬

拍案驚異十八卷　民國石印本　一冊　存一
卷（二）

330000－1716－0029054　集補 1206－1/
29054　集部/總集類/選集之屬/通代

古文析義初編六卷二編八卷　（清）林雲銘評
注　民國二十年（1931）上海萃英書局石印本
　二冊　存二卷（一、二編二）

330000－1716－0029071　普集 1848/29071
集部/別集類

果園遺詩二卷　郭恩孚撰　民國八年（1919）
濰縣博文石印局石印本　一冊

330000－1716－0029082　普集 1852/29082
集部/別集類

天放樓續集　金天羽撰　民國二十二年
（1933）鉛印本　一冊　存一種

330000－1716－0029084　集補 0998/29084
集部/別集類

闇齋文稿一卷詩稿一卷詞一卷　張學華撰
民國三十七年（1948）蔚興印刷場鉛印本
一冊

330000－1716－0029085　普經 0962－2/
29085　經部/叢編

十三經讀本　唐文治輯　民國十三年（1924）
吳江施肇曾醒園刻本　一冊　存一種

330000－1716－0029091　集補 1401/29091
集部/詩文評類/文法之屬/函牘格式

言文對照注解新寫信不求人二卷　許慕羲編
輯　民國十二年（1923）上海廣益書局石印本
　一冊

330000－1716－0029093　集補 1402/29093
集部/詩文評類/文法之屬/函牘格式

國民適用新寫信不求人四卷　民國四年
(1915)上海錦章圖書局石印本　一冊

330000－1716－0029096　普叢 0235/29096
類叢部/叢書類/家集之屬

儲氏叢書□□種　民國十九年(1930)上海述
學社鉛印本　儲皖峰題記　一冊　存二種

330000－1716－0029102　普叢 0422－1/
29102　類叢部/叢書類/彙編之屬

滑稽叢書　胡寄塵編　民國二年(1913)上海
廣益書局鉛印本　二冊

330000－1716－0029135　子補 1290/29135
子部/儒家類/儒學之屬/蒙學

五彩精圖新方字樣本不分卷　董銳編輯　民
國五年(1916)上海廣益書局石印本　一冊

330000－1716－0029144　子補 1298/29144
子部/宗教類/佛教之屬

夙孽記一卷　(明)陸圻撰　民國中央刻經處
鉛印本　一冊

330000－1716－0029146　普集 1857/29146
新學/學校

高等小學適用論說規程二卷　民國上海進化
書局石印本　一冊　存一卷(一)

330000－1716－0029147　普集 1858/29147
集部/詩文評類/文法之屬

新撰初學論說指南四卷　陸保璿撰　民國上
海廣益書局石印本　一冊　存一卷(二)

330000－1716－0029148　地獻 1925－14/
29148　經部/四書類/總義之屬/傳說

四書集注十九卷　(宋)朱熹撰　民國浙紹墨
潤堂鉛印本　二冊　存一種

330000－1716－0029153　子補 1300－1/
29153　子部/宗教類/道教之屬

奇驗明聖經感應三聖經合刊不分卷　民國鉛
印本　一冊

330000－1716－0029157　古越 0768/29157

集部/別集類

求我山人雜著六卷首一卷　莊景仲撰　**附錄
一卷**　民國鉛印本　一冊　缺三卷(一至二、
首)

330000－1716－0029163　地獻 1967/29163
類叢部/叢書類/彙編之屬

雪堂叢刻(國學叢刊)五十二種　羅振玉編
民國四年(1915)上虞羅氏鉛印本　一冊　存
一種

330000－1716－0029168　普史 1508/29168
史部/目錄類/總錄之屬/彙刻

四部備要樣本一卷　中華書局編　民國上海
中華書局鉛印本　一冊

330000－1716－0029169　普史 1509/29169
史部/目錄類/總錄之屬/彙刻

四庫全書珍本初集樣本一卷　商務印書館編
　民國二十三年(1934)上海商務印書館鉛印
本暨影印本　一冊

330000－1716－0029170　普史 1510/29170
史部/史抄類

歐陽文忠公五代史抄二十卷　(宋)歐陽修撰
　(明)茅坤輯　民國上海會文堂書局石印本
一冊　存五卷(十一至十五)

330000－1716－0029188　地獻 1402－5/
29188　史部/傳記類/別傳之屬/事狀

紹興孝子金鹿賓先生哀誄錄不分卷　陳澹然
等撰　民國八年(1919)鉛印本　一冊

330000－1716－0029189　子補 1306/29189
子部/天文曆算類/曆法之屬

同文堂精校機器通書不分卷　民國六年
(1917)佛山十七間同文堂朱墨石印本　一冊

330000－1716－0029197　普集 1870/29197
集部/小說類/長篇之屬

新刻五女興唐傳四卷四十二回　民國石印本
　二冊　存二卷(二、四)

330000－1716－0029213　普集 1871/29213
集部/總集類/彙編之屬

墨緣叢錄不分卷　王振孫編　民國四年

（1915）石印本　一冊

330000－1716－0029214　　經補 0873－4/29214　經部/小學類/音韻之屬/韻書

增注字類標韻六卷　（清）華綱輯　（清）范多珏重訂　民國二年（1913）上海鴻寶齋石印本　一冊　存三卷（一至三）

330000－1716－0029235　普集 1889/29235　集部/別集類

畸園第三次手定詩稿十七種三十二卷　陳遹聲撰　民國十一年（1922）影印本　三冊　存二種

330000－1716－0029244　地獻 1904－28/29244　經部/小學類/音韻之屬/韻書

增補同音字類標韻二卷續編一卷外編一卷　（清）石韞玉增輯　民國二十四年（1935）紹興育新書局石印本　二冊　存二卷（一至二）

330000－1716－0029246　普叢 0252/29246　類叢部/叢書類/自著之屬

止園叢書　尹昌衡撰　民國鉛印本　一冊　存一種

330000－1716－0029248　普集 1877/29248　集部/小說類/長篇之屬

乾隆帝演義不分卷　民國鉛印本　一冊

330000－1716－0029249　地獻 1932/29249　集部/總集類/酬唱之屬

飲醴客三十詩一卷　張敬熙編　民國十八年（1929）鉛印本　一冊

330000－1716－0029256　普集 1883/29256　集部/總集類/酬唱之屬

白門悲秋集一卷　蔡有守輯　民國鉛印本　一冊

330000－1716－0029257　地獻 1931－2/29257　集部/別集類/清別集

悔廬遺集二卷　（清）經元智撰　民國二年（1913）鉛印本　一冊　存一卷（一）

330000－1716－0029261　集補 1457/29261　集部/別集類

復庵遺集二十四卷（奏議三卷出使公牘一卷佐輈牘存二卷禁煙牘存六卷文集四卷詩集二卷書劄五卷家書節鈔一卷）　許珏撰　許同范等輯　民國十一年（1922）無錫許氏鉛印本　二冊　存六卷（奏議一至三、文集一至三）

330000－1716－0029266　子補 1308/29266　子部/宗教類/其他宗教之屬

婚配訓言一卷　民國十五年（1926）鉛印本　一冊

330000－1716－0029277　子補 1310/29277　子部/宗教類/其他宗教之屬/基督教

潛德譜一卷　（清）李杕譯　民國十三年（1924）上海土山灣印書館鉛印本　一冊

330000－1716－0029278　子補 1311/29278　子部/雜著類

天網恢恢白話錄一卷　（清）洗心老人譯　民國十二年（1923）上海怡春堂善書部石印本　一冊

330000－1716－0029282　子補 1313/29282　子部/雜家類

齊家真諦一卷　民國石印本　一冊

330000－1716－0029284　子補 1314/29284　子部/藝術類/遊藝之屬/聯語

西湖楹聯四卷　民國四年（1915）西湖鑫記書社石印本　二冊　存二卷（三至四）

330000－1716－0029285　子補 1315/29285　子部/宗教類/佛教之屬

天降度劫經真言一卷觀音大士解劫文一卷純陽祖師救劫文一卷　民國十年（1921）上海宏大善書局石印本　一冊

330000－1716－0029287　子補 1316/29287　子部/儒家類/儒學之屬/俗訓

小學詩一卷　（清）謝泰階撰　民國二十三年（1934）中央刻經院佛經善書局鉛印本　一冊

330000－1716－0029288　經補 0883/29288　經部/小學類/音韻之屬

淺近切音字類一卷　（清）袁午楠編輯　民國四年（1915）上海煥文書局鉛印本　一冊

330000－1716－0029292　子補 1317/29292
子部/宗教類/佛教之屬
天如醒言一卷天如禪師淨土或問摘要一卷
（清）石成金撰　民國寧波華陞局鉛印本
一冊

330000－1716－0029297　子補 1318/29297
子部/小說家類/諧謔之屬
一見哈哈笑四卷　民國十五年（1926）上海沈
鶴記書局石印本　孔照題簽　一冊　存一卷
（一）

330000－1716－0029298　集補 1465－1/
29298　集部/別集類/清別集
**有正味齋駢體文（有正味齋駢體文箋注）二十
四卷首一卷**　（清）吳錫麒撰　（清）王廣業箋
（清）葉聯芬注　民國石印本　二冊　存十
五卷（十至二十四）

330000－1716－0029300　子補 1320/29300
子部/術數類/雜術之屬
劉伯溫燒餅歌一卷　（明）劉基撰　民國石印
本　一冊

330000－1716－0029302　集補 1465－2/
29302　集部/別集類/清別集
**有正味齋駢體文（有正味齋駢體文箋注）二十
四卷首一卷**　（清）吳錫麒撰　（清）王廣業箋
（清）葉聯芬注　民國石印本　二冊　存十
卷（五至十、十九至二十二）

330000－1716－0029304　經補 0887/29304
子部/藝術類/書畫之屬/書法書品
真草隸篆四體千字文一卷　民國石印本
一冊

330000－1716－0029305　新補 0490－1/
29305　新學/雜著
繪圖日用雜字一卷　民國石印本　杜餘慶題
簽　一冊

330000－1716－0029306　新補 0490－2/
29306　新學/雜著
最新改良繪圖日用雜字一卷　民國天寶書局
石印本　陳功白題記　一冊

330000－1716－0029308　集補 1467/29308
集部/總集類/選集之屬/通代
詩詞讀本三卷　嚴日及編　民國上海函授國
文專科學校輯本鉛印本　一冊

330000－1716－0029310　新補 0490－3/
29310　新學/雜著
新輯繪圖洋務日用雜字一卷　民國石印本
一冊

330000－1716－0029313　新補 0490－4/
29313　新學/雜著
新輯繪圖洋務日用雜字一卷　民國石印本
一冊

330000－1716－0029315　經補 0890－4/
29315　經部/孝經類/傳說之屬
孝經白話解說一卷　朱領中撰　民國二十一
年（1932）上海明善書局石印本　一冊

330000－1716－0029316　經補 0888/29316
經部/小學類/文字之屬/說文/傳說
朱氏說文通訓定聲序注一卷　（清）朱駿聲撰
宋文蔚注釋　民國二十三年（1934）上海商
務印書館石印本　一冊

330000－1716－0029318　經補 0889/29318
經部/孝經類/傳說之屬
御注孝經一卷附錄一卷　（清）世祖福臨撰
民國寧波鈞和印刷公司石印本　一冊

330000－1716－0029320　子補 1326/29320
子部/工藝類/日用器物之屬/錦繡
文明挑繡圖一卷　肖光繪　民國石印本
一冊

330000－1716－0029321　經補 0890－1/
29321　經部/孝經類/傳說之屬
孝經白話解說一卷　朱領中撰　民國石印本
一冊

330000－1716－0029322　經補 0890－3/
29322　經部/孝經類/傳說之屬
孝經白話解說一卷　朱領中撰　民國二十一
年（1932）上海明善書局石印本　一冊

330000－1716－0029328　經補 0891－2/
29328　經部/小學類/訓詁之屬/字詁

新鐫智燈難字二卷　（清）范寅撰　民國石印本　陳宜室題簽　一冊

330000－1716－0029329　經補 0891－3/
29329　經部/小學類/訓詁之屬/字詁

新鐫智燈難字二卷　（清）范寅撰　民國石印本　張祖根題簽　一冊

330000－1716－0029338　集補 1328/29338
集部/小說類/長篇之屬

繡像南唐演義薛家將十卷一百回　（清）如蓮居士編　民國石印本　二冊　存四卷（六至九）

330000－1716－0029347　地獻 1935－2/
29347　新學/雜著

新鐫智燈難字二卷新輯繪圖洋務日用雜字一卷　民國浙紹墨潤堂石印本　一冊

330000－1716－0029360　地獻 1936/29360
史部/傳記類/別傳之屬

張杖朝雙壽集一卷　張鳳岐輯　民國十九年（1930）盡孝社興學部石印本　一冊

330000－1716－0029367　經補 0895/29367
經部/易類/傳說之屬

易經增訂旁訓三卷　民國元年（1912）上海錦文堂石印本　二冊

330000－1716－0029406　集補 1331/29406
集部/小說類/長篇之屬

施公案奇集十集□□卷□□回　民國石印本　一冊　存二卷（三集六至七）

330000－1716－0029409　集補 1333/29409
集部/小說類/長篇之屬

繡像綠野仙踪八卷八十回　（清）李百川撰　民國石印本　一冊　存一卷（六）

330000－1716－0029412　新補 0493/29412
新學/交涉

聯隊區司令官及地方官之關係事務概要一卷　民國石印本　一冊

330000－1716－0029413　集補 1335/29413
集部/小說類/長篇之屬

異說五虎平西珍珠旗演義狄青前傳六卷一百十二回新鐫後續繡像五虎平南狄青演傳四卷四十二回　民國石印本　二冊　存四卷（平南一至四）

330000－1716－0029420　集補 1486/29420
集部/詞類/詞話之屬

詞辨二卷介存齋論詞雜箸一卷　（清）周濟編　民國二年（1913）上海掃葉山房石印本　一冊

330000－1716－0029421　集補 1337/29421
集部/曲類/彈詞之屬

繡像果報録十二卷　（清）海芝濤撰　民國香港書局石印本　一冊　存一卷（一）

330000－1716－0029424　集補 1489－2/
29424　集部/別集類/清別集

陸善泉先生遺稿十卷　（清）陸善泉撰　民國石印本　一冊　存一卷（二）

330000－1716－0029444　子補 1334/29444
子部/小說家類/異聞之屬

外史八卷　（明）思貞子撰　（明）薛朝選（清）袁枚輯　民國六年（1917）石印本　三冊　缺二卷（五至六）

330000－1716－0029449　集補 1209/29449
集部/總集類/選集之屬/斷代

繪圖唐詩三百首四卷　（清）蘅塘退士（孫洙）編　民國上海簡青齋書局石印本　一冊　存一卷（一）

330000－1716－0029452　集補 1210/29452
經部/小學類/文字之屬/字書/字體

真草尺牘合璧二卷附攷正同音字彙一卷（清）王久徵書　民國五年（1916）上海文益書局石印本　一冊

330000－1716－0029461　經補 0906/29461
經部/小學類/文字之屬/字書/通論

文字學形義篇不分卷　朱宗萊撰　民國十八年（1929）北大學院出版部鉛印本　一冊

330000－1716－0029484　史補 0782/29484
史部/史評類/詠史之屬

今樂府一卷　（清）陳梓撰　（清）鄭亦亭評
民國四年（1915）文新書局石印本　一冊

330000－1716－0029488　集補 1211/29488
集部/詩文評類/文法之屬/函牘格式

寫信必讀十卷　（清）唐芸洲撰　民國上海萃
英書局石印本　一冊　存一卷（一）

330000－1716－0029489　集補 1540/29489
集部/戲劇類/總集之屬/雜劇

元曲選一百種一百卷　（明）臧懋循編　**論曲
一卷**　（元）陶宗儀等撰　**元曲論一卷**　民國
七年（1918）上海商務印書館據明博古堂本影
印本　一冊　存一種

330000－1716－0029505　子補 1336/29505
子部/農家農學類/總論之屬

重訂增補陶朱公致富全書四卷　（清）石巖逸
叟增定　民國元年（1912）上海廣益書局石印
本　一冊　存二卷（一至二）

330000－1716－0029507　集補 1541－2/
29507　集部/詩文評類/詩評之屬

詩學捷徑一卷　鄒弢編　民國蘇州振新書
社、上海蘇新書社石印本　一冊

330000－1716－0029508　集補 1542－2/
29508　集部/詞類/詞話之屬

無師自通填詞百法二卷　顧憲融編纂　民國
上海崇新書局鉛印本　一冊　存一卷（二）

330000－1716－0029509　集補 1523/29509
集部/詞類/別集之屬

臺天影事譜不分卷　易順鼎撰　民國成都昌
福公司鉛印本　一冊

330000－1716－0029514　經補 0886－9/
29514　經部/小學類/音韻之屬/韻書

校正增廣詩韻全璧五卷　（清）湯祥瑟輯
（清）華鋸重編　民國三年（1914）上海煥文書
局石印本　一冊　存一卷（一）

330000－1716－0029524　經補 0886－11/
29524　類叢部/類書類/專類之屬

詩韻合璧五卷　（清）許時庚輯　**虛字韻藪一
卷**　（清）潘維城輯　民國十五年（1926）上海
掃葉山房石印本　一冊　存一卷（一）

330000－1716－0029539　普集 1928/29539
集部/別集類/清別集

鄭板橋全集七卷　（清）鄭燮撰　民國石印本
二冊

330000－1716－0029542　集補 1530/29542
集部/別集類/清別集

緣督軒遺稿一卷　（清）王敬銘撰　**王書衡先
生文稿一卷**　王式通撰　民國四年（1915）上
海商務報館鉛印本　一冊

330000－1716－0029544　地獻 1939－3/
29544　集部/總集類/選集之屬/斷代

唐詩便蒙二卷　民國紹興墨潤堂書莊石印本
一冊　存一卷（下）

330000－1716－0029572　集補 1534－1/
29572　集部/曲類/寶卷之屬

湖廣荊州府永慶縣脩行梅氏花綗寶卷二卷
民國聚元堂書局石印本　二冊

330000－1716－0029578　集補 1534－2/
29578　集部/曲類/寶卷之屬

湖廣荊州府永慶縣脩行梅氏花綗寶卷二卷
民國聚元堂書局石印本　一冊　存一卷（一）

330000－1716－0029583　集補 1535/29583
集部/詞類/別集之屬

臺天影事譜四卷　易順鼎撰　民國鉛印本
亞白題記　一冊

330000－1716－0029584　普集 1943/29584
集部/曲類/彈詞之屬

繡像瓊林宴□□卷　民國石印本　一冊　存
一卷（二）

330000－1716－0029586　集補 0946－3/
29586　集部/詞類/詞譜之屬

白香詞譜一卷晚翠軒詞韻一卷　（清）舒夢蘭
輯　民國元年（1912）振始堂石印本　二冊

330000－1716－0029594　集補 1538－2/

29594　集部/別集類/宋別集

教科適用蘇詩精華一卷　（宋）蘇軾撰　民國八年(1919)上海中華書局鉛印本　一冊

330000－1716－0029606　集補 1546－4/29606　集部/總集類/選集之屬/通代

玉臺新詠十卷　（南朝陳）徐陵編　（清）吳兆宜注　（清）程琰刪補　民國七年(1918)上海掃葉山房石印本　三冊　缺五卷(三至六、九)

330000－1716－0029609　集補 1543/29609　集部/別集類/漢魏六朝別集

謝宣城詩集五卷　（南朝齊）謝朓撰　民國三年(1914)上海有正書局石印本　一冊

330000－1716－0029618　子補 1702/29618　子部/小說家類/諧謔之屬

繪圖新笑林廣記四卷　世界書局編　民國十四年(1925)世界書局石印本　一冊

330000－1716－0029625　子補 1704/29625　子部/藝術類/遊藝之屬/雜藝

益智圖千字文不分卷　（清）童叶庚撰　民國上海商務印書館石印本　一冊　存一冊(六)

330000－1716－0029626　子補 1705/29626　子部/天文曆算類/曆法之屬

中華民國六年時憲書不分卷　民國六年(1917)石印本　一冊

330000－1716－0029643　集補 1548/29643　集部/總集類/郡邑之屬

進社文錄一卷詩錄一卷詞錄一卷題名錄一卷　進社編輯　民國六年(1917)進社鉛印本　一冊

330000－1716－0029646　集補 1518－6/29646　集部/總集類/選集之屬/通代

千家詩二卷　民國石印本　章家寶題記　一冊　存一卷(二)

330000－1716－0029652　集補 1549/29652　集部/總集類/選集之屬/通代

古文辭類纂七十四卷　（清）姚鼐纂輯　民國上海廣益書局石印本　一冊　存二卷(十一至十二)

330000－1716－0029653　集補 1550－2/29653　集部/總集類/酬唱之屬

鷗隱廬七十壽詩彙編一卷　趙卓卿等撰　民國十二年(1923)石印本　一冊

330000－1716－0029654　集補 1550－3/29654　集部/總集類/酬唱之屬

鷗隱廬七十壽詩彙編一卷　趙卓卿等撰　民國十二年(1923)石印本　一冊

330000－1716－0029662　集補 1214/29662　集部/總集類/尺牘之屬

共和國民入門新尺牘二卷首一卷　許瑞清編輯　陸延黼校　**增補攷正字彙一卷**　民國二年(1913)上海蔣春記書局石印本　一冊　存二卷(一、首)

330000－1716－0029663　子補 1712/29663　子部/儒家類/儒學之屬/蒙學

五彩精圖新方字樣本不分卷　董銳編輯　民國十八年(1929)上海廣益書局石印本　一冊

330000－1716－0029664　集補 1518－3/29664　集部/總集類/選集之屬/通代

新撰白話注解千家詩四卷　民國上海尚古山房石印本　一冊　存三卷(一至三)

330000－1716－0029665　集補 1518－4/29665　集部/總集類/選集之屬/通代

改良鍾伯敬先生訂補千家詩圖注一卷　（明）鍾惺訂補　民國上海劉源記書局石印本　一冊

330000－1716－0029667　集補 1518－5/29667　集部/總集類/選集之屬/通代

改良鍾伯敬先生訂補千家詩圖注一卷　（明）鍾惺訂補　民國上海劉德記書局石印本　一冊

330000－1716－0029670　集補 1518－7/29670　集部/總集類/選集之屬/通代

千家詩二卷　民國石印本　一冊　存一卷(一)

330000 – 1716 – 0029672　集補 1518 – 8/29672　集部/總集類/選集之屬/通代

改良鍾伯敬先生訂補千家詩圖注二卷　（明）鍾惺訂補　民國上海天寶書局石印本　一冊

330000 – 1716 – 0029682　普集 1955 – 3/29682　集部/詩文評類/詩評之屬

最淺學詩法一卷　傅汝楫編　民國十一年（1922）上海大東書局石印本　一冊

330000 – 1716 – 0029701　普集 1958/29701　集部/詩文評類

詩學速成指南二卷詞學速成指南一卷　鄒弢編　民國八年（1919）上海尚友社石印本　二冊

330000 – 1716 – 0029703　子補 1720/29703　子部/雜著類/雜說之屬

紫桃軒雜綴四卷又綴二卷　（明）李日華撰　民國石印本　一冊　存二卷（二至三）

330000 – 1716 – 0029707　集補 1215 – 2/29707　集部/別集類/唐五代別集

五百家注音辯韓昌黎先生全集四十卷　（唐）韓愈撰　（宋）魏仲舉輯注　民國石印本　一冊　存三卷（三十八至四十）

330000 – 1716 – 0029708　子補 1722 – 2/29708　子部/雜著類/雜說之屬

印雪軒隨筆四卷　（清）俞鴻漸撰　民國上海掃葉山房石印本　一冊　存一卷（二）

330000 – 1716 – 0029714　新補 0495/29714　新學/政治法律

現行六法全書　民國上海會文堂書局石印本　一冊　存一種

歷代詩文評注讀本　王文濡編　民國上海文明書局鉛印本　一冊　存一種

330000 – 1716 – 0029719　史補 0788/29719　史部/傳記類/總傳之屬/姓名

篆堂百家姓一卷　民國石印本　一冊

330000 – 1716 – 0029720　子補 1629 – 4/29720　子部/術數類/相宅相墓之屬

雪心賦正解四卷　（唐）卜應天撰　（清）孟浩注　**辯論三十篇一卷**　（唐）孟浩然撰　民國石印本　一冊　存二卷（四、辯論三十篇）

330000 – 1716 – 0029722　集補 1218/29722　集部/詩文評類/文評之屬

新體廣注文心雕龍十卷　（南朝梁）劉勰撰　（清）黃叔琳注　（清）紀昀評　民國石印本　二冊　存五卷（一至二、五至七）

330000 – 1716 – 0029727　子補 1727/29727　子部/儒家類/儒學之屬/禮教/家訓

家庭講話三卷　（清）陸起鯤撰　民國二十二年（1933）上海謝文益善書部石印本　一冊

330000 – 1716 – 0029730　子補 1728/29730　子部/雜著類/雜說之屬

處世要覽一卷　董士廉輯　民國十三年（1924）上海謝文益石印本　一冊

330000 – 1716 – 0029737　新補 0490 – 5/29737　新學/雜著

新增中西日用雜字一卷　民國石印本　一冊

330000 – 1716 – 0029739　新補 0490 – 6/29739　新學/雜著

新增中西日用雜字一卷　民國石印本　一冊

330000 – 1716 – 0029741　普叢 0267/29741　子部/宗教類

三教心法六種　民國上海宏大善書局石印本　一冊　存一種

330000 – 1716 – 0029744　子補 1719 – 2/29744　子部/雜著類/雜纂之屬

不可錄一卷　民國十三年（1924）上海善書流通處石印本　一冊

330000 – 1716 – 0029747　子補 1731/29747　子部/雜家類

齊家真諦一卷　民國石印本　一冊

330000 – 1716 – 0029749　子補 1732/29749　子部/雜家類

增廣昔時賢文一卷　民國石印本　一冊

330000－1716－0029751　史補0810/29751
史部/傳記類/雜傳之屬

南朝金粉　廣益編輯部編輯　民國八年
(1919)上海廣益書局石印本　一冊　存一種

330000－1716－0029752　史補0811/29752
史部/政書類/儀制之屬

江蘇編訂禮制會喪禮草案三卷喪服草案五卷
　姚文枬撰　民國二十一年(1932)鉛印本
一冊　存三卷(一至三)

330000－1716－0029753　地獻2101/29753
子部/雜著類/雜纂之屬

殘抄不分卷　民國抄本　一百六十九冊

330000－1716－0029756　地獻1883－2/
29756　史部/傳記類/總傳之屬/姓名

百家姓一卷　民國浙紹育新書局石印本
一冊

330000－1716－0029759　子補1735/29759
子部/藝術類/書畫之屬/畫錄

秘殿珠林二十四卷　(清)張照等輯　民國石
印本　二冊　存八卷(十一至十四、二十一至
二十四)

330000－1716－0029760　子補1736/29760
子部/藝術類/遊藝之屬/雜藝

益智圖二卷燕几圖一卷副本一卷　(清)童叶
庚撰　**益智續圖一卷**　(清)童昂　(清)童昶
(清)童晏撰　(清)童叶庚編　**益智字圖一
卷附一卷**　(清)祝梅君撰　民國六年(1917)
上海商務印書館石印本　一冊　存一卷(副
本)

330000－1716－0029761　集補1373/29761
集部/別集類

志厚直言不分卷　孫志厚述　民國上海宏大
善書局石印本　一冊

330000－1716－0029762　史補0813/29762
史部/傳記類/別傳之屬/事狀

金華黃母曹太夫人八秩壽辰徵文啟不分卷
民國浙江正楷印書局鉛印朱印本　一冊

330000－1716－0029763　子補1746/29763
子部/儒家類/儒學之屬/禮教

願體集四卷　(清)李仲麟原輯　(清)凌鴻舉
重編　民國上海大眾書局石印本　潘淵題記
一冊

330000－1716－0029764　子補1747－3/
29764　子部/儒家類/儒學之屬

誦讀範本五卷　林玉儒編　民國二十五年
(1936)杭州國學善書館鉛印本　二冊　存二
卷(四至五)

330000－1716－0029772　史補0817/29772
史部/政書類/公牘檔冊之屬

浙江省議會第一屆常年會議事錄不分卷　浙
江省議會編　民國鉛印本　一冊

330000－1716－0029775　子補1753/29775
子部/醫家類/養生之屬

永免疾病法一卷　民國十三年(1924)鉛印本
丁之蕃題記並批注　一冊

330000－1716－0029777　子補1754/29777
子部/醫家類/類編之屬

潛齋醫學叢書八種　(清)王士雄編　民國元
年(1912)上海李鍾玨鉛印本　四冊

330000－1716－0029781　子補1755/29781
子部/宗教類/佛教之屬/經

聖六字增壽大明陀羅尼經一卷　(宋)釋施護
譯　民國三十二年(1943)重慶長安寺佛經流
通處石印本　一冊

330000－1716－0029782　地獻1941/29782
子部/藝術類/書畫之屬/法帖

趙撝叔手札不分卷　(清)趙之謙書　民國二
十年(1931)上海西泠印社影印本　一冊　存
一冊(上)

330000－1716－0029783　子補1337/29783
子部/叢編

新婦女叢書　丁福保編輯　民國十二年
(1923)上海世界書局石印本　一冊　存一種

330000－1716－0029789　地獻1942/29789
史部/地理類/專志之屬/祠墓

越城仁壽施醫社丁亥年徵信錄一卷　屠詩丞
姜心浩編纂　民國三十七年（1948）紹興華
芳印務局石印本　一冊

330000－1716－0029790　集補 1376/29790
集部/詩文評類/文評之屬

文學常識二卷　民國油印本　一冊　存一卷
（一）

330000－1716－0029791　子補 1338/29791
子部/叢編

子書百家（百子全書）　（清）崇文書局編　民
國上海掃葉山房石印本　一冊　存一種

330000－1716－0029799　普集 1964/29799
集部/曲類/彈詞之屬

繡像九美奪夫四卷三十回　民國上海錦章圖
書局石印本　一冊

330000－1716－0029803　子補 0682－6/
29803　子部/術數類/占卜之屬

未來預知術一卷　（三國蜀）諸葛亮撰　（宋）
邵雍演　民國九年（1920）上海國粹保存會石
印本　一冊

330000－1716－0029804　地獻 1712－6/
29804　集部/別集類/明別集

楊忠愍公全集四卷　（明）楊繼盛撰　民國十
年（1921）古越積善堂石印本　一冊　存二卷
（一至二）

330000－1716－0029810　子補 1340/29810
子部/天文曆算類/曆法之屬

中華民國十八年陰陽合曆通書不分卷　民國
十八年（1929）石印本　一冊

330000－1716－0029821　集補 1283－3/
29821　集部/曲類/寶卷之屬

何文秀寶卷二卷　民國四年（1915）上海文益
書局石印本　一冊　存一卷（上）

330000－1716－0029842　集補 1389/29842
集部/別集類/清別集

伏敔堂詩錄選一卷　（清）江湜撰　吉亮工選
民國十五年（1926）影印本　一冊

330000－1716－0029848　集補 1392/29848
集部/別集類

適可居詩集五卷鳳山牧笛譜二卷　胡善曾撰
民國五年（1916）鉛印本　一冊

330000－1716－0029863　普集 1980/29863
集部/別集類

睫闇詩鈔十卷　裴景福撰　民國七年（1918）
金保權石印本　一冊　存三卷（五至七）

330000－1716－0029879　集補 1553/29879
集部/別集類/清別集

節本二曲集不分卷　（清）李顒撰　民國鉛印
本　一冊

330000－1716－0029881　普集 1987/29881
集部/總集類/尺牘之屬

革命軍名人尺牘二集二卷　鴛湖山人編輯
民國石印本　一冊

330000－1716－0029882　地獻 0991－3/
29882　集部/總集類/課藝之屬

逸廬詩社課藝初集一卷二集一卷三集一卷四
集一卷　逸廬詩社編　民國十六年（1927）鉛
印本　三冊　缺一卷（初集）

330000－1716－0029885　集補 1555/29885
集部/別集類/唐五代別集

河東先生文集六卷　（唐）柳宗元撰　民國石
印本　一冊　存一卷（二）

330000－1716－0029886　集補 1556/29886
集部/別集類/宋別集

張南軒尺牘二卷　（宋）張栻撰　民國六年
（1917）上海商務印書館鉛印本　一冊　存一
卷（二）

330000－1716－0029889　集補 1557/29889
集部/總集類/尺牘之屬

最新遊戲尺牘□□卷　民國石印本　一冊
存一卷（下）

330000－1716－0029892　集補 1558/29892
集部/別集類/宋別集

詳注林和靖詩集四卷　（宋）林逋撰　雷瑨注
釋　民國十八年（1929）上海掃葉山房石印本

一冊　存二卷(一至二)

330000－1716－0029900　集補 1629/29900
集部/總集類
文選一卷　民國油印本　一冊

330000－1716－0029902　普集 1992/29902
集部/別集類/唐五代別集
溫飛卿詩集七卷別集一卷集外詩一卷附錄諸家詩評一卷　(唐)溫庭筠撰　(明)曾益注　(清)顧予咸補注　(清)顧嗣立續注　民國九年(1920)上海掃葉山房石印本　二冊　缺二卷(集外詩、附錄諸家詩評)

330000－1716－0029903　地獻 1460－3/29903　史部/紀傳類
清史講義輯要不分卷　祝文修編　民國油印本　壽昌題簽　一冊

330000－1716－0029908　集補 1561/29908
集部/總集類/選集之屬
新樂府二集不分卷　(清)釋野衲輯　民國二年(1913)育文書局影印本　一冊

330000－1716－0029927　集補 1564/29927
集部/詩文評類/詩評之屬
梅村詩話一卷　(清)吳偉業撰　民國上海掃葉山房石印本　一冊

330000－1716－0029928　普集 1993/29928
集部/總集類/選集之屬/斷代
國朝二十四家文鈔二十四卷　(清)徐斐然輯評　民國上海掃葉山房石印本　三冊　存九卷(十四、十七至二十四)

330000－1716－0029938　集補 1607/29938
集部/詩文評類/文法之屬/函牘格式
增注寫信必讀十卷　(清)唐芸洲撰　民國鉛印本　三冊　缺二卷(一至二)

330000－1716－0029939　集補 1172－6/29939　集部/詩文評類/文法之屬/函牘格式
商業寫信必讀□□卷　民國五年(1916)上海文益書局石印本　四冊　存八卷(七至十二、十六至十七)

330000－1716－0029940　集補 1172－7/29940　集部/詩文評類/文法之屬/函牘格式
商業寫信必讀□□卷　民國上海文益書局石印本　一冊　存二卷(七至八)

330000－1716－0029942　集補 1608－2/29942　集部/詩文評類/文法之屬/函牘格式
寫信必讀十卷　(清)唐芸洲撰　民國八年(1919)上海文益書局石印本　陳泰題記　一冊　存六卷(一至六)

330000－1716－0029946　集補 1289/29946
集部/曲類/寶卷之屬
新刻說唱金鳳寶卷二卷　民國十一年(1922)上海聚元堂書局石印本　一冊

330000－1716－0029950　地獻 1959－4/29950　集部/曲類/寶卷之屬
新刻說唱金鳳寶卷二卷　民國六年(1917)上海文益書局、紹興聚元堂書局、杭州聚元堂書局石印本　吳百年題簽並記　二冊

330000－1716－0029952　集補 1267－4/29952　集部/曲類/寶卷之屬
繪圖梅花戒寶卷二卷　民國石印本　一冊　存一卷(二)

330000－1716－0029953　集補 1267－3/29953　集部/曲類/寶卷之屬
繪圖梅花戒寶卷二卷　民國石印本　一冊　存一卷(二)

330000－1716－0029956　集補 1295/29956
集部/曲類/寶卷之屬
新增繪圖花名寶卷一卷　民國石印本　一冊

330000－1716－0029958　地獻 1959－5/29958　集部/曲類/寶卷之屬
新刻說唱金鳳寶卷二卷　民國六年(1917)上海文益書局、紹興聚元堂書局、杭州聚元堂書局石印本　一冊

330000－1716－0029961　地獻 1959－6/29961　集部/曲類/寶卷之屬
新刻說唱金鳳寶卷二卷　民國六年(1917)上海文益書局、紹興聚元堂書局、杭州聚元堂書

局石印本　二冊

330000 – 1716 – 0029974　　地獻 0926 – 4/29974　集部/曲類/寶卷之屬

梁山伯寶卷二卷　民國十三年（1924）上海文益書局石印本　一冊　存一卷（上）

330000 – 1716 – 0029977　　地獻 1962 – 1/29977　類叢部/叢書類/彙編之屬

復性書院叢刊二十七種　馬浮編　民國二十九年至三十七年（1940 – 1948）復性書院刻本暨鉛印本　三冊　存三種

330000 – 1716 – 0029984　　普叢 0290 – 2/29984　類叢部/叢書類/自著之屬

詳注曾文正公八種　（清）曾國藩撰　章琢其編注　民國上海會文堂書局石印本　二冊　存二種

330000 – 1716 – 0029988　　集補 0225 – 4/29988　集部/別集類/唐五代別集

樊川詩集四卷補遺一卷外集一卷別集一卷（唐）杜牧撰　（清）馮集梧注　民國上海掃葉山房石印本　二冊　存四卷（二至四、別集）

330000 – 1716 – 0029993　　普叢 0295 – 2/29993　類叢部/叢書類/自著之屬

曾文正公四種　（清）曾國藩撰　民國上海廣益書局石印本　四冊

330000 – 1716 – 0029997　　子補 1354 – 1/29997　子部/儒家類/儒學之屬

古今格言四卷　江畬經編纂　民國上海商務印書館鉛印本　二冊　存二卷（二至三）

330000 – 1716 – 0029998　　地獻 2014 – 2/29998　子部/儒家類/儒學之屬/俗訓

格言合璧不分卷　（清）金纓輯　民國八年（1919）上海宏大善書總發行所石印本　一冊

330000 – 1716 – 0029999　　子補 1765/29999　新學/議論

大糞主義一卷　聶其杰撰　民國十四年（1925）鉛印本　一冊

330000 – 1716 – 0030002　　子補 1355/30002　子部/雜著類

天網恢恢白話錄一卷　（清）洗心老人譯　民國上海宏大善書局石印本　一冊

330000 – 1716 – 0030005　　子補 1766/30005　子部/小說家類/異聞之屬

新齊諧五卷續新齊諧三卷　（清）袁枚撰　民國石印本　朱家□題簽　一冊　存一卷（續新齊諧二）

330000 – 1716 – 0030007　　地獻 2014 – 3/30007　子部/儒家類/儒學之屬/俗訓

格言聯璧不分卷　（清）金纓輯　民國七年（1918）上海尚古山房石印本　一冊

330000 – 1716 – 0030013　　子補 2700/30013　子部/雜著類/雜纂之屬

平等閣筆記六卷　狄葆賢撰　民國上海有正書局鉛印本　二冊　存二卷（三至四）

330000 – 1716 – 0030021　　新補 0415 – 2/30021　新學/學校

私塾改良捷訣一卷　商務印書館編譯所編　民國五年（1916）上海商務印書館鉛印本　一冊

330000 – 1716 – 0030027　　集補 1575 – 7/30027　集部/詩文評類/詩評之屬

詩法入門四卷首一卷　（清）游藝輯　民國三年（1914）上海千頃堂石印本　一冊　存三卷（一至二、首）

330000 – 1716 – 0030033　　史補 0832/30033　史部/傳記類/日記之屬

小說閨秀之秘密日記不分卷　民國石印本　一冊

330000 – 1716 – 0030034　　新補 0528/30034　新學/報章

庸言報彙編十二卷　梁啟超撰　吳貫因編輯　民國石印本　一冊　存二卷（三至四）

330000 – 1716 – 0030039　　地獻 2018/30039　史部/政書類/公牘檔冊之屬

紹興縣農工銀行股份有限公司章程一卷　民國鉛印本　一冊

330000－1716－0030044　子補 3054/30044
子部/藝術類/篆刻之屬/印論

續三十五舉一卷　（清）黃子高撰　民國十一年（1922）上海商務印書館石印本　一冊

330000－1716－0030046　子補 0019－4/30046　子部/藝術類/書畫之屬/法帖

一心書詞一卷　童式規書　民國二十四年（1935）上海商務印書館影印本　一冊

330000－1716－0030047　集補 1580/30047
集部/詩文評類/文評之屬

廣體新注文心雕龍十卷　（南朝梁）劉勰撰　（清）黃叔琳注　（清）紀昀評　民國掃葉山房石印本　二冊　存五卷（三至四、八至十）

330000－1716－0030054　子補 3050/30054
子部/儒家類/儒學之屬/禮教

稱呼一卷　民國石印本　一冊

330000－1716－0030060　子補 3063/30060
子部/藝術類/書畫之屬

春艷寫影一卷　吳虞公撰　但杜宇畫　民國九年（1920）上海世界書局石印本　一冊

330000－1716－0030063　地獻 2019－2/30063　集部/別集類/清別集

平龕遺稿三卷　（清）陶大均撰　民國九年（1920）石印本　一冊

330000－1716－0030064　普集 2005/30064
集部/詩文評類/文法之屬/文法

古文選評不分卷　清代諸大家論文集要一卷　鄧楫輯　**無錫國學專修學校作文會考呈文一卷**　民國油印本　一冊

330000－1716－0030066　普叢 0215－2/30066　類叢部/叢書類/彙編之屬

春暉叢書二種　張天錫輯　民國九年至十二年（1920－1923）鉛印本　一冊　存一種

330000－1716－0030067　譜 0259/30067　史部/傳記類/總傳之屬/家乘

[浙江山陰]**安城楊氏子仁公派下支譜不分卷**　楊寶楚纂修　民國二十八年（1939）鉛印本　一冊

330000－1716－0030081　史補 1345－2/30081　史部/雜史類/斷代之屬

明季實錄二卷　（清）顧炎武輯　民國石印本　一冊　缺一卷（一）

330000－1716－0030083　集補 2364/30083
集部/別集類

安樂鄉人文六卷附八十後詩詞一卷　金兆蕃撰　民國鉛印本　一冊　缺三卷（一至三）

330000－1716－0030086　新補 0532/30086
新學/理學

人心能力論一卷　（德國）康德撰　（德國）尉禮賢　周暹譯　民國四年（1915）上海商務印書館鉛印本　一冊

330000－1716－0030087　普叢 0351/30087
類叢部/叢書類/自著之屬

濱虹雜著三種三卷　黃賓虹撰　民國七年（1918）鉛印本　一冊　存二種

330000－1716－0030088　普叢 0353/30088
類叢部/叢書類/郡邑之屬

續金華叢書六十種　胡宗楙編　民國十三年（1924）永康胡氏夢選樓刻本　一冊　存一種

330000－1716－0030089　普叢 0180－4/30089　類叢部/叢書類/彙編之屬

涵芬樓秘笈五十一種　孫毓修等輯　民國五年至十五年（1916－1926）上海商務印書館影印本暨鉛印本　一冊　存一種

330000－1716－0030092　普集 2018/30092
集部/別集類/清別集

春在堂隨筆十卷附小浮梅閒話一卷　（清）俞樾撰　民國元年（1912）國華書局石印本　四冊

書名筆畫字頭索引

七畫

685

688

十一畫

十二畫

書名筆畫索引

一畫

二畫

四畫

五畫

六畫

七畫

十一畫

十三畫

827

十四畫

十五畫

834

848

十八畫

十九畫

855

861

二十畫

二十一畫

二十六畫

其他